＜シリーズ＞
政権交代期における政治意識の全国的時系列的調査研究

小 林 良 彰

代議制民主主義の計量分析

木鐸社

＜シリーズ＞
政権交代期における政治意識の全国的時系列的調査研究

序文

　投票行動研究は，民主主義の要となる選挙の機能を明らかにするという現実的なレリヴァンスをもつとともに，政治学や社会学など諸分野からのアプローチにより進められるという点で，社会科学上の重要な結節点でもある。われわれの研究も，1983年のJES調査以来続けられている投票行動の全国的・時系列的調査研究の基盤を明確に継承しつつ，今日的要請に応えるべく新しい視点を加え，JES V（Japanese Electoral Studies V）としての全国時系列調査を実施し，政権交代期における民主主義を体系的に解明することを基本目的とし，2012 〜 2016年度文部科学省科学研究費補助金特別推進「政権交代期における政治意識の全国的時系列的調査研究」（研究代表者：小林良彰，研究分担者：谷口将紀，平野浩，山田真裕，名取良太，飯田健）により実施している。「政権交代期における政治意識の全国的時系列的調査研究」と名付けられた，このシリーズはそうした研究成果の一部をとりまとめたものである。

　われわれの研究は，投票行動の全国的・時系列的調査研究を基礎としつつも，1960年代からの過去の研究資産を活かし，政治学の新しい視点から再構築し，従来の投票行動研究を発展させること，また，日本における主要な政治意識調査として，現在強く要請されている社会科学における学術データベースの構築と国内外への公開，それを通じての国際比較研究の推進，研究成果の発信にも貢献することを目的とする。具体的には，下記の点についての研究を実施している。

1．選挙研究から民主主義研究への進化：投票行動や選挙結果を被説明変数ではなく説明変数としても扱い，民主主義の動態を解明する。
2．多角的データの融合による政治研究の飛躍的発展：選挙結果・選挙公約・議会議事録・予算配分など政治過程の諸データと接合し，調査データの有用性を拡大する。
3．マルチメソッドによる分析：従来の面接調査による結果と郵送調査・インターネット調査・電話調査による結果を比較することで，新しい意識調査の方法論を構築する。

4

4．政治意識の形成と変容の解明：40年以上継続する投票行動の全国的・時系列的調査研究の基盤を継承し大規模な全国パネルデータを収集・整備する。

5．知的資産の社会的還元及び国際的発信：調査データを公開することにより，海外の選挙研究・日本政治研究の発展に貢献する。このことを通して，民主主義の解明を目指す多角的研究を進めるとともに，国内外の学術及び社会に知的資産を還元することが，本研究課題の独創性と意義である。

　こうしたわれわれの研究では，日本における多数決型代議制民主主義の機能について検証する。具体的には，1「競合する政策エリートが提示する公約に基づいて市民が政策エリートを選択している（イシューヴォーティング）かどうか」（代議制民主主義の事前的側面），2「選出された政策エリートが公約に基づいて国会で議論して政策形成を行っている（選挙公約と国会活動の一致）かどうか」（代議制民主主義の代議的側面），3「市民が選択した政策エリートが形成する政策に対する評価に基づいて，次の政策エリートを選択している（レトロスペクティブヴォーティング）かどうか」（代議制民主主義の事後的側面）について分析を進め，「市民が政策エリートに民意を負託し，選出された政治家が国会で議論した結果として形成される政策に対する市民の評価が，次の政治家選出につながる」という代議制民主主義が，日本においてどのように機能しているかを明らかにする。そのために，われわれは分析にあたって次のテーマを設定した。

1．選挙公報の認知と投票行動の関係：代議制民主主義の事前的側面を主観的調査データだけでなく，客観的内容分析データを用いて検証する。

2．批判的投票者の形成要因と変容要因：政党や政治家に対しては批判的であっても民主主義そのものは高く評価する「批判的投票者」の形成要因及び変容要因を意識調査により解明する。

3．選挙公報と議会行動の関係：代議制民主主義の代議的側面を検証する。民主主義の指標化について，従来の外形的変数によらず，選挙公報と国会議事録の内容分析を用いた「機能」に着目した新しい指標を構築する。

4．政策パフォーマンスと次回投票行動の関係：代議制民主主義の事後的側面を主観的な調査データだけでなく，客観的内容分析データを用いて検証する。

5．選挙運動の動員効果：代議制民主主義の環境（動員活動）が投票行動に及ぼす効果を解明することにより，如何なる動員が効果を持つのかを解明する。

　これらの分析を通じて，日本における代議制民主主義の機能を解明するとともに，民主主義の理論的仮説やモデルに対する理論的な貢献も果たしていく所存である。

シリーズを代表して
小林良彰

小林良彰　代議制民主主義の計量分析

序文……………………………………………………………………………… 3

序章……………………………………………………………………………… 12

第1部　全国レベルにおける代議制民主主義

第1章　日本の代議制民主主義の継続と変化 ……………………… 18
　1．問題設定……………………………………………………………… 18
　2．仮説…………………………………………………………………… 19
　3．分析…………………………………………………………………… 20
　　3.1　仮説Ⅰの検証 ………………………………………………… 20
　　3.2　仮説Ⅱの検証(a) ……………………………………………… 25
　　3.3　仮説Ⅱの検証(b) ……………………………………………… 30
　　3.4　仮説Ⅲの検証(a) ……………………………………………… 35
　　3.5　仮説Ⅲの検証(b) ……………………………………………… 36
　　3.6　仮説Ⅳの検証 ………………………………………………… 45
　4．まとめ………………………………………………………………… 49

第2章　マルチメソッドによる調査データ比較 ……………………… 52
　1．面接調査の問題点…………………………………………………… 52
　2．各調査方法の長所・短所…………………………………………… 53
　3．マルチメソッドによる調査データの比較………………………… 55
　4．各調査間のバイアスの検討………………………………………… 56
　　4.1　サンプル・バイアスの検討 ………………………………… 57
　　4.2　サンプル・バイアスを考慮した各調査間のバイアスの検討 …… 59
　5．まとめ………………………………………………………………… 64

第3章　世代と政治的有効性感覚……………………………………… 66
　1．はじめに……………………………………………………………… 66
　2．先行研究・仮説……………………………………………………… 67
　　2.1　社会化研究と世代研究 ……………………………………… 68

2.2　日本における政治的世代研究と学生運動世代 ………………………　75
　3．分析……………………………………………………………………………　79
　　3.1　データ・モデル・分析方法 …………………………………………　79
　　3.2　変数説明………………………………………………………………　82
　　3.3　分析結果………………………………………………………………　83
　4．まとめ…………………………………………………………………………　90

第4章　選挙と政治的有効性感覚……………………………………………………　95
　1．はじめに………………………………………………………………………　95
　2．先行研究………………………………………………………………………　97
　　2.1　選挙における参加が政治的有効性感覚に与える影響 ……………　98
　　2.2　選挙における勝敗が政治的有効性感覚に与える影響 ……………100
　　2.3　2009年の政権交代 …………………………………………………104
　3．分析Ⅰ：1976年－2010年の世論調査データを用いて ………106
　　3.1　データ・モデル・分析方法 …………………………………………106
　　3.2　変数説明………………………………………………………………107
　　3.3　分析結果………………………………………………………………108
　4．分析Ⅱ：2007年－2009年のパネルデータを用いて …………112
　　4.1　2009年衆議院選挙と国政における勝敗 …………………………112
　　4.2　データ・変数説明・モデル …………………………………………114
　　4.3　分析結果………………………………………………………………120
　5．まとめ…………………………………………………………………………127

第5章　有権者の選挙行動－回顧投票と展望投票 ………………………134
　1．はじめに………………………………………………………………………134
　2．理論的検討……………………………………………………………………137
　　2.1　韓国と日本における投票行動の区分 ………………………………137
　　2.2　経済投票に対する関心 ………………………………………………138
　　2.3　マクロ的視点とミクロ的視点 ………………………………………139
　　2.4　韓国における回顧投票・展望投票 …………………………………142
　　2.5　日本における回顧投票・展望投票 …………………………………144
　3．実証分析………………………………………………………………………145

3.1　データ　……………………………………………145
　　3.2　分析方法および結果　…………………………………146
　4．まとめ……………………………………………………159

第6章　政党と選挙制度－惜敗率制度　……………………………165
　1．はじめに…………………………………………………165
　2．日本の惜敗率制度および重複効果……………………………166
　　2.1　日本の惜敗率制度　………………………………………167
　　2.2　重複効果……………………………………………………168
　3．日本の政党における惜敗率制度戦略分析…………………………170
　4．韓国における選挙区結合比例代表議員制の効果予測…………181
　　4.1　選挙区結合比例代表議員制　………………………………181
　　4.2　日本の事例を適用した選挙区結合
　　　　　比例代表議員制のシミュレーション　………………182
　5．まとめ……………………………………………………193

第2部　自治体レベルにおける代議制民主主義

第7章　自治体改革と首長の意識………………………………198
　1．はじめに…………………………………………………198
　2．政策決定過程に関する改革意識………………………………200
　3．首長の議会に対する認識………………………………………208
　4．政策的効率性に関する改革意識………………………………213
　5．地方における改革施策の実施状況……………………………219
　6．改革施策採用と地域特性………………………………………225
　7．改革施策採用と政治的選好……………………………………228
　8．改革施策採用と選挙競争………………………………………232
　9．まとめ……………………………………………………234

第8章　地域州構想－新潟州構想の事例　…………………………236
　1．はじめに…………………………………………………236
　2．新潟州構想の背景………………………………………………237
　3．新潟州構想の展開………………………………………………239

4．州構想の実践……………………………………………………241
　　　4.1　公営住宅政策の改革 ……………………………………241
　　　4.2　文化施設の効率的管理 …………………………………241
　　　4.3　特別高度救助隊機能の新潟県全域への波及 …………242
　　　4.4　食品の安全・安心対策および感染症対策………………242
　　　4.5　ワークポート新潟の設置(ハローワーク)………………243
　　　4.6　万代島港湾地区のにぎわい創出 ………………………244
　　　4.7　未就学児対策……………………………………………244
　　5．新潟州構想進展の要因…………………………………………244
　　6．今後の課題………………………………………………………247
　　7．まとめ……………………………………………………………249

第9章　大都市制度と地方自治－ソウル特別市の事例 …………251
　　1．はじめに…………………………………………………………251
　　2．大都市制度をめぐる議論………………………………………252
　　3．韓国の大都市制度………………………………………………259
　　4．ソウル特別市の行財政運営……………………………………265
　　5．ソウル特別市の市政運営………………………………………267
　　6．政策実名制………………………………………………………270
　　7．ソウル特別市議会の活動………………………………………273
　　8．自治区の行財政運営……………………………………………277
　　9．まとめ……………………………………………………………284

第10章　地方交付税改革の効果 …………………………………285
　　1．地方分権と交付税改革…………………………………………285
　　　1.1　地方分権改革の推移 ……………………………………285
　　　1.2　道州制論議………………………………………………286
　　　1.3　地域構想…………………………………………………288
　　　1.4　財政健全化と地方交付税 ………………………………289
　　　1.5　地方交付税改革…………………………………………290
　　　1.6　分析の概要………………………………………………291
　　2．ドイツ型交付税改革のシミュレーション……………………292

2.1　ドイツ型財政調整の概要　………………………………292

　　2.2　ドイツ型財政調整の導入　………………………………293

　　2.3　ドイツ型財政調整制度による平準化機能………………293

　3．スウェーデン型交付税改革のシミュレーション………………299

　　3.1　スウェーデン型財政調整の概要　………………………299

　　3.2　スウェーデン型財政調整の導入　………………………300

　　3.3　スウェーデン型財政調整制度による平準化機能　……301

　　3.4　過疎市町村人口割合による財政調整　…………………303

　4．都道府県にドイツ型・スウェーデン型財政調整を

　　　　　　導入した場合の平準化と政府歳出削減…………306

　　4.1　都道府県にドイツ型・スウェーデン型財政調整を

　　　　　　導入した場合の平準化　…………………………306

　　4.2　都道府県にドイツ型・スウェーデン型財政調整を

　　　　　　導入した場合の政府歳出削減　………………309

　5．道州制導入の場合のシミュレーション……………………310

　　5.1　道州制のパターン　………………………………………310

　　5.2　道州制におけるドイツ型財政調整　……………………312

　　5.3　道州制におけるスウェーデン型財政調整………………315

　6．道州制にドイツ型・スウェーデン型財政調整を

　　　　　　導入した場合の平準化と政府歳出削減…………323

　　6.1　道州制にドイツ型・スウェーデン型財政調整を

　　　　　　導入した場合の平準化　…………………………323

　　6.2　道州制にドイツ型・スウェーデン型財政調整を

　　　　　　導入した場合の政府歳出削減　………………324

　7．まとめ………………………………………………………325

あとがき……………………………………………………………328

索引…………………………………………………………………331

序章

　かつての制度論政治学では民主化されていない国にどのようにして民主主義を定着させるのかに関心があった。このため政党やメディアの数，有権者資格などの外形的な指標が研究対象となっていた。しかし，日本をはじめ多くの民主主義が定着した国においても有権者が満足しているわけではない。たとえ政党やメディアが複数存在し，一定の年齢以上の市民に選挙権が付与されていても，それで有権者の民意が反映されているとは限らない。そこで，「民主主義の質」（Quality of Democracy）を研究対象とする必要がある。

　このためには，従来の投票行動研究から多角的データの融合による民主主義研究への進化を果たさなくてはならない。そこで，**第1章「日本の代議制民主主義の継続と変化」**では，従来の選挙研究が投票行動を被説明変数とし，意識調査データのみを用いて有権者意識の分析を行っていたのに対して分析の視野を代議制民主主義の機能に拡大し，意識調査データだけでなく，選挙公約データや議会議事録データを結合して分析を行うことで，従来の選挙研究を代議制民主主義研究に進化させることに寄与した。具体的には，衆議院議員選挙で当選した政治家が次回衆院選までの間に国会で当選時の公約通りの活動をしているかどうかを検証するために，上記期間における全ての衆議院本会議及び11委員会の議事録を収集し，関連法案への投票ならびに質疑や答弁などの発言を選挙公約の内容分析で用いた項目に即して同様に内容分析した。そして，衆議院議員一人一人について，当選時の選挙公約の内容分析の結果と当選後の衆議院本会議及び委員会における法案投票や発言の内容分析の結果を照合することで，両者の間の一致度を測定した。そして，「選挙公約と国会活動の間の一致度」と「次回衆院選の得票率」の間の関連を分析した。その結果，代議制民主主義の「民意負託機能」，「代議的機能」，

「事後評価機能」がいずれも十分に満たされているとは言い難いことが明らかになった。しかし，その原因として，有権者が選挙の際に候補者が提示する公約に基づいて投票行動を決定しておらず，また政治家が公約を遵守したかどうかで次回選挙の投票行動を決定してもいないなど，有権者側にも少なからぬ問題があることが明らかになった。この章を通して，代議制民主主義を軸として，従来の投票行動研究，議会研究，政党研究といった政治学において個別に行ってきた研究を有機的に結びつけることにした。

　なお，こうした研究における民意を測る手法の一つとして，従来，面接調査が主流となっていた。しかし，回収率の低下に伴うバイアスと調査経費の高騰，調査日数がかかるため調査期間中の変化に対応できないこと，急な衆議院の解散総選挙など突発的な状況に対応できないことなどが問題となっていた。このため，**第2章「マルチメソッドによる調査データ比較」**では，マルチメソッド比較による新しい調査方法を確立することにした。具体的には，面接調査，郵送調査，インターネット調査の3手法による調査結果の差異とその原因を分析することで，より良い調査方法を提案することにした。そして，政党支持や政治満足度の程度の調査方法別の値を比較するとともに，性別，年齢，都市規模といった社会属性でセグメントを行った上で，なお政治意識に調査方法別のバイアスがあるのかを回帰分析により追試した。その結果，政治意識・社会属性の偏りについて，面接調査と比べてバイアスが最も大きいのが郵送調査であったのに対して，インターネット調査の政治意識のバイアスはより小さく，政治満足度がやや低い傾向がみられるのみであった。なお，自己選択(self-selection)バイアスを検証するために，社会属性のセグメント内での政治意識のバイアスを推定したところ，面接調査と比較して郵送調査で偏りが大きく，インターネット調査では偏りが限定的であることも確認された。このことから，インターネット調査における社会属性の偏りを排除するために，地域，都市規模，年代，性別による厳格な多重クオータをかけて行うことで，面接調査と有意な差異が生じないデータを収集できることが明らかになった。この章により，選挙研究に限らず様々な分野における意識調査の経費削減と迅速な対応を可能にする調査方法を提案することにした。

　本書全体の総論とも言える第1章と方法論の第2章に続いて，全国レベルの代議制民主主義に関する各論として第3章から第6章がある。まず，一連の全国調査により日本の有権者の政治意識の特徴を分析すると，投票参加指

向自体が弱まり，動員についても低下傾向がみられた。そこで，投票参加指向の低下について分析していくと，政治的アノミーや判断材料に関する信頼性の低下，政党，選挙，国会が有権者の選好を国政に反映するという機能に対する有権者の評価の低下，政党・政治家といった民主的委任のエイジェントに対する信頼性の低下などに起因する政治的有効性感覚が鍵を握っていることが明らかになった。そこで**第3章「世代と政治的有効性感覚」**では，日本の有権者を出生コーホートにより世代別に分け，内的有効性感覚および外的有効性感覚を形成する要因を分析した。その結果，青年後期における政治社会化過程を通して政治意識，特に内的有効性感覚が個人の内面深くに刻まれ長期にわたって安定することが確認された。そして，**第4章「選挙と政治的有効性感覚」**では，こうして形成された有権者の政治的有効性感覚を変容させる要因として選挙結果に着目し，一回の投票参加それ自体は政治的有効性感覚に明確な影響を与えないものの，選挙における勝敗は外的有効性感覚に影響を与えることを明らかにした。さらに，政権交代が政治的有効性感覚に少なからぬ影響を与えることも確認した。こうした有権者の政治意識が選挙に際してどのような投票行動として現れるのかを分析したのが**第5章「有権者の選挙行動−回顧投票と展望投票」**であり，特に，議院内閣制と大統領制という異なる政治制度をとる日本と韓国を比較することで投票行動と政治制度の関連についても分析している。その結果，両国の回顧投票と展望投票が選挙結果に有意な影響を及ぼすという共通点が明らかになるとともに，次の違いが存在することが確認された。まず，日本とは異なり韓国では回顧投票と展望投票が共存しており，また，韓国より日本において経済問題が回顧投票の要因になる傾向が強いことが明らかになった。この他，政党支持にコントロールされたイデオロギーの影響力について，韓国におけるイデオロギーは政権が交代した選挙と維持された選挙で異なる傾向を示す一方，日本では政権交代の有無に関わらずイデオロギーの影響力に違いが生じていないことが明らかになった。さらに，**第6章「政党と選挙制度−惜敗率制度」**では，有権者の投票行動に影響を与える選挙制度，特に日本特有の惜敗率制度に注目して，政党がどのような戦略行動を採るのかを明らかにした。その結果，惜敗率制度により重複立候補する候補者は選挙区で落選の恐れがあるために積極的な選挙活動を展開するものと予想されるが，現実には惜敗率制度導入による重複効果が一定程度以上発生した場合のみ起こることがわかった。さらに，しばしば大きな対立をもたらす韓国の地域主義緩和に日本の惜

敗率制度が効果をもたらすのかどうかについても考察を加えた。

　なお，代議制民主主義の問題の一因となる有権者意識が国政だけでなく自治体レベルでも重層的に形成されていることから，研究対象を申請時の国政レベルだけでなく自治体レベルにも拡大する必要がある。このため第7章から第10章は自治体レベルの代議制民主主義を分析対象とした。まず，**第7章「自治体改革と首長の意識」**では，地方分権一括法施行以降，首長が自治体改革についてどのような意識をもっているのかを明らかにするために全国の全ての市長を対象とする意識調査を実施し，そのデータを分析した。その結果，改革施策は「実施されやすい施策」「実施されにくい施策」「実施のばらつきがある施策」に分類される一方，効率化と民主性の間に偏りはなく積極的に改革する自治体はどの施策についても積極的であることがわかった。また，改革施策の説明要因として都市－農村の軸が依然として有効であることと財政環境がその必要性とは逆の影響を与えること，さらに政治的要因は改革に影響を及ぼし，特に選挙競争が重要な意味をもつことを明らかにした。つまり，改革の進め方には多様性があり，社会経済環境と政治的要因によって規定されているわけである。第8章と第9章は第7章でみた首長意識が自治体改革とどのように関連するのかというケース・スタディとして日本と韓国における先進事例を分析したものである。まず**第8章「地域州構想－新潟州構想の事例」**は，大阪都構想などで注目を集めた地域州構想の中で新潟州構想を取り上げ，その成果を明らかにしたものである。その結果，新潟県と新潟市が双方の首長のリーダーシップと，それに刺激された職員の意識変化が短期間で二重行政の解消に成果を挙げることに繋がっていることを確認した。また同構想が，現行制度下で可能なこと，容易な制度改正で可能になることを徹底的に洗い出し，適切な役割分担を形作ったことも重要であったことを明らかにした。次の**第9章「大都市制度と地方自治－ソウル特別市の事例」**では，日本より大幅に遅れて地方自治が始まった韓国が最近では日本以上の二元代表制がみられる(例えば，ソウル特別市議会に提案される条例の半数が議員発議条例)ことに注目し，その要因を解明したものである。その結果，同市が選挙公約の認知，投票先の選択，政策過程の評価，政策アウトプット・アウトカムの評価という代議制民主主義のプロセスを機能させるために，さまざまな施策を講じて，市民から情報を得たり，市民に情報を提供していることがわかった。その一方で，行財政運営の観点からは，大都市内の地域間格差の問題および都市間分権の問題があることを明らかにし

た。最後の**第10章「地方交付税改革の効果」**では，政府債務悪化の中で垂直的調整だけに依存しないドイツやスウェーデンの財政調整や道州制が議論される中で，実際にはどのような効果がもたらされるのかをシミュレーションした。具体的には，変動係数を用いながらドイツ型財政調整制度およびスウェーデン型財政調整制度を導入した際のシミュレーションを行い，日本の財政調整の平準化効果を試算するとともに，各財政調整制度が導入された際にどれほどの額の国の歳出抑制に繋がるのかについても試算した。さらに，道州制が導入された際の財政調整制度に関してもシミュレーションを行い，中央政府の歳出削減に対する効果や歳入平衡化に対する効果を試算した。

　これら10章の分析を通して，全国レベル，ならびに自治体レベルにおける代議制民主主義がより機能することで日本の「民主主義の質」が向上するための一助となることを願い，本書を執筆した次第である。

　なお，本書における分析は，平成24年度〜平成28年度文部科学省科学研究費補助金特別推進「政権交代期における政治意識の全国的時系列的調査研究」ならびに平成28年度慶應義塾大学クラスター研究推進プロジェクトプログラム「多言語検索型社会データ・アーカイヴの創造と利用」の研究助成を受けて行ったものである

第1部
全国レベルにおける代議制民主主義

第1章
日本の代議制民主主義の継続と変化

1．問題設定

　1990年代の政治改革により衆議院の選挙制度が中選挙区制から小選挙区比例代表並立制に変更されてから，1996年以降，幾度となく並立制下で衆議院議員総選挙が実施された。その間，「以前に比べて，改善されていない」という並立制に対する批判と「まだ回数を経ていないのでわからない」という擁護論が共存している状態であった。しかし，並立制導入から20年を経たことにより，一定の結論を出す時期に来たと考える。そこで，本章では，政治改革以降の日本政治の変容という視点から代議制民主主義の変容と課題について検討することにしたい。つまり，政治改革の導入の際に意図した通りに日本の代議制民主主義が機能しているのかどうかを実証的に明らかにするとともに，何が課題として残されているのかについて提示することにしたい。

　なお，代議制民主主義の変容を分析するに際して，代議制民主主義の質を測定しなければならない。従来の研究では，与党と野党の得票率や議席率の比などの外形的な指標に基づいて測定していたが，与党の得票率や議席率が高くても，有権者が望む政治を行った結果なのか，異議申し立てが事実上，閉ざされている結果なのかを区別することができない。そこで，本章では，従来の外形的な代議制民主主義指標に替わり，代議制民主主義の機能という点から新しい指標を構築し，その指標に基づいて日本の代議制民主主義を測定することにした。具体的には，「政治家が提示した公約の中で，有権者が自分の最適点に最も近いものを選び，投票行動を決定する」ことを通して

「自分達のことを自分達で決定する」という代議制民主主義の擬制が成立しているかどうかを検証することにしたい[1]。

２．仮説

　本章では，並立制導入時に小選挙区制賛成論者が主張したことが，現実に妥当したのかどうかを検証することにしたい。そこで，彼らの主張を，①小選挙区制がもたらすと言われたプラス面と②減少すると言われた中選挙区制下におけるマイナス面に分けて考えることにした。

　小選挙区制がもたらすと言われたプラス面は，「小選挙区制になれば政策論争になる」ということであった。それでは何をもって「政策論争になる」と考えることができるのであろうか。政策論争が成立するためには，幾つかの条件が整う必要がある。まず小選挙区に立候補する候補者の政策に違いがなければ政策論争が生じないことになる。これは並立制導入時に，小選挙区制賛成論者が主張したことである。つまり，彼らは「中選挙区制では，同一政党から複数の立候補者が出るので，政策が同じになるので政策論争にならないので，サービス合戦を行うことになる」と主張した。したがって，「政策論争になる」ための必要条件として「候補者間の政策距離が大きくなる」ことが求められる。つまり，次の仮説を検証する必要がある。

　　　仮説Ⅰ：小選挙区制に移行して，有権者の実質的選択権が拡大している」ことはない。

　そして，何よりも有権者自身が，中選挙区制下の選挙よりも小選挙区制下の選挙において，「政策論争」で選挙が決まるのであれば，争点に基づいて投票行動を行っている必要がある。言い換えると，小選挙区制下の衆院選においては，「争点投票が増えている」ことが求められる。つまり，次の仮説を検証する必要がある。

　　　仮説Ⅱ：「小選挙区制に移行して，争点態度投票が増加している」ことはない。

1　2005年衆院選までの分析については，小林良彰『制度改革以降の日本型民主主義』，木鐸社，2008年1月を参照。

また，90年代の並立制を主張した者は，単に「政策論争」が起きるだけでなく，有権者が選挙の際の「政策論争」で負託した民意が政策に反映されることを期待していた。したがって，次の仮説を検証する必要がある。

　　　仮説Ⅲ：「小選挙区制に移行して，選挙の際に負託した民意が政策に反映されている」ことはない。

　さらに，小選挙区制賛成論者の主張によれば，小選挙区制下では政策論争が起きてサービス合戦がなくなるはずであった。また，小選挙区制ではより多くの有権者の票を得る必要があるために，一部の有権者に対する補助金と交換に票を得るような「票と補助金の交換システム」は影を潜めるはずであった。

　また，衆院選における票と補助金の交換システムの解消は，参院選や地方自治体の選挙における同様の問題点も解消されるはずであった。ここで，これらのことが現実には妥当していないという立場からまとめてみると，次の仮説を検証する必要がある。

　　　仮説Ⅳ：「小選挙区制に移行して，得票と補助金の関連性がなくなっている」ことはない。

3．分析

3.1　仮説Ⅰの検証

　まず中選挙区制から小選挙区制に移行したことで，当初，期待されていたような政策論争が生じたのかどうかを明らかにしたい。そこで，仮説Ⅰ「小選挙区制に移行して，有権者の実質的選択権が拡大していることはない」ことを検証することにしたい。なお，サーベイデータによる分析の前に，ヒニチやオードシュック等の選挙に関する多次元空間競争モデルを利用して，小選挙区制における候補者の政策位置を考えてみることにしたい。

　まず，候補者 1 の政策を θ，候補者 2 の政策を ψ，争点に対する有権者の最適点を X，有権者の棄権要因を ϕ，得票数最大化を V，得票差最大化を P，有権者の効用関数を U，投票する確率を R とすると，

①　$x = \theta$ ならば $\phi(x - \theta) = 0$,
　　$x \neq \theta$ ならば $\phi(x - \theta) > 0$, $(+)/2$

② $R = U(x, \theta) + \varepsilon$ とするならば，

$\phi(x - \theta)$ が増加するほど $P_r[R > 0]$ は減少する。

③ $|x - \theta| < |x - \psi|$ ならば，有権者は候補者1に投票する可能性がある。

ここで，全有権者の最適点の密度関数を $f(x)$，有権者の投票確率関数を $g(x)$ とすると，候補者1が得票差最大化行動をとるならば，

$$P(\theta, \psi) = V(\theta, \psi) - V(\psi, \theta)$$

$$= \int_{-\infty}^{(\theta+\psi)/2} f(x)g(x - \theta)dx - \int_{(\theta+\psi)/2}^{\infty} f(x)g(x - \theta)dx$$

$$\therefore \partial P(\theta, \psi)/\partial \theta = \int_{-\infty}^{(\theta+\psi)/2} f'(x)g(x - \theta)dx$$

したがって，$f(x) = 0$ とすると，

$x < 0$ ならば $f'(x) > 0$

$x > 0$ ならば $f'(x) < 0$

もし，$\theta < \psi = 0$ とすると，$\partial P(\theta, \psi)/\partial \theta > 0$

したがって，候補者1は θ を ψ に近づける。

よって $f(x)$ がユニモーダルな場合には得票差最大化を目的として行動する候補者の政策 θ，ψ は $f(x)$ の最頻値で均衡する。

もし候補者が得票数最大化行動を採る場合には，下記のように，有権者の最適点の分布上で収斂するとは限らない。

全有権者の最適点の密度関数を $f(x)$，有権者の投票確率関数を $g(x)$ とすると候補者が得票数最大化行動をとるならば，

$$V(\theta, \psi) = \int \theta - \delta \quad f(x)g(x - \theta)dx$$

$$\therefore \partial V(\theta, \psi)/\partial \theta$$

$$= \int \theta - \delta \quad f(x)g(x - \theta)dx - 1/2f \cdot (\theta + \psi)/2 \cdot g \cdot (\psi - \theta)/2$$

$$= f(\theta + \psi)/2[1 - 1/2 \cdot g \cdot (\psi - \theta)/2] - f(\theta - \delta)$$

ここで候補者2が $f(x)$ の最頻値に ψ をおくとする。

$\therefore \psi = 0$

また，$x < \theta - \delta$，$x > \psi + \delta$ に最適点をもつ有権者は棄権し，それ以外の

有権者は投票するものとすると,

$$\partial V(\theta, \psi)/\partial \theta = 1/2 f(\theta - \delta)$$

(i) $f(\theta/2) > 2f(\theta - \partial)$ ならば $\partial V(\theta, \psi)/\partial V > 0$

(ii) $f(\theta/2) < 2f(\theta - \partial)$ ならば $\partial V(\theta, \psi)/\partial V < 0$

(iii) $f(\theta/2) = 2f(\theta - \partial)$ ならば $\partial V(\theta, \psi)/\partial V = 0$

したがって得票数最大化を目的として行動する候補者 1 は, (i) の場合, θ を ψ に近づけ, (ii) の場合には θ を ψ から遠ざける。(iii) の場合には θ を動かさない。

　つまり, 選挙に関する多次元空間競争モデルによれば, 候補者が小選挙区制で当選しようとする限り(言うまでもなく, 多くの候補者が当選しようと立候補している), 候補者の政策は有権者の最適点の最頻値に収斂することになる[2]。

　言い換えると, 小選挙区制においては, 各選挙区における候補者の政策が近似することになり, 有権者の実質的選択権は小さくなり, 政策論争が生じないことを意味している。もちろん, 選挙区に立候補する候補者が「純粋に」当選だけを考えて合理的に行動するわけではないが, 少なくとも, 政策論争が生じる可能性は中選挙区制よりも小選挙区制の方が低くなることは確かである。すると, そもそも並立制導入時に主張された小選挙区制のメリット自体が, 「候補者が選挙に当選しようとする限り」論理的に間違っていたことになる。

　さらに, ここで有権者が主観的に各党の政策をどのように認知しているのかを調べ, 与党と第一野党の間の「主観的政策距離」を計算することで, 上記の合理的モデルが示すような傾向が見られるのかどうかを明らかにしてみることにしたい[3]。その結果, 中選挙区制下の1993年衆院選時よりも小選挙

2　Melvin J. Hinich and Peter C. Ordeshook, "Plurality Maximization VS Vote Maximization," *American Political Science Review*, Vol.64, 1970, pp.772-91. この問題についての詳細は, 小林良彰『公共選択』1988年を参照。

3　1993年衆院選に関してはJES II 第一波調査(事前)データおよび第二波調査(事後)データ, 1996年衆院選に関しては, JES II 第六波調査(事前)データおよび第七波調査(事後)データ, 2000年衆院選に関しては小林良彰調査(事前)データ, 2003年衆院選に関してはJES III 第四波調査(事前)データおよび第五波調査(事後)データを用いて分析を行った。なお, JES II は平成5〜9年度文部省科学研究費特別推進研究の助成を得た「投票行動

第1章　日本の代議制民主主義の継続と変化　23

表1-1　主観的選択権：自民党と野党第一党の政策に関する主観的認知距離

	1993年	1996年	2000年	2003年	2005年	2009年	2012年
全サンプル	1.568	1.225	1.180	1.248	1.736	0.975	0.904
自民支持者	1.569	1.266	1.286	1.289	1.812	1.016	0.997
民主支持者	—	1.327	1.791	1.631	1.970	0.944	1.013
公明支持者	1.571	—	1.157	1.190	1.706	1.158	0.767
社民支持者	—	1.360	1.538	1.265	1.694	0.984	0.987
共産支持者	1.789	0.719	1.315	1.105	1.210	1.037	0.775
保守支持者	—	—	0.500	0.944	—	—	—
自由支持者	—	—	1.829	—	—	—	—
社会支持者	1.873	—	—	—	—	—	—
民社支持者	1.410	—	—	—	—	—	—
社民連支持者	1.789	—	—	—	—	—	—
新生支持者	1.923	—	—	—	—	—	—
さきがけ支持者	1.750	—	—	—	—	—	—
日本新党支持者	1.735	—	—	—	—	—	—
新進支持者	—	1.873	—	—	—	—	—
国民新党支持者	—	—	—	—	—	1.081	0.889
改革クラブ支持者	—	—	—	—	—	0.444	—
新党大地支持者	—	—	—	—	—	0.571	0.944
みんなの党支持者	—	—	—	—	—	0.722	0.874
新党改革支持者	—	—	—	—	—	—	0.861
日本未来の党支持者	—	—	—	—	—	—	0.771
日本維新の会支持者	—	—	—	—	—	—	0.838
支持なし	1.270	0.951	0.909	1.060	1.465	0.916	0.808

区制下で行われた衆院選時の方が，自民党と第一野党の政策に関する主観的認知距離が小さくなっており，その分だけ有権者の実質的選択権が拡大するどころか狭まっていることになる（表1-1）。これらのことから，仮説Iは証明されたことになる。

　なお，選挙は常に同じ候補者や同じ政策の下で行われるものではなく，その意味では一概に異なる選挙における政策距離を比較することが難しいのは言うまでもないことである[4]。しかし，少なくとも，並立制導入時に意図した

の全国的・時系列的調査研究」（蒲島郁夫・三宅一郎・綿貫譲治・小林良彰・池田謙一）に基づくものである。JES IIIは平成13〜17年度文部科学省科学研究費特別推進研究の助成を得た「21世紀初頭の投票行動の全国的・時系列的調査研究」（池田謙一・小林良彰・平野浩）に基づくものである。

4　JES II調査では，1993年衆院選時における争点として「農産物輸入自由化」「政府の

24

ような「有権者の実質的選択権が拡大する」と言う効果を見出すことができないのは事実である。また，サーベイデータによる分析の結果，前述の合理モデルのような最適点の最頻値における収斂がみられないのは，まだ有力候補者数が2名に絞られていないことや，各党の綱領に基づき政策提示の範囲が限られていることなどのためであると考えられる。

　ここで，政権交代が有権者の政治意識に与える影響についてみることにしたい。第二次大戦以降，インド国民会議派やメキシコ制度革命党（PRI）と並んで日本の自民党が長期政権を継続し，総選挙による政権交代は1947年の第1次吉田内閣から片山内閣への交代と1993年の宮澤内閣から細川内閣への交代という，いずれも1年に満たない短期間に過ぎないものであった。しかし，2009年に麻生内閣から鳩山内閣への政権交代は，その後，菅内閣，野田内閣と計3年3ヵ月に及び，初めての本格的な政権交代となった。この経験が，有権者の政治意識にどのような変化を与えているのかを明らかにすることにしたい。なお，対象としたのは，前述の全国的政治意識調査のうち，公開されているJESⅡ調査〜JESⅤ調査までの期間（1993年−2013年）である。

　まず，政治関心度についてみると，1993年以降，2007年まで大きな変化はなく，2009年の政権交代直後に一旦，下がり，翌年に持ち直した後，2012年衆院選前に再度，下がり，2013年参院選前にまた元の水準に戻っている。全体として，3年3ヵ月間，続いた民主党政権の開始時（2009年衆院選後）と終了時（2012年衆院選前）の政治関心度が同じであることから，政権交代が政治関心度に直接，大きな影響をもたらしたとは言い難い。

　これに対して，政治満足度をみると，小泉内閣の間，高い値を示した後，2009年の政権交代以降，2012年まで下がっている。その後，2012年の政権交代以降，政治満足度が上昇し，2013年に幾分，下がっている。これは，

役割」「国際関係」「政治改革」「政局」の五つを，1996年衆院選における争点として「消費税」「政府の役割」「国際関係」「憲法改正」の四つを取り上げている。また，小林良彰調査では，2000年衆院選時における争点として「政府の役割」「経済政策」「憲法改正」の三つを取り上げ，JESⅢ調査では，2003年衆院選における争点として「政府の役割」「経済政策」「憲法改正」「中央地方関係」「国際関係」「靖国参拝」の六つを取り上げている。なお，各調査における政策位置のスケーリングは統一して計算し直した。また，1993年衆院選時における野党第一党は社会党，1996年衆院選時における野党第一党は新進党，2000年衆院選時と2003年衆院選時における野党第一党は民主党である。

第1章　日本の代議制民主主義の継続と変化　25

東日本大震災復興の遅れや外交上の手詰まりなど民主党政権の期間，有権者が閉塞感を感じていたことが一因ではないかと思われる。

　さらに，政党支持で「支持政党なし」と回答した割合は，多少の変動を示しながら全体としては増加する傾向にあり，政権交代することが必ずしも政党と有権者の距離感を近づける効果をもたらしているとは言えない。上記の「支持政党なし」と回答した者に対して，さらに「好きな政党があるか」を尋ね，「それでも好きな政党がない」と回答した者の割合をみると，2009年から2010年にかけて減少しており，「支持政党はないが好きな政党はある」者が増えていることがわかる。その後，2012年以降，再度，上昇に転じている。ただし，これらは調査方法の相違にも起因する問題があるため，さらに詳細な分析が必要となる。最後に，アノミー度，権威主義度，疎外度を時系列的に比較してみると，いずれも政権交代の有無とは無関係に徐々に上昇していることがわかる。また，いずれも学歴が低い者程，高い数値を示している。

　全体として，日本の政治意識調査をみる限り，ウェストミンスター・デモクラシーを唱える者が主張するように，「政権交代が起きることが有権者の政治意識に良い影響をもたらす」とは言えないようである。むしろ，その時々の内閣に依存する傾向がみられる。また，政権交代が起きたにも拘わらず，次第に支持政党なしが増加したり，アノミー度や疎外度が上昇するなど，ネガティヴな傾向も垣間みることができる。

3.2　仮説IIの検証(a)

　さて，「小選挙区制に移行して，争点態度投票が増加していることはない」という仮説IIを検証してみることにしたい。本章における分析では，有権者の主観的な意識を通した分析と候補者の選挙公約と選挙結果の関連による分析の両方から検証することにしたい。

　まず，第一回小選挙区比例代表並立制によって行われた1996年衆院選から2013年参院選までの間に行われた11回の国政選挙（衆院選6回，参院選5回）の際に行われた全国レベルでの意識調査である前述のJES II ～ JES V調査を用いて分析をした。ただし，説明変数については時期により異なるものもあり，特に争点態度については，国政選挙によって争点が異なるために継続している項目とその時々で加わる項目が含まれている。しかし，数量化理論II類によって析出された外的基準の軸は政党再編による影響を除けば，

26

概ね共通しており，十分に比較可能である。

　ここで，分析結果をみると，総じて有権者の投票方向を決定する要因として大きなレンジをもつのは，政党支持であり，これに内閣支持が続いている（表1-2）。また，全体に衆院選よりも参院選の方が政党支持の影響力が強くなっている。これは，衆院選の小選挙区に比べて参院選の都道府県単位の選挙区の方が広いために，各候補者と有権者の心理的距離感が大きく，候補者の所属政党の影響も同様であるからと思われる。

　また，2012年衆院選におけるレンジの特徴は，2005年衆院選や2009年衆院選に比べて政党支持のレンジが大きいことである。これは，2005年衆院選では支持政党をもたない有権者の多くが自民党に投票し，2009年衆院選では支持政党をもたない有権者や自民党支持者の一部が民主党に投票していたのに対して，2012年衆院選では自民党支持者の多く（72.5%）が自民党に投票し，選挙時点までに民主党の弱い支持者が支持なしや他党支持に移って同党支持者が純化したせいか政権を失った同衆院選でも同党支持者の多数（64.0%）が民主党に投票したためと思われる。さらに，2012年衆院選では支持政党をもたない有権者の少なからぬ割合が棄権した上に，投票した者でも過年度の衆院選に比べて自民・民主両党に投票した者が大きくは偏っていない（自民党投票22.7%，民主党投票14.7%）ことも一因となっている。

　内閣支持のレンジが2009年衆院選よりも下がっているのは，2012年衆院選時の野田内閣支持が2009年衆院選時の麻生内閣支持ほどは悪くなかったためである。これに対して，民主党自体に対する有権者の評価は厳しく，感情温度でみると0〜100度の中で平均37.0度であった。

　第二次世界大戦後において，民主党政権が誕生した2009年衆院選は，政権交代が起きた3回目の選挙であった。しかし，第一回目の片山内閣は9ヵ月半であり，それを引き継いだ芦田内閣を加えても1年5ヵ月に満たなかった。また，第二回目の細川内閣は8ヵ月半であり，それを引き継いだ羽田内閣を加えても10ヵ月余の短命に終わった。これに対して，2009年に誕生した民主党政権は，鳩山，菅，野田の3内閣で3年3ヵ月に及んでおり，第二次世界大戦後における本格的な政権交代であった。その後に行われた2012年衆院選で，有権者の半数（50.7%）が2009年に政権交代が起きたことを「大いに評価する」あるいは「評価する」と答え，「評価しない」あるいは「まったく評価しない」の28.1%を大きく上回っている。それにも拘わらず，2009年の政権交代による結果，日本の政治が良くなったかどうか

を尋ねると，「とても良くなった」あるいは「ある程度，良くなった」と評価する者が10.9%しかおらず，過半数（56.5%）が「とても悪くなった」あるいは「ある程度，悪くなった」と否定的にみている。前述の民主党政権の業績に対する評価も併せてみると，政権交代自体は評価するが，民主党政権は評価しないことになる。

　ここで，共分散構造分析を用いて有権者の投票方向を決定する要因の構造を明らかにすることにしたい。何故ならば，数量化理論Ⅱ類は多項ロジット同様に，被説明変数と個々の説明変数の間の関連を明らかにすることはできるが，説明変数間の因果関係を含めた全体の構造まで明らかにすることができないからである。

　まず1996年衆院選では，学歴や年齢が高い者が高い生活満足度を通して政権の業績を評価し，内閣支持を経て与党投票に繋がる経路を見いだすことができる。また，業績評価は，年齢などによって形成される政治的満足度とともに与党支持に繋がり，投票方向に直接的に，あるいは内閣支持を経て間接的に繋がる経路も見いだすことができる。次の2000年衆院選では「神の国発言」などにより内閣支持率が低迷していたために，高齢者を除いて，直接的に，あるいは業績評価の低下を通じて間接的に与党支持が下がり，投票方向に直接的に，あるいは内閣支持を経て間接的に繋がる経路がみられる。さらに，低い業績評価が内閣支持の低下を通じて投票方向に繋がる経路もみられる。

　また，2003年衆院選では，生活に満足する者が景気状態感を通じて業績評価や将来期待感に繋がり，業績評価から政党支持や内閣支持を経て投票方向に繋がる経路と将来期待感から内閣支持を経て投票方向に繋がる経路を見いだすことができる。さらに，小泉政権で迎えた最後の衆院選となった2005年衆院選では，高年齢者ほど高い生活満足度を通じて高い業績評価や将来期待感に繋がり，それらの要因から2003年衆院選同様の経路で投票方向に至っている。なお，2005年衆院選の特徴は，他に郵政民営化の是非を問うた「郵政改革」が内閣支持を経て投票方向に繋がる経路がある。これは，争点態度が間接的にせよ投票方向に影響をもたらしている数少ない事例である。

　そして，民主党政権へ交代した2009年衆院選では，前年の2008年秋に金融危機が起きたこともあり，学歴が低い有権者ほど，アノミー度が高く，また生活満足度が低くなっている。低い生活満足度は悪い景気状態感を経

表1-2　投票方向の決定要因：数量化理論 II 類（レンジ）

		1996衆	2000衆	2001参
社会的属性	性別	0.086	0.102	0.036
	年齢	0.380	0.064	0.404
	学歴	0.110	0.080	0.066
	職業	0.560	0.541	0.352
心理的属性	アノミー度	－	0.090	0.142
	権威主義度	－	0.172	0.090
	疎外度	－	0.122	0.145
	ソーシャル・キャピタル	－	－	0.176
価値観	脱物質主義	－	－	0.383
	社会志向 vs 個人志向	－	0.183	0.331
	受益志向 vs 貢献志向	－	0.030	0.203
	未来志向 vs 現在志向	－	0.079	0.199
	全体志向 vs 個人志向	－	－	0.261
	脱産業化 vs 産業化	－	－	0.294
	社会将来楽観 vs 社会将来悲観	－	0.155	0.125
	愛国心必要感 vs 愛国心不要感	－	0.101	0.040
	脱物質主義 vs 物質主義	－	0.088	0.136
	国外志向 vs 国内志向	－	－	0.086
生活状態感	生活満足度	0.126	0.043	0.207
景気状態感	景気状態感	0.055	0.181	0.285
業績評価	全体	0.119	0.132	0.333
将来期待	全体	－	－	0.311
争点態度	景気対策 vs 財政再建（消費税）	0.206	0.073	0.245
	大きな政府 vs 小さな政府	0.095	0.081	0.156
	中央地方関係	－	－	0.071
	憲法改正	0.118	0.024	0.121
	集団的自衛権（国際貢献）	0.155	－	0.099
	靖国参拝・多国籍軍参加・常任理事国入	－	－	0.232
	郵政民営化	－	－	－
	年金制度維持	－	－	－
	北朝鮮経済支援	－	－	－
	格差	－	－	－
	地球温暖化	－	－	－
	普天間基地移転	－	－	－
	原子力発電所再稼動	－	－	－
政治意識	政治関心	0.218	0.024	0.221
	政治的満足感	0.076	0.119	0.415
	政治的有効性感覚	0.235	－	0.296
内閣・政党支持	内閣支持	0.370	0.625	0.600
	政党支持	2.070	2.204	1.811

2003衆	2004参	2005衆	2007参	2009衆	2010参	2012衆	2013参
0.079	0.109	0.037	0.052	0.073	0.062	0.034	0.112
0.318	0.411	0.176	0.227	0.268	0.163	0.195	0.230
0.062	0.104	0.194	0.148	0.210	0.094	0.138	0.309
0.511	0.666	0.321	0.515	0.589	0.151	0.262	0.303
0.251	—	0.142	0.289	0.056	0.070	0.172	0.077
0.138	—	0.111	0.121	0.191	0.075	0.023	0.030
0.139	—	0.038	0.114	0.183	0.096	0.147	0.069
0.194	0.169	0.074	—	0.157	—	—	0.155
0.202	0.386	0.050	0.100	0.022	—	0.352	0.679
0.174	0.121	0.348	0.332	0.111	0.056	0.033	0.084
0.202	0.074	0.056	0.165	0.158	0.180	0.074	0.047
0.269	0.159	0.134	0.292	0.394	0.050	0.232	0.039
0.118	0.124	0.177	0.160	0.023	0.100	0.166	0.118
0.155	0.252	0.048	0.249	0.299	0.126	0.139	0.152
0.077	0.167	0.177	0.265	0.256	0.118	0.133	0.216
0.207	0.123	0.146	0.406	0.092	0.218	0.183	0.254
0.166	0.226	0.410	0.252	0.177	0.121	0.178	0.228
0.069	0.085	0.036	0.179	0.255	0.159	0.044	0.110
0.170	0.048	0.063	0.183	0.074	0.080	0.046	0.138
0.203	0.177	0.037	0.134	0.189	0.135	0.080	0.159
0.056	0.191	0.105	0.095	0.218	0.095	0.454	0.108
0.378	0.213	0.079	0.247	0.262	0.165	0.327	0.161
0.043	0.052	0.194	0.147	0.312	0.151	0.135	0.163
0.167	0.037	0.068	0.078	0.202	0.103	0.034	0.100
0.267	0.212	0.160	0.106	0.109	0.075	0.109	0.108
0.158	0.192	0.309	0.219	0.186	0.123	0.103	0.236
0.249	0.057	0.115	0.136	0.124	0.110	0.077	0.070
0.343	0.236	0.095	0.180	—	—	—	—
—	—	0.485	—	—	—	—	—
—	—	—	0.110	0.175	0.103	0.173	0.160
—	—	—	0.201	0.274	—	—	—
—	—	—	0.127	0.342	0.067	0.078	—
—	—	—	—	0.052	0.204	—	—
—	—	—	—	—	0.062	0.144	—
—	—	—	—	—	—	0.272	0.287
0.455	0.116	0.319	0.369	0.296	0.239	0.072	0.140
0.049	0.159	0.171	0.319	0.135	0.130	0.207	0.156
0.107	0.278	0.088	0.077	0.078	—	—	0.105
0.309	0.286	0.909	1.109	1.012	0.207	0.459	0.766
1.725	1.798	1.226	2.849	2.271	4.328	3.212	3.497

30

て，政権の業績に対する低い評価や，高いアノミー度とともに将来に対する期待感の低さに繋がっている。さらに，低い業績評価は低い政治的満足度や与党支持離れを経て，低い内閣支持を通じて投票方向に影響をもたらしている。低い将来期待感も，低い内閣支持を経て投票方向に繋がっている。最後に，2012年衆院選では，高いアノミー度が低い将来期待感を経て，自民党などの野党支持や内閣支持の低下を経て投票方向に繋がる経路をみることができる。

　このように，これまでみてきたことから明らかな通り，「小選挙区制に移行して，争点態度投票が増加している」とは言えないことから，仮説IIは検証されたものと考えることにしたい。

3.3　仮説IIの検証（b）

　仮説IIについては，有権者の主観的な政治意識の分析だけでなく，候補者の選挙公約と選挙結果の関係からの分析も行うことにしたい。なお，民主主義の指標化に関する従来の研究では，政権交代の頻度や与野党議席比・得票比，投票率などの外形的な指標を用いていたが，「政権交代の頻度が少なければ，あるいは与党の議席や得票が多ければ，さらには投票率が低ければ，代議制民主主義が機能していないとまで言えるのか？」というのが，本章の問題意識である。その意味で，本章は従来の代議制民主主義の指標を外形的な指標から機能的な指標に発展させる試みである。本章では，「常に公約を遵守せよ」と主張しているのではなく，戦争など予期せぬ突発事項が起きる場合はその限りではないと認識している。しかしながら，本節の分析対象は2005年－2012年の間の衆議院であり，その間に戦争が起きたわけではない。このため当該期間の衆議院に関して，前述の問題意識による分析を行うことにしたい。

　本節で分析対象としたのは，2005年衆院選及び2009年衆院選，2012年衆院選に際して提示された選挙公約（選挙公報に記載された公約）とその間に衆議院で開催された全ての本会議および11委員会（予算委員会，内閣委員会，総務委員会，外務委員会，文部科学委員会，厚生労働委員会，農林水産委員会，経済産業委員会，国土交通委員会，環境委員会，安全保障委員会）における発言の議事録ならびに同期間における衆議院での法案への投票に関するデータである。同データには賛否項目（2005年衆院選については年金制度改革，増税，郵政事業などに賛成か反対か，2009年衆院選については

憲法改正，郵政民営化，後期高齢者医療制度改革，消費税率変更，格差是正策，年金制度改革への賛成か反対か，2012年衆院選については憲法改正，TPP交渉参加，原発再稼働，消費税率値上げに賛成か反対か，ならびに議員定数削減，領土問題，震災復興についての言及の有無でコーディング）と予算増減（2012年衆院選では，社会福祉・生活保護，保健衛生（医療），教育，労働，防衛，外交・貿易，農林水産，商工鉱業，運輸通信，地方自治，住宅，中小企業，国土開発，防災，一般行政，司法・警察，国債の各政策領域。2005年衆院選および2009年衆院選では，防災の替わりに「その他」が入り（教育と労働は一つにまとめた政策領域）の各予算を増加させることに繋がる主張か減額することに繋がる主張かによってコーディング）がある。

　本章は，従来の民主主義に関する外形的な指標に替えて民主主義の機能に着目し，すでに民主主義が定着している国における民主主義の「質」を測定するものである。具体的には，まず競合する政策エリートが提示する公約に基づいて市民が政策エリートを選択しているかどうか，つまり，「小選挙区制に移行して，争点態度投票が増加している」かどうかを明らかにすることにしたい。

　まず，2012年衆院選の小選挙区における候補者が公示に際して公表した選挙公約と同衆院選における得票率の関連をみることにしたい。なお，分析に際しては，説明変数に政党所属（政党公認または無所属候補に対する主たる政党推薦）を加えないモデルⅠと政党所属を加えたモデルⅡを用いることにした。モデルⅠでは選挙公約のうち，運輸・通信や憲法改正，TPP，原発，消費税などが得票率と有意な関連を示している（表1-3）。しかし，各候補者の政党所属を考慮に入れたモデルⅡになると，2012年衆院選における得票率と有意に強い関連をもつのは自民党所属などの政党所属であり，選挙公約では消費税率の変更の是非，防災や農林水産などの関連予算の増減などに限られている。しかも，選挙公約の各項目がもつβ値は政党所属に比べて低くなっている。

　つまり，小選挙区に立候補した自民党候補者の8割以上が当選したのに対して，小選挙区における共産党候補者は全員，落選した。しかも，自民党候補者と共産党候補者の選挙公約は明らかに異なった傾向を示している。このため，モデルⅠにおける選挙公約と得票率の関には「見かけ上の疑似関連」がみられる可能性がある。そこで，政党所属の影響を差し引いても選挙公約と得票率の間に有意な関連がみられるかどうかを確認するために，自民党候

表1-3　2012年衆院選における選挙公約と得票率(OLS)

| | 2012年衆(全体) | | | | 2012年衆(自民) | | 2012年衆(民主) | |
| | モデルⅠ | | モデルⅡ | | モデルⅠ | | モデルⅠ | |
	β	p	β	p	β	p	β	p
社会福祉・生活保護	.017	.483	.018	.350	−.033	.605	−.009	.905
保健衛生(医療)	−.016	.515	−.021	.271	−.078	.219	.050	.523
教育	.063	.006	−.017	.340	−.141	.023	−.037	.581
労働	.005	.799	.000	.978	−.001	.993	−.041	.551
防衛	−.008	.706	−.029	.101	−.051	.405	−.027	.678
外交・貿易	.059	.011	−.011	.565	−.062	.318	.024	.727
農林水産	.040	.095	.065	.001	.151	.025	.047	.540
商工鉱業	.008	.707	−.030	.085	−.101	.102	.001	.994
運輸・通信	.091	.000	.048	.007	.092	.138	.027	.714
地方自治	.053	.019	.055	.002	.003	.961	.014	.831
住宅	−.057	.008	−.016	.352	−.047	.436	−.050	.453
中小企業	.020	.354	.012	.475	.099	.093	−.076	.279
国土開発	.063	.004	.023	.173	−.002	.978	.138	.044
防災	.175	.000	.068	.000	.159	.011	.144	.041
一般行政	.011	.637	−.016	.394	.049	.435	−.028	.667
司法・警察	−.002	.940	−.003	.875	−.003	.962	−.033	.614
国債	.049	.019	.027	.097	.028	.633	−.050	.435
憲法	.186	.000	.057	.036	.097	.112	.032	.620
TPP	−.163	.000	−.031	.187	−.053	.393	−.044	.516
原発	.146	.000	−.009	.662	.056	.377	−.032	.633
消費税	.327	.000	.121	.000	.050	.385	−.003	.966
議員定数削減	.041	.083	.046	.013	.015	.809	.148	.029
領土問題	−.029	.319	.009	.729	.036	.532	−.031	.632
震災復興	.060	.005	.008	.618	−.079	.209	.031	.629
自民党			.627	.000				
民主党			.145	.000				
公明党			.134	.000				
社民党			−.014	.424				
共産党			−.129	.000				
調整済みR^2	.450		.667		.101		.002	
N	1294		1294		289		264	

補者だけを対象とする分析を行ってみると，防災と教育，農林水産の項目に
関する予算の増減だけが関連をもち，それ以外の項目の予算や賛否に関する
項目の選挙公約はいずれも得票率と有意な関連をもっていない。同様に，小
選挙区で立候補した民主党候補者だけを対象とした分析を行ってみても，得

票率と有意な関連がみられたのは，防災と国土開発の関連予算増減と議員定数削減への言及のみであり，他の項目は有意な関連を示していない。さらに，自民党候補者だけの分析でも民主党候補者だけの分析でも，決定係数（調整済）は著しく低く，特に民主党候補者だけの分析では0.002と選挙公約だけで得票率を説明することが不十分であることを示す値となっている。

　ここで，2012年衆院選における当選／落選を被説明変数とするロジスティック回帰分析を行ってみることにしたい。何故なら，「当選者の得票率は高く落選者の得票率は低い」と想定しがちであるが，小選挙区制では，特段，得票率が高い候補者や特段，得票率が低い候補者（泡沫候補者など）を別にして，少なからぬ候補者が43％〜56％の間でひしめき合っている。特に，45％〜49％では当選者と落選者が完全に混在しており，得票率が高い順に当選しているわけではなく，得票率と当落の分析を別々に行う必要がある。また，得票率は連続変数であり，当落は不連続又は離散変数であることから用いる分析手法も異なるため，その違いが分析結果に与える影響を確認する上でも必要な分析となる。

　さて，小選挙区の全候補者を対象とする分析の結果，自民党所属と共産党所属が2012年衆院選の当落と有意な関連をもち，選挙公約では消費税率と地方自治関連予算の項目だけが有意であった（表1-4）。また，自民党候補者だけを対象とする分析では選挙公約で当落と有意な関連を示す項目はなく，民主党候補者だけの分析では防災関連予算だけが有意であった。つまり，2012年衆院選小選挙区においては，当落と関連をもつ選挙公約はほとんどなく，どの政党の公認であるかが重要であったことになる。

　これまで行ってきた分析を2009年衆院選小選挙区に立候補した候補者を対象とする分析と比べてみても，ほぼ同様の結果が得られていることから，単に2012年衆院選だけの現象とは言えないことになる。有権者の投票方向を対象とする数量化理論Ⅱ類ならびに共分散構造分析の結果でも，同様に争点投票が有意にはみられないことから，選挙における選挙公約を通した民意の負託が十分に行われているとは言い難いことがわかる。

　前述の通り，2012年衆院選における得票率や当落への影響をみる際に，相手候補の特性や地域特性を本章の分析で採用しなかった理由は，小選挙区制の特質によるものである。つまり，小選挙区では，原則として，民主党候補者と自民党（あるいは公明党）候補者，その他候補者が立候補している。つまり，「競争相手」を示す指標のうち，民主党候補者の競争相手は常に「自

表1-4 2012年衆院選における選挙公約と当選/落選（ロジスティック回帰）

	2012年衆(全体)				2012年衆(自民)		2012年衆(民主)	
	モデルⅠ		モデルⅡ		モデルⅠ		モデルⅠ	
	B	p	B	p	B	p	B	p
社会福祉・生活保護	-.022	.899	.107	.627	.023	.974	-.108	.786
保健衛生(医療)	-.083	.674	-.178	.494	.050	.950	-.203	.631
教育	.777	.000	.359	.117	-.700	.297	.367	.380
労働	.282	.095	.225	.301	-.483	.511	.518	.188
防衛	.109	.650	-.303	.348	-.896	.266	.067	.920
外交・貿易	.569	.005	-.136	.607	-.647	.355	.794	.102
農林水産	-.225	.274	.012	.964	.215	.802	-.801	.084
商工鉱業	.204	.287	.084	.733	-.072	.926	.121	.751
運輸・通信	.454	.041	.315	.287	.699	.441	-.020	.968
地方自治	.572	.003	.582	.012	—	—	.144	.765
住宅	-3.366	.019	-2.343	.168	—	—	—	—
中小企業	-.051	.806	-.082	.774	1.359	.231	-.932	.063
国土開発	.959	.014	.676	.206	-1.580	.109	1.324	.120
防災	.915	.000	.468	.088	.837	.305	.952	.027
一般行政	-.229	.274	-.448	.062	-1.018	.411	-.454	.312
司法・警察	-.848	.296	-1.091	.241	-2.023	.191	—	—
国債	.672	.546	-.191	.877	—	—	—	—
憲法	1.143	.000	.513	.104	1.103	.343	.323	.674
TPP	-.848	.000	-.148	.500	-.086	.904	-.823	.097
原発	.864	.000	-.126	.538	-1.529	.171	-.040	.908
消費税	1.525	.000	1.047	.000	-.201	.896	.803	.092
議員定数削減	.040	.858	.167	.520	-.643	.620	.363	.360
領土問題	-.141	.621	.145	.751	.190	.872	.356	.636
震災復興	.838	.000	.574	.053	-.449	.632	.536	.270
自民党	4.148	.000						
民主党	-.238	.354						
公明党	—	—						
社民党			-.156	.850				
共産党			-2.346	.007				
Cox & Snell R^2	.332		.488		.058		.103	
NagelkerkeR^2	.332		.488		.161		.159	
N	1294		1294		220		258	

民党（あるいは公明党）＋その他候補者」であり，自民党候補者の競争相手は
常に「民主党＋その他候補者」であることから，小選挙区にかかわらず，同
一政党候補者の「競争相手」のバリエーションが小さく，得票率や当落を被

説明変数とする分析の説明変数にすでに当該候補者の政党変数を投入しているため，それに加えて「競争相手」の政党変数を追加投入しても効果が小さいためである。敢えて言うと，小選挙区によって「その他候補者」の中身が異なることがあるが，そもそも第46回衆院選におけるその他候補者の当選が全小選挙区の5％程度であることから，バリエーションが小さく分析に加えても効果が小さいのである。また，選挙区特性についても同様であり，300小選挙区において，民主党や自民党（または公明党）の候補者以外のその他候補者を別にすれば，300名近い当選者と300名近い落選者がいる。つまり，その他候補者を別にすれば，同じ選挙区特性に同数の当選者と落選者がいることから，当落を被説明変数とする分析の説明変数に選挙区特性を加える効果が小さいことになる。また，各小選挙区における民主党候補者と自民党（あるいは公明党）候補者の得票率の和がほぼ一定であることから，同様に得票率を従属変数とする分析の説明変数に選挙区特性を加える効果もほとんどみられないためである。

これまでみてきた通り，候補者の選挙公約と選挙結果の関連をみても，「小選挙区制に移行して，争点態度投票が増加している」とは言えないことから，仮説Ⅱは検証されたものと考えることにしたい。

3.4 仮説Ⅲの検証（a）

政策論争は単に政策に関する議論が起きるだけでなく，有権者が選挙の際の「政策論争」で負託した民意が政策に反映されることが求められる。そこで，「小選挙区制に移行して，選挙の際に負託した民意が政策に反映されている」ことはないという仮説Ⅲを検証することにしたい。具体的には，2009年衆院選で当選した政治家が，次の2012年衆院選までの間に国会で当選時の公約通りの活動をしているのかどうかを検証することにしたい。具体的には，上記期間における全ての衆議院本会議および11委員会の議事録を収集し，関連法案への投票ならびに質疑や答弁などの発言を選挙公約の内容分析で用いた項目に即して同様に内容分析した。

さらに，2009年以降の衆議院議員一人一人について前述の2009年衆院選における選挙公約の内容分析の結果と2009年以降の衆議院本会議および委員会における法案投票や発言の内容分析の結果を照合することで，両者の間の一致度を測定した。なお，衆議院における「発言」は全衆議院議員が行うわけではなく，また発言の頻度も議員によって異なっているため，「発言」

だけでなく全議員が同頻度で行う「法案投票」も分析に加える必要がある。

　分析の結果，まず選挙公約と国会における投票の一致度の分布をみると，賛否項目に関わるものでも予算増減に関わるものでも，全体に一致度が低いことがわかる。政党別にみると，全体的に与党であった民主党の方が選挙公約と当選後の国会における法案への投票の間の一致度が高く，自民党は選挙公約と当選後の国会における活動の一致度が相対的に低いことがわかる。

　ここで，こうした選挙公約と国会活動の一致度がどのような要因によって形成されるのかをみることにしたい。分析については，社会的属性だけを説明変数とするモデルⅠ，政党所属と公約言及項目数を加えたモデルⅡ，さらに経歴を加えたモデルⅢを用いることにした。まず，全項目（選挙公約における各予算項目の増減および賛否項目）では，モデルⅠおよびモデルⅡで一致度と有意な関連を示す説明要因はなく，モデルⅢで公約言及項目数だけが有意な値を示している。

　次に，選挙公約における各予算項目の増減と国会における活動の一致度を対象とする分析を行ってみると，公約言及項目数と社民党が有意な関連を示している。また，選挙公約における消費税や原発などの賛否項目と国会における活動の一致度を対象とする分析を行ってみると，自治体の首長出身，自民党所属，公約言及項目数が有意な値を示している。つまり，選挙公約の言及が多い候補者ほど，当選後に選挙公約を遵守した国会活動を行う傾向があるのに対して，自治体首長出身の候補者では逆の傾向がみられることになる。

　さらに，これらの分析結果を2005年衆院選における選挙公約と2005－2009年の間の国会活動との一致度を対象とする分析結果と比べてみることにしたい。その結果，全体に一致度が低いことは同様であるが，民主党議員の一致度が2005－2009年の野党時代よりも2009年の与党時代の方が高くなっていることがわかる。また，一致度の決定要因については，ほぼ同様の傾向がみられる。

　これまでみてきた通り，「小選挙区制に移行して，選挙の際に負託した民意が政策に反映されている」ことはないことから，仮説Ⅲは検証されたものと考えることにしたい。

3.5　仮説Ⅲの検証(b)

　当選時に提示した選挙公約と当選後の国会活動の関連が希薄であることが

明らかになったが，政治家の選挙公約と国会活動の一致度が次回選挙の結果に反映しているならば，長期的には政治家にとっても，選挙前に有権者に約束した選挙公約を遵守しなければならず，有権者にとっては自分たちが負託した民意に基づいて政治が行われることになる。一方，選挙公約と国会活動が一致していなくても次の選挙結果に影響しないのであれば，政治家にとっては選挙前の公約を無視することができるわけである。そこで，政治家の選挙公約と国会活動の一致度が次回選挙の結果に反映しているかどうかを明らかにすることにしたい。

　まず，「2012年衆院選における得票率」を被説明変数，「2009年衆院選の選挙公約と2009年以降の衆議院における法案への投票（賛否項目および予算増減）との一致度」と「政治家の社会的属性」を説明変数とする重回帰分析を行ってみることにした。なお，分析については，一致度と社会的属性，選出小選挙区の地域特性だけを説明変数とするモデルⅠ，これに政党所属を加えたモデルⅡ，さらに経歴を加えたモデルⅢを用いることにした。

　分析の結果，本会議における全項目（選挙公約の予算項目および賛否項目）については，モデルⅠ～Ⅲまでのいずれにおいても上記の一致度は2012年衆院選における得票率と有意な関連をもっていない（表1-5）。これは，本会議における予算項目だけの一致度，ならびに賛否項目だけの一致度についてみても同様に，得票率との有意な関連はみられない。

　これに対して，本会議と委員会の双方を対象とする分析を行ってみると，2009年衆院選で提示した選挙公約と2009年衆院選以降の国会活動の間の一致度が高い者ほど，2012年衆院選における得票率が高いことがわかる。さらに，本会議と委員会を合わせて予算項目と賛否項目別に分析すると，予算項目における一致度が得票率と関連をもち，賛否項目における一致度は有意な関連をもたないことがわかる。これらのことから，特に委員会における予算項目に関する選挙公約と国会活動の間の一致度が，次回衆院選での得票率と関連をもつことが明らかになったわけである。

　ただし，衆院選における得票率は各小選挙区における候補者数に依存する。つまり，「選挙公約と国会活動の間の一致度」と「次回2012年衆院選の得票率」の間の関連が「見かけ上」のものである可能性も否定できない。このため，2012年衆院選における当落を被説明変数とするロジスティック回帰分析を行うことにした。その結果，本会議における全項目（選挙公約の予算項目および賛否項目），本会議における項目別，本会議＋委員会におけ

表1-5　2009衆院選公約と国会発言（09年－12年）の一致度と2012衆院選得票率（OLS）

	本会議（全項目）			本会議＋委員会（全項目）		
	Ⅰ	Ⅱ	Ⅲ	Ⅰ	Ⅱ	Ⅲ
公約・発言一致度：全項目	−0.072	−0.051 †	−0.046	0.165***	0.093**	0.072*
公約・発言一致度：予算項目						−0.010
公約・発言一致度：賛否項目						−0.067
性別	−0.027	−0.021	−0.015	−0.022	−0.018	−0.010
年齢	−0.210***	−0.143***	−0.171***	−0.208***	−0.144***	−0.168***
教育程度	−0.016	−0.029	−0.033	−0.007	−0.023	−0.027
当選回数	0.513***	0.264***	0.333***	0.484***	0.251***	0.321***
前回得票率	0.189***	0.281***	0.278***	0.179***	0.272***	0.267***
経歴ダミー：国会議員			−0.020			−0.022
経歴ダミー：議員秘書			−0.025			−0.020
経歴ダミー：大臣			−0.028			−0.040
経歴ダミー：国家公務員			0.096*			0.084*
経歴ダミー：首長			0.066*			0.060*
経歴ダミー：地方公務員			−0.026			−0.023
経歴ダミー：地方議員			0.027			0.023
経歴ダミー：政党役員			−0.070*			−0.061 †
経歴ダミー：団体役員			−0.042			−0.040
経歴ダミー：宗教団体役員						
経歴ダミー：専門・技術職			0.016			0.009
経歴ダミー：会社員			−0.019			−0.030
自民党		0.688***	0.637***		0.675***	0.635***
民主党		0.094*	0.097*		0.095*	0.095*
公明党						
共産党						
社民党		0.070*	0.078**		0.072*	0.080**
地域特性：都市-農村	−0.385***	−0.191***	−0.171***	−0.394***	−0.202***	−0.183***
地域特性：活性-停滞	−0.140**	−0.055 †	−0.051 †	−0.135**	−0.053 †	−0.048
Adj R²	0.479	0.779	0.790	0.502	0.786	0.793
N	278	278	278	278	278	278

標準化係数。***: $\rho <0.001$ **: $0.001 \leqq \rho <0.01$ *: $0.01 \leqq \rho <0.05$ † : $0.05 \leqq \rho <0.1$。

　　る全項目，本会議＋委員会における項目別の全てについて，モデルⅠ～Ⅲの
いずれにおいても「選挙公約と国会活動の間の一致度」と「次回衆院選の得
票率」の間に有意な関連を見いだすことができなかった（表1-6）。つまり，
極論すれば，前回当選した2009年衆院選で有権者に約束した公約を守って
も守らなくても次の2012年衆院選における当落には影響しないことになる。
　　ここで，これらの分析結果を「2005年衆院選における選挙公約と2005

本会議（項目別）			本会議＋委員会（項目別）		
I	II	III	I	II	III
−0.086	−0.091	0.195***	0.105***	0.081**	
0.038	0.049	−0.105*	−0.038	−0.026	
−0.026	−0.021	−0.016	−0.026	−0.019	−0.012
−0.208***	−0.145***	−0.174***	−0.204***	−0.143***	−0.167***
−0.016	−0.029	−0.034	−0.006	−0.023	−0.027
0.510***	0.265***	0.337***	0.489***	0.255***	0.321***
0.194***	0.278***	0.273***	0.197***	0.278***	0.272***
		−0.019			−0.023
		−0.027			−0.019
		−0.032			−0.034
		0.095*			0.083*
		0.067*			0.059*
		−0.027			−0.023
		0.027			0.023
		−0.070*			−0.059 †
		−0.042			−0.039
		0.017			0.011
		−0.018			−0.028
	0.690***	0.641***		0.668***	0.629***
	0.095*	0.099*		0.092*	0.094*
	0.070*	0.079**		0.071*	0.079**
−0.384***	−0.191***	−0.171***	−0.384***	−0.199***	−0.181***
−0.141**	−0.054 †	−0.050	−0.136**	−0.054 †	−0.048
0.478	0.779	0.790	0.512	0.787	0.793
278	278	278	278	278	278

－2009年の間の国会活動との一致度」と「次回2009年衆院選の得票率」および「次回2009年衆院選における当落」の関連を対象とする分析結果と比べてみることにしたい。その結果，2005－2009年を対象とする分析でも，選挙公約と国会活動の一致度は次回衆院選での当落と有意な関連をもっておらず，2009年以降の一致度と2012年衆院選の関連だけの問題ではないことがわかる。さらに2005－2009年を対象とする分析では，選挙公約

40

と国会活動の一致度が次回衆院選での得票率とも関連をもっていないことが明らかになった。

　これらはいずれも政治家が選挙に際して有権者に提示した公約が国会活動において遵守されているかどうか，またそのことが次回衆院選に影響を及ぼ

表1-6　2009衆院選公約と国会発言（09年－12年）の一致度と2012衆院選当落（ロジスティ

	本会議（全項目）			本会議＋委員会（全項目）		
	Ⅰ	Ⅱ	Ⅲ	Ⅰ	Ⅱ	Ⅲ
公約・発言一致度：全項目	-0.267	-0.421	-0.372	0.128*	0.097	0.082
公約・発言一致度：予算項目						
公約・発言一致度：賛否項目						
性別	-1.272	-1.893	-2.146	-1.273	-1.778	-2.046
年齢	-0.049*	-0.067*	-0.079*	-0.048*	-0.065*	-0.080*
教育程度	0.308	0.552	0.680	0.418	0.693	0.831
当選回数	0.619***	0.578***	0.675***	0.566***	0.514***	0.669***
前回得票率	3.729	15.099***	15.566***	3.986	15.196***	14.158***
経歴ダミー：国会議員			0.518			0.690
経歴ダミー：議員秘書			-1.171			-1.071
経歴ダミー：大臣			-0.250			-1.393
経歴ダミー：国家公務員			0.623			0.630
経歴ダミー：首長			-1.409			-1.705
経歴ダミー：地方公務員			-0.007			0.121
経歴ダミー：地方議員			0.259			0.250
経歴ダミー：政党役員			-1.216			-1.062
経歴ダミー：団体役員			-0.730			-0.608
経歴ダミー：宗教団体役員			0.000			0.000
経歴ダミー：専門・技術職			0.402			0.433
経歴ダミー：会社員			-0.127			-0.150
自民党		5.741***	5.904***		5.435***	5.721***
民主党		-0.257	-0.231		-0.409	-0.386
公明党		－	－		－	－
共産党		－	－		－	－
社民党		16.429	16.656		16.787	16.495
地域特性：都市-農村	-0.791***	-0.284	-0.198	-0.840***	-0.341	-0.310
地域特性：活性-停滞	-0.251	-0.107	-0.074	-0.262	-0.114	-0.064
定数	-2.393	-8.541*	-7.755*	-2.990	-9.057*	-7.662*
Cox & Snell R^2	0.352	0.539	0.556	0.361	0.537	0.555
Nagelkerke R^2	0.490	0.749	0.774	0.502	0.747	0.771
N	278	278	278	278	278	278

標準化係数。***: $p <0.001$ **: $0.001 \leqq p <0.01$ *: $0.01 \leqq p <0.05$ †: $0.05 \leqq p <0.1$。

しているかどうかに関する分析である。このことを確認し，有権者側の分析を行うために，2005年衆院選及び2009年衆院選，2012年衆院選における意識調査データ（JESⅢ及びJESⅣ，JESⅤ）を用いて，業績評価投票がみられるかどうかを分析してみた。具体的には，自民党投票か否かを被説明変数

ック回帰）

本会議（項目別）			本会議＋委員会（項目別）		
I	II	III	I	II	III
-0.172	-0.461	-0.578	0.157**	0.118 †	0.091
-0.893	-0.070	1.211	-1.524 †	-0.750	-0.231
-1.268	-1.897	-2.175	-1.343	-1.785	-2.036
-0.049*	-0.067*	-0.080*	-0.049*	-0.066*	-0.080*
0.308	0.553	0.682	0.450	0.736	0.847
0.616***	0.578***	0.683***	0.585***	0.528***	0.667***
3.894	15.060***	15.127***	4.680 †	15.438***	14.381***
		0.536			0.698
		-1.212			-1.053
		-0.401			-1.285
		0.640			0.643
		-1.409			-1.713
		-0.026			0.123
		0.269			0.264
		-1.216			-1.044
		-0.715			-0.584
		0.000			0.000
		0.425			0.437
		-0.124			-0.121
	5.748***	5.939***		5.452***	5.722***
	-0.253	-0.215		-0.394	-0.367
	—	0.000		0.000	0.000
	—	0.000		0.000	0.000
	17.434	16.641		16.787	16.210
-0.791***	-0.284	-0.200	-0.842***	-0.333	-0.305
-0.252	-0.106	-0.064	-0.276	-0.126	-0.074
-2.503	-8.518*	-7.508 †	-3.437	-9.327**	-7.897*
0.352	0.539	0.557	0.368	0.538	0.555
0.490	0.749	0.774	0.511	0.748	0.771
278	278	278	278	278	278

表1-7　投票方向と業績評価：ロジット回帰分析

		2005衆		2009衆		2012衆	
		モデルⅠ	モデルⅡ	モデルⅠ	モデルⅡ		
業績評価	財政構造改革	0.422***	0.191	0.374**	0.138	0.065	-0.043
	経済運営	0.169	0.094	-0.160	-0.252	-0.200**	-0.042
	外交政策	0.245***	0.168	0.349**	0.240	-0.284***	-0.229*
	全体	0.354**	-0.213	0.823***	0.316	-0.074	-0.117
社会的属性	性別		0.138		-0.162		-0.021
	年齢		0.037		-0.020*		-0.002
	居住年数		0.128		0.307**		0.201***
	学歴		-0.075		0.032		-0.091
価値観	アノミー度		0.015		0.061		-0.003
	権威主義度		0.014		0.016		-0.088
	疎外度		-0.143*		0.012		0.013
	ソーシャル・キャピタル		-0.027		—		—
	脱物質主義		-0.113				-0.034
	社会志向vs個人志向		-0.025		0.016		0.000
	受益志向vs貢献志向		-0.056		0.032		-0.006
	未来志向vs現在志向		-0.008		0.082		0.020
	全体志向vs個人志向		0.027		-0.108		0.064
	脱産業化vs産業化		0.028		-0.037		-0.013
	社会将来楽観vs社会将来悲観		-0.052		0.078		0.092
	愛国心必要感vs愛国心不要感		-0.029		0.137		-0.158*
	脱物質主義vs物質主義		0.010		0.256		-0.039
	国外志向vs国内志向		-0.081		0.107		0.027
生活状態感	生活満足度		0.087		-0.154		-0.074
	過去生活		-0.090		0.051		0.025
	将来生活		-0.034		0.074		-0.096
景気状態感	景気状態感		-0.150		0.092		0.003
	過去景気		0.202		0.111		0.005
	将来景気		0.040		-0.138		0.229**
政治意識	政治関心		-0.126		-0.086		0.018
	政治的満足感		0.087		-0.147		-0.077
	政治的有効性感覚		-0.014		—		—
	保革自己イメージ		0.229**		0.310**		0.108**
内閣・政党支持	内閣支持		0.990***		1.390***		1.014***
	政党支持		1.317***		2.051***		1.854***
	Cox&Snell R^2	0.201	0.365	0.219	0.439	0.033	0.365
	NagelkerkeR^2	0.268	0.487	0.300	0.602	0.033	0.365
	N	1270	1270	802	802	2007	2007

表1-8　投票方向と業績評価(支持政党別)ロジット回帰分析

		2009衆					
		自民支持者のみ		民主支持者のみ		支持なしのみ	
		モデルI	モデルII	モデルI	モデルII	モデルI	モデルII
業績評価	財政構造改革	0.374	0.192	0.360	-0.070	-0.060	-0.258
	経済運営	-0.261	-0.273	-0.282	-1.706	-0.291	-0.682
	外交政策	0.205	0.062	0.634	1.117	0.333	0.171
	全体	0.721***	0.419	0.164	-0.245	0.766*	0.072
社会的属性	性別		0.290	-0.399	-0.218		-0.021
	年齢		-0.021	-0.101	-0.006		-0.002
	居住年数		0.338*	0.619	0.691*		0.201***
	学歴		0.077	-2.227	0.120		-0.091
価値観	アノミー度		0.103	-0.604	-0.036		-0.003
	権威主義度		0.123	0.620	-0.368		-0.088
	疎外度		-0.058	0.035	0.084		0.013
	ソーシャル・キャピタル		—	—	—		—
	脱物質主義		—	—	—		-0.034
	社会志向vs個人志向		0.113	1.332	-0.454		0.000
	受益志向vs貢献志向		-0.010	-0.415	-0.643		-0.006
	未来志向vs現在志向		0.042	0.312	0.384		0.020
	全体志向vs個人志向		-0.161	-0.975	0.287		0.064
	脱産業化vs産業化		0.128	-0.710	-0.375		-0.013
	社会将来楽観vs社会将来悲観		-0.114	-1.173	0.020		0.092
	愛国心必要感vs愛国心不要感		0.190	0.830	0.283		-0.158*
	脱物質主義vs物質主義		0.343	-3.295*	0.526		-0.039
	国外志向vs国内志向		0.167	-0.271	0.246		0.027
生活状態感	生活満足度		-0.151	-0.508	0.286		-0.074
	過去生活		0.328	-0.314	0.499		0.025
	将来生活		-0.190	-0.603	0.011		-0.096
景気状態感	景気状態感		0.114	1.161	0.468		0.003
	過去景気		0.009	-2.037	0.333		0.005
	将来景気		-0.342	-2.077	-0.159		0.229**
政治意識	政治関心		0.100	-1.335	-0.332		0.018
	政治的満足感		-0.196	0.458	0.041		-0.077
	政治的有効性感覚		—	—	—		—
	保革自己イメージ		0.273*	0.317	0.900**		0.108**
内閣・政党支持	内閣支持		1.262***	5.525*	1.757**		1.014***
	政党支持		—	—	—		1.854***
	Cox&Snell R^2	0.137	0.272	0.020	0.176	0.046	0.288
	NagelkerkeR^2	0.193	0.383	0.065	0.578	0.075	0.466
	N	326	326	225	225	171	171

表1-9　投票方向と業績評価(支持政党別)ロジット回帰分析

		2009衆					
		自民支持者のみ		民主支持者のみ		支持なしのみ	
		モデルI	モデルII	モデルI	モデルII	モデルI	モデルII
業績評価	財政構造改革	0.160	0.337	-0.153	-0.398	0.190	0.060
	経済運営	-0.110	-0.109	-0.186	0.007	-0.293	-0.213
	外交政策	-0.351*	-0.291	-0.161	-0.239	-0.428**	-0.268
	全体	-0.166	-0.296	-0.215	0.023	0.089	0.030
社会的属性	性別		-0.106		1.079		0.187
	年齢		0.002		0.018		0.005
	居住年数		0.234*		0.591*		0.195*
	学歴		0.024		0.110		-0.210
価値観	アノミー度		0.034		-0.376		-0.017
	権威主義度		-0.129		-0.001		-0.053
	疎外度		0.111		0.378		0.021
	ソーシャル・キャピタル		—		—		—
	脱物質主義		-0.059		0.663		-0.063
	社会志向vs個人志向		-0.172		0.480		0.028
	受益志向vs貢献志向		-0.033		-0.078		0.076
	未来志向vs現在志向		0.056		-0.079		0.151
	全体志向vs個人志向		0.264		0.340		-0.179
	脱産業化vs産業化		-0.100		-0.095		0.041
	社会将来楽観vs社会将来悲観		0.269		-0.119		0.023
	愛国心必要感vs愛国心不要感		-0.496**		-0.325		0.013
	脱物質主義vs物質主義		0.115		-1.285**		0.079
	国外志向vs国内志向		0.142		-0.384		0.021
生活状態感	生活満足度		-0.017		0.200		-0.057
	過去生活		-0.255		0.879		0.060
	将来生活		-0.238		-0.731		0.057
景気状態感	景気状態感		0.128		-0.637		-0.053
	過去景気		-0.131		-0.026		0.188
	将来景気		0.529**		-0.177		0.096
政治意識	政治関心		0.094		0.318		0.019
	政治的満足感		0.121		-0.273		-0.033
	政治的有効性感覚		—		—		—
	保革自己イメージ		0.105		0.153		0.121*
内閣・政党支持	内閣支持		0.649**		1.818***		1.115***
	政党支持		—		—		—
	Cox&Snell R²	0.026	0.155	0.036	0.228	0.028	0.193
	NagelkerkeR²	0.042	0.246	0.063	0.398	0.041	0.281
	N	593	593	257	257	749	749

とするロジット回帰分析を行ってみると，2005年衆院選及び2009年衆院選においては，その時の内閣に対する業績評価は投票行動に有意ではなく，2012年衆院選においては外交政策に対する業績評価がネガティヴな関連をもつ（評価しない有権者ほど，投票する）ことになり（表1-7），見かけ上の関連である可能性がある。そこで，有権者を支持政党別（自民党支持者，民主党支持者，支持政党なし）に分けて同様の分析を行ってみると，2005年衆院選および2009年衆院選，2012年衆院選のいずれにおいても，業績評価投票を確認することができないことが明らかになった（表1-8，表1-9）。つまり，政治家側の分析と同様の結果が示されたことになる。

　これまでみてきた通り，政治家の選挙公約と国会活動の一致度が次回選挙の結果に反映しているとは言えず，「小選挙区制に移行して，選挙の際に負託した民意が政策に反映されている」ことはないことから，仮説Ⅲは検証されたものと考えることにしたい。

　このようにみてくると，プロスペクティヴな意味でもリトロスペクティヴな意味でも，日本では代議制民主主義が機能しているとは言い難いことになる。つまり，選挙を通じて有権者の民意が政治家に十分に負託されているとは言えないわけである。具体的には，政治家が有権者に約束した公約を離れて国会活動を行い政策形成しているために，政治的有効性感覚が著しく低くなり，そのために選挙に際しても，政党政治家が提示した公約を信頼することなく投票行動を決定し，さらに，実施される政策に対する評価とは乖離して次の候補者選択を行っているのが実情ではないだろうか。

3.6　仮説Ⅳの検証

　これまで小選挙区制のメリットとして言われていたことが，わが国で行われた同制度下における衆院選をみる限り，現実には妥当していないことを明らかにしてきた。次に，ここでは中選挙区制の問題点として言われていたことが，中選挙区制がなくなった現在ではみられなくなったのかどうかを検証してみることにしたい。もし，小選挙区制で行われた衆院選において，中選挙区制の問題点が消滅あるいは減少しつつあるのであれば，並立制導入時に主張された「悪いのは，選挙制度である」という理屈は正しかったことになる。しかし，そうではなく小選挙区制下で衆院選が行われている現在においても，中選挙区制下でみられたのと同じ問題が生じているのであれば，問題は重大である。つまり，並立制導入時に主張された「中選挙区制がもたら

す問題点」は中選挙区制に伴う問題ではなく，日本の政治構造に伴う問題であったことになる。したがって，問題を解決するために直すのは選挙区制度ではなく，別の構造であったことになるからである。

　ここで，「小選挙区制に移行して，得票と補助金の関連性がなくなっていることはない」という仮説Ⅳを検証してみることにしたい。はじめに，中選挙区制の悪弊と言われた「票と補助金の交換システム」に変化が生じたのかどうかを明らかにすることにしたい。まず中選挙区制時代には，あらかじめ補助金を配分して次回選挙における票に結びつける「集票手段型」とあらかじめ選挙で出た票に応じて補助金が配分される「お礼参り型」の二タイプが考えられると言われていた。

　そこで，まず特別交付税についてみると，小選挙区制で行われた第一回衆院選の前年（1995年）に各小選挙区に配分された特別交付税が都市化の影響を差し引いてもなお自民党得票率と高い関連性を示していることがわかる。いわゆる集票手段型の「票と補助金の交換システム」[5]が小選挙区制下においてもみられることになる。次に，1996年衆院選における各小選挙区における自民党得票率が翌年（1997年）の特別交付税の配分にどのような影響をもたらしているのかをみると，都市化の影響を差し引いてもなお高い関連性を示している。いわゆるお礼参り型の「票と補助金の交換システム」が存続していることがわかる。同様に，2000年衆院選についても前年（1999年）の特別交付税からの影響や翌年（2001年）の特別交付税への影響をみると，いずれも都市化の影響を考慮してもなお高い関連性をみることができ，2003年衆院選でも同様の関連をみることができる（図1-1）。一方，特別交付税を大幅に縮減した小泉政権後の行われた2006年衆院選ではこうした関連が一時，有意ではなくなったものの，小泉首相引退後に特別交付税が増加した後の2009年衆院選では再び上記の関連が有意に戻っている。そして，民主党政権で行われた2012年衆院選ではまた有意ではなくなっている。

　つまり，「票と補助金の交換システム」は小選挙区制においても継続してみられる一方で，特別交付税を縮減する政権や政権交代の後に行われた衆院選ではそうした関連が有意ではなくなっていることがわかる。

　さらに地方交付税（普通交付税と特別交付税の総額）について，同様に翌年

5　中選挙区制における「票と補助金の交換システム」については，小林良彰『現代日本の政治過程』東京大学出版会，1997年を参照。

図1-1　票と補助金の関連（特別交付税：人口1人あたり）

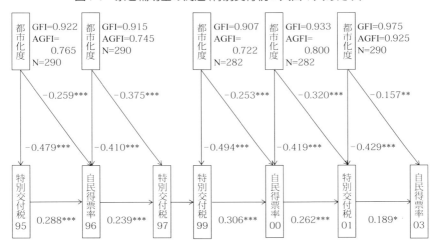

図1-1　続き

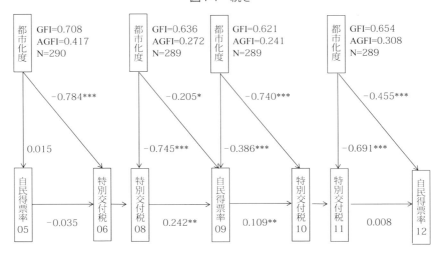

の衆院選における各小選挙区の自民党得票率や前年の衆院選における各小選挙区の自民党得票率の関連をみてみると，特別交付税ほどではないにしても，特別交付税と同じように都市化の影響を差し引いてもなお高い関連性をみることができる（図1-2）。なお，ここでも地方交付税を縮減する政権や政

図1-2 票と補助金の関連（地方交付税：人口1人あたり）

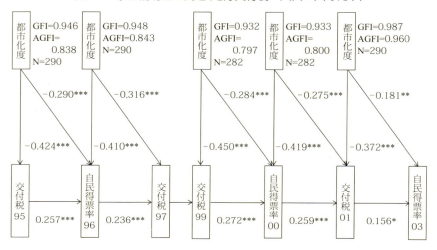

図1-2 続き

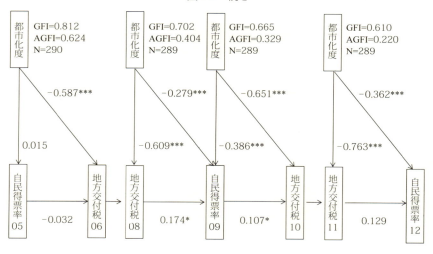

権交代の後に行われた衆院選ではそうした関連が有意ではなくなる傾向をみることができる。いずれにしろ，これまでみてきたように，中選挙区制の悪弊と言われた「票と補助金の交換システム」は小選挙区制下においても健在であることが明らかになった。したがって，仮説Ⅳは証明されたと考えるこ

とができる。

　ここで，衆院選の選挙制度の変更が，参院選に関する「票と補助金の交換システム」に影響をもたらしたのかどうかをみることにしたい。まず衆院選の選挙制度が並立制に変更されてから7年後に行われた2001年参院選に建設関連団体の支援を得て当選した建設組織支援候補の得票率と建設補助金の額を市区町村別に収集した後，小選挙区単位で集計し直して関連を求めてみると，$r=0.449$（$N=300$）と高い関連があることがわかる。なお，中選挙区制時代に行われた参院選における同様の関連は$r=0.700$（$N=130$）であるが，ケース（衆院選の選挙区数）の違いを考慮すると，ともに高い関連性を示していると言うことができる。また，2000年建設補助金と2001年参院選建設組織支援候補得票率の関連，および2001年参院選建設組織支援候補得票率と2003年建設補助金の関連をみると，両者ともに，都市化の影響を差し引いてみても，なお高い関連性を示していることが明らかになった。

4．まとめ

　本章では，並立制導入時に小選挙区制賛成論者が主張した「小選挙区制のメリット」が現実には妥当していないことを明らかにした。また，当時，中選挙区制に伴う問題点と言われたことが，小選挙区制においてもみられることを明らかにした。これにより，当時，政治不信の原因となった「政治と金」の問題点が選挙制度に付随するものではなく，別の構造に伴う問題であったことが明らかになる。つまり，本章でも明らかなように，選挙制度を変えても問題点は変わらないままであり，肝心の改革をしないまま時間が経過することになった。

　なお，本章における分析にも限界があるのは，事実である。本章では，一連のJES調査など入手できるサーベイデータと補助金など市区町村別に入手できるアグリゲートデータに基づいて分析を行った。筆者にとって入手できるデータは全て用いたつもりであるが，それが現実の政治現象をどこまで再現できるかについては，自ずと限界がある。本章で明らかにできることは，あくまでも「本章で用いたデータの限りにおいては，小選挙区制のメリットが生じていないし，中選挙区制の問題点も解消していなかった」ことに過ぎない。

　自然科学における実験とは異なり，社会科学では他の変数をコントロー

ルすることは現実には不可能である。中選挙区制が行われた1993年衆院選
と，小選挙区制で行われた1996年から2012年にかけての衆院選では存在
する政党も候補者も同一ではないし，争点も異なっている。したがって，「他
の条件が等しければ」ということにはならないし，そうした比較を社会科学
で行うことは今後も不可能であると言わざるを得ない。しかし，それにも拘
わらず，本章を執筆した理由は，政治学において客観的データに基づき一
つ一つ事実を積み重ねる謙虚さをもった分析が必要であることを強調したい
ためである。そうした謙虚さを失った言説は，単なる個人的意見に過ぎない
ものである。政治学がそうした個人的意見に留まることがないことを願いつ
つ，本章を執筆した次第である[6]。

参考文献

Gerring, John, Philip Bond, William T. Barndt, and Carola Moreno. 2005. "Democracy
and Economic Growth: A Historical Perspective." *World Politics*, 57-3, pp.323-64.

Kobayashi, Yoshiaki. 2012. *Malfunctioning Democracy in Japan-Quantitative Analysis in
a Civil Society*. New York: Lexington Books.

Kobayashi, Yoshiaki. 2012. "The Electoral System and the Quality of Democracy: The
'Power Transfer' and 'the Single Member District' Myths", *Governmental Changes and
Party Political Dynamics in Korea and Japan*, Joint-Edition of Korean Political Science
Association and Japanese Political Science Association, pp.29-52

Przeworski, Adam. 1999. "Minimalist Conception of Democracy: A Defense" *Democracy's
Value*, ed. I. Shapiro and C. Hacker-Cordón. Cambridge: Cambridge University Press.

Przeworski, Adam, Michael E. Alvarez , José Antonio Cheibub, and Fernando Limongi.
2000. *Democracy* and *Development: Political Institutions and Well-Being in the World ,
1950-1990*. Cambridge: Cambridge University Press.

Przeworski, Adam, and Fernando Limongi. 1993. "Political Regimes and Economic Growth."
Journal of Economic Perspectives, 7-3, pp. 51- 69.

6　本章は，小林良彰「政治改革の効果測定—小選挙区比例代表並立制導入に伴う投票行
動の変化と持続—」『年報政治学』2005 − Ⅰ号，pp.11-35，2005年，小林良彰『制度
改革以降の日本型民主主義』木鐸社，2008年，小林良彰「有権者意識の継続と変化」
日本政治学会研究大会報告論文，2013年，小林良彰・岡田陽介・鷲田任邦・金兌希『代
議制民主主義の比較研究』，慶應義塾大学出版会，2014年，小林良彰「代議制民主主義
の変容と課題」，日本政治学会研究大会報告論文，2014年に新たな分析を加えて加筆修
正したものである。

Reich, Gary. 2002. "Categorizing Political Regimes: New Data for Old Problems." *Democratization*, 9-4, pp.1-24.

Vanhanen, Tatu. 1997. *Prospects of Democracy: A Study of 172 Countries*. London: Routledge.

小林良彰. 2000.『選挙・投票行動』, 東京大学出版会.

小林良彰. 2008.『制度改革以降の日本型民主主義-選挙行動における連続と変化-』木鐸社.

小林良彰. 2012.「代議制民主主義の機能に関する計量分析-日本を事例として-」日本比較政治学会年報第14号『現代民主主義の再検討』, pp.139-168.

小林良彰, 岡田陽介, 鷲田任邦, 金兌希. 2014.『代議制民主主義の比較研究』, 慶應義塾大学出版会.

第2章
マルチメソッドによる調査データ比較

1．面接調査の問題点

　日本における全国的な政治意識調査は，全米科学財団(NSF)交付金および NHK放送文化基金助成金による1976年のJABISS調査が先駆けとなり，その後，文科省(2000年までは文部省)の科学研究費補助金による一連のJES 調査(1983～1985年度のJES調査[1]，1993～1997年度のJES II調査[2]，2001 ～2005年度のJES III調査[3]，2007～2011年度のJES IV調査[4]，2012～2016 年度のJES V調査[5])などが行われている。

　これら政治意識の調査方法としては，一般的には面接調査が用いられ，それを郵送調査で補足する形で行われてきた。しかし，最近では，面接調査に関する次のような問題点が指摘されている。第一に，面接調査はサンプリングや調査員のトレーニング，調査票印刷，発送など実施に多くの時間がかかるために，2012年と2014年の2回にわたる衆議院選挙のような急な解散

1　1983年度～1985年度文部省科学研究費補助金「投票行動の全国的時系列的調査研究」が実施した意識調査

2　1993年度～1997年度文部省科学研究費補助金「投票行動の全国的・時系列的調査研究」が実施した意識調査

3　2001年度～2005年度文部科学省科学研究費補助金「21世紀初頭の投票行動の全国的・時系列的調査研究」が実施した意識調査

4　2007年度～2011年度文部科学省科学研究費補助金「変動期における投票行動の全国的・時系列的調査研究」が実施した意識調査

5　2012年度～2016年度文部科学省科学研究費補助金「政権交代期における政治意識の全国的時系列的調査研究」が実施した意識調査

第2章　マルチメソッドによる調査データ比較　53

総選挙に対応して実施することができない。第二に，女性の社会進出に伴う不在世帯の増加や近年のオートロックマンションの普及，個人情報に関する意識の変化に伴って面接調査の回収率が低下しており，回収率の低下に伴う回答のバイアスが生じている。調査会社の中には，目標とする回収率を達成するために，予備サンプルを多用して実態とは異なる回収率を見せかけているところもある。また，予定した調査被対象者や予備サンプルが尽きた場合に，「ランダム・ウォーク」と称して当該調査地点近辺で手当たり次第に飛び込んで調査依頼をする調査会社もあり，面接調査の信頼性に疑念がもたれることもある。

　第三に，調査期間が長期にわたるために，回答期間の序盤の回収サンプルと終盤の回収サンプルとでは，同じ状況で答えているわけではないことが指摘される。第三の点について，具体的には全国的な面接調査を行う場合，かつては週末を2回挟んで行うことが多かったが，最近では回収率6割を達成するためには，週末を3回挟まないと難しくなっている。このため，調査期間が半月以上に及ぶために，その間に起きる出来事には対応することができないことが指摘される。このため，本章では，面接調査の様々な問題点に伴い，どのような代替的な方法が想定できるのかを検討するために，面接調査と他の調査の間にどのような相違があるのかを比較することにしたい。

2．各調査方法の長所・短所

　まずここで，各調査方法の長所・短所を概括してみよう。第一に，設問数についてみると1回の調査の質問数が260（細かな設問数で計算した場合）になる一連のJESのような大規模な調査に対応できるのは，面接調査，インターネット調査，郵送調査であり，電話調査でこうした大規模な調査を行うことは不可能である。電話調査の場合，一般的には15問程度が限度と言われており，たとえ回答者に対する謝礼を多く支払っても30問程度が限度である。日本で電話調査を行う場合，設問数が30問以上になると，相手から途中で回答拒否をされることが多くなる。また，電話調査の場合，長文の設問肢や選択肢に適していない。例えば，「『○○の理由により集団的自衛権には賛成である』という意見と『ＸＸの理由により反対である』という意見がありますが，あなたはどちらの意見に賛成ですか」というような長文の設問には電話調査は適してはいない。

第二に，急な解散総選挙に際して調査を実施したり，調査準備期間中に何らかの新たな出来事が生じた場合に設問の追加・修正ができるかどうかという即応性の点からみると，インターネット調査と電話調査は可能であるが，面接調査と郵送調査は困難である。インターネット調査や電話調査の場合，調査実施の前日まで，設問を追加・修正することも必ずしも不可能ではない。

第三に，調査期間についてみると，インターネット調査や電話調査の場合は数日で全国規模の調査の回答を得ることができるが，面接調査はおよそ半月以上，郵送調査は，調査票の発送・返送を郵送で行うために，それ以上かかる場合がある。

第四に，経費の観点からみると，最近，企業によるマーケティング調査が電話調査に移行したことにより面接調査の利用者が減少していることや自宅に調査員が訪問してくることを嫌う傾向が増えて回収率の低下が著しいことから，面接調査の経費が高騰している。例えば，一連のJESのような全国的大規模調査を実施する場合，1回の調査で数千万円かかるために，国政選挙の事前と事後のパネル調査を行うと相当な経費がかかることになる。これに次ぐのが電話調査や郵送調査で，インターネット調査はそれらの調査に比べると安価である。ただし，クオータをかける毎に経費が高くなることは言うまでもなく，多重クオータをかけて行う場合にはそれなりの経費を要することになる。

なお，異なる調査間の回答比較については，石田浩他(2009)が郵送ランダム調査を基準としてインターネット調査などとの比較を行っている[6]が，面接調査と郵送調査の間の回答の乖離が小さくないことから，本章では面接調査を基準として郵送調査やインターネット調査との回答の相違を検討することにしたい。

6　株式会社リクルートワークス研究所からの委託研究として東京大学社会科学研究所が2007年度と2008年度に行った「インターネット調査の有効性に関する調査研究」の成果として，石田浩，佐藤香，佐藤博樹，豊田義博，萩原牧子，萩原雅之，本多則惠，前田幸男，三輪哲著「信頼できるインターネット調査法の確立に向けて」，SSJDA-42，2009年

3．マルチメソッドによる調査データの比較

　ここでは，即応性に乏しい面接調査に替わる調査方法を検討するために，2012年12月の第46回衆議院議員総選挙に際して行われた調査のうち，大規模な意識調査に適さない電話調査を除いた，残りの調査方法であるインターネット調査（JES Ⅴ第1波・衆院選インターネット事後調査[7]）と郵送調査（第2波・衆院選郵送事後調査[8]）が面接調査（CGCS面接調査[9]）に対してどのようなバイアスがあるのかを比較検討することにしたい[10]。なお，郵送調査やインターネット調査が面接調査に対して統計的に有意な回答の差異がある場合，そうしたバイアスが標本の属性の偏りによるものなのか，それとも調査方法の相違，特に調査協力におけるセルフ・セレクション・バイアス（自己選択バイアス）によるものなのかを検証することにしたい。もし標本の属性の偏りによるものであれば，さまざまなクオータをかけることでこの問題を解決することが考えられる。これに対して，セルフ・セレクション・バイアスに伴う面接調査との差異があるのであれば，サンプリングを面接調査と同様の方法で行うことで解決しなければならない。

　分析の概要としては，面接・郵送・インターネットの3種類の調査方法による個票データを結合して，投票参加の有無，政党支持の有無，政治満足度の程度について調査方法別の平均値を比較することにしたい。加えて，性別，年齢，都市規模といった社会的属性でセグメントを行ったうえで，なお

7　2012年度～2016年度文部科学省科学研究費補助金特別推進「政権交代期における政治意識の全国的時系列的調査研究」により2012年12月17日～2013年1月8日に全国有権者を対象に行ったインターネット調査

8　2012年度～2016年度文部科学省科学研究費補助金特別推進「政権交代期における政治意識の全国的時系列的調査研究」により2013年1月7日～同年1月22日に全国有権者を対象に行った郵送調査

9　2008年度～2012年度文部科学省グローバルCOEプログラム「市民社会におけるガバナンスの教育研究拠点」により2012年11月23日～同年12月15日に全国有権者を対象に行った事前面接調査及び2013年25年1月5日～同年1月24日に上記事前面接調査回答者を対象に行った事後面接調査

10　本章は，2012年度～2016年度文部科学省科学研究費補助金特別推進「政権交代期における政治意識の全国的時系列的調査研究」（研究代表者：小林良彰，研究分担者：谷口将紀，平野浩，山田真裕，名取良太，飯田健）の研究助成を受けて行ったものである。

政治意識に調査方法別のバイアスがあるのかどうかを確認することにしたい。そのために，調査方法別の記述統計を確認するとともに，回帰分析と平均値の差による検定を行うことにしたい。

面接調査，インターネット調査，郵送調査で比較対象となる項目については，投票参加は，投票（期日前投票や不在者投票を含む）していれば「1」，棄権ならば「0」，政党支持は，支持政党があれば「1」，なければ「0」，政治満足度は，かなり満足している「5」から，かなり不満な「1」まで5段階に分けて項目として利用することにしたい。また，性別は，男性は「1」，女性は「0」，年齢は，統制変数としては実年齢を用い，セグメントとしては「20歳代」から「40歳以上」の年代を用いることとしたい。都市規模は，「政令市」，「中核市あるいは特例市」，「その他の市町村」の3段階に分けて用いることにした。そして，面接調査を基準として，インターネット調査や郵送調査をダミー変数として回帰係数を推定することにした。

4．各調査間のバイアスの検討

まず，調査方法別の記述統計を確認することにしたい。投票参加についてみると，調査方法別の相違はほとんどみられない（図2-1）。次に，政党支持の有無についてみると，郵送調査で「支持政党あり」が面接調査より10％以上増加しているのに対して，面接調査とインターネット調査の相違は小さい。なお，郵送調査は，実際の調査時期が面接調査よりも少し後ろにずれて

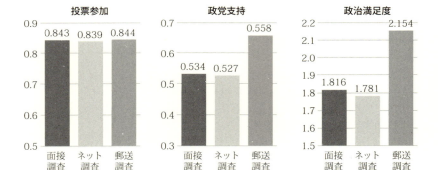

図2-1　各調査間の政治意識の比較

はいるが，一般的には，選挙の時に政党支持が増え，選挙から時間が経過するにつれて，再び政党支持が減ることを勘案すれば，それでもなお郵送調査で政党支持が多いということは，調査時期の問題とは関係なしに，郵送調査に伴うバイアスがあると考えることができる。

さらに，政治満足度の程度をみると，郵送調査でかなり高くインターネットで低いことが指摘される。つまり，面接調査や電話調査では，調査員がやってきてその場でなかなか断りにくいという状況があるのに対して，郵送調査は送付されてきた調査票に時間をかけて記入をして返送するかどうかは本人の自由に委ねられており，その場に面接調査員がいるわけでもなく，また電話をかけてきた電話調査員の声が聞こえるわけでもないことから，回答しないことへのプレッシャーが小さい。このため，郵送調査に対して協力する人はある程度政治意識が高い，つまり政党支持をもつ人や政治に対する満足度が高い人などが回答していると推察することができる。

ここで，回帰分析による各調査間のバイアスを検討することにしたい。具体的には，面接調査，インターネット調査，郵送調査の三つの調査のデータを結合して，「政令市」，「中核市あるいは特例市」，「その他の市町村」のケース毎に，面接調査に対するインターネット調査と郵送調査のバイアスを推定してみることにした。インターネット調査は，「その他の市町村」の都市規模でのみ政治満足度が有意に低いことを除いては，意外なほど，面接調査と差異がみられないことがわかる（表2-1）。例えば，「政令市」においては，投票参加，政党支持，政治満足度のいずれにおいても，また「中核市あるいは特例市」については，投票参加，政党支持，政治満足度のいずれにおいても，面接調査との差異がみられない。「その他の市町村」においても，投票参加と政党支持では統計的に有意な差異がなく，政治満足度は幾分低い傾向がみられる。これに対して，郵送調査の場合，「政令市」で政治満足度が統計的に有意に高くなり，「中核市あるいは特例市」では政党支持を持つ者が有意に多く，政治満足度は有意に高く，「その他の市町村」においても，政党支持を持つ者が多く，政治満足度が高いことを有意に指摘することができる。

4.1　サンプル・バイアスの検討

次に，こうした各調査間にみられる相違の原因について考えてみることにしたい。具体的には，各調査間の有効回答サンプルの相違によるものなの

表2-1　マルチメソッドの比較（回帰分析）

	政令市			中核市・特例市	
	投票参加	政党支持	政治満足度	投票参加	政党支持
	Binomial Logit	Binomial Logit	Ordered Logit	Binomial Logit	Binomial Logit
	Coef.　p-value	Coef.　p-value	Coef.　p-value	Coef.　p-value	Coef.　p-value
性別	0.414　0.000	0.508　0.000	-0.332　0.000	0.178　0.216	0.451　0.000
年齢	0.043　0.000	0.027　0.000	-0.012　0.000	0.044　0.000	0.032　0.000
ネット調査	-0.361　0.056	0.134　0.310	-0.104　0.336	0.201　0.314	0.105　0.444
郵送調査	0.056　0.752	0.041　0.733	0.562　0.000	0.059　0.777	0.406　0.004
（定数）	-0.471　0.055	-1.421　0.000	（省略）	-0.448　0.113	-1.616　0.000
疑似決定係数	0.097	0.069	0.043	0.089	0.100
観測数	2332	2479	2477	1573	1711

疑似決定係数はNagelkerke Pseudo R²

か，それとも調査方法の相違によるものなのかを検討することにしたい。そこで，三つの調査のサンプルの社会的属性についてみると，まず性別は郵送調査でもっとも男性の割合が高く，おおよそ6対4の比率である（図2-2）。そして，インターネット調査，面接調査の順に男性の捕捉率は低くなっていく。年齢については，郵送調査の年齢がもっとも高く，面接調査がこれに次ぎ，インターネット調査では年代が若くなる。都市規模は，インターネット調査が都市部の捕捉率が高く，郵送調査がこれに次ぎ，面接調査が低くなる。このように，三つの調査方法では，有効回答サンプルの社会的属性にかなりの偏りがみられることがわかる。そこで，各調査のサンプルの社会的属

図2-2　各調査間の有効回答サンプルの社会的属性の比較

政治満足度	その他		政治満足度
	投票参加	政党支持	
Ordered Logit	Binomial Logit		Ordered Logit
Coef. p-value	Coef. p-value	Coef. p-value	Coef. p-value
-0.331 0.000	0.296 0.001	0.433 0.000	-0.195 0.001
-0.004 0.173	0.046 0.000	0.031 0.000	-0.009 0.000
0.102 0.408	0.009 0.936	-0.028 0.718	-0.184 0.008
0.860 0.000	0.076 0.580	0.505 0.000	0.640 0.000
（省略）	-0.510 0.003	-1.541 0.000	（省略）
0.052	0.099	0.109	0.040
1707	4107	4491	4492

性の偏りをコントロールしてもなお政治意識のバイアスがみられるのかどうかを検討することにしたい。

4.2　サンプル・バイアスを考慮した各調査間のバイアスの検討

　ここで，各調査のサンプルの各社会的属性をコントロールするために，サンプルを都市規模別に分けて，それぞれの都市規模において年齢と年代と性別を組み合わせて分析することにしたい。このことにより，都市規模・性別・年代の三つを組み合わせたセグメント毎に，面接調査とインターネット調査，面接調査と郵送調査のバイアスを推定することにした。

　まず，「政令市」では郵送調査の政治満足度がプラスのバイアスが「男性」を中心としてみられる（表2-2）。また，政党支持のプラスのバイアスも，「女性」の「20代」や「60代以上」でみることができる。これに対して，インターネット調査の場合，「女性」の「20代」，「40代」で政党支持のバイアスがみられる。つまり，20代女性では政党支持を持つ者が多く，逆に40代では少ない，ということを除けば，ほぼ面接調査との相違はみられない。また，投票参加については，インターネット調査も郵送調査も面接調査とのバイアスはほとんどみられない。政党支持については，前述のような相違がみられ，政治満足度については，インターネット調査はバイアスがないが，郵送調査ではかなりのバイアスがみられることがわかる。

　こうした回帰分析による推定を平均値の差，つまり面接調査とインターネット調査，あるいは面接調査と郵送調査の差をLeveneの検定で確認する

ことによって，回帰分析の結果を確認することにしたい。この等分散性の仮定はLeveneの検定によるものである。その結果，インターネット調査の場合は，女性の一定の年齢層で投票参加にマイナスのバイアスがみられることを除いては，基本的には，回帰分析の結果と同様の結論が得られた（表2-3）。

次に，「中核市あるいは特例市」における分析結果をみていくことにしたい。まず，インターネット調査は女性の20代の投票参加が幾分多いことを

表2-2　政令市におけるマルチメソッドの比較（回帰分析）

基準：面接調査		投票参加				政党支持				政治満足度			
		ネット調査		郵送調査		ネット調査		郵送調査		ネット調査		郵送調査	
		Binomial Logit								Ordered Logit			
		Coef.	p value	Coef.	p value	Coef.	p value	Coef.	p value	Coef.	p value	Coef.	p value
政令市	男性20歳代	0.620	0.196	0.282	0.591	0.289	0.496	-0.432	0.368	0.402	0.308	0.482	0.270
	男性30歳代	-1.027	0.178	-1.195	0.130	-0.099	0.788	0.199	0.623	0.396	0.263	1.042	0.007
	男性40歳代	0.350	0.522	-0.132	0.823	0.044	0.902	0.349	0.390	-0.137	0.688	0.754	0.046
	男性50歳代	0.457	0.455	0.862	0.255	0.196	0.638	0.292	0.532	-0.288	0.472	0.880	0.045
	男性60歳以上	0.476	0.441	-0.132	0.830	-0.061	0.859	0.591	0.111	-0.407	0.171	0.640	0.034
	女性20歳代	0.813	0.107	0.142	0.790	1.774	0.002	1.472	0.015	0.091	0.813	0.143	0.732
	女性30歳代	0.282	0.537	-0.405	0.396	0.013	0.971	-0.734	0.075	0.034	0.916	0.257	0.469
	女性40歳代	-1.045	0.102	-0.929	0.168	-0.859	0.020	-0.341	0.389	-0.177	0.599	0.342	0.349
	女性50歳代	-0.811	0.297	-0.853	0.349	-0.177	0.661	-0.445	0.380	-0.369	0.325	0.167	0.722
	女性60歳以上	-0.701	0.371	-1.582	0.054	-0.102	0.744	0.910	0.034	-0.192	0.499	1.018	0.004

表2-3　政令市における各調査間のマルチメソッドの比較（Levene検定）

基準：面接調査		投票参加				政党支持				政治満足度			
		ネット調査		郵送調査		ネット調査		郵送調査		ネット調査		郵送調査	
		平均値の差の比較											
		diff.	p value	diff.	p value	diff.	p value	diff.	p value	diff.	p value	diff.	p value
政令市	男性20歳代	0.134	0.240	0.065	0.597	0.072	0.499	-0.104	0.373	0.229	0.243	0.331	0.165
	男性30歳代	-0.105	0.075	-0.131	0.059	-0.025	0.789	0.049	0.627	0.219	0.163	0.607	0.001
	男性40歳代	0.040	0.523	-0.018	0.825	0.011	0.903	0.085	0.394	-0.063	0.625	0.433	0.032
	男性50歳代	0.056	0.455	0.092	0.312	0.048	0.640	0.071	0.537	-0.052	0.746	0.482	0.022
	男性60歳以上	0.033	0.440	-0.012	0.831	-0.013	0.860	0.106	0.109	-0.155	0.172	0.392	0.006
	女性20歳代	0.196	0.103	0.035	0.794	0.348	0.000	0.273	0.004	0.063	0.727	0.108	0.607
	女性30歳代	0.054	0.539	-0.089	0.399	0.003	0.972	-0.162	0.090	0.035	0.821	0.159	0.353
	女性40歳代	-0.125	0.040	-0.106	0.116	-0.208	0.026	-0.085	0.393	-0.060	0.670	0.155	0.310
	女性50歳代	-0.074	0.206	-0.079	0.347	-0.044	0.664	-0.111	0.387	-0.116	0.396	0.129	0.509
	女性60歳以上	-0.040	0.365	-0.135	0.041	-0.025	0.746	0.188	0.030	-0.052	0.680	0.537	0.002

除いては，投票参加，政党支持，政治満足度のいずれにおいても，面接調査との間に統計的に有意な差異はみられない（表2-4）。これに対して，郵送調査の場合は投票参加と政党支持では差異がないものの，政治満足度では，面接調査に比べて満足度が高い者が統計的に有意に多いことが挙げられる。

　なお，中核市あるいは特例市においても等分散性の仮定を検定することにより，回帰分析の結果を確認してみることにしたい。検定結果から，女性の60歳以上で投票参加がマイナスに働くこと，また，男性の40歳代のインターネット調査の政治満足度がプラスであるバイアスを除いては，基本的には回帰分析と同様の結論が得られることがわかった（表2-5）。

　最後に，「その他の市町村」においても同様の分析結果をみていくと，郵送調査において，政党支持，政治満足度でプラスのバイアスが男性・女性を問わず広く確認できる（表2-6）。これに対してインターネット調査は，男性の30代の投票参加が多く，女性の40歳代と60歳代で政治満足度が低いことを確認ができるが，郵送調査に比べれば，全体としてはその差異は限定的である。また，平均値の差の検定によるバイアスを検証してみると，男性の30歳代のインターネット調査の投票参加のバイアスが消えることを除いては，基本的には回帰分析の結果と同様の結論を得ることができる（表2-7）。

　これまでみてきたことをまとめてみると，面接調査と比較して，政治意識のバイアスがもっとも大きい調査方法は郵送調査である。また，インター

表2-4　中核市・特例市におけるマルチメソッドの比較（回帰分析）

基準：面接調査		投票参加				政党支持				政治満足度			
		ネット調査		郵送調査		ネット調査		郵送調査		ネット調査		郵送調査	
		Binomial Logit								Ordered Logit			
		Coef.	p value	Coef.	p value	Coef.	p value	Coef.	p value	Coef.	p value	Coef.	p value
中核市・特例市	男性20歳代	-0.008	0.989	-0.249	0.695	0.634	0.195	0.865	0.107	-0.456	0.283	0.227	0.627
	男性30歳代	0.875	0.121	0.668	0.266	0.761	0.057	0.497	0.237	0.106	0.782	0.608	0.129
	男性40歳代	-0.126	0.823	0.811	0.238	0.281	0.520	0.492	0.289	0.757	0.084	1.481	0.001
	男性50歳代	0.018	0.981	-0.336	0.648	-0.344	0.464	0.063	0.900	0.543	0.181	0.747	0.075
	男性60歳以上	-0.618	0.442	-0.208	0.798	-0.480	0.199	0.746	0.051	-0.483	0.150	1.031	0.001
	女性20歳代	1.346	0.016	0.922	0.115	0.869	0.088	0.448	0.413	0.125	0.772	0.335	0.470
	女性30歳代	-0.460	0.457	-0.432	0.501	-0.211	0.635	0.036	0.937	-0.085	0.833	0.713	0.093
	女性40歳代	0.454	0.555	-0.604	0.406	0.076	0.861	0.194	0.677	-0.324	0.421	0.255	0.551
	女性50歳代	0.862	0.193	0.274	0.683	-0.136	0.764	-0.022	0.963	0.717	0.102	1.086	0.020
	女性60歳以上	-18.77	0.998	-18.51	0.998	-0.368	0.358	0.693	0.105	0.292	0.418	1.218	0.001

表2-5　中核市・特例におけるマルチメソッドの比較（Levene検定）

基準：面接調査		投票参加				政党支持				政治満足度			
		ネット調査		郵送調査		ネット調査		郵送調査		ネット調査		郵送調査	
		平均値の差の比較											
		diff.	p value	diff.	p value	diff.	p value	diff.	p value	diff.	p value	diff.	p value
中核市・特例市	男性20歳代	-0.002	0.989	-0.051	0.701	0.148	0.186	0.206	0.103	-0.147	0.445	0.128	0.540
	男性30歳代	0.120	0.193	0.097	0.312	0.188	0.055	0.124	0.240	0.021	0.903	0.309	0.150
	男性40歳代	-0.021	0.825	0.100	0.285	0.070	0.523	0.121	0.293	0.367	0.018	0.705	0.000
	男性50歳代	0.002	0.981	-0.038	0.652	-0.071	0.468	0.012	0.901	0.241	0.181	0.372	0.068
	男性60歳以上	-0.037	0.439	-0.010	0.799	-0.107	0.188	0.126	0.081	-0.183	0.165	0.598	0.000
	女性20歳代	0.321	0.012	0.227	0.114	0.199	0.075	0.097	0.420	0.097	0.670	0.195	0.370
	女性30歳代	-0.076	0.460	-0.071	0.506	-0.051	0.639	0.009	0.938	-0.044	0.807	0.314	0.107
	女性40歳代	0.038	0.557	-0.075	0.409	0.019	0.862	0.048	0.682	-0.124	0.492	0.140	0.482
	女性50歳代	0.108	0.254	0.042	0.689	-0.034	0.767	-0.006	0.963	0.316	0.067	0.507	0.013
	女性60歳以上	-0.081	0.024	-0.063	0.045	-0.086	0.362	0.133	0.116	0.124	0.471	0.571	0.001

表2-6　その他の自治体におけるマルチメソッドの比較（回帰分析）

基準：面接調査		投票参加				政党支持				政治満足度			
		ネット調査		郵送調査		ネット調査		郵送調査		ネット調査		郵送調査	
		Binomial Logit								Ordered Logit			
		Coef.	p value	Coef.	p value	Coef.	p value	Coef.	p value	Coef.	p value	Coef.	p value
その他	男性20歳代	-0.142	0.713	-0.508	0.273	0.264	0.338	0.374	0.300	0.104	0.679	0.199	0.548
	男性30歳代	0.654	0.040	0.647	0.115	0.476	0.052	0.962	0.001	0.047	0.834	0.534	0.047
	男性40歳代	-0.157	0.662	-0.288	0.492	-0.262	0.273	0.023	0.936	-0.375	0.087	0.826	0.002
	男性50歳代	0.135	0.727	0.362	0.424	-0.087	0.732	0.632	0.031	0.090	0.702	0.738	0.004
	男性60歳以上	-0.422	0.410	-0.125	0.810	-0.059	0.797	0.440	0.051	-0.339	0.072	0.807	0.000
	女性20歳代	0.360	0.271	0.376	0.341	0.154	0.617	0.642	0.081	-0.204	0.439	-0.346	0.291
	女性30歳代	0.001	0.997	0.135	0.718	-0.248	0.314	-0.147	0.616	0.168	0.459	0.615	0.023
	女性40歳代	-0.198	0.547	-0.106	0.789	-0.097	0.681	0.023	0.934	-0.446	0.037	-0.153	0.549
	女性50歳代	-0.267	0.509	0.435	0.433	-0.113	0.653	0.913	0.003	0.030	0.898	1.081	0.000
	女性60歳以上	-0.739	0.154	-0.437	0.454	-0.297	0.171	1.276	0.000	-0.557	0.004	0.799	0.000

　ネット調査における政治意識のバイアスは，郵送調査に比べると低く，政治満足度がやや低い傾向がみられるのみである。ただし，社会的属性の偏りは大きく，都市部や若年層，男性が捕捉されやすいことがわかった。そこで，社会的属性のセグメント内での政治意識のバイアスを推定したところ，面接調査と比較して，郵送調査で偏りが大きく，インターネット調査では偏りが限定的であることが再確認された。

第2章　マルチメソッドによる調査データ比較　　63

表2-7　その他の自治体におけるマルチメソッドの比較（Levene検定）

基準：面接調査		投票参加				政党支持				政治満足度			
		ネット調査		郵送調査		ネット調査		郵送調査		ネット調査		郵送調査	
		平均値の差の比較											
		diff.	p value	diff.	p value	diff.	p value	diff.	p value	diff.	p value	diff.	p value
その他	男性20歳代	-0.025	0.714	-0.099	0.277	0.066	0.339	0.093	0.302	0.082	0.503	0.111	0.432
	男性30歳代	0.098	0.058	0.098	0.109	0.117	0.050	0.236	0.001	0.037	0.725	0.277	0.034
	男性40歳代	-0.021	0.664	-0.040	0.494	-0.065	0.273	0.006	0.937	-0.171	0.065	0.397	0.002
	男性50歳代	0.015	0.728	0.037	0.425	-0.021	0.733	0.135	0.033	0.061	0.534	0.346	0.002
	男性60歳以上	-0.020	0.408	-0.005	0.810	-0.011	0.797	0.075	0.068	-0.136	0.078	0.455	0.000
	女性20歳代	0.084	0.272	0.088	0.345	0.034	0.618	0.151	0.083	-0.085	0.474	-0.142	0.328
	女性30歳代	0.000	0.997	0.024	0.720	-0.062	0.315	-0.037	0.618	0.089	0.377	0.308	0.011
	女性40歳代	-0.030	0.548	-0.015	0.790	-0.024	0.682	0.006	0.934	-0.212	0.039	-0.064	0.610
	女性50歳代	-0.031	0.510	0.039	0.433	-0.028	0.655	0.222	0.003	0.016	0.872	0.495	0.000
	女性60歳以上	-0.040	0.112	-0.020	0.453	-0.070	0.168	0.215	0.000	-0.245	0.005	0.418	0.000

表2-8　政令市におけるマルチメソッドの比較（投票行動・多項ロジット回帰）

			投票行動			
			基準：棄権			
			与党投票		野党投票	
			Multinomial Logit			
		基準：面接・郵送調査	Coef.	p value	Coef.	p value
政令市	男性20歳代	ネット調査	0.233	0.525	0.422	0.262
	男性30歳代	ネット調査	-0.384	0.269	0.108	0.777
	男性40歳代	ネット調査	0.299	0.434	0.356	0.384
	男性50歳代	ネット調査	0.012	0.980	-0.636	0.199
	男性60歳以上	ネット調査	0.336	0.433	0.227	0.618
	女性20歳代	ネット調査	0.226	0.502	0.810	0.040
	女性30歳代	ネット調査	0.336	0.254	0.460	0.142
	女性40歳代	ネット調査	-0.308	0.387	-0.604	0.115
	女性50歳代	ネット調査	-0.489	0.344	-0.454	0.410
	女性60歳以上	ネット調査	0.102	0.824	0.066	0.893

　なお，マルチメソッドの比較対象から郵送調査を除外して，投票行動に対する面接調査とインターネット調査の比較を都市規模・性別・年代をコントロールして多項ロジットにより行っても同様の結果である（表2-8，表

64

表2-9　中核市・特例市におけるマルチメソッドの比較
（投票行動・多項ロジット回帰）

			投票行動			
			基準：棄権			
			与党投票		野党投票	
			Multinomial Logit			
		基準：面接・郵送調査	Coef.	p value	Coef.	p value
中核市・特例市	男性20歳代	ネット調査	-0.489	0.277	0.339	0.453
	男性30歳代	ネット調査	0.009	0.985	0.514	0.265
	男性40歳代	ネット調査	-0.514	0.245	-1.335	0.007
	男性50歳代	ネット調査	-0.049	0.928	0.174	0.757
	男性60歳以上	ネット調査	-0.737	0.139	-0.717	0.158
	女性20歳代	ネット調査	0.288	0.491	0.655	0.153
	女性30歳代	ネット調査	-0.341	0.412	-0.318	0.503
	女性40歳代	ネット調査	0.638	0.275	0.911	0.136
	女性50歳代	ネット調査	0.424	0.447	0.606	0.314
	女性60歳以上	ネット調査	-0.70	0.319	-1.41	0.055

2-9)[11]。

5．まとめ

　これらの分析結果を踏まえて明らかにできることは，面接調査の実施が困難な場合に代替しうる方法として，通常のインターネット調査ではなく，多重クオータによるインターネット調査を行うことが考えられる。回答者のセグメントごとに面接調査と比較すると，政治意識の相違が限定的であることから，具体的には，地域，都市規模，性別，年代の多重クオータをかけて調査を実施することが考えられる。

　具体的には，第一の方法として，都市規模，性別，年代別のクオータをかけて，回答が各セグメントにおける割り当てに達した時点で打ち切るか，あるいは，各セグメントの回答から無作為抽出するか，いずれかの方法が想定できる。ただし，この方法をとることは非常に効率が悪く，通常のインターネット調査に比べると経費が相当，多くかかることになる。しかし，それで

11　紙数の制約上，二つの表のみ掲載

も面接調査を行うことに比べれば，かなり経費を節減することは可能である。なお，面接調査では，研究費の制約上，全国で満遍なく調査を実施することはできないため，選定した地域において国政選挙を行った各党別の得票率の結果が全国的な実際の各党別の得票結果と統計的に有意な差が無い地域を選定する必要がある。しかし，インターネット調査では調査被対象者を割り当てる各地域(例えば，各都道府県における各都市規模など)の中では特定調査地点(例えば，特定の市町村など)を選定する必要は必ずしもなく，幅広い地域から回答を得ることができる。

　第二の方法として，急な解散・総選挙への対応ではなく，参議院選挙のようにあらかじめ調査時期が決められている場合には，時間的余裕があることから，面接調査と同じサンプリングを行い，その抽出したサンプルに対して文書を出し，インターネット調査に協力してもらえるかどうか，その回答を得た上でクオータを検討して調査を行うという方法も考えられる。このやり方であれば，サンプルの偏りだけではなくて，セルフ・セレクション・バイアスの問題も合わせて解決することができる。ただし，この場合は，経費はさらにかかることになり，また，時間的に余裕がなければ実施することは不可能である。

　いずれにせよ，こうした形で，今まで指摘されていた面接調査とインターネット調査の差異というものが必ずしもセルフ・セレクションの問題だけではなくて，属性の偏りに依存するところも大きいことを指摘することができた。しかし，これはあくまでも，政治意識に関しての分析の結果であり，異なる種類の調査においては，サンプリング等で社会的属性をコントロールしてもなお差異が残るという問題があるかもしれない。面接調査にも回収率に伴うサンプルのバイアスがあることから，面接調査の結果が必ずしも正しいというわけではなく，一方で，それと異なる結果が間違っているというわけではない。しかし，今まで行われてきた面接調査と比較するためには，面接調査と統計的に有意な差がない調査方法で，かつ，迅速に対応できる調査方法を開発していくことが必要である[12]。

12　本章は，小林良彰「マルチメソッドによる意識調査の比較分析」『法学研究』89巻2号，2016年を加筆訂正したものである。

第3章
世代と政治的有効性感覚

1. はじめに

　個人の政治意識はいつどのように形成され, どのくらい持続するのであろうか。政治社会化研究(political socialization study)では, 若年期における政治社会化が政治的態度の根底を築き, この時期に形成された政治的傾向はそれ以降の人生において大きく変わらないものであると考えられた(Lipset, 1960; Easton and Dennis, 1969; Mannheim, 1952)。また, 政治世代研究では歴史的な事件などによって他の出生コーホートとは異なった政治的社会化を受けた場合, 独特な政治的態度を保持した「政治世代」が生まれて社会変動の原動力になると主張されてきた(e.g., Braungart and Braungart, 1991; Jennings, 1987)。

　若年期における社会化の影響とその帰結について, 半世紀以上にわたり実に多くの研究が行われてきた。特に, 多くの研究は社会運動が政治的社会化にどのような影響を与えるのか, またどのくらい影響が持続するのかについて注目してきた。それらの研究では, 政治的社会化の時期に社会運動を経験した人はそれ以降も特定のイデオロギーを保持するだけでなく, より積極的な政治参加を行う傾向があるとしている(e.g., Jennings, 1987, 2002; Marwell, Aiken and Demerath, 1987; Sherkat and Blocker, 1997; McAdam, 1989; 2002; Fendrich and Tarleau, 1973; Fendrich, 1977; Braungart and Braungart, 1990)。

　しかし, 若年期の社会化の影響力の程度や持続期間など, 多くの点について論争が続いており, 理論, 実証面双方において議論の余地が残されている。また, 社会運動による政治的社会化が政治関心や政治イデオロギーなど

に与える影響については研究がなされてきたが，政治的有効性感覚にどのような影響を与えるのかについてはあまり検証がなされて来なかった。政治的有効性感覚とは，個人が政治的領域に影響を与えることができるという個人の信念である（Mattei and Niemi, 2005）。先行研究において，政治的有効性感覚が社会や政治における参加によって育まれるとされてきた点や，社会運動を経験した世代がそれ以降も高い水準の政治参加傾向を維持しているという点を考慮すると，社会運動による政治社会化は政治的有効性感覚を高める効果がある可能性が高い。

　さらに，日本では他国に引けを取らないレベルの激しい学生運動が1960年代に行われたが，学生運動が参加者や社会全体に与えた影響について十分な研究が行われてきたとは言い難い。特に，客観的な計量を用いた分析は非常に少ないのが現状である[1]。

　そこで，本章では日本をケースに1960年代を中心に行われた学生運動がその世代の政治的有効性感覚に与えた影響力の検証を行う。その際には，長期の影響力を検証するために，1976年から2010年までの世論調査データ（JABISS，JES シリーズ）を用いて学生運動が政治的有効性感覚に与えた影響力の検証を行う。

　本章は，以下のように進める。まず，第2節ではこれまでの先行研究を整理した後，本章の仮説を提示する。具体的には，社会化研究や世代研究を中心に社会化の時期や政治的有効性感覚に対する効果などについて論じる。さらに，日本における学生運動研究がどのように行われてきたのか説明した上で，本章の仮説と分析視角について説明を行いたい。第3節で分析を行った後，第4節では分析結果の考察と今後の課題を述べる。

2．先行研究・仮説

　前節で述べた通り，本章の目的は，1960年代に日本で行われた学生運動が，その世代の政治的有効性感覚にどのような影響を与えたのか検証することである。まず本節では，なぜ学生運動が政治的有効性感覚に影響を与えうるのか，そのメカニズムと想定される効果の持続期間，大きさなどについ

1　日本の学生運動世代の動態について計量分析を用いて検証した数少ない研究の一つとしては栗田（1993）がある。詳しくは第2節で論じる。

68

て，先行研究で提示されてきた知見をもとに考察を行いたい。

その際には，政治的有効性感覚を構成すると考えられている二つの政治的有効性感覚概念(内的・外的有効性感覚)を考慮する。内的有効性感覚とは，「市民が効率的に政治を理解し，また参加することが可能であると考える個人的な自信に関する感覚」(Craig, Niemi and Silver, 1990, 290)とされ，市民自身の能力に焦点が当てられる。その一方で，外的有効性感覚は，市民の要求に対する政治的アクターや政治システムの応答性に関する信念であり，政府領域の応答性に焦点が当てられる(Balch, 1974; Converse, 1972)[2]。本節では，両政治的有効性感覚に学生運動がどのような影響を与えたのか考察を行いたい。

2.1 社会化研究と世代研究

激しい学生運動を経験した参加者(もしくはその世代)が非参加者(もしくは他の世代)に比べ独特な政治的態度を保持する傾向があるということが，政治社会化研究(political socialization study)や政治世代研究(political generation study)を中心に多くの研究で提示されてきた。これらの研究の背景には，若年期までに行われた政治社会化は，個人の政治的態度の根底を形成するために以降の人生においても影響を保ち続けるという考えがある。

政治的社会化研究は，1950年代後半から活発に研究が始まり，数多くの研究がなされてきた(e.g., Easton and Dennis, 1969; Greenstein, 1965; Hess and Torney, 1967; Jennings and Niemi, 1974; Abramson, 1977)[3]。政治社会化理論の基本的な考え方は，幼少期から若年期までが社会や政治に対する心理的態度が規定される最も重要な時期であり，その時期に形成された政治的態度が生涯にわたり安定するというものである。

一方で，世代研究は一部の出生コーホートに基づいたグループが特殊な政治的あるいは社会的イベントを通じて政治的社会化を受けた結果，他の出生コーホートと明確に異なった政治的態度を保持する「世代」が現れるという考えに基づいている。世代研究では，重要な歴史的事件を経験した世代(もしくは政治世代)は他の世代と異なる社会的，政治的態度を保持し，その特

2　詳しくは，金(2014)を参照。

3　政治的社会化研究の全体の流れについては，ニエミとソビエツェク(Niemi and Sobieszek, 1977)やニエミとヘップバーン(Niemi and Hepburn, 1995)らの研究を参照。

徴は数十年にわたるライフサイクルを経た後でも持続すると報告されている（e.g., Braungart and Braungart, 1986, 1990; Esler, 1971）。さらに，このような特殊な経験をもった世代の台頭と衰退が社会全体の変革を促す効果があると主張されている（Braungart and Braungart, 1986; Jennings, 1987）[4]。

　出生コーホートとは，「ある一定期間に同じイベントを経験した個人の集団」（Ryder, 1965, 844）であり，世代の基礎となるグループである。この定義によると，出生コーホートを決めるのは集団が経験したイベントであり，出生幅はそのイベントの定義によって異なる[5]。そして，「世代」は一部の出生コーホートがその若年期に「文化や歴史が変化する特別な時代」（Braungart, 2013）や「歴史的事件」（Mannheim, 1952; Scott, 2000）を共有することによって生まれると主張されている。

　さらに，ブラウンガートは「世代」と「政治世代」の概念を区別し，「政治世代（political generation）」を「社会や政治の変革のための働きかけが必要だというコンセンサスを共有する集団」（Braungart, 2013, 949）と定義している。つまり，異なった歴史的事件を経験した世代であっても，それが「政治世代」となるためには，社会や政治のための変化が必要だという意識を当該世代が共有する必要がある。ブラウンガートは，社会に変革をもたらそうと試みた世代としてはナチス世代や中国文化革命世代を，特別な歴史的事件などを経験し特定の信念を共有するようになった世代としては第二次大戦世代やベトナム戦争世代などを例として挙げている。

　また，アルウィンとマキャモン（Alwin and McCammon, 2007）は，これまでの研究を整理して「世代」の概念を三つに分類することができるとしている。彼らによると，「世代」の概念は(1)家系における世代，(2)歴史的イベントを同時に経験した出生コーホートに基づいた世代，(3)歴史的参加を行った世代，に分類することができる。Braungart らの研究における「政治世代」とは，Alwin らのいう三番目の歴史的参加を行った世代と考えることができよう。本章でも社会の変革を求め政治参加を行った世代を「政治世

4　ブラウンガートとブラウンガート（Braungart and Braungart, 1986）によれば，世代理論の歴史は非常に長く，プラトンやアリストテレスの時代から「世代」が社会変化の主要因であると考えられてきた。

5　グレン（Glenn, 2005, 2）は，10 年を基準に年齢を分け，年齢コーホートと呼ぶ研究もあるが，そのような表記は誤解を招くため，年齢カテゴリー，もしくは出生カテゴリーとすべきとしている。

70

代」と捉え，分析を行うことにしたい。

2.1.1 政治的社会化の時期はいつなのか？

　それでは，具体的にどの時期（年齢）に受けた社会化が長期にわたって安定した態度を形成するのだろうか。政治的社会化研究と政治世代研究では，長期にわたって安定する態度が形成される時期（年齢）がいつなのかという問題について多くの議論が行われてきた。1950年代後半から1960年代の初期の政治的社会化研究では，14歳未満の時期に注目した研究が多く，社会化における家族の役割が重要視された（e.g., Easton and Dennis, 1969; Greenstein, 1965）。例えば，家庭内で行われる社会化は，子供の政治権力に対する見方や（Easton and Dennis, 1969），政党支持態度（Campbell, 1960）などに影響を与えると考えられた。

　しかし，その後の研究において，14歳未満の時期に受けた社会化が生涯にわたって影響し続けるという考えには理論的根拠が乏しいという指摘がなされた。このため，ニエミとヘップバーン（Niemi and Hepburn, 1995）は14歳未満の時期ではなく14歳から25歳くらいまでの時期に注目すべきだとしている。その理由として，その時期は社会に対する心理的変化が顕著にみられる時期であるだけでなく，社会が公共教育を積極的に行う時期であるという点を挙げている。

　世代研究では，若年期の社会化において，およそ17歳から25歳までの年齢を支持する研究が多くみられる。世代理論のクラシックとなっているマンハイム（Mannheim, 1952）はおよそ17歳から25歳までの時期が政治的社会化が行われる時期だとした上で，特に青年後期は個人の政治的態度や政治的思考が形成される最も重要な時期であり，この時期に形成された態度はその後の人生において実質的に変わらないと考えた。

　それ以降の世代研究においても，25歳までを区切りに世代の変化がみられるという研究が報告されている。例えば，シューマンらは，25歳までの時期が政治的態度の形成時期だということを裏付ける研究を報告している（Schuman and Scott, 1989; Schuman and Rodgers, 2004）。彼らは，世論調査で「過去50年で最も重要なイベント」が何だったかオープンクエスチョンで尋ね，年齢層ごとに違いがあるのか検証を行った。彼らの分析によると，異なった出生コーホートは異なったイベントを重要なイベントとして挙げる傾向があり，さらにそれらのイベントの多くは，各出生コーホートの青年後期

に起きているものであった。つまり，青年後期に起きた事件は，人生の中でも特殊な経験として記憶され，その記憶は年齢を重ねても持続すると思われる（Schuman and Scott, 1989; Schuman and Rodgers, 2004; Griffin, 2004）。

また，シアーズとバレンティーノ（Sears and Valentino, 1997）も，成人前の社会化（pre-adult socilization）の時期に起きた政治的イベントが政治的態度を固める触媒としての役割があることを指摘している。このように，これまでの社会化研究と世代研究の知見を考慮すると，政治的社会化において重要な時期は青年後期であると考えられる。本稿でも，青年後期における政治的社会化に注目する。

2.1.2　政治的社会化の効果

それでは，青年後期の社会化はどのような影響力があるのだろうか。ここでは，本章の研究対象である学生運動を中心に先行研究をみていきたい。世代研究では，1960年代に大学を中心に行われた社会運動を経験した世代に注目した研究が多く行われた。それらの研究によると，1960年代に活動家として社会運動を行った人は，それ以降も政治的に革新的なイデオロギーを保持するだけでなく（Jennings, 1987, 2002; Marwell, Aiken and Demerath, 1987; Sherkat and Blocker, 1997; McAdam, 1989; Fendrich and Tarleau, 1973; Fendrich, 1977; Braungart and Braungart, 1990），私生活においてもよりリベラルな指向があることが指摘されている。例えば，学生時代の活動家はより宗教を持たない傾向があり，結婚が遅くて子供の数も少ない（Sherkat and Blocker, 1997）。

さらに，学生運動に積極的に参加してきた人々は大学卒業以降もより積極的に政治参加を行う傾向があると報告されている（Jennings, 1987, 2002; Fendrich and Tarleau, 1973; Fendrich, 1977; Fendrich and Lovoy, 1988; Whittier, 1997）。学生時代にラディカルな活動を行った人は，それ以降も非制度的でラディカルな参加手段を選びやすい傾向もあるとされるが（Fendrich, 1977），多くの研究では，制度的，非制度的参加双方において高い参加程度がみられるとしている（Fendrich and Lovoy, 1988; Fendrich and Tarleau, 1973; Whittier, 1997）。そして，このような傾向は，学生運動を経験してから20年ほど経った後でもみられると報告されており（Marwell, Aiken and Demerath, 1987; Esler, 1971; Braungart and Braungart, 1991），学生運動の効果が長期にわたって持続される可能性があると考えられる。

72

　社会運動の影響力の範囲も議論の対象である。これまでの研究の多くは，学生運動のリーダーだった人など，参加者の中でも各運動に強く関与していた少数の人を対象にした研究が多かったため(e.g., Jennings, 1987)，報告されている効果が一般化されうるものなのか疑問視されてきた。ジェニングス(Jennings, 1987)は，学生運動に強く関与した人々における社会運動の効果は長期的に持続されていることが確認できるが，その割合は少ないため，社会全体における影響力は大きくないとしている。しかし，より大きなサンプルをもとに一般的な影響力の検証を試みた研究もある(Sherkat and Blocker, 1997; McAdam, 1989)。彼らによると，参加のレベルが弱い場合であっても，程度の差はあれ影響力がみられるとしている。

2.1.3　方法論的問題

　世代理論が抱えてきた問題の一つに，分析における方法論的問題がある。世代理論の仮説は，特別な社会化を受けた出生コーホートが「世代」を形成し，その「世代」の特徴は世代の構成員らが年齢を重ねても基本的には安定しているというものである。この世代理論の仮説を証明するためには，世代を構成すると思われる出生コーホートの効果(cohort effect)を年齢効果(age effect)と時期効果(period effect)から分離し，推定しなければならない。年齢効果とは，加齢による経験の蓄積や社会ステータスの変化，ライフステージの変化など，年齢の変化によるグループ効果である。また，時期効果とは，全ての人々に影響を与えると考えられる出来事などによる効果である。例えば，国家レベルの経済的，政治的変化などが考えられる。

　しかし，先行研究では，特別な場合を除いてはこの三つの独立した効果を推定するのは論理的に困難であることが指摘されてきた(Glenn, 2005)。コーホート効果を推定するためには，コーホート効果の推定と同時に年齢効果と時期効果を推定する必要がある。しかしながら，これら三つの変数は「年齢」＝「時期」－「コーホート」という関係にあるため，高い多重共線性を起こす可能性があり，独立した効果を識別することが難しかったのである[6]。

　このような問題から，これまでの世代研究の多くは「世代」効果を年齢効果や時期効果と区別できていないという批判にさらされ，その結果として

---

[6]　詳しくは，グレン(Glenn, 2005, 6-11)や，三船・中村(2009, 86-89)，善教(2013)などを参照。

世代効果自体についても疑問が投げかけられてきた（e.g., Rotolo and Wilson, 2004; Glenn, 2005）。しかし，近年では，この三つの効果を識別し，コーホート効果を推定する様々な方法が提案されてきた。例えば，シミュレーション（Rosenstone and Hansen, 1993; 三船，2005; 善教，2013），ベイズ型ロジットコーホートモデル（三船・中村，2009），マルチレベルモデル（Yang and Land, 2006）などが提案されている。本章では，この中でも，マルチレベルモデルを用いて，コーホート効果の推定を試みたい。

2.1.4　学生運動は政治的有効性感覚を高めるのか？

　それでは，これまでの先行研究をもとに学生運動世代と政治的有効性感覚はどのような関係があるのか考えてみたい。まず内的有効性感覚から考えてみよう。先行研究では，社会や政治における参加が市民の内的有効性感覚を高める教育効果があると主張されてきた（e.g., Pateman, 1970）。学生運動は時に激しい暴力を伴った非制度的な参加であったが，社会を変えようとする自発的な「参加」であったことも事実である。学生運動の過程では，当時議題となっていた様々な社会問題，政治問題に関する情報に接し易い環境であっただけでなく，参加者の間で様々な議論に参加する機会が多くあったと推測することができる。内的有効性感覚は，情報に注意を払うこと，公共的な議題に関する議論を行うことなどによって高まることがこれまでの研究でわかっている（Searing et al., 2007; Morrell, 2005; Semetko and Valkenburg, 1998）。このような過程に参加することは，内的有効性感覚を高めるのに貢献したと考えられる。

　このような学生運動の効果は，学生運動世代以外の人々にも影響があったのではないかという疑問も考えられる。なぜならば，学生運動は社会全体における出来事でもあったため，間接的に学生運動を支持したり学生運動が議題としていた問題について議論が行われた可能性は十分にあるからである。しかし，以下の理由から，学生運動の影響力は学生運動に直接参加していた世代において最も大きかったと思われる。一つは，社会化の年齢である。前述の通り，政治的社会化が最も活発に行われると思われる時期は青年後期である。その時期は，大学在学年と重なる部分が多く，それ以外の年齢層が学生運動によって「社会化」される可能性は低いと思われる。もう一つの理由は，参加の形式である。政治態度に変化をもたらすのは，人と人との直接的な対面による交流であるという研究報告がある（Eder and Nenga, 2003; Verba,

74

1961)。このため，学生運動に当事者として対面的な直接参加を行っていた世代において，最も効果が大きかったのではないかと考えることができる。

　次に，学生運動効果の持続期間について考えてみたい。学生運動がその参加世代に対して内的有効性感覚を高める効果があったとしても，その効果が長い時間を経ても持続すると考えることができるのだろうか。先行研究の知見をみると，学生運動による社会化は長期にわたって持続する可能性があると思われる。前述の通り，学生運動の旺盛な活動家の多くは，20年以上の時を経た後においても比較的革新的なイデオロギーを保持していると同時に，高い参加レベルをみせていた。また，数十年が過ぎた後においても，社会を変革させた重要な出来事として，多くの人が自らが青年後期だった時代に起きた出来事を連想する傾向があり，社会化の時期に起きた出来事は人生の長期にわたって特別な記憶として残る可能性が示されている。

　さらに，学生運動によって高まった内的有効性感覚が長期にわたって保持されるであろうという仮説には，もう一つの理由が考えられる。それは，内的有効性感覚と政治参加にみられる互恵的効果（reciprocal effect）である。これまでの研究では，内的有効性感覚と政治参加の関係は互恵的であるということが示されてきた（e.g., Quintelier and Hooghe, 2012; Finkel, 1985, 1987）[7]。つまり，内的有効性感覚は，政治参加を促すと同時に政治参加によって高められる効果もある。前述の通り，学生運動の参加者はそれ以降も高いレベルの参加水準をみせている（Jennings, 1987, 2002; Fendrich and Tarleau, 1973; Fendrich, 1977; Fendrich and Lovoy, 1988; Whittier, 1997）。この背景には，学生運動への参加により高まった内的有効性感覚が次の政治参加を促し，さらにその参加が内的有効性感覚を強化するという循環が行われていた可能性が高い。このような互恵効果のため，長い時間を経た後でも，その効果が維持されているのではないだろうか。つまり，学生運動世代は，他の世代は経験することのなかった社会運動という社会化を青年後期に受けることにより内的有効性感覚を高め，さらに参加を維持していくという循環の一歩を踏み切る機会を得た可能性がある。

　もちろん，学生運動に参加した学生の内的有効性感覚が参加する前から高かった可能性も大いにあり得る（逆の因果関係）。先行研究では，内的有効性

7　ただし，クインテリアとホーヘ（Quintelier and Hooghe, 2012）は，参加が政治意識に与える影響の方がより大きいとしている。

感覚の低い人がプロテストなどリスクの高い政治参加を行うというのは論理的に矛盾していると指摘している（Sherkat and Blocker, 1994）。シャーカットとブロッカー（Sherkat and Blocker, 1994）は，高い内的有効性感覚を保持した学生がより学生運動に参加する傾向があることを示した上で，内的有効性感覚の程度は，家庭内で行われる社会化に依存するとした。彼らの研究によると，社会経済的地位が高い両親の子供は内的有効性感覚が高く，学生運動にも積極的であった。先行研究では，社会経済的地位が高い家庭では，子供が権威に対する自立心を早くから養えるように教育を行うため，内的有効性感覚が高まりやすいのではないかという報告がある（Kohn, 1969）。このように，家庭内の社会化やそれ以外の要因により内的有効性感覚が元より高かった人が学生運動により参加した可能性がある。

　しかし，イベントとしての社会運動それ自体が人々を動員し参加を促す効果をもつのも事実である（Sherkat and Blocker, 1997）。このため，本来関心を持たなかった人においても，学生運動という大きな出来事によって初めて感化され参加したケースも少なくなかったと考えられる。また，本来内的有効性感覚が高かった人のみが参加していたとするならば，他の世代と比較した場合，特別高い内的有効性感覚は示さないはずである。本研究の分析において，学生運動世代が他の世代よりも優位に高い内的有効性感覚を示すのであれば，学生運動への参加によって高まったと考えることができる。

　次に，外的有効性感覚について考えてみたい。内的有効性感覚と違い，外的有効性感覚は学生運動による影響力は少ないと考えられる。外的有効性感覚も内的有効性感覚と同様に，政治参加により高まる可能性があると指摘されてきたが（Finkel, 1985, 1987），それはあくまで選挙などの制度内における政治参加である。選挙などの制度内参加が外的有効性感覚を高めるのは，選挙への参加によって既存の政治システムへの理解や政治的権威などに対する尊重が生まれると考えられるからである。しかし，学生運動のような既存の政治的権威に対抗して暴力を伴う非制度的参加がそのような効果を持つとは考え難い。このため，学生運動による効果は，内的有効性感覚においてのみ現れると考えられる。

2.2　日本における政治的世代研究と学生運動世代
　前項では，政治社会化研究，世代研究などを中心に先行研究の整理を行った上で，本章の仮説を提示した。本項では，これまで日本で行われてきた世

代研究について概観を行った後，本研究の主眼である日本の学生運動世代を
どのように捉えるべきか論じる。

　日本において，政治的世代（もしくは世代）はどのように研究されてきたの
であろうか。政治的世代の代表的な研究としては，綿貫の研究がある。綿
貫は投票行動との関連を基準に，五つの政治的世代を提示しており（綿貫，
1994; 綿貫・三宅，1997），他の研究においても一つの基準として用いられ
てきた（e.g., 善教，2013; NHK 放送文化研究所，2010）。

　綿貫は，世代を「共通の態度や行動のセットと，共通の集団意識とを以っ
てほかの世代から区別されるような集団」としたうえで，世代の幅は「共通
の態度や行動，集団意識の存在についての実証的な根拠に基づいて推定され
る」とした（綿貫，1994, 55）。そして，投票行動との関連から表3-1 のよう
な世代区分が設定されるとしている。綿貫は，政治的変革を求める参加が
あってこそ政治的世代だとする考えや（Braungart and Braungart, 1986）異なっ
た社会化経験に基づいて世代を定義する考え（Merkl, 1993）は，有権者の全
体像やライフコース，時代効果が上手く捉えられないとして，独自の「政治
的世代」概念を提示している。綿貫は，自身が提示した「政治的世代」の背
景には，歴史的経験や社会化があるとしながらも，「政治的世代」を「政治
現象（この場合は『日本人の投票行動』）を説明する上で，有意味と思われる
出生コーホートのまと［ま］り」（綿貫・三宅，1997, 26）であるとしている。

　善教（2013）やNHK 放送研究所（2010）なども，綿貫のそれと類似した世
代区分を用いている。また，三船・中村（2009）は分析は 5 歳刻みの出生
コーホートを用いて行っているが，解釈においては綿貫（1994）が提示した
区分に基づいて行っている。田中（2002）は，綿貫の研究を参照にしながら
も多少異なった出生年の基準を採用している。これらの研究における世代区
分は表3-1 に整理されている。

表3-1　先行研究における世代区分

世代名	出生年	主な共通社会化経験
戦前（明治生まれ）†	〜1918 年（〜1911 年）	
戦争（戦前派）	1919〜1928 年（1912 年〜1926 年）	第二次世界大戦
第一戦後（戦中派）	1929 年〜1943 年（1927 年〜1944 年）	戦後の民主化教育
団魂・全共闘	1944 年〜1953 年（1945 年〜1955 年）	高度経済成長期，社会運動
新人類世代	1954 年〜1968 年（1956 年〜1968 年）	高度経済成長以後の安定期
団魂ジュニア世代	1969 年〜（1969 年〜1981 年）	高成長期から低成長期へ移行

第3章：世代と政治的有効性感覚　77

　綿貫（1994）に代表される世代区分は，有権者の全体像を把握できるとい
う利点があると思われる。しかし，これらの先行研究では，なぜこのような
世代区分になるのかについて，理論的な説明が十分になされてきたとは言い
難い。まず，研究で想定している各「世代」がどのように他の世代とは異な
る社会的，歴史的出来事を経験したのか，もしくはライフコースを経て来
たのか，ほとんど説明がなされていない。このため，各世代が受けてきた社
会化（もしくはライフコースによる経験の蓄積）の結果，どのような政治的態
度，政治的行動の帰結が予想されるのかについても理論化が十分になされて
きたとは言い難い。さらに，政治的態度や政治的行動において各世代に明確
な違いが存在しているのかについても議論の余地がある。

　本章の研究目的は，有権者の全体像を世代概念を用いて把握することでは
なく，1960年代の学生運動を経験した世代の政治的有効性感覚レベルを検
証することである。このため，綿貫が提示した政治的世代の区別は用いず，
学生運動というイベントを基準にした世代を政治世代と定義し，分析を行い
たい。

　1960年代は，世界的に学生運動が非常に活発な時期であった。日本も例
外ではなく，他国と比較しても頻度，過激さにおいて引けを取らないレベ
ルの学生運動が行われた（Backman and Finlay, 1973）[8]。政治領域に変化をも
たらすため，周囲の学生を動員しながら社会運動を行ったことを考慮する
と，1960年代の学生運動を経験した出生コーホートは，ブラウンガート
（Braungart, 2013）らが提示した「政治的世代」を構築したと考えることが
できる。

　学生運動を基準にして世代を定義し分析したものとして，栗田（1993）の
研究がある。栗田（1993）はBraungartらの政治的世代の概念を用いた上で，
日本では1960年代の学生運動時代に政治的社会化を受けた出生コーホート
が，ラディカルな政治信条を有する政治世代を形成したとしている。栗田は
バックマンとフィンレイ（Backman and Finlay, 1973）らのプロテスト発生件
数データをもとに（表3-2），プロテストが最も盛んに行われた1968年から
1969年の間に大学に在学していた年齢の人（18歳から21歳）を「1968－
69年世代」と名付け分析を行っている（栗田，1993, 37-38）。栗田は，市

8　学生運動の国際比較については，バックマンとフィンレイ（Backman and Finlay, 1973）
　などを参照。

表3-2　1964年から1969年までのプロテスト発生件数（日本）

	1964-1965	1965-1966	1966-1967	1967-1968	1968-1969	合計
プロテスト発生件数	6	10	2	26	32	76

注）バックマンとフィンレイ（Backman and Finlay, 1973, 9）の表1から筆者が作成。

民団体雑誌の読者を対象に行われたアンケート調査データの分析を行い，「1968 － 69年世代」は学生運動参加によって政治的信条を得ており（政治的社会化），その経験がその後の社会参加を促していると主張している。

　それでは，具体的にどの出生コーホートを「学生運動世代」と名付けることができるのだろうか。学生運動の始まりと終わりを明確に定めることが難しいように，学生運動によって社会化した世代の範囲を明確に定めることは容易ではない。しかし，中心となるイベントが最も隆盛を極めた時期を基準として，明確に影響を受けたと考えられる範囲を定めることは可能である。先行研究においても，理論的に明確な世代の範囲が定まっていない場合，上記のような方法を用いて世代の範囲を定めている（栗田, 1993; Sherkat and Blocker, 1994）。例えば，栗田（1993）は学生プロテストが最も多く発生した時期を基準に世代の範囲を定めている。

　本章においても，学生運動が最も隆盛を極めた時期を手掛かりに学生運動世代の範囲を考えることにしたい。バックマンとフィンレイ（Backman and Finlay, 1973）らの調査によると，1968年から1969年にかけて最も多くのプロテストが行われていた（表3-2）[9]。Backman らの論文では，1970年以降の統計は示されていないが，学生運動を記述した研究の多くは，1970年から学生運動は急激な衰退傾向にあったとしている（e.g., 長崎, 2010）。そのため，最も隆盛を極めたと考えられるのは，1968年から1969年であり，この時期に大学生だった年齢（18歳から21歳）は学生運動の影響を受けた可能性が高い。1968年から1969年の間，18歳から21歳だった出生年は，1947年から1951年生まれであり，5年間の出生コーホートとなる。

　本章では，この出生コーホートを中心に，機械的に5歳刻みの出生コーホートを作成し分析を行う。また，1968年以前も学生運動は活発に行われ

9　栗田（1993）もバックマンとフィンレイ（Backman and Finlay, 1973）らの論文を参照し学生運動世代の範囲を定めている。

第3章：世代と政治的有効性感覚　79

ていたことから，このコーホートの前のコーホート（1942 年から 1946 年生まれ）においても，程度に差があるにせよ，学生運動の影響を受けた可能性が高い。このため，本章では，1942 年から 1946 年生まれ，1947 年から1951 年生まれの両出生コーホートを学生運動世代として，分析を行いたい。

3.　分析

3.1 データ・モデル・分析方法

　本項では，本節の分析で使用するデータの説明を行った後，分析モデルと分析方法を述べる。

　本分析では，1976 年に行われた JABISS 調査から，2010 年に行われたJES Ⅳ調査までのうち，内的，外的有効性感覚項目が含まれている全 16調査を使用する。使用する全データ一覧は，表3-3 に示されている。全て

表3-3　使用データ一覧

調査名		調査時期		政治的有効性感覚項目
JABISS	事前調査	1976 年 11 月	衆院選事前調査	国会議員（3）
	事後調査	1976 年 12 月	衆院選事後調査	政府左右・政治複雑
JES I	第一回調査	1983 年	衆院選事前調査	政府左右・政治複雑
	第二回調査	1983 年	衆院選事後調査	国会議員（3）
JES II	第1 波	1993 年	衆院選事前調査	国会議員（3）
	第2 波	1993 年	衆院選事後調査	政府左右・政治複雑
	第5 波	1995 年	参院選事後調査	政府左右・政治複雑・国会議員（3）
	第6 波	1996 年	衆院選事前調査	国会議員（3）
	第7 波	1996 年	衆院選事後調査	政府左右・政治複雑
JES III	第A 波	2001 年 7 月	参院選事前調査（面接）	政府左右・政治複雑
	第D 波	2003 年 10 月	衆院選事前調査（面接）	政府左右・政治複雑・国会議員
	第G 波	2004 年 7 月	参院選事前調査（面接）	政府左右・政治複雑・国会議員
	第J 波	2005 年 9 月	衆院選事前調査（面接）	政府左右・政治複雑・国会議員
JES IV	第A 波	2007 年 9 月	参院選事後調査（面接）	政府左右・政治複雑・国会議員
	第C 波	2009 年 9 月	衆院選事後調査（面接）	政府左右・政治複雑・国会議員
	第H 波	2010 年 7 月	参院選事後調査（面接）	政府左右・政治複雑・国会議員

注）　筆者作成。（3）のみ回答が 3 点尺度（「そう思う」，「どちらともいえない」，「そう思わない」）。その他の全ての項目の回答は 5 点尺度（「そう思う」，「ややそう思う」，「どちらともいえない」，「ややそう思わない」，「そう思わない」）。

80

の調査に内的，外的有効性感覚の項目が含まれているわけではなく，内的有効性感覚項目(政府左右・政治複雑)は12の調査に，外的有効性感覚項目(国会議員)は11の調査に含まれている。そのため，内的有効性感覚と外的有効性感覚のそれぞれを従属変数としたモデル用に2種類のデータセットを用意した。内的有効性感覚モデルに使用するデータのサンプルは，N=15384（全12調査），外的有効性感覚モデルに使用するデータサンプルは，N=14190（全11調査）である(表3-4，表3-5)。

　前述の通り，コーホート分析においては，いかにコーホート効果(cohort effect)を加齢効果(age effect)，時期効果(period effect)と分離し，推定することができるのかが方法論的な課題として挙げられてきた。先行研究では，この三つの効果を識別し，コーホート効果を推定する様々な方法が提案されてきた。近年では，シミュレーション(Rosenstone and Hansen, 1993; 三船, 2005; 善教, 2013)，ベイズ型ロジットコーホートモデル(三船・中村, 2009)，マルチレベルモデル(Yang and Land, 2006) などが用いられている。本分析では，マルチレベルモデルを用いて，三つの効果の推定を試みる。

　本分析のモデルは，以下の通りである。従属変数は，政治的有効性感覚

表3-4　出生コーホート別サンプル数：内的有効性感覚

出生コーホート	調査年度												
	1976	1983	1993	1995	1996	2001	2003	2004	2005	2007	2009	2010	Total
1895	59	45	0	3	4	2	2	0	1	0	0	0	116
1912	63	48	20	20	25	6	4	4	2	1	2	1	196
1917	71	64	49	56	55	21	23	20	11	2	3	6	381
1922	99	94	96	98	118	66	79	61	46	17	12	11	797
1927	125	99	165	169	204	112	119	100	78	49	58	42	1320
1932	136	154	178	181	191	158	187	136	110	88	103	94	1716
1937	120	150	197	188	210	158	193	133	115	118	131	131	1844
1942	123	150	195	188	204	128	177	130	102	124	129	135	1785
1947	119	180	230	214	210	170	185	132	107	139	153	147	1986
1952	67	131	160	149	138	123	142	100	73	113	119	112	1427
1957	0	78	151	109	128	115	112	88	83	111	105	112	1192
1962	0	20	118	87	103	93	91	112	74	80	79	87	944
1967	0	0	71	46	38	90	71	119	79	97	83	104	798
1972	0	0	10	13	13	70	56	88	54	82	63	97	546
1977	0	0	0	0	0	26	19	33	14	46	41	63	242
1982	0	0	0	0	0	0	1	9	6	20	18	40	94
Total	982	1213	1640	1521	1641	1338	1461	1265	955	1087	1099	1182	15384

第3章：世代と政治的有効性感覚　81

表3-5　出生コーホート別サンプル数：外的有効性感覚

出生コーホート	調査年度											Total
	1976	1983	1993	1995	1996	2003	2004	2005	2007	2009	2010	
1895	95	44	0	1	3	2	0	1	0	0	0	146
1912	83	48	19	18	19	4	4	2	1	2	1	201
1917	98	64	50	57	50	25	19	11	3	5	6	388
1922	127	89	90	100	117	82	63	47	17	12	11	755
1927	156	100	163	168	173	121	101	80	49	59	43	1213
1932	182	152	162	169	175	194	136	112	91	105	96	1574
1937	165	150	186	185	205	196	132	115	117	132	132	1715
1942	173	152	173	190	189	179	134	104	122	132	136	1684
1947	159	177	213	210	207	185	131	107	141	153	146	1829
1952	76	124	157	146	138	142	100	73	113	121	114	1304
1957	0	78	141	105	124	112	89	83	110	106	112	1060
1962	0	20	110	85	86	91	112	74	80	81	88	827
1967	0	0	64	45	38	72	116	79	97	83	105	699
1972	0	0	10	14	15	56	91	54	82	64	97	483
1977	0	0	0	0	0	19	33	15	46	42	64	219
1982	0	0	0	0	0	1	8	5	20	18	41	93
Total	1314	1198	1538	1493	1539	1481	1269	962	1089	1115	1192	14190

（内的，外的）である。切片は，出生コーホートと調査年度をランダム効果で推定する。また，独立変数として「年齢」，「女性」（性別），「所得水準」，そして高等教育を受けたか否かを表す変数として「大卒」を投入する。さらに，「大卒」変数は出生コーホートごとにランダム効果を推定する。学生運動の多くは，大学を舞台に行われた。このため，学生運動世代の中でも大学に在籍していた場合，より学生運動の影響を強く受けた可能性がある。つまり，学生運動世代では「大卒」効果が他の世代に比べ大きい可能性がある。このため，「大卒」の出生コーホートごとのランダム効果を推定し，学生運動世代の「大卒」効果においてどちらがより大きいのか検証を行う。

$$y_i \sim N(\gamma_{j[i]} + \delta_{k[i]} + \beta_i^{年齢} + \beta_i^{女性} + \beta_i^{所得} + \beta_{j[i]}^{大卒}, \sigma_\alpha^2), \ \ \text{for} \, i = 1, ..., n$$

$$\gamma_j \sim N(0, \sigma_\gamma^2), \ \ \text{for} \, j = 1, ..., J$$

$$\delta_k \sim N(0, \delta_\delta^2), \ \ \text{for} \, k = 1, ..., K$$

$$j = 1, ..., 16 \ \text{出生コーホート}$$

$$k = 1, ..., 12(内的) \ \ 1, ..., 11(外的) \ \text{調査年度}$$

82

　前述の通り，出生コーホートは基本的に5歳刻みで作成したが，最も早い出生コーホートと最も遅い出生コーホートのみサンプル数の少なさを補うため年齢幅を大きくしている。各モデルの出生コーホート別サンプル数の一覧は，表3-4（内的有効性感覚モデル）と表3-5（外的有効性感覚モデル）に示されている。データセットにおける最初の出生コーホートは，1895年から1912年生まれ(17年)，そして最後の出生コーホートは1982年から1988年(6年)となっている。その他の出生コーホートは，全て5歳刻みで作成されている。分析で用いる出生コーホートは，全部で16の出生コーホートである。本研究の主眼である学生運動世代は，出生年が1942年－1946年，1947年－1951年の二つの出生コーホートとなる。最後に，内的有効性感覚モデルのデータでは，調査年度が12，外的有効性感覚モデルのデータでは調査年度が11である。

3.2　変数説明

　本項では，分析で使用する変数の説明を行う。

3.2.1　従属変数

　前述の通り，従属変数として，内的有効性感覚と外的有効性感覚を用いてそれぞれ分析を行う。内的有効性感覚は，「政府左右」と「政治複雑」を加算して作成したものである[10]。それぞれの項目が5点尺度であるため，本分析で使用する「内的有効性感覚」変数は，値が2から10までの9点尺度である。値が高いほど，高い内的有効性感覚を表すようにコーディングしてある。もう一つの従属変数である「外的有効性感覚」変数は，「国会議員」を用いており，5点尺度である[11]。

10　「政府左右」は「自分には政府のすることに対して，それを左右する力はない」という質問項目である。「政治複雑」は，「政治とか政府とかは，あまりに複雑なので，自分には何をやっているのかよく理解できないことがある」という質問項目である。両項目ともに，否定的な回答(「そう思わない」)が有効性感覚が高いことを示す。

11　「国会議員」は，「国会議員は，大ざっぱに言って，当選したらすぐ国民のことを考えなくなる」という質問項目である。否定的な回答(「そう思わない」)が有効性感覚が高いことを示す。

3.2.2 独立変数

独立変数としては、「年齢」、「女性」、「大卒（在学含む）」、「所得水準」を用いる。「年齢」は、各調査時における回答者の年齢を表す変数である。「女性」は、回答者が女性である場合を1としたダミー変数である。「大卒（在学含む）」は、大学を卒業している場合を1とするダミー変数である。調査当時在学している場合も同様に扱っている。

「所得水準」は、収入程度を表す3点尺度の変数である（世帯所得基準）。本分析では、全部で12の調査データを使用しているが、所得を尋ねる項目は、各調査によって違いがみられる。例えば、JABISS調査では本人の世帯所得について1から7までの値で回答を求めており、最大所得の回答は「500万円以上」となっている。一方で、JES IV では12カテゴリーが設けられており、選択できる最大所得は「2000万円以上」である。このように、各調査において、所得に対する回答カテゴリーの数とその内容が異なっている。このため、本分析では、各調査時点における回答者の所得水準を、「上位所得層」、「中位所得層」、「下位所得層」の3段階に分類した[12]。より高い値ほど、高い所得水準を示す。

3.3 分析結果

ここで、分析結果をみることにしたい。前項で述べた通り、内的有効性感覚と外的有効性感覚をれぞれを従属変数として分析を行った。内的有効性感覚の分析結果は表3-6に、外的有効性感覚の分析結果は表3-7に示されている。

3.3.1 内的有効性感覚

まず、内的有効性感覚の結果からみていこう（表3-6）。本研究では、学生運動が活発に行われていた時期に政治社会化を受けた世代（学生運動世代）は、高い内的有効性感覚水準をみせるはずであると仮説を立てた。学生運動世代は、出生コーホートの1942年（1942年－1946年生まれ）と1947年（1947年－1951年生まれ）である。表3-6の変量効果（Randam Effects）の出生コーホートをみると、1942年と1947年の出生コーホートが正で有意

12　それぞれ「上位所得層」が30％、「中位所得層」が40％、「下位所得層」が30％前後になるように分類している。

84

表3-6　内的有効性感覚分析結果

固定効果	係数	標準誤差	t値
定数	4.444	0.130	34.170
年齢	0.003	0.002	1.490
女性	-0.698	0.037	-18.790
大卒(在学含む)	0.873	0.071	12.220
所得水準	0.178	0.017	10.210
ランダム効果	係数	標準誤差	t値
出生コーホート			
1895	-0.027	0.091	-0.301
1912	-0.100	0.085	-1.174
1917	-0.096	0.075	-1.280
1922	-0.083	0.062	-1.337
1927	0.016	0.055	0.288
1932	0.066	0.051	1.301
1937	0.013	0.050	0.251
1942	0.132	0.050	2.634
1947	0.148	0.049	3.010
1952	0.081	0.053	1.508
1957	0.063	0.056	1.128
1962	-0.017	0.059	-0.290
1967	0.030	0.061	0.489
1972	-0.034	0.067	-0.515
1977	-0.102	0.078	-1.301
1982	-0.088	0.091	-0.972
時期効果			
1976	-0.091	0.071	-1.277
1983	-0.192	0.066	-2.931
1993	-0.071	0.058	-1.223
1995	-0.239	0.060	-3.983
1996	-0.063	0.058	-1.075
2001	-0.027	0.063	-0.422
2003	-0.031	0.061	-0.508
2004	-0.074	0.064	-1.155
2005	-0.007	0.071	-0.093
2007	0.024	0.068	0.349
2009	0.421	0.068	6.201
2010	0.350	0.066	5.289
分散構成		標準偏差	
コーホート	定数	0.1036	
大卒(在学含む)		0.1813	
調査年度	定数	0.1976	
残差		2.2146	
Deviance	68174.73		
AIC	68194.73		

な値を示していることがわかる(t値がそれぞれ2.634, 3.010)[13]。

さらに，全出生コーホートの効果を図で確認してみよう。図3-1は，表3-6の変量効果をプロットしたものである。図3-1をみると，学生運動世代(出生コーホート1942年，1947年)の内的有効性感覚が他の出生コーホートと比べ最も高く，さらに平均より有意に高いことがわかる。また，この二つの世代以外では，平均より有意に高い内的有効性感覚レベルをみせている出生コーホートはない。一部の学生運動世代前後の出生コーホートにおいて，平均より高い内的有効性感覚レベルをみせている場合もあるが，10％有意水準に満たない(出生コーホート1932年，1952年，1957年)。また，出生コーホート1922年以前，そして1962年以降の内的有効性感覚レベルは比較的低い。

次に，変量効果の時期効

13　本章の分析では，特筆がない限り，5％有意水準(t値が1.96以上)を統計的に有意な値であるとみなす。

図3-1 内的有効性感覚の出生コーホート変量効果：1976年－2010年

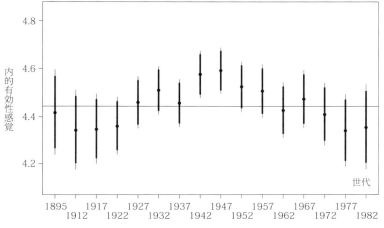

注）表3-6から筆者作成。細線は95％信頼区間，太線は90％信頼区間。横線は，全出生コーホートの平均値。

図3-2 内的有効性感覚の時期効果：1976年－2010年

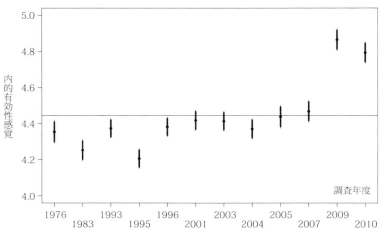

注）表3-7から筆者作成。細線は95％信頼区間，太線は90％信頼区間。横線は，全出生コーホートの平均値。

図3-3 世代別内的有効性感覚：1976年－2010年

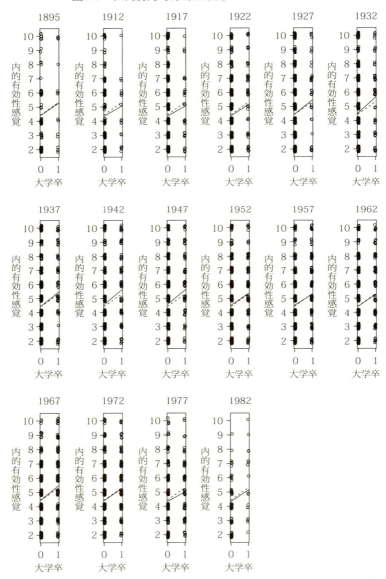

注）表3-6から筆者作成。実線は「大卒（在籍含む）」の変量効果を加えた各出生コーホートの推定値，破線は全出生コーホートにおける平均的な推定値。丸（白，黒）は，各出生コーホートのうち，ランダムに選んだ500サンプル。全サンプル数が500に満たない出生コーホートでは，全てのサンプルをプロットしている。

第3章：世代と政治的有効性感覚　87

果をみていこう。時期効果をプロットしたものが図3-2である。時期効果をみると，1983年と1995年が平均より有意に低く，2009年以降大きく高まっていることがわかる。2009年は歴史的な政権交代が行われた時期であり，2009年の調査は政権交代直後に行われている（表3-6）。2009年以降の内的有効性感覚の高まりは，政権交代という時期効果の結果である可能性が高い。

固定効果（Fixed Effects）をみると，「年齢」を除き，全て有意になっていることがわかる。女性であるほど，内的有効性感覚が低く，高い所得水準であるほど，内的有効性感覚が高い傾向がある。また，大卒（在籍含む）であるほど，より高い内的有効性感覚を保持することがわかる。

本研究では，学生運動が行われた主な場所が大学であったことから，学生運動世代においては，「大卒（在籍含む）」の影響力が他の

表3-7　外的有効性感覚分析結果

固定効果	係数	標準誤差	t値
定数	1.367	0.073	18.750
年齢	0.003	0.000	6.510
女性	−0.056	0.013	−4.220
大卒（在学含む）	0.068	0.019	3.640
所得水準	0.039	0.006	6.460
ランダム効果	係数	標準誤差	t値
出生コーホート			
1895	0.0001	0.0009	0.0627
1912	0.0000	0.0009	0.0227
1917	0.0001	0.0009	0.0758
1922	−0.0000	0.0009	−0.0302
1927	0.0001	0.0009	0.0665
1932	0.0002	0.0009	0.1967
1937	0.0008	0.0008	0.9192
1942	0.0001	0.0008	0.1020
1947	0.0001	0.0008	0.1070
1952	−0.0001	0.0008	−0.1675
1957	−0.0004	0.0008	−0.4248
1962	−0.0002	0.0008	−0.2845
1967	−0.0001	0.0009	−0.0648
1972	−0.0002	0.0009	−0.2328
1977	−0.0000	0.0009	−0.0403
1982	−0.0003	0.0009	−0.2934
時期効果			
1976	0.298	0.021	14.217
1983	0.315	0.022	14.359
1993	0.189	0.019	9.772
1995	0.245	0.020	12.473
1996	0.093	0.019	4.777
2003	−0.191	0.020	−9.668
2004	−0.240	0.021	−11.241
2005	−0.151	0.024	−6.166
2007	−0.212	0.023	−9.223
2009	−0.154	0.023	−6.777
2010	−0.193	0.022	−8.761
分散構成		標準偏差	
コーホート	定数	0.0009	
大卒（在学含む）		0.0186	
調査年度	定数	0.2174	
残差		0.7625	
Deviance	32625.50		
AIC	32645.50		

出生コーホートに比べより大きい可能性があることを指摘し，「大卒（在籍含む）」変数の各出生コーホートにおける変量効果を推定した。図3-3は，「大

図3-4 世代別外的有効性感覚：1976年－2010年

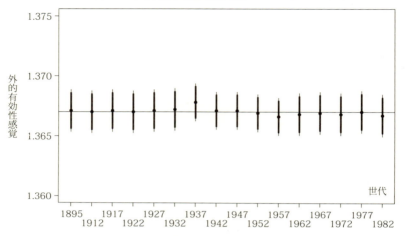

注） 表3-7から筆者作成。細線は95％信頼区間，太線は90％信頼区間。横線は，全出生コーホートの平均値。

図3-5 外的有効性感覚の時期効果：1976年－2010年

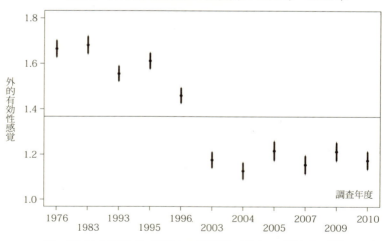

注） 表3-7から筆者作成。細線は95％信頼区間，太線は90％信頼区間。横線は，全出生コーホートの平均値。

卒(在籍含む)」効果を出生コホート別にプロットしたものである。実線が各出生コーホートにおける「大卒(在籍含む)」の効果を表し，破線が全出生コーホートにおける平均的な「大卒(在籍含む)」効果である。

　まず，学生運動世代(出生コーホート1942年，出生コーホート1947年)をみると，「大卒(在籍含む)」の効果が他の世代に比べ大きいことがわかる(図3-3)。つまり，他の出生コーホートを含めた平均推定値(破線)よりも，学生運動世代における大卒効果の推定値(実線)の方が傾斜の程度が大きい。このため，学生運動世代においては，「大卒(在籍含む)」の内的有効性感覚を高める効果が他の世代に比べ大きいということがわかる。つまり，仮説で想定した通り，学生運動の多くは大学を舞台に行われたことから，学生運動世代の中でも大学に在学していた回答者はより学生運動に触れる機会が多く，その結果「大卒(在籍含む)」の効果が他の世代より大きいと考えることができる。ただし，出生コーホートの1932年においても「大卒(在籍含む)」の効果が比較的大きい。なぜこの出生コーホートにおいても大卒の効果が大きいのかについては，今後詳細な検証が必要である。大卒の効果が平均より大きい傾向は，学生運動世代と出生コーホート1932年以外においては，あまりみられない。出生コーホート1912年，1917年，1977年では，平均よりも大卒の効果が小さい傾向がある。

3.3.2　外的有効性感覚

　次に，外的有効性感覚を従属変数とした分析結果をみてみよう(表3-7)。本研究では，内的有効性感覚とは異なり，学生運動は外的有効性感覚には明確な影響を示さない可能性が高いという仮説を立てた。変量効果の出生コーホートの部分をみると，学生運動世代(出生コーホート1942年，1947年)を含め，いずれの出生コーホートも有意な結果を示していないことがわかる(表3-7)。出生コーホートの変量効果をプロットした図3-4をみると，ほとんどの出生コーホートで大きな変化はなく，外的有効性感覚に対する出生コーホートの影響力はほとんどないことがみて取れる。

　一方で，調査時期の変量効果をみると，全ての時期が有意になっていることがわかる(表3-7)。調査時期の変量効果をプロットした図3-5をみると，1976年から1996年にかけて徐々に下がり，2003年には大きく下落していることがわかる。さらに，それ以降は少しずつ上下しているものの，大きな

90

変化はない[14]。分析結果の分散をみても，外的有効性感覚に対する時期効果の影響力は比較的大きく，出生コーホートの影響力はほとんどないことがわかる（表3-7）。

固定効果の影響力をみると，投入した全ての固定効果の変数のt値が大きく，有意になっていることがわかる。年齢が高いほど外的有効性感覚が高く，女性であるほど低い傾向がある。また，高い教育を受け，所得水準が高いほど外的有効性感覚が高い。

4．まとめ

本章では，1960年代における学生運動を通じて政治的社会化を受けたと思われる政治世代を学生運動世代と名付け，学生運動が政治的有効性感覚に与える影響について検証を行った。内的有効性感覚は，社会や政治における参加によって高められると考えられてきた。学生運動は非制度的な参加ではあったが，社会に対する自発的「参加」であったことを考えると，学生運動が内的有効性感覚を高めた可能性は十分に考えられる。また，学生運動に関与した参加者の多くは政治社会化が最も活発に行われる時期を迎えていたため，その影響力も大きかったのではないかと考えることができる。さらに，参加と内的有効性感覚の互恵的な効果から，学生運動後の長い時間が過ぎた後においても学生運動によって高まった内的有効性感覚レベルが維持される可能性があることを指摘した。その一方で，外的有効性感覚に対しては学生運動の影響力はそれほどみられないと考えられる。外的有効性感覚は，制度内参加との親和性が高く，既存の政治的権威に対抗する性格の学生運動によって高まるとは考え難いからである。

分析の結果，概ね仮説で想定した通りの結果が得られた。他の出生コーホートを全体と比較すると，学生運動世代は比較的高い内的有効性感覚を保持していることがわかった。その一方で，外的有効性感覚は，出生コーホートとはあまり関係がないことが明らかになった。学生運動世代だけでなく，いずれの出生コーホートにおいても外的有効性感覚に対する影響力はみられ

14　このような外的有効性感覚の時期効果は，投票率の推移と類似している部分がある。三船・中村（2009）によると，日本の投票率は1990年から1996年にかけて急激に低下し，それ以降は低い水準で推移している。

なかった。

　本章の分析結果から，以下の点が示唆される。一つは，青年後期における政治社会化過程が政治意識に与える重要性である。特に，内的有効性感覚のような一部の政治意識が個人の内面深くに刻まれ長期にわたって安定する点を考慮すると，政治意識が構成される青年後期における政治経験はその後の人生における政治参加形態に大きな影響を与える可能性がある。

　また，参加民主主義理論で議論されてきたような直接参加の重要性も確認できた。重要な政治イシューは，程度の差はあれ常に存在するものである。どの出生コーホートであっても，彼らの政治社会化が行われた青年後期にそれらの情報に触れる機会はあったと思われる。学生運動世代が他の出生コーホートと異なるのは，それらの問題に直接参加する機会がより開けていたか否かである。日本では，他の先進民主主義諸国と比べ，政治的有効性感覚が低いということが指摘されてきた（小林，2008）。内的有効性感覚を高めることができるのは，参加の経験であり，特に政治社会化が活発に行われる青年後期が重要である。その時期により直接的な政治参加ができる環境を整備することが，今後の世代の政治的有効性感覚を高めることに資するのではないかと考えられる。

参考文献

Abramson, R.R. 1977. *The Political Socialization of Black Americans: A Critical Evaluation of Research on Efficacy and Trust*. New York: Free Press.

Alwin, Duane F. and Ryan J. McCammon. 2007. "Rethinking Generation." *Research in Human Development* 4: 219-237.

Backman, Earl L. and David J. Finlay. 1973. "Student Protest: A Cross-National Study." *Youth & Society* 5 (1): 3-46.

Balch, George I. 1974. "Multiple Indicators in Survey Research: The Concept of 'Sense of Political Efficacy'." *Political Methodology* 1 (2): 1-43.

Braungart, Margaret M. and Richard G. Braungart. 1990. "The Life-Course Development of Left- and Right-Wing Youth Activist Leaders from the 1960s." *Political Psychology* 11 (2): 243-282.

Braungart, Margaret M. and Richard G. Braungart. 1991. "The Effects of the 1960s Political Generation on Former Left- and Right-Wing Youth Activist Leaders." *Social Problems* 38 (3): 297-315.

Braungart, Richard G. 2013. Political Generation. Blackwell Publishing Ltd.

Braungart, Richard G. and Margaret M. Braungart. 1986. "Life-Course and Generational

Politics." *Annual Review of Sociology* 12: 205-231.

Campbell, Angus. 1960. *The American voter*. New York: Wiley.

Converse, Philip. 1972. Change in the American Electorate. In *The Human Meaning of Social Change*, ed. Angus Campbell and Phillip Converse. New York: New York: Russell Sage Foundation.

Craig, Stephen C., Richard G. Niemi and Glenn E. Silver. 1990. "Political Efficacy and Trust: A Report on the NES Pilot Study Items." *Political Behavior* 12 (3) :289-314.

Easton, David and Jack Dennis. 1969. *Children in the Political System: Origins of Political Legitimacy*. New York : McGraw-Hill.

Eder, Donna and Sandi K. Nenga. 2003. Socialization in adolescence. In *Handbook of Social Psychology*, ed. John DeLamater. New York: Kluwer Academic 157-182.

Esler, Anthony. 1971. *Bombs, Beards, and Barricades*. Stein and Day, New York. 32

Fendrich, James M. 1977. "Keeping the Faith or Pursuing the Good Life: A Study of the Consequences of Participation in the Civil Rights Movement." American *Sociological Review* 42 (1) : 144-157.

Fendrich, James M. and Alison T. Tarleau. 1973. "Marching to a Different Drummer: Occupational and Political Correlates of Former Student Activists." *Social Forces* 52(2): 245-253.

Fendrich, James Max and Kenneth L. Lovoy. 1988. "Back to the Future: Adult Political Behavior of Former Student Activists." *American Sociological Review* 53 (5) : 780-784.

Finkel, Steven E. 1985. "Reciprocal Effect of Participation and Political Efficacy: A Panel Analysis." *American Journal of Political Science* 29 (4) : 891-913.

Finkel, Steven E. 1987. "The Effects of Participation on Political Efficacy and Political Support: Evidence from West German Panel." *The Journal of Politics* 49 (2) :441-464.

Glenn, Norval D. 2005. *Cohort Analysis (2nd ed.)*. Thousand Oaks,California: Sage Publications.

Greenstein, F.I. 1965. *Children and Politics*. New Haven: Yale Univ. Press.

Griffin, Larry J. 2004. "Generations and Collective Memory" Revisited: Race, Region, and Memory of Civil Rights." *American Sociological Review* 69 (4) : 544-557.

Hess, R.D. and J.V. Torney. 1967. *The Dev. Politics of Political Attitudes in Children*. Chicago: Aldine.

Jennings, M. K. and R. G. Niemi. 1974. *The Political Character of Adolescence*. Princeton, NJ: Prinston Univ. Press.

Jennings, M. Kent. 1987. "Residues of a Movement: The Aging of the American Protest Generation." *The American Political Science Review* 81 (2) : 367-382.

Jennings, M. Kent. 2002. "Generation Units and the Student Protest Movement in the United States: An Intra- and Intergenerational Analysis." *Political Psychology* 23 (2) : 303-324.

Kohn, Melvin L. 1969. *Class and Conformity: A Study of Values*. Dorsey. Homewood: Dorsey Press.

Lipset, Seymour M. 1960. *Political Man: the Social Bases of Politcs*. New York : Doubleday & Company.

Mannheim, Karl. 1952. *Essays on the Sociology of Knowledge*. London: Roustledge and Kegan Paul.

Marwell, Gerald, Michael T. Aiken and N. J. Demerath. 1987. "The Persistence of Political Attitudes Among 1960s Civil Rights Activists." *The Public Opinion Quarterly* 51 (3) : 359-375.

Mattei, Franco and Richard G. Niemi. 2005. Political Efficacy. In *Polling America: An Encyclopedia of Public Opinion*, ed. Samuel J. Best and Benjamin Radcliff. Westport, Conn. ; London: Westport, CT: Greenwood Press.

McAdam, Doug. 1989. "The Biographical Consequences of Activism." *American Sociological Review* 54 (5) : 744-760.

Merkl, Peter H. 1993. *German Unication in the European Context*. Pennsylvania State University Press.

Morrell, Michael E. 2005. "Deliberation, Democratic Decision-Making and Internal Political Efficacy." *Political Behavior* 27: 49-69.

Niemi, Richard G. and Barbara I. Sobieszek. 1977. "Political Socialization." *Annual Review of Sociology* 3: 209-233.

Niemi, Richard G. and Mary A. Hepburn. 1995. "The Rebirth of Political Socialization." *Perspectives on Political Science* 24 (1) : 7-16.

Pateman, Carole. 1970. *Participation and Democratic Theory*. Cambridge MA: Cambridge University Press.

Quintelier, Ellen and Marc Hooghe. 2012. "Political attitudes and political participation: A panel study on socialization and self-selection effects among late adolescents." *International Political Science Review* 33 (1) : 63-81.

Rosenstone, Steven J. and John M. Hansen. 1993. *Mobilization, Participation, and Democracy in America*. New York: Macmillan.

Rotolo, Thomas and John Wilson. 2004. "What Happened to the "Long Civic Generation?" Explaining Cohort Differences in Volunteerism." *Social Forces* 82 (3) : 1091-1121.

Ryder, Norman B. 1965. "The Cohort as a Concept in the Study of Social Change." *American Sociological Review* 30 (6) : 843-861.

Schuman, Howard and Jacqueline Scott. 1989. "Generations and Collective Memories." *American Sociological Review* 54 (3) : 359-381.

Schuman, Howard and Willard L. Rodgers. 2004. "Cohorts, Chronology, and Collective Memories." *The Public Opinion Quarterly* 68 (2) : 217-254.

Scott, Jacqueline. 2000. "Is It a Different World to When You Were Growing Up? Generational

Effects on Social Representations and Child-Rearing Values." *The British Journal of Sociology* 51（2）: 355-376.

Searing, Donald D., Frederick Solt, Pamela Johnston Conover and Ivor Crewe. 2007. "Public Discussion in the Deliberative System: Does It Make Better Citizens?" *British Journal of Political Science* 37: 587-618.

Sears, David O. and Nicholas A. Valentino. 1997. "Politics Matters: Political Events as Catalysts for Preadult Socialization." *American Political Science Review* 91: 45-65.

Semetko, Holli A. and Patti M. Valkenburg. 1998. "The Impact of Attentiveness on Political Efficacy: Evidence From A Three-year German Panel Study." *International Journal of Public Opinion Research* 10（3）: 195-210.

Sherkat, Darren E. and T. Jean Blocker. 1994. "The Political Development of Sixties' Activists: Identifying the Influence of Class, Gender, and Socialization on Protest Participation." *Social Forces* 72（3）: 821-842.

Sherkat, Darren E. and T. Jean Blocker. 1997. "Explaining the Political and Personal Consequences of Protest." *Social Forces* 75（3）: 1049-1070.

Verba, Sidney. 1961. *Small Groups and Political Behavior*. Princeton, NJ: Princeton University Press.

Whittier, Nancy. 1997. "Political Generations, Micro-Cohorts, and the Transformation of Social Movements." *American Sociological Review* 62（5）: 760-778.

Yang, Yang and Kenneth C. Land. 2006. "A Mixed Models Approach to the Age-Period Cohort Analysis of Repeated Cross-Section Surveys, with an Application to Data on Trends in Verbal Test Scores." *Sociological Methodology* 36: 75-97.

NHK放送文化研究所. 2010.『日本人の意識構造』. 日本放送出版会（NHK出版）.

金兌希. 2014.「日本における政治的有効性感覚指標の再検討－指標の妥当性と政治参加への影響力の観点から－」.『法学政治学論究』100:121-154.

栗田宣義. 1993.『社会運動の計量社会学的分析』. 東京：日本評論社.

小林良彰. 2008.『制度改革以降の日本型民主主義』. 東京：木鐸社.

善教将大. 2013.『日本における政治への信頼と不信』. 東京：木鐸社.

田中愛治. 2002.「政治的信頼と世代間ギャップ－政治的システム・サポートの変化－」.『経済研究』53（3）: 213-225.

長崎浩. 2010. 叛乱の六〇年代―安保闘争と全共闘運動. 論創社.

三船毅. 2005.「投票参加の低下－90年代における衆議院選挙投票率低下の分析－」. 年報政治学(第Ⅰ号): 135-160.

三船毅・中村隆. 2009.「衆議院選挙投票率の分析－1969年から2005年における年齢・時代・世代の影響(特集選挙における時系列変化)」. 選挙研究25（2）:83-106.

綿貫譲治. 1994.「『出生コーホート』と日本有権者」.『レヴァイアサン』15: 53-72.

綿貫譲治・三宅一郎. 1997.『環境変動と態度変容』. 東京：木鐸社.

第4章
選挙と政治的有効性感覚

1. はじめに

　政治的有効性感覚とは，「自身が政治的事柄を理解でき，かつ自らの行動が政治的指導者と政策に影響を与えることができるという個人の信念」である（Mattei and Niemi 2005, 525）。投票参加を説明するだけでなく（e.g., Mattei and Niemi, 2005; Milbrath, 1965），民主主義システムを支える市民の規範的態度を示す指標として，最も重要な市民意識の一つとして捉えられてきた（e.g., Pateman, 1970; Macpherson, 1977; Niemi and Mattei, 1991）。

　政治的有効性感覚はどのような要因によって変動するのであろうか。これまでの多くの先行研究では，政治における市民の参加こそが政治的有効性感覚を育むことができると主張されてきたが，実証研究における結果は一貫しておらず，多くの議論の余地が残されている。本章では，代議制民主主義の根幹をなす最も代表的な制度である選挙における市民の参加とその帰結が政治的有効性感覚にどのような影響を与えるのかについて，日本のケースを用いて検証を行う。

　これまでの多くの先行研究において，選挙が政治的有効性感覚にどのような影響を与えるのかについて検証が行われてきた（e.g., Finkel, 1985, 1987; Clarke and Acock, 1989; Stewart, Clarke and Acock, 1992）。これらの研究は，二つに分けることができる。一つは，選挙を政治参加の一つとして捉え，選挙における純粋な「参加」行為が政治的有効性感覚に与える効果に注目するものである（Finkel, 1985, 1987）。これらの研究では，選挙結果にかかわらず投票行動や選挙の際のキャンペーン活動への参加などが政治的有効性感覚

を高める効果があるとしている。

　もう一つの研究は，選挙への参加の帰結，つまり選挙における「勝敗」が政治的有効性感覚に与える影響を検証するものである（Clarke and Acock, 1989）。民主主義制度では，一人一票という形で平等な政治参加の機会が与えられるが，その帰結は必ずしも平等であるとは限らない。選挙には必ず「勝者」と「敗者」が存在し，制度で定められた期間は勝者が政治権力を占めることになる。そして多くの先行研究では，選挙で勝ったのか，負けたのか，言い換えれば，自分が票を投じた候補者（もしくは政党）が選挙で勝つことができたのか否かが市民の政治態度に明確な違いを生み出すと考えられ，多くの研究が行われてきた。先行研究によると，選挙で勝つことができた有権者は負けた有権者に比べて，民主主義制度に対する満足感が高く，より政府を信頼し，政府が市民に対して応答的だと感じるなど，より政治に対する肯定的な見方をする傾向がある（e.g., Craig et al., 2006; Blais and Gélineau, 2007; Curini, Jou and Memoli, 2012; Wells and Krieckhaus, 2006; Aarts and Thomassen, 2008; Howell and Justwan, 2013; Singh, 2014）。同様に，政治的有効性感覚においても，選挙における勝利の経験が，内的・外的有効性感覚を高めるという報告がある（Clarke and Acock, 1989）。

　しかしながら，一部の先行研究では，勝敗の市民意識に対する効果に疑問を呈するものもある。多くの先行研究では，勝敗が政治意識に与える効果を肯定しているが，一部の先行研究では，そのような効果がみられない場合もあることが報告されている。しかし，なぜそのような効果の違いがあるのか，違いをもたらしている要因が何なのかについては，十分な議論が行われているとは言い難い。

　それでは，なぜ先行研究においてこのような違いがみられるのだろうか。一つの原因は，先行研究における勝敗の定義と操作化の不一致が考えられる。選挙において，誰が「勝者」であるのかという問題は，勝利をどのように定義するのかによって異なる。例えば，小選挙区で投票した候補者が当選したが，その候補者が所属する政党が政権を取ることができなかった場合を考えてみよう。このようなケースの場合，有権者は小選挙区レベルでは「勝者」であるが，全国レベルでは「敗者」であるとも考えられる。さらに，多数派を構成して政権をとった場合でも，必ずしも選挙で勝ったと明確に言えないケースもある。例えば，多数派をとったものの，前回の選挙に比べ大きく議席を減らすなどした場合，一般世論では選挙で負けたと認識する可能性

が高い。このようなケースの場合，選挙における「勝敗」の定義が難しく，また勝敗の効果を明確に推定することもより困難となる。このような問題を回避するためには，勝敗が比較的明確なケースを分析対象として選択する必要がある。また，小選挙区レベル，全国レベルなど，様々な種類の勝敗を想定し，効果を比較する必要がある。また，一部の先行研究では，勝敗による変化を検証するにもかかわらず，パネルデータを使用しておらず，勝敗の効果を厳密に検証しているとは言い難い。より厳格な因果関係を検証するためには，パネルデータを使用する必要があろう。

　本研究では，このような先行研究の問題点を踏まえ，選挙における参加，そしてその帰結(勝敗)が政治的有効性感覚にどのような変化をもたらすのかについて，日本の2009年の衆議院選挙のケースを用いて検証を行う。2009年に行われた第45回衆議院議員総選挙は，自民党から民主党へと政権交代が行われた歴史的な選挙である。この選挙における勝者と敗者は他の選挙に比べ明確であるため，勝敗の効果を推定するのにふさわしいケースであると考えられる。また，複数の「勝敗」の定義を分析に取り入れることで，勝敗効果の条件について新たな知見の提示を試みたい。さらに，本研究では，パネルデータであるJES IVを用いてより厳密な因果関係の検証を試みる。

　さらに本章は，政権交代が行われた2009年の選挙を分析することによって，歴史的な政権交代が日本の市民意識にもたらした影響力についても新たな知見を与えることができると考えている。これまでの日本の選挙研究の多くは，政権交代をもたらした要因に焦点を置く研究が多い一方で，政権交代自体が市民意識にどのような帰結をもたらしたのかについてはあまり研究がなされてこなかった。本章の分析では，選挙の参加と勝敗に加え，政権交代という文脈を考慮しながら検証を行う。

　本章は，以下のように進める。まず次節では，これまでの先行研究の議論を整理するとともに本章の仮説を提示する(第2節)。第3節と第4節では分析枠組みを提示した後，実証分析を行う。最後に第5節では，本章の結論と今後の課題などについて述べることにしたい。

2．先行研究

　本節では，選挙における参加と選挙における勝敗が政治的有効性感覚に与

える影響について，先行研究の議論を整理した上で仮説を提示する。政治的有効性感覚は，個人の能力に焦点を置く内的有効性感覚と政治システムの応答性に焦点を置く外的有効性感覚に分けられる。内的有効性感覚とは，「市民が効率的に政治を理解し，また参加することが可能であると考える個人的な自信に関する感覚」である（Craig, Niemi and Silver, 1990, 290）。すなわち，人々が主観的に考える自分自身の政治に対する能力であると言える。対照的に，外的有効性感覚は，市民の要求に対する政治的アクターや政治システムの応答性に関する信念である（Balch, 1974; Converse, 1972）[1]。本節では，両有効性感覚に対して選挙がどのような影響を与えるかについて仮説を提示したい。

2.1 選挙における参加が政治的有効性感覚に与える影響

2.1.1 内的有効性感覚

選挙における参加は，政治的有効性感覚をいかにして高めることができるのであろうか。参加民主主義理論では，政治や社会に対する直接参加が内的有効性感覚を高める教育効果があると考えてられてきた（e.g., Pateman, 1971; Thompson, 1970; Mason, 1982）。市民は，政治参加を通じて実際に影響力を行使する経験を積むことができる。さらに，その過程において行われる情報の取得や議論などが，市民としての自信を高め，内的有効性感覚を高めることができる。

しかし，参加民主主義理論で提示された効果は，行われる参加の質によって大きく異なる可能性があることが指摘されてきた。例えば，フィンケルは国政レベルの選挙における投票参加は，内的有効性感覚を高めるほどの十分な教育効果は持ちにくいと主張している（Finkel, 1985）。フィンケルによると，投票参加は他の参加に比べて最もコストが少なく，一般の人々は多くの時間を投資しない傾向がある。また，国政レベルの選挙における争点は，一般の人々の身近な懸案事項とはかけ離れていることが多いため，心理的な関与が他の政治参加に比べて薄くなる可能性が高い[2]。さらに，国政レベルの選

1　詳しくは金（2014）を参照。

2　しかし，より時間や心理的関与が求められるタイプの政治参加は内的有効性感覚を高める可能性があると述べている（Finkel, 1985）。

第4章：選挙と政治的有効性感覚　99

挙において個人の一票が与えることができる影響力は非常に小さいため，市民が自身の影響力を確かめることは難しいのである（Finkel, 1985）。

2.1.2　外的有効性感覚

　選挙における参加は，内的有効性感覚だけでなく，外的有効性感覚を高めるという議論がなされてきた。その理由は，代議制民主主義の根幹である選挙に参加するという行為は，政治体制に対する支持（regime support）につながると考えられたからである（Ginsberg, 1982; Ginsberg and Weissberg, 1981; Weissberg, 1975）。これらの議論では，選挙における参加は，政府の権威に対する認知を深め，政治システム全体の正当性をより肯定することに繋がると主張された。つまり，市民は，選挙に投票するという行為を通じて，政府が彼らの要求に対し耳を傾けており，自分達が政府をコントロールできているとより信じる傾向が生まれる（Ginsberg 1982, 182）。フィンケルはこうした議論から，選挙における参加は政府がより応答的であるという外的有効性感覚を高める効果があるとしている（Finkel, 1985, 893）。

　また，クラークとアコック（Clarke and Acock, 1989）は，認知理論（cognitive theories）に基づいた解釈を試みている。認知理論によると，人々は自分自身の行為を正当化する傾向にある。投票した人にとって，投票という行為が無意味であったと思うことは認知不協和に繋がってしまう。そのため，選挙に参加した人は，「政治システムが市民の参加に対して応答性を持っているという信念をより強化することによって」（Clarke and Acock, 1989, 553）自らの行為を正当化すると考えられる。

　これらの議論から，次のような仮説を考えることができる。まず，選挙における参加は，自らの影響力を行使する過程で得られる教育効果により，内的有効性感覚を高める効果があると考えることができる。しかし，その効果は全ての参加において等しいわけではない。投票参加はコストや心理的関与が小さいことから，内的有効性感覚を高める効果は期待できない可能性が高い。一方で，候補者を応援する選挙キャンペーンへの関与など，より心理的関与が高い参加においては，そのような効果がみられると考えられる。

　また，投票や選挙キャンペーンへの参加等の行為が政府の権威に対する認知を深め，より政府をコントロールできると信じる傾向に繋がるため，外的有効性感覚を高めると考えることができる。第4節の分析においては，投票参加，そして選挙キャンペーン等の参加が内的・外的有効性感覚を高める効

果があるのか検証を行うことにしたい。

2.2 選挙における勝敗が政治的有効性感覚に与える影響

多くの先行研究においては，選挙における「勝敗」が市民の政治意識にどのような影響を与えるのか様々な角度から研究が行われてきた（Clarke and Acock, 1989; Finkel, 1985, 1987; Beasley and Joslyn, 2001; Boen and Vanbeselaere, 2002; Craig et al., 2006; Wells and Krieckhaus, 2006; Blais and Gélineau, 2007; Bowler and Donovan, 2007; Aarts and Thomassen, 2008; Wagner, Schneider and Halla, 2009; Singh, Lago and Blais, 2011; Curini, Jou and Memoli, 2012; Singh, Karakoç and Blais, 2012; Howell and Justwan, 2013; Singh, 2014）。

先行研究によると，選挙で勝つことができた有権者は負けた有権者に比べて，より民主主義制度に対する満足度が高く（Craig et al., 2006; Blais and Gélineau, 2007; Curini, Jou and Memoli, 2012; Wells and Krieckhaus, 2006; Aarts and Thomassen, 2008; Howell and Justwan, 2013; Singh, Karakoç and Blais, 2012; Singh, 2014），より制度や選挙過程が公平であったと考える傾向がある（Craig et al., 2006）。また，高い政治信頼を示すだけでなく（Anderson and LoTempio, 2002），より政治システムのパフォーマンスが優れていると考える（Craig et al., 2006; Singh, Lago and Blais, 2011）。

政治的有効性感覚においても，選挙における勝利が市民の内的・外的有効性感覚を高めるという結果が報告されている（Clarke and Acock, 1989; Anderson and Tverdova, 2001）。クラークとアコックは，選挙で勝利した候補者に対する投票や候補者の選挙キャンペーンへの積極的な参加は，内的，外的双方の政治的有効性感覚を高める効果があると主張した。有権者は，自分が投票したりキャンペーンで応援した候補者が勝つことによって，自分が政治過程に影響を与えられるという自信を強化することができる。その結果，選挙で勝利した市民の内的有効性感覚がより高まる。また，当選した候補者が（もしくは政権をとった政党が）選挙で支援した自分たちのニーズに応えてくれるであろうと考えることにより，外的有効性感覚も高まることになる。逆に，選挙で負けた候補者に投票した有権者の内的・外的有効性感覚は低くなる（Clarke and Acock, 1989, 553）。

またクラークとアコックは，投票や選挙キャンペーンに参加していない場合においても，勝敗の効果が現れうると主張した。彼らは，実際に有権者が

選挙に参加(投票やキャンペーン活動)しなかった場合であっても，選挙で当選した候補者を支持している場合，政治的有効性感覚が高まる可能性があることを指摘している（Clarke and Acock, 1989, 553）。なぜならば，たとえ投票していなかったとしても，自分が支持している候補者が当選した場合，自分が属しているグループ(政党や社会経済的階層など)に対して候補者がより応答的になることが期待できるからである(外的有効性感覚)。さらに，内的有効性感覚においても，自分が属しているグループが政治過程に影響力を与えうるのだという自信に繋がる可能性があるとしている。

　そして，双方ともに内的有効性感覚よりも外的有効性感覚に対する効果が強いはずであると考えられた（Clarke and Acock, 1989）。内的有効性感覚は，基本的に自分自身に対する能力の評価であり，外的有効性感覚に比べて比較的外部の刺激を受けづらく安定的な傾向があるためである（Lane, 1959; Milbrath, 1965）。

　こうした議論から，次のような仮説を立てることができる。有権者は，自らが支持した候補，もしくは政党が選挙で勝利することによって，自分が政治過程に影響を与えることができるという自信を強化することができるため，結果として内的有効性感覚を高めることができる。さらに，前項で提示した選挙キャンペーンへの参加などの効果は，選挙における勝利によって，より高まると考えることができる。つまり，選挙キャンペーンなど選挙過程への参加は，純粋な参加の効果として内的有効性感覚を高めるが，その影響力は選挙で勝利した候補者・政党を応援した場合より大きい。

　また，選挙における勝敗の効果は，内的有効性感覚よりも外的有効性感覚においてより強いと考えることができる。先行研究で指摘されてきた通り，内的有効性感覚は自分自身に対する能力の評価であるため，比較的変動が少なく，外部刺激による影響を受けづらい。一方で，政治領域の応答性を示す外的有効性感覚は，政治領域の権力が誰によって占められているのか(自分が支持した勢力なのか，そうでないのか)によって大きく左右される可能性が高い。

　さらに，クラークとアコックが指摘した通り，勝敗の効果は必ずしも選挙への参加を前提としない可能性もある。たとえ投票などを通じて自らの支持を行動に繋げなかったとしても，自らが望んだ結果が得られた場合，政治的有効性感覚は高まる可能性がある。しかし，そのような効果は，直接参加を行った時よりも小さいと想定することができる。

第4節の分析においては，選挙における勝敗が，内的・外的有効性感覚にどのような影響力を示すのか検証を行う。そして，選挙キャンペーンなどの参加の効果が，選挙の勝敗によって異なるのかについても分析を行う。また，行動を伴わなかった場合においても，勝敗の効果があるのか検証を行う。

前述したように，本章では，選挙における勝敗が政治的有効性感覚に与える影響力の検証を行う。その際に議論しなければならないのは，何が選挙における「勝利」であるのかという点である。選挙における勝敗は，政治システムや選挙制度と密接にかかわってくる。大統領選挙のように，選挙において当選した候補者が制度で与えられた権力を独占できる場合，勝者と敗者は明確である。

しかし，議院内閣制における議会選挙の場合，選挙後の情勢によって政府が構成されるため，1回の選挙において二つの勝敗が存在することになる。一つは個別候補者における勝敗，もう一つは候補者が所属する政党の国政レベルおける勝敗である。このため，議会選挙においては，投票した候補者は当選しても（候補者の勝利），その候補者が所属する政党が連立政権に参加できなかったり，議席数を減らしていたりする場合など（政党の敗北），勝敗が入り混じるケースが生じる。同様に，大統領制下における議会選挙においても，候補者の当選とその所属政党が国政レベルで勝利できるのかという二つの勝敗が存在する。議会選挙の事例を研究対象としている先行研究のほとんどは，後者のケースのみを考慮して勝敗変数を作成している。つまり投票した候補者の所属する政党（もしくは投票した政党）の国政レベルの勝敗のみを選挙における勝利とみなし，分析を行っている（e.g., Clarke and Acock, 1989; Anderson and LoTempio, 2002; Singh, Karakoç and Blais, 2012; Craig et al., 2006）。

その一方で，前者のケース，各選挙区における候補者の勝敗に関してはあまり分析が行われていない。また，前述したような勝敗が入り混じるケースにおいて，影響力がどう異なるのかについても考慮されてこなかった。各選挙区における候補者の当落も，その地域の有権者を代表するという重要な意味合いを持っており，その勝敗が政治態度に影響を与える可能性がある。さらに，勝敗が入り混じる場合も，それぞれの組み合わせで影響力に変化があるのかなど検証する必要がある。

国政レベルにおける勝敗は複数の定義が可能であり，先行研究によって異なった定義を採用しているケースが多くみられる。最も代表的な捉え方は，

政党が選挙後の政権に参加することができたか否かである。政党の最大の目的が政権に入り政策を推進させることであることを考慮すると，妥当な基準の一つであると考えられる。また，政党の議席率の増減を勝敗の基準とする見方も存在する。例えば，与党が過半数の議席を得て政権を担うことができた場合であっても，前回の選挙に比べ大きく票を減らしていた場合，「選挙で負けた」と感じる有権者がいるかもしれない。逆に，連立与党などには入ることができない弱小政党であっても，大きく議席を増やした場合などは「選挙で勝てた」とその政党に投票した有権者は感じるかもしれない。

　選挙情勢の複雑化の度合いによっては，政権の構成や議席率とは関係なく，世論などにによって勝敗が作られる場合もある。例えば，たとえ議席を減らした場合であっても，予想以上に選挙で健闘した場合，その政党は選挙で勝利したと世論で受け止められる場合もある。このように，客観的な指標としての選挙の勝敗と世論の受け止め方は必ずしも同じとは限らないのである。客観的指標と世論の受け止め方の乖離は，選挙情勢が複雑であるほど大きくなりやすい。このような問題から，一部の先行研究では，選挙における勝敗が政治態度に与える影響力をみるためには，有権者が選挙結果をどのように受け止めたかを考慮する必要があると主張している（e.g., Craig et al., 2006）。クレイグらは，選挙結果に対する有権者の解釈を実際の選挙結果と政治態度の媒介変数として扱っている。また，有権者の選挙結果に対する満足度や，選挙後のメディアがどのような選挙解釈を報道しているかなどを利用し選挙の勝敗変数を作成する場合もある。

　このように勝敗変数を作成するために，意識調査の指標を使った主観的な指標を用いることも可能であるが，よりシンプルな解決策としては，選挙情勢が複雑ではなく，勝敗が比較的明白なケースを分析対象として選定する方法がある。本章で分析対象として扱う2009年の衆議院議員総選挙は，歴史的な政権交代が行われた選挙であり，勝者と敗者が明確に分かれた。このため，客観的指標と有権者の主観的勝敗認識に大きなずれは生じていないと考えられる。

　本章では，これまでの先行研究であまり考慮されて来なかった各選挙区における勝敗の効果も検証を行う。また，選挙区レベルの勝敗と国政レベルの勝敗の組み合わせがもたらす影響力についても検証を行う。さらに，国政レベルにおいては，政党の政権への参加と議席率の増減の二つの側面を考慮して分析を行うことにしたい。

2.3 2009年の政権交代

本項では，分析対象である2009年の衆議院選挙の情勢を概観した後，本項以降の分析の進め方について述べる。

2009年に行われた第45回衆議院議員総選挙では，自民党が歴史的な大敗を喫し，民主党を中心とした政権交代が行われた。2009年の政権交代は，民主主義制度の下で行われた重要な政治変動の一つである。1993年にも細川首相が率いた連立内閣が誕生したことで，自民党が政権を維持することができず政権交代が実現した。しかし，1993年の政権交代は自民党内の分裂が起こした「エリートレベルの相互作用」（田中他，2009，6）という側面が強く，一般の有権者が直接的に選択したとは言い難い。1993年に比べると，2009年の総選挙におけるエリートの影響力ははるかに小さく，有権者が主体となった初めての政権交代であったと捉えることができる（田中他，2009，5-7）。

これまで，2009年の政権交代について多くの研究が行われてきたが（e.g.,小林，2009; 山田，2010; 谷口，2010; 品田，2010; 平野，2010; 河村，2010; 田中，2009; 河野，2009a,b; 飯田，2009; 日野，2009），その多くは，政権交代が行われてきた要因を探るものである。先行研究によると，2009年の政権交代は内閣のパフォーマンスの悪化に対する有権者の懲罰と民主党に対するプロスペクティブな期待がもたらした結果であり（小林，2009; 山田，2010; 飯田，2009），2000年代以降大きく膨らんだ無党派層が民主党に流れたことが，大きな原動力となった（田中，2009; 山田，2010）。また，このような変化をもたらした背景には，2000年代初頭から始まった自民党支持構造の揺らぎがあったとみられる（谷口，2010）。

このように，政権交代をもたらした原因について多くの研究が行われてきた一方で，政権交代が市民意識にもたらした帰結については，まだ十分に研究が行われていない。民主主義的手続きによる非暴力的な政権交代は，成熟した民主主義体制における要件の一つとも捉えられてきた。特に2009年の政権交代が，1955年以降に行われた有権者主体の初めての長期に及ぶ政権交代であることを考慮すると，民主主義に関する市民の政治意識に影響を与えた可能性は大きい。本章では，選挙への参加，そして選挙における勝敗の影響力を検証するとともに，このような政権交代の文脈を考慮しつつ分析を行う。

ここでは，このような政権交代の文脈が政治的有効性感覚に与えた影響について考えてみたい。まず，2009年の衆院選は，小選挙区制度が導入されてから進められてきた二大政党化により，初めて実質的な「政権選択」が可能になった選挙であった。日本では，55年体制以降，自民党の一党優位体制が続いてきたため，自民党に代わって政権を担うことができるような政党が存在してこなかった。そのような限られた選択肢は，日本の有権者の政治的有効性感覚を押し下げてきた可能性がある。しかし，2009年の総選挙では，民主党の成長により，自民党以外の選択肢ができた。このため，自民党と民主党が双方ともに政権を担う能力があると感じた有権者は，自らが政権を選択することができる機会があると感じ，政治的有効性感覚が高まった可能性がある。

　次に，2009年の選挙が無党派層に与えた影響を考えることができる。日本では，1970年代以降無党派層が急増し，1995年では，無党派層の割合が50％にまで達した（田中，2009）。無党派層が多い傾向は2000年代以降も続いてきたが，2002年から2010年くらいまでは無党派層が多少減少する傾向がみられる（田中，2009）。2009年の総選挙は，政権交代が期待された選挙であったため，政党間の選挙運動やメディアによる選挙報道も活発に行われた。このような過程が，無党派層の一部を政党支持層に変えることができたと考えられる。基本的に，無党派層よりも，支持政党がある有権者の方が政治的有効性感覚が高いことが知られており（e.g., Karp and Banducci, 2008），2009年の総選挙においても，新たに支持する政党をみつけることができた有権者の政治的有効性感覚は高まった可能性が高い。

　さらに，2009年の総選挙の文脈を考慮すると，勝敗の効果はより強く政権交代を望んでいた（より強く2009年の勝利政党を支持してきた）有権者において，より大きい可能性がある。前述したとおり，2009年の総選挙は，有権者が主軸となって行われた初めての長期にわたる政権交代であった。つまり，自民党を支持していない有権者の多くが，初めて「多数派」となって勝利を得ることができた選挙なのである。

　このような理由から，本章では，（1）自民党と民主党の両政党が政権を担う能力を持っていると認識している有権者，（2）2009年の総選挙において新たに政党を支持するようになった有権者，（3）長期にわたって2009年の勝利政党を支持してきた有権者の政治的有効性感覚が2009年の選挙を通じて高まったという仮説を立てる。

本章では，大きく二つの分析を行う。まず，1976年から2010年まで行われた世論調査データを網羅し，政治的有効性感覚がどのように推移してきたのか，2009年の政権交代で全体的な政治的有効性感覚レベルに変化があったのか確認を行う（第3節）。次の第4節では，2007年参議院選挙後に行われた調査と2009年衆議院選挙後に行われた二つのパネル調査を用いて，2009年の選挙における参加や勝敗が政治的有効性感覚にどのような影響を与えたのか検証を行う。

3　分析1：1976年－2010年までの世論調査データを用いて

本節では，1976年から2010年まで選挙時に行われてきた世論調査データを用いて，政治的有効性感覚がどのように推移してきたのか，また2009年の政権交代により，平均的なレベルの政治的有効性感覚の変化があったのかについて検証を行う。

3.1　データ・モデル・分析方法

本節では，JABISS，JES I，JES II，JES III，そしてJES IVデータの中で，政治的有効性感覚項目を含んでいる調査データを使用する。上記の調査データのうち，16の調査で政治的有効性感覚が尋ねられている。本節で使用している調査データと，各データの政治的有効性感覚項目の一覧は表4-1に示してある。

1976年から2010年までの政治的有効性感覚の平均的な変化をみるために，マルチレベルモデルのうち，切片変化モデル（Varing-Intercept model）を本節では使用する。まずモデル1は，各政治的有効性感覚を従属変数にした上で，調査年度のみを切片の変化に投入し，分析を行う。モデル1は，以下の通りである。

$$y_i = \alpha_{j[i]} + \epsilon_i, \alpha_j \sim N(\mu_\alpha, \sigma_\alpha^2),\ j = 調査年度 \tag{1}$$

さらに，政治的有効性感覚に影響を与えると考えられるコントロール変数を加えた分析も行う（モデル2）。コントロール変数としては，年代，性別，教育水準，そして投票参加を投入する。モデル2は，以下の通りである。

$$y_i = \alpha_{j[i]} + X_i\beta + \epsilon_i, \alpha_j \sim N(\mu_\alpha, \sigma_\alpha^2),\ j = 調査年度 \qquad (2)$$
$$X_{(1)} = 年代,\ X_{(2)} = 女性,\ X_{(3)} = 教育水準,\ X_{(4)} = 投票参加$$

3.2 変数説明

内的有効性感覚項目である「政府左右」と「政治複雑」は，全ての回答が5点尺度であるが，外的有効性感覚項目である「国会議員」はJES II調査まで回答が3点尺度，それ以降が5点尺度となっている。本章の分析においては，全ての時期の調査を比較するため，JES III以降の「国会議員」の5点尺度の回答を3点尺度の回答となるようにコーディングを行った。このため，「国会議員」のみ3点尺度となっている。「政府左右」と「政治複雑」は1976年のJABISS調査から2012年のJES IV調査まで，合計12の調査に含まれている。一方で，「国会議員」の項目は2001年の調査には含まれておらず，合計11の調査に含まれている。

本調査を使用するにあたって注意すべき点の一つは，政治的有効性感覚項目を含む調査時期が選挙前後で一貫していないことである。JABISSやJES調査は，国政選挙の際の政治意識調査であるため，ほとんどの調査が国政選挙を前後にして行われている。その中で，政治的有効性感覚が尋ねられている調査のおよそ半分は選挙前に，残りの半分は選挙後に行われた（表4-1を参照）。また，各調査は衆議院議員選挙，参議院議員選挙の双方を含んでいる。分析結果を解釈する際には，調査が行われた時期，そして国政選挙の種類などにも注意する必要がある。

コントロール変数は，以下のように作成した。「年代」は，各調査時における年齢を10歳刻みにコーディングしたものである。また，「女性」は女性を1，男性を0としたダミー変数である。さらに，「教育水準」は，高専・短大・専修学校以上を1，それ以外を0とするダミー変数である。JES II以降の調査では，教育水準は4点尺度で尋ねられているが，それ以前のJABISS，JES Iでは，3点尺度で尋ねられている。全ての調査で統一できる指標を作成するため，高等教育以上を1それ意外を0とするダミー変数にした。

選挙前の調査においては，直前の選挙に参加する予定であるのか否かを，選挙後の調査では，当該の選挙に参加したか否かを尋ねた項目を「投票参加」として使用する。「投票参加」は投票した（投票予定である）場合を1，そうでない場合を0としたダミー変数である。

108

表4-1　使用データ一覧

	調査名	調査時期		政治的有効性感覚項目
JABISS	事前調査	1976年11月	衆院選事前調査	国会議員(3)
	事後調査	1976年12月	衆院選事後調査	政府左右・政治複雑
JES I	第一回調査	1983年	衆院選事前調査	政府左右・政治複雑
	第二回調査	1983年	衆院選事後調査	国会議員(3)
JES II	第1波	1993年	衆院選事前調査	国会議員(3)
	第2波	1993年	衆院選事後調査	政府左右・政治複雑
	第5波	1995年	参院選事後調査	政府左右・政治複雑・国会議員(3)
	第6波	1996年	衆院選事前調査	国会議員(3)
	第7波	1996年	衆院選事後調査	政府左右・政治複雑
JES III	第A波	2001年7月	参院選事前調査(面接)	政府左右・政治複雑
	第D波	2003年10月	衆院選事前調査(面接)	政府左右・政治複雑・国会議員
	第G波	2004年7月	参院選事前調査(面接)	政府左右・政治複雑・国会議員
	第J波	2005年9月	衆院選事前調査(面接)	政府左右・政治複雑・国会議員
JES IV	第A波	2007年9月	参院選事後調査(面接)	政府左右・政治複雑・国会議員
	第C波	2009年9月	衆院選事後調査(面接)	政府左右・政治複雑・国会議員
	第H波	2010年7月	参院選事後調査(面接)	政府左右・政治複雑・国会議員

注）筆者作成。(3)のみ回答が3点尺度（「そう思う」，「どちらともいえない」，「そう思わない」）。その他の全ての項目の回答は5点尺度（「そう思う」，「ややそう思う」，「どちらともいえない」，「ややそう思わない」，「そう思わない」）。

3.3　分析結果

　ここでは，分析結果をみていこう。まず，モデル1の分析結果は，表4-2に示されている。また，それをプロットしたものが図4-1である。また，モデル2の分析結果は，表4-3〜表4-4に示されており，図4-2はそれをプロットしたものである。

　次に，モデル1のランダム効果をプロットした図4-1をみていこう。まず，内的有効性感覚である「政府左右」と「政治複雑」が政権交代を経た2009年の選挙後調査を境に高まっているのを確認することができる。両項目ともに，政権交代後の値が，本調査が開始された1976年以降，最も高い値となっており，それ以前の流れとは明確な違いがみられる。特に，政府左右の変化は著しく，1978年から2007年まで平均的に2.3から2.5の間を推移していたものが，2009年以降は2.7まで上がっているのがわかる。また，2010年の調査でもそのレベルは維持されている。「政治複雑」も2007年まで2.3ほどのレベルで維持されてきたものが，2009年を境に2.4くらいまで

第4章：選挙と政治的有効性感覚　109

表4-2　ランダム効果（モデル1）

調査年度	政府左右		政治複雑		国会議員	
	係数	標準誤差	係数	標準誤差	係数	標準誤差
1976	2.42	0.011	2.22	0.013	1.85	0.002
1983	2.34	0.009	2.26	0.010	1.92	0.002
1993	2.46	0.007	2.26	0.008	1.75	0.001
1995	2.39	0.008	2.15	0.009	1.81	0.001
1996	2.47	0.007	2.22	0.008	1.66	0.001
2001	2.46	0.008	2.22	0.009	—	—
2003	2.40	0.007	2.29	0.009	1.39	0.001
2004	2.36	0.008	2.28	0.009	1.36	0.001
2005	2.41	0.010	2.30	0.012	1.44	0.002
2007	2.47	0.009	2.30	0.011	1.39	0.002
2009	2.72	0.009	2.44	0.011	1.45	0.002
2010	2.70	0.009	2.40	0.011	1.41	0.002

注) 筆者作成。2001年の調査では「国会議員」の項目が含まれていないため，欠損となっ
ている。
分析には，切片変化モデル（Varing - Intercept model）を使用した。
$y_i = \alpha_{j[i]} + \epsilon_i, \alpha_j \sim N(\mu_\alpha, \sigma_\alpha^2), j =$ 調査年度

高まり，その傾向は2010年まで維持されている。

　一方で，外的有効性感覚である「国会議員」においては，2009年を境に
した大きな変化はみられない（図4-1）。「国会議員」も，2007年と比較する
と，2009年は高まりをみせてはいるが（図4-1では確認しづらいため，表
4-2を参照），その水準は，2005年と変わらない水準であり，2009年に特
別な傾向があるわけではない。「国会議員」は，1976年から1990年代にか
け次第に低下し，2003年以降は1.4ほどのレベルで維持されている。

　次に，コントロール変数を投入したモデル2をみていきたい。図4-2は，
モデル2のランダム効果をプロットしたものである。まず，「政府左右」を
みると，教育水準や投票参加をコントロールしたことによって変化の差が多
少縮まっているが（モデル1：0.25→モデル2：0.19），依然2009年を境に
有意に高まっていることがわかる。「政治複雑」は，2009年を境に高まっ
ている傾向は残っているが，その程度はモデル1に比べ減少しただけでな
く，標準誤差が大きくなっていることがわかる。「政府左右」と比較すると，
2009年の変化が小さい。最後に「国会議員」は，モデル1と比べてそれほ
ど大きな変化はみられない。

　これらの分析から，何らかの要因で，2009年以降の「政府左右」と「政

110

表4-3　ランダム効果（モデル2）

調査年度	政府左右 係数	政府左右 標準誤差	政治複雑 係数	政治複雑 標準誤差	国会議員 係数	国会議員 標準誤差
1976	2.14	0.013	2.04	0.015	1.68	0.002
1983	2.10	0.015	2.06	0.017	1.75	0.002
1993	2.16	0.008	2.00	0.010	1.55	0.001
1995	2.14	0.009	1.94	0.011	1.61	0.001
1996	2.20	0.008	1.98	0.010	1.44	0.001
2001	2.14	0.009	1.96	0.011	—	—
2003	2.07	0.008	2.00	0.011	1.15	0.001
2004	2.05	0.009	2.00	0.011	1.13	0.001
2005	2.08	0.012	2.00	0.015	1.19	0.002
2007	2.18	0.010	2.04	0.013	1.18	0.001
2009	2.37	0.010	2.12	0.013	1.21	0.001
2010	2.36	0.010	2.09	0.012	1.18	0.001

注）筆者作成。2001年の調査では「国会議員」の項目が含まれていないため，欠損となっている。
分析には，切片変化モデル（Varing - Intercept model）を使用した。
$y_i = \alpha_{j[i]} + X_i\beta + \epsilon_i, \alpha_i \sim N(\mu_\alpha, \sigma_\alpha^2), j = $ 調査年度
$X_{(1)} = $ 年代, $X_{(2)} = $ 女性, $X_{(3)} = $ 教育水準, $X_{(4)} = $ 投票参加

表4-4　固定効果（モデル2）

	政府左右 係数	政府左右 標準誤差	政府左右 t値	政治複雑 係数	政治複雑 標準誤差	政治複雑 t値	国会議員 係数	国会議員 標準誤差	国会議員 t値
定数	2.17	0.05	39.49	2.02	0.04	46.65	1.37	0.07	18.61
年代	-0.00	0.00	-1.29	0.00	0.00	4.34	0.00	0.00	5.39
女性	-0.21	0.02	-10.90	-0.57	0.02	-33.63	-0.06	0.01	-5.51
教育水準	0.36	0.02	16.32	0.46	0.02	23.79	0.08	0.01	6.17
投票参加	0.40	0.03	12.90	0.31	0.03	11.51	0.13	0.02	7.46
ランダム効果：	分散	標準偏差		分散	標準偏差		分散	標準偏差	
世代（定数）	0.01082	0.104		0.003239	0.05691		0.05176	0.2275	
残差	1.96425	1.402		1.512301	1.22976		0.55332	0.7439	
N	21165			21238			18126		
N（世代）	12			12			11		

注）筆者作成。
切片変化モデル（Varing - Intercept model）。
$y_i = \alpha_{j[i]} + X_i\beta + \epsilon_i, \alpha_j \sim N(\mu_\alpha, \sigma_\alpha^2), j = $ 調査年度
$X_{(1)} = $ 年代, $X_{(2)} = $ 女性, $X_{(3)} = $ 教育水準, $X_{(4)} = $ 投票参加

図4-1 政治的有効性感覚の推移：1976年－2010年（モデル1）

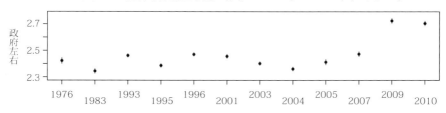

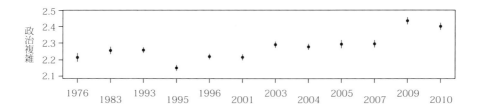

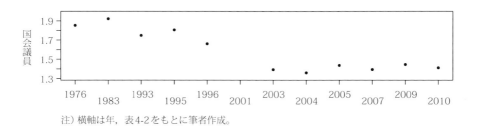

注）横軸は年，表4-2をもとに筆者作成。

治複雑」が高まっていることがわかる。特に，「政府左右」の変化が著しい。その効果は，政治的有効性感覚を規定するいくつかの変数をコントロールした後でも残っていた。2009年に政権交代という歴史的な政治変動が起こったことを考慮すると，この変化は2009年の選挙のプロセスによってもたらされたものである可能性が高いと推測することができる。次節では，2007年から2009年のパネルデータを用いて，より詳細にどのような要因によって政治的有効性感覚が変化したのか検証を行う。

図4-2　政治的有効性感覚の推移1976年－2010年
（モデル2，コントロール変数あり）

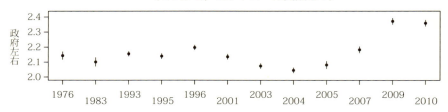

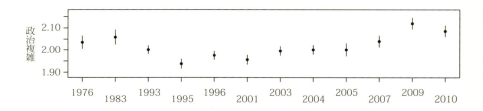

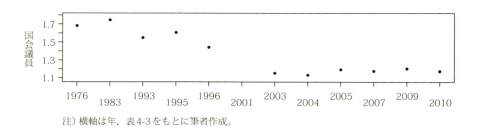

注）横軸は年，表4-3をもとに筆者作成。

4．分析2：2007年－2009年のパネルデータを用いて

　本節では，2007年から2009年のパネルデータを用いて，選挙における参加，および選挙における勝敗が政治的有効性感覚にどのような影響を与えるのか分析を行う。

4.1　2009年衆議院選挙と国政における勝敗
　実証分析に入る前に，2009年の衆議院選挙における勝敗をどのように捉

第4章：選挙と政治的有効性感覚　113

えることができるのか考えてみたい。2009年の衆議院解散時，法律上の政党要件を満たしている政党として，9つの政党が存在していた。それらの政党は，解散時与党であった自民党を中心とする自公系，野党第一党である民主党と選挙協力をしていた民社系，そしてその他の政党に分類することができる。

　自公系には，解散時に連立与党を構成していた自民党，公明党，そして閣外協力として自公政権の与党として参加していた改革クラブが含まれる（表4-5参照）。一方，民主党を中心とする野党では，民主党，社民党，国民新党，新党日本が選挙協力を行い，選挙で勝利した場合は連立政権に向け協議することを約束していた。実際に選挙後，民主党は単独過半数を超える議席を得たにもかかわらず，社民党，国民新党とともに連立政権を発足させた。このため，社民党と国民新党は，選挙で議席を伸ばすことはなかったが（社民党は±0，国民新党は-2）連立与党には入ることができた。

　ここでは，選挙結果をもとに，各政党の勝敗を考えてみよう。前述したように，政党にとって勝敗の意味は二つに分けて考えることができる。一つは勢力を伸ばす（議席を増やす）こと，もう一つは連立与党を構成できるか否かである。議席数の増減をみると，議席数を増やしているのは民主党（+196），みんなの党（+5），新党日本（+1）のみである。社民党，新党大地，そして共産党は議席数に変化がなく，その他全ての政党は議席数を減らしている。議席数を基準に勝敗を考えると，民主党，そしてみんなの党が勝利したと考えることができる。一方で，社民党と国民新党は民主党と選挙協力を行い，政権発足後は連立与党として参加した。このため，二つ目の基準で考えると，勝者は民主党，社民党，国民新党の3党になる。本節の分析では，以

表4-5　第45回衆議院議員総選挙結果・政党の議席数増減

政党	議席	議席率	増減（解散時）
自民党	119	24.8%	-184
公明党	21	4.4%	-10
改革クラブ	0	0%	-1
自公系	140	29.2%	-195
民主党	308	64.2%	+196
社民党	7	1.5%	±0
国民新党	3	0.6%	-2
新党大地	1	0.2%	±0
新党日本	1	0.2%	+1
民社系	320	66.7%	+195
日本共産党	9	1.9%	±0
みんなの党	5	1.0%	+5
諸派・無所属	6	1.3%	-3

注）総務省「衆議院議員選挙・最高裁判所裁判官国民審査速報結果」（http://www.soumu.go.jp/senkyo/senkyo s/data/shugiin45/）より筆者作成。

114

上をもとに二つの国政レベルにおける勝敗変数を作成し，効果の比較を行う。

4.2　データ・変数説明・モデル

本項では，まず，本節の分析で使用するデータと全ての変数の説明を行う。最後に，本節の分析モデルを説明する。

4.2.1　データ

本節では，JES IVデータのうち，2007年の参院選事後調査（以後，第A波），2009年衆院選事前調査（以後，第B波），2009年の衆院選事後調査（以後，第C波）を用いる[3]。JES IVデータはパネル調査データであるため，2007年から2009年までの有権者の実際の変化を分析することが可能である。本節では，この三つの調査において全て回答している900サンプルを用いて分析を行う。第A波は，2007年7月29日に行われた第21回参議院議員通常選挙のおよそ一ヵ月後に実施された面接調査である。第B波は，2009年8月30日に実施された第45回衆議院議員総選挙の直前である8月初旬に，第C波は，選挙後の9月に行われた。

4.2.2　従属変数

本節の分析では，全ての分析において2007年（第A波）から2009年（第C波）までの政治的有効性感覚の変化を従属変数とする[4]。使用する政治的有効性感覚項目は，内的有効性感覚である「政府左右」（自分には政府のすることに対して，それを左右する力はない）と「政治複雑」（政治とか政府とかは，あまりに複雑なので，自分には何をやっているのかよく理解できないことがある），そして外的有効性感覚である「国会議員」（国会議員は，大ざっぱに言って，当選したらすぐ国民のことを考えなくなる）である。全ての項目の回答は，5点尺度である。2007年から2009年までの政治的有効性感覚の

3　JES IV調査データは投票行動研究会が公開している。詳しくは以下を参照。「投票行動研究会」http://www.res.kutc.kansai-u.ac.jp/JES/index.html（最終アクセス日：2015年2月16日）

4　勝敗の効果をより厳密に検証するためには，2009年の選挙直前の調査である第B波と第C波の政治的有効性感覚を比較することが望ましいが，第B波では，政治的有効性感覚項目が含まれていないため，使用することができない。

第4章:選挙と政治的有効性感覚　115

図4-3　政治的有効性感覚の変化量:2009年-2007年

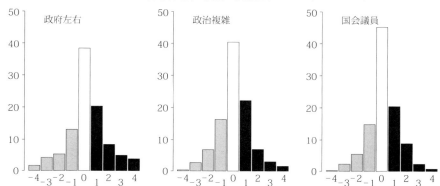

注) JES IV調査より筆者作成。JES IVの2009年衆議院事後調査から2007年参議院事後調査の政治的有効性感覚を引いた値を図式化した。
黒:増加,灰色:低下,白:変化なし

表4-6　政治的有効性感覚の変化量(2009年-2007年)

	2007年-2009年							
	N	平均	平均	差	t-stat	増加	変化なし	低下
政府左右	984	2.47	2.75	0.28	5.58	37%	38%	24%
政治複雑	987	2.30	2.46	0.16	3.64	34%	40%	26%
国会議員	989	2.03	2.16	0.13	3.46	32%	45%	23%

注) JES IV調査より筆者作成。

変化をみるために,本分析では第C波(2009年事後調査)の政治的有効性感覚からから第A波(2007年事前調査)の政治的有効性感覚を引いたものを従属変数とする[5]。このため,各政治的有効性感覚変数の値は,-4から+4までの値をとる。

三つの政治的有効性感覚の変化量は,図4-3と表4-6のとおりである。

4.2.3　独立変数:参加の効果

まず,独立変数について説明していきたい。参加の効果に関する独立変数は以下の通りである。まず,投票参加の効果を検証するために,2009年の衆議院選挙で投票したのか否かを表すダミー変数を作成した(第C波,変数

---

[5]　差し引く前に,高い値が高い政治的有効性感覚を表すようにコーディングした。

名は［投票参加（2009年）］[6]。投票したと回答した人（期日前投票もしくは不在者投票を含む）を1，それ以外を0としている[7]。

　また，より心理的関与が強い参加の一つとして，選挙運動に参加したか否かを表す変数を作成した（第C波，［選挙運動手伝い］）。当該年の8月以降，選挙運動を手伝ったと回答した場合を1，それ以外を0とするダミー変数である。さらに，選挙運動への参加の効果が，選挙結果（勝敗）によって異なるのか検証を行うため，選挙で勝った政党（民主党，社民党，国民新党）の選挙運動に参加した場合を表す変数（［選挙運動手伝い×政権構成党］）と選挙で負けた政党（民主党，社民党，国民新党以外）の選挙運動に参加した場合を表す変数（［選挙運動手伝い×非政権構成党］）をそれぞれ作成した。両変数ともにダミー変数であり，1がそれぞれの陣営で選挙運動に参加したことを示す。

　選挙における動員を測定する変数として，知り合いや政党から投票方向に関して働きかけを受けたのかを表す変数を作成した。［周囲からの働きかけ］は，2009年衆議院議会選挙の際に，知り合いや家族などから候補者や政党に投票してほしいと働きかけを受けた場合を1とするダミー変数である（第C波）[8]。そして，政党から働きかけを受けたのか否かを表す変数として［選挙運動ハガキ］，［新聞・ビラ］，［電話］を作成した。それぞれ，8月以降，政党から選挙運動のハガキ，選挙運動の新聞・ビラ，そして選挙運動の電話を受けた経験がある場合を1，それ以外を0とするダミー変数である。

4.2.4　独立変数：勝敗の効果

　前述の通り，本分析では，二つの国政レベルの勝敗変数を作成する。一つは，国政レベルで連立与党に参加することができたか否かである。この基準をもとにすると，2009年の衆院選で勝利した政党が，民主党，社民党，そして国民新党の3党である。上記の基準をもとに，比例区投票において，連立政権を構成した3党に投票した回答者を1とするダミー変数を作成した（第C波，［比例区政権構成党］）。

6　以降，変数名を［ ］の中に記載する。

7　質問は，「あなたは8月30日（日曜日）の衆議院選挙の投票に行きましたか」である。

8　質問は「どなたか知り合いや家族・親せきなどから，ある候補者や政党に投票してほしい，というような働きかけを受けましたか。」である。「かなり働きかけを受けた」，「何回か働きかけを受けた」，「1，2回働きかけを受けた」と回答した場合を1，「まったく働きかけを受けなかった」と回答した場合を0とコーディングしている。

第4章：選挙と政治的有効性感覚　117

　二つ目の勝敗は，議席数を増やすことができたか否かである。この基準に該当する勝利政党は，民主党，みんなの党，そして新党日本である。しかし，残念ながら，分析に使用するJES Ⅳデータ第C波調査では，比例区投票先の回答として提示されている政党一覧の中に「みんなの党」と「新党日本」は含まれておらず，両党に投票した回答者を特定することができない。このため，本分析では比例区投票において「民主党」に投票した回答者のみを用いて二つ目の変数を作成した（第C波，[比例区民主党投票]）。[比例区民主党投票]は，2009年衆院選の比例区投票において，民主党に投票した回答者を1としたダミー変数である。

　次に，小選挙区での勝利を考えてみよう。まず，小選挙区で回答者が投票した候補者が当選したのか，それとも落選したのかを示す変数を作成した（第C波，[小選挙区当選候補者]）。JES Ⅳ調査では，回答者が各選挙区でどの候補者に投票を行ったのか尋ねている。また，回答者が所属している選挙区も公開されているため，小選挙区選挙における選挙区レベルの勝敗変数を作成することが可能である。各選挙区の候補者における当落に関する情報は，東京大学谷口研究室・朝日新聞共同調査データのうち，「2009年衆院選候補者調査」から得た。本調査には，2009年衆院選候補者の選挙区，所属政党，そして選挙結果に関する情報が全て含まれている[9]。本変数は，小選挙区で投票した候補者が当選した場合を1とするダミー変数である[10]。

　さらに，前述の通り，小選挙区で自分が投票した候補者が当選できたとしても（選挙区レベルの勝利），その候補者が所属する政党の国政レベルの勝敗によって効果が異なる可能性がある。このため，選挙区レベルで勝利し，さらにその候補者が所属する政党が国政レベルでも勝利した場合と（[小選挙区勝利×政権構成党]），選挙区レベルでは勝利したが，候補者が所属する政党が国政レベルでは負けた場合（[小選挙区勝利×非政権構成党]）を表すダミー変数をそれぞれ作成した。ここでの国政レベルの勝利は，連立政権への参加を基準としている。

　先行研究では，勝敗の効果は，実際に投票に行っていない場合であって

9　「東京大学谷口研究室・朝日新聞共同調査」http://www.masaki.j.u-tokyo.ac.jp/utas/utasp.html（最終アクセス日：2015年2月16日）

10　候補者のうち，小選挙区で落選後，比例復活当選を果たした場合もある。しかし，「地元を代表する」という意味での小選挙の選挙で敗北したことには変わらないため，比例復活当選を果たした場合であっても本研究では「敗北」とする。

118

も，存在する可能性があると指摘している。その効果を検証するために，[勝利政党支持]，[民主党支持]，そして[民主政権希望]変数を用いて，非投票者においても勝敗の効果が存在するのか検証を行う。[政権構成党支持]と「民主党支持」は，前段落におて説明したとおりである。[民主政権希望]は，「今度の衆議院選挙の後，どのような政権ができることを望みますか」という質問に対し，民主党中心の政権を1，民主党と自民党を含めた連立政権を0，自民党中心の政権を‒1とした変数である（第B波）[11]。

4.2.5　独立変数：政権交代の特殊性

　二大政党である自民党と民主党が，ともに政権担当能力があると考えているか否かを示す変数として[自民・民主政権担当能力有り]を作成した。政権を担当する能力がある政党として，自民と民主両方を選択している回答者を1，それ以外を0としたダミー変数である[12]。

　[新規政党支持]は，2009年の選挙から新たに支持政党を獲得した有権者を表す変数である。2007年の参議院選挙時において支持政党がないと答えた人の中で，2009年の衆議院選挙時に支持政党があると回答した人を1，それ以外を0としている[13]。

　長期にわたって2009年の勝利政党を支持してきた回答者を表す変数として，[政権構成党投票2005‒2009]を作成した。2005年から2009年の間にあった三つの全ての選挙（2005年衆院選，2007年参院選，2009年衆院選）の比例区において，勝利政党である政権構成党（民主党，社民党，国民新党）に投票してきた人を1，それ以外を0とするダミー変数である[14]。

11　質問の回答は，「1自民党単独政権，2民主党を除いた，自民党と他の政党の連立政権，3自民党と民主党を含めた連立政権，4民主党単独政権，5自民党を除いた，民主党とその他の連立政権」である。このうち，1と2を‒1に，3を0に，4と5を1にコーディングした。

12　質問は，「あなたは，どの政党が政権を担当する能力があると思いますか。この中から政権担当能力があると思う政党を全てあげてください」である（第B波）。

13　質問は，「今回何党に投票するかは別にして，ふだんあなたは何党を支持していますか」である（第A波，第B波）。第A波において，「支持政党なし」と答えた回答者の中で，第B波で支持する政党を回答している場合を1，それ以外を0とコーディングした。

14　2005年の衆院選と2007年の参院選の投票先は，第B波調査の質問項目を使用した。第B波調査では，2005年の衆院選と2007年の参院選に投票したのか尋ねた後，小選挙区と比例区でどの政党に投票したかを尋ねている。また2009年衆院選の投票先は

4.2.6 独立変数：コントロール変数

　コントロール変数として，［年代］，［女性］，［教育水準］，［麻生政権期待］を作成した。性別を表す［女性］は，女性である場合を１，男性である場合を０としたダミー変数である。年代と教育水準は，2009年の選挙前調査時点のものである。［年代］は，年齢を10歳刻みにコーディングしたものである。［教育水準］は４点尺度で構成されており，より高い値が，より高い教育水準を表す[15]。麻生内閣の今後の期待度を示す変数として［麻生政権期待］を作成した。５点尺度で，より高い値ほど高い期待を示している[16]。

　また，コントロール変数として，［政権構成党支持］と［民主党支持］の二つの政党支持を表す変数を投入する。［政権構成党支持］は，政党支持を尋ねた項目において，民主党，社民党，国民新党を支持していると回答した人を１としたダミー変数である。また，［民主党支持］は，同様の項目において，民主党を支持すると回答した人を１としたダミー変数である。

4.2.7 分析モデル

　ここでは，分析モデルを提示する。前述の通り，全てのモデルの従属変数は三つの政治的有効性感覚（「政府左右」，「政治複雑」，「国会議員」）の2009年から2007年の差である。すべての分析は，三つの政治的有効性感覚をそれぞれ従属変数として，重回帰分析を行う。

　本章の目的は，政権交代の過程でどのような要因が政治的有効性感覚に影響を与えたのか検証することである。主に，選挙における参加，選挙における勝敗，そして政権交代の効果を検証する。まず，投票者，非投票者の全てのサンプルを用いて，投票参加効果の検証を行う（表4-7）。次に，投票者のサンプルを用いて，主な勝敗の効果，政権交代の効果，そして選挙における参加の効果を，モデル１からモデル５までの五つのモデルを用いて検証を行う（表4-8－表4-10）。最後に，非投票者において勝敗効果がみられるのかどうか検証を行うため，非投票者サンプルのみを用いて，政党支持傾向が政

　第Ｃ波調査の項目を使用した。三つの全ての選挙の比例区投票において，2009年の政権構成党に投票した人を１，それ以外を０とコーディングした。

15　「１新中学・旧小・旧高小，２新高校・旧中学，３高専・短大・専修学校，４大学・大学院」である。

16　質問は，「全体として麻生内閣に今後どの程度期待できると思われますか」である（第Ｂ波）。

表4-7　投票参加の効果

	政府左右		政治複雑		国会議員	
	係数	t値	係数	t値	係数	t値
定数	0.68	1.86	0.04	0.14	0.48	1.71
投票参加（2009年）	0.06	0.24	−0.05	−0.25	−0.18	−0.99
年代	−0.01	−2.30	−0.00	−0.74	−0.00	−0.95
女性	0.25	2.40	0.11	1.29	−0.01	−0.16
教育水準	−0.06	−0.99	0.08	1.67	0.00	0.02
N		972		975		977
R^2		0.012		0.007		0.002

治的有効性感覚に影響を与えるのか分析を行う（表4-11）。

4.3　分析結果

4.3.1　参加の効果

　まず，選挙における参加の効果からみていこう。先行研究では，選挙における投票参加は外的有効性感覚を高める効果があると考えられた。しかし，表4-7の［投票参加（2009年）］をみると，内的有効性感覚（「政府左右」，「政治複雑」）だけでなく，外的有効性感覚（「国会議員」）に対しても，投票参加は有意な影響力を示してはいない[17]。そのため，投票参加をすること自体が外的有効性感覚を高める効果があるとは言えないことがわかる。

　外的有効性感覚に対しても効果が表れなかった理由として考えられるのは，投票参加の性質である。先行研究でも指摘された通り，投票参加は参加コストが小さく，心理的関与も小さい場合が多い（Finkel, 1985）。先行研究では，投票を行うことによって政府の権威を認知し，より政治システムを受け入れることになるため，外的有効性感覚が高まると考えられてきたが，投票参加はそのような効果をもたらすには心理的関与が小さい可能性がある。また，2009年の検証では1回の投票参加の効果を検証しているが，投票の効果は複数の参加経験により積み重なって現れる可能性もある。そのような効果については，今後の研究で検証される必要があろう。

17　本章では，特筆がない限り，統計的に5％有意水準を満たしている場合に，「有意である」とする。

第4章：選挙と政治的有効性感覚　121

表4-8　国会議員

	MODEL 1		MODEL 2		MODEL 3		MODEL 4		MODEL 5	
	係数	t値	係数	t値	係数	t値	係数	t値	係数	t値
定数	0.02	0.09	0.06	0.20	0.03	0.11	0.11	0.39	0.14	0.48
選挙における勝敗										
小選挙区当選候補者	0.24	2.42	—	—	0.22	2.24	0.24	2.34	0.24	2.33
比例区政権構成党	0.02	0.22	0.03	0.18	—	—	-0.01	-0.05	0.01	0.05
小選挙区当選×政権構成党	—	—	0.35	3.12	—	—	—	—	—	—
小選挙区当選×非政権構成党	—	—	-0.05	-0.42	—	—	—	—	—	—
比例区民主党投票	—	—	—	—	-0.07	-0.62	—	—	—	—
政権交代										
新規政党支持	0.28	2.26	0.27	2.24	0.17	1.40	0.25	2.01	0.25	2.00
政権構成党投票2005－2009	—	—	—	—	—	—	0.10	0.74	0.12	0.89
自民・民主政権担当能力有り	0.15	1.58	0.15	1.53	0.17	1.78	0.14	1.38	0.14	1.39
選挙における動員・参加										
周囲からの働きかけ	-0.03	-0.31	-0.05	-0.48	-0.02	-0.21	-0.01	-0.10	-0.00	-0.02
選挙運動ハガキ	-0.07	-0.67	-0.05	-0.51	-0.06	-0.63	-0.07	-0.69	-0.07	-0.72
新聞・ビラ	0.10	1.05	0.11	1.14	0.06	0.66	0.13	1.35	0.14	1.46
電話	0.28	2.80	0.27	2.72	0.27	2.70	0.29	2.81	0.27	2.65
街頭演説	0.02	0.15	0.02	0.18	0.01	0.07	0.05	0.33	0.06	0.45
選挙運動手伝い	-0.15	-0.51	-0.18	-0.59	-0.12	-0.40	-0.18	-0.60	—	—
選挙運動手伝い×政権構成党	—	—	—	—	—	—	—	—	-0.43	-0.90
選挙運動手伝い×非政権構成党	—	—	—	—	—	—	—	—	-0.04	-0.12
コントロール変数										
政権構成党支持	-0.14	0.99	0.12	0.86	—	—	—	—	—	—
民主党支持	—	—	—	—	0.36	3.08	—	—	—	—
麻生政権期待	0.05	1.02	0.06	1.18	0.06	1.13	0.03	0.58	0.02	0.32
年代	-0.07	-2.04	-0.07	-2.15	-0.07	-2.20	-0.07	-2.09	-0.08	-2.19
教育水準	-0.01	-0.16	-0.01	-0.30	-0.00	-0.08	-0.02	-0.41	-0.02	-0.47
女性	-0.13	-1.39	-0.12	-1.36	-0.10	-1.15	-0.11	-1.19	-0.09	-0.96
N	719		719		719		719		719	
R^2	0.047		0.053		0.058		0.046		0.047	

　次に，投票参加よりも参加コストや心理的関与が高い選挙運動への参加を
みていく（表4-8－表4-9）。選挙運動への参加は，内的，外的有効性感覚の
双方を高める効果があると考えられた。しかし，［選挙運動手伝い］をみると
「政府左右」のみ有意な値を示しており，「政治複雑」と「国会議員」におい
てはそのような効果はみられない（各表のモデル1からモデル4を参照）。

表4-9 政府左右

	MODEL 1		MODEL 2		MODEL 3		MODEL 4		MODEL 5	
	係数	t値	係数	t値	係数	t値	係数	t値	係数	t値
定数	0.53	1.45	0.54	1.47	0.50	1.38	0.44	1.19	0.44	1.19
選挙における勝敗										
小選挙区当選候補者	-0.04	-0.31	—	—	-0.09	-0.66	-0.02	-0.12	-0.02	-0.13
比例区政権構成党	0.19	1.37	-0.10	-0.53	—	—	0.08	0.56	0.07	0.50
小選挙区当選×政権構成党	—	—	-0.01	-0.09	—	—	—	—	—	—
小選挙区当選×非政権構成党	—	—	0.17	1.16	—	—	—	—	—	—
比例区民主党投票	—	—	—	—	0.21	1.46	—	—	—	—
政権交代										
新規政党支持	-0.06	-0.38	-0.06	-0.39	-0.12	-0.70	-0.09	-0.53	-0.08	-0.49
政権構成党投票2005－2009	—	—	—	—	—	—	0.34	1.97	0.33	1.91
自民・民主政権担当能力有り	0.17	0.53	0.07	0.52	0.08	0.60	0.02	0.13	0.03	0.21
選挙における動員・参加										
周囲からの働きかけ	0.12	0.94	0.12	0.91	0.12	0.96	0.14	1.08	0.15	1.17
選挙運動ハガキ	-0.05	-0.42	-0.05	-0.39	-0.04	-0.30	-0.06	-0.42	-0.06	-0.46
新聞・ビラ	-0.10	-0.82	-0.10	-0.80	-0.11	-0.85	-0.07	-0.53	-0.08	-0.61
電話	0.12	0.90	0.12	0.88	0.12	0.89	0.08	0.60	0.07	0.55
街頭演説	-0.14	-0.77	-0.14	-0.77	-0.15	-0.81	-0.15	-0.82	-0.20	-0.12
選挙運動手伝い	0.90	2.24	0.90	2.23	0.92	2.30	0.87	2.18	—	—
選挙運動手伝い×政権構成党	—	—	—	—	—	—	—	—	1.35	2.15
選挙運動手伝い×非政権構成党	—	—	—	—	—	—	—	—	0.70	1.49
コントロール変数										
政権構成党支持	0.07	0.39	0.07	0.36	—	—	—	—	—	—
民主党支持	—	—	—	—	0.24	1.52	—	—	—	—
麻生政権期待	-0.02	-0.24	-0.01	-0.21	0.01	-0.09	-0.00	-0.01	-0.01	-0.19
年代	-0.10	-2.20	-0.10	-2.21	-0.11	-2.43	-0.09	-2.05	-0.09	-1.90
教育水準	-0.05	-0.82	-0.06	-0.84	-0.06	-0.84	-0.05	-0.79	-0.05	-0.78
女性	0.24	2.01	0.24	2.02	0.24	2.01	0.30	2.42	0.31	2.52
N		722		722		722		722		722
R^2		0.027		0.027		0.032		0.031		0.035

　さらに，[選挙運動手伝い]が勝敗によって影響力が異なるのかみていこう。「政府左右」の分析では，[選挙運動手伝い×政権構成党]が正で有意な値を示しており，係数は1.35と非常に大きい。このような結果をみると，選挙で勝つことができた政党の選挙運動への参加は，市民が政府をより左右することができるという自信を大きく高める可能性があることがわかる。一方

表4-10　政治複雑

	MODEL 1		MODEL 2		MODEL 3		MODEL 4		MODEL 5	
	係数	t値	係数	t値	係数	t値	係数	t値	係数	t値
定数	0.02	0.07	0.05	0.15	0.00	0.00	0.16	0.52	0.15	1.47
選挙における勝敗										
小選挙区当選候補者	0.14	1.23	—	—	0.14	1.26	0.11	0.95	0.12	1.07
比例区政権構成党	0.18	0.72	-0.03	-0.18	—	—	0.08	0.61	0.08	0.66
小選挙区当選×政権構成党	—	—	0.22	1.75	—	—	—	—	—	—
小選挙区当選×非政権構成党	—	—	0.03	0.24	—	—	—	—	—	—
比例区民主党投票	—	—	—	—	0.04	0.35	—	—	—	—
政権交代										
新規政党支持	-0.15	-1.09	-0.15	-1.12	-0.15	-1.06	-0.16	-1.18	-0.16	-1.17
政権構成党投票2005-2009	—	—	—	—	—	—	0.04	0.26	0.03	0.19
自民・民主政権担当能力有り	-0.10	-0.92	-0.10	-0.94	-0.09	-0.84	-0.13	-1.22	-0.12	-1.14
選挙における動員・参加										
周囲からの働きかけ	0.02	0.14	0.00	0.02	0.04	0.35	0.00	0.05	0.01	0.13
選挙運動ハガキ	-0.02	-0.19	-0.01	-0.08	-0.02	-0.18	-0.01	-0.05	-0.00	-0.02
新聞・ビラ	-0.02	-0.20	-0.01	-0.13	-0.04	-0.37	-0.02	0.21	0.01	0.10
電話	0.06	0.54	0.05	0.48	0.04	0.37	0.03	0.26	0.02	0.15
街頭演説	-0.13	-0.87	-0.13	-0.86	-0.13	-0.85	-0.17	-1.12	-0.22	-1.45
選挙運動手伝い	0.51	1.50	0.49	1.45	0.50	1.49	0.50	1.49	—	—
選挙運動手伝い×政権構成党	—	—	—	—	—	—	—	—	0.27	0.51
選挙運動手伝い×非政権構成党	—	—	—	—	—	—	—	—	0.88	2.26
コントロール変数										
政権構成党支持	-0.09	-0.60	-0.11	-0.69	—	—	—	—	—	—
民主党支持	—	—	—	—	0.07	0.49	—	—	—	—
麻生政権期待	-0.01	-0.21	-0.01	-0.11	0.01	-0.14	-0.04	-0.67	-0.05	-0.83
年代	-0.03	-0.85	-0.03	-0.92	-0.03	-0.91	-0.03	-0.83	-0.03	-0.73
教育水準	0.07	1.17	0.06	1.07	0.07	1.27	0.03	0.62	0.04	0.64
女性	0.09	0.90	0.10	0.94	0.10	1.02	0.11	1.04	0.12	1.14
N		717		717		717		717		717
R^2		0.016		0.019		0.016		0.017		0.022

で，［選挙運動手伝い×非政権構成党］の係数は0.7で正の値ではあるが，t値が1.49であるため，10％有意水準にも満たない[18]。このため，選挙で勝利し

───────────

18　しかし，選挙で負けた政党の選挙運動への参加が，「政府左右」を高める効果が全くないとは断定できない。係数が0.7と比較的高い値であるにもかかわらず，t値が低く

124

表4-11 非投票者における政党支持傾向と政治的有効性感覚

	政府左右		政治複雑		国会議員	
	係数	t値	係数	t値	係数	t値
定数	2.81	1.80	-0.22	-0.22	-0.07	-0.08
勝利政党支持	-0.27	-0.37	0.27	0.58	0.47	1.16
教育	-0.80	-2.02	-0.15	-0.61	0.02	0.09
年代	-0.01	-0.79	0.01	1.41	0.01	1.46
女性	0.17	0.28	0.25	0.64	-0.22	-0.68
N	29	30	29			
R^2	0.135	0.124	0.144			
定数	2.96	2.02	0.41	0.51	-0.30	-0.38
民主政権希望	0.11	0.27	-0.28	-1.22	-0.30	-1.33
教育	-0.64	-1.77	-0.16	-0.80	0.19	0.95
年代	-0.03	-1.97	0.00	0.45	0.01	1.15
女性	0.38	0.63	-0.05	-0.14	-0.44	-1.31
N	29	30	29			
R^2	0.222	0.104	0.169			

た政党の選挙運動に参加することがより市民の自信を高め、「政府左右」を高める効果があることが明らかになった。

　一方で、「政治複雑」の分析(表4-10)は「政府左右」とやや異なる結果をみせている。前述の通り、「政治複雑」において、[選挙運動手伝い]は有意な影響力がみられなかった。しかし、選挙運動手伝いの勝敗ごとの変数を投入した分析結果をみると(MODEL 5)、「選挙運動手伝い×非政権構成党」においてのみ正で有意な値になっている。仮説では、「選挙運動手伝い」の効果は、選挙で勝つことによってより高まると考えられたが、本分析では選挙で勝った場合においては有意な結果がみられず(関係がない)、選挙で負けた場合において「政治複雑」を有意に高めるという結果になっている。このような結果を考慮すると、少なくとも選挙運動手伝いの「政治複雑」への効果は選挙での勝敗と関連がないと思われる。また、「選挙運動手伝い×非政権

───────────────

なっているのは、標準誤差が大きいためである(標準誤差は係数 /t値で求めることができる)。全サンプルの中で、選挙運動手伝いをしたケースは36人であったが、政権構成党陣営での参加者は12人、非政権構成党陣営での参加者は24人であった。このように、選挙運動手伝いをしていたサンプルが比較的小さいため、必然的に標準誤差が大きくならざるを得ない。そのため、選挙運動を経験したケースが十分に確保された分析である場合、結果は異なる可能性もある。そのため、選挙で負けた陣営の選挙運動参加が、「政府左右」を高める効果があるのかについては、さらなる検証が必要であると思われる。

第4章：選挙と政治的有効性感覚　125

構成党」のみ有意になった明確な理由はわからないが，可能性としては，選挙運動手伝いの中身において政権構成党と非政権構成党で違いがあり，その違いが政治複雑に対する影響力を持っていた可能性が考えられる。選挙運動手伝いと政治複雑の関係については，今後より詳細な研究が必要である。

　また，選挙運動への参加が外的有効性感覚を高める効果は認められなかった。「国会議員」を従属変数とした分析を結果をみると（表4-8），［選挙運動手伝い］，［選挙運動手伝い×政権構成党］，［選挙運動手伝い×非政権構成党］のいずれの変数も統計的に有意な値を示しておらず，係数も全て負の値を示している。これらの結果を考慮すると，選挙への参加は参加民主主義理論が提示した教育効果から内的有効性感覚を高める効果はあるが，外的有効性感覚を高める効果はないと思われる。

4.3.2　勝敗の効果

　次に，選挙における勝敗の効果をみていこう。先行研究では，選挙における勝利は，内的，外的有効性感覚を高めると考えられたが，本分析の結果では外的有効性感覚である「国会議員」に対してのみ有意な影響力が確認できる（表4-8）。内的有効性感覚項目である「政府左右」と「政治複雑」においては，そのような効果はみられない（表4-9，表4-10）。

　次に，「国会議員」における勝敗の効果をより詳細にみていこう（表4-8）。モデル1とモデル3では，小選挙区投票における勝利と比例区投票における勝利の影響力を検証している。比例区投票の勝利について，モデル1では政権構成党に属しているか否かという定義を用いて，モデル3では議席数を増やすことができたか否かという定義を用いて作成した勝敗変数を入れている（それぞれ，［比例区政権構成党］，［比例区民主党投票］）。モデル1とモデル3の結果をみると，いずれのモデルにおいても［小選挙区当選候補者］が正で有意な値を示している。一方で，比例区での勝利を表す［比例区政権構成党］，［比例区民主党］はいずれも有意になっていない。これらの結果をみると，外的有効性感覚を高める勝敗の効果は比例区での投票ではなく自らが所属する小選挙区での投票によって現れると考えることができる。

　さらに，選挙区レベルの勝敗（小選挙区で投票した候補者の当選）が全国レベルの勝敗（候補者が所属した政党の勝敗）によって違いがみられるのかどうかを確認してみよう。モデル2では，［小選挙区当選×政権構成党］と［小選

挙区当選×非政権構成党]変数を投入している[19]。その結果をみると，[小選挙区当選×政権構成党]が正で有意な値を示している一方で，[小選挙区当選×非政権構成党]は有意になっておらず，係数も負の値を示している。つまり，外的有効性感覚を高めるためには，自分が応援している候補者が小選挙区で当選するだけでなく，その候補者が所属している政党が全国レベルで勝利を収める必要がある。同時に，たとえ小選挙区で応援した候補者が当選したとしても，その候補者が所属する政党が全国レベルで負けてしまった場合，外的有効性感覚が高まることはない。

　最後に，非投票者における勝敗効果をみていきたい。本分析では，非投票者において，投票者と類似した勝敗効果がみられるのかについて，[勝利政党支持]と[民主政権希望]変数を用いて検証を行った。表4-11をみると，[勝利政党支持]，[民主政権希望]いずれの変数においても有意な結果は示されていない。本分析の結果を踏まえると，勝敗の効果は「投票」という行為を前提としていると考えることができる。

4.3.3　政権交代

　次に，政権交代という特殊な文脈が政治的有効性感覚に与えた影響力についてみていく。[自民・民主政権担当能力]は，いずれの有効性感覚項目においても有意な値を示していない。外的有効性感覚である「国会議員」分析のモデル3においてのみ10％水準で正で有意である。このため，実質的な選択肢が与えられたこと自体が内的，外的有効性感覚を直接高める効果があったとは言い難い。

　次に[新規政党支持]をみると，「政府左右」と「政治複雑」では影響がみられない一方で，「国会議員」の分析では，モデル3を除いて全てのモデルで正で有意な値を示している。「国会議員」の分析のモデル3で有意になっていないのは，コントロール変数の[民主党支持]の影響力であると思われる。[新規政党支持]の多くが民主党支持であるため，[新規政党支持]の影響力の一部が[民主党支持]に吸収されていると考えられる。しかし，それ以外のモデルでは[新規政党支持]の正の影響力が確認できる。このため，2009年の政権交代を機に新たに支持する政党ができた有権者は，外的有効性感覚が高まったと思われる。

19　参照カテゴリーは，小選挙区で負けたサンプルである。

最後に，長期にわたって一貫して2009年の勝者（政権構成党）を支持してきた有権者をみていきたい。［政権構成党投票2005–2009］（モデル4，モデル5）をみると，「政府左右」において有意な値を示している（ただし，モデル5では10％有意）。つまり，2005年から一貫して政権構成党を支持してきた有権者らは，2009年の政権交代を通じて，自らが初めて「多数」となり選挙で勝利したことによって，自分は「政府を左右することができる」とより感じるようになったことがわかる。

5．まとめ

　本章では，代議制民主主義の最も基本的な政治参加である選挙における参加とその帰結が政治的有効性感覚にどのような影響を与えるのかについて，歴史的な政権交代という結果をもたらした2009年の衆議院選挙をケースに検証を行った。検証においては，選挙の純粋な参加面に焦点を置いた選挙における参加の効果，選挙の帰結に焦点を置いた勝敗の効果，そして2009年の政権交代という文脈を考慮した政権交代の効果の三つの面に注目した。

　本章の分析から，以下のことが明らかになった。まず，1回の投票参加それ自体は，政治的有効性感覚に明確な影響を与えない可能性が高い。その理由は，先行研究が提示した通り，現代の投票参加は参加コストや心理的関与が低いためであると考えられる。その一方で，心理的関与が高い選挙運動の手伝いは内的有効性感覚を高める効果があることが確認された。選挙運動への参加は，内的有効性感覚の中でも，政府を左右することができるという有権者の自信を大きく高めることができる。特に，その効果は自分が応援した候補者（政党）が勝利した場合により大きくなる。一方で，選挙における参加は外的有効性感覚に対しては影響力がみられなかった。

　次に，選挙における勝敗は外的有効性感覚に影響を与えるということが明らかになった。小選挙区で有権者が投票した候補者が当選し，かつ候補者が所属した政党が内閣に入ることができた場合，有権者の外的有効性感覚は高まる。興味深い点は，小選挙区で勝利したとしても，候補者の所属した政党が全国レベルで勝つことができなかった場合は外的有効性感覚に変化が現れないということである。たとえ小選挙区で候補者が勝利を収めることができたとしても，国政レベルで内閣に入ることができない場合は発揮できる影響力は小さくならざるを得ない。このような結果から，小選挙区レベルの勝者

（当選した候補者）の政治領域に対する影響力の大きさが外的有効性感覚の変化に対する条件になっている可能性が考えられる。

　類似した議論は，先行研究においても指摘されている。バンドゥッチとカープ（Banducci and Karp, 2003）は，議院内閣制の国政レベルにおける勝敗の影響力を検証しているが，国政レベルの勝利の中でも，より権力を共有しない勝ち方の方が効果が大きくなるとしている。また，アンダーソンとロテンピオ（Anderson and LoTempio, 2002）の研究も影響力の大きさが勝敗の効果に違いをもたらすという文脈で解釈を試みることができる。アンダーソンとロテンピオは，米国の大統領選挙と議会選挙の勝敗が政治態度に与える影響力を検証し，大統領選挙で負けた有権者の政治信頼は有意に低く，その効果は議会選挙で勝利した場合においても変わらないことを示した。彼らは，大統領選挙における勝敗の方がより大きな効果を示したことについて，有権者の情報の差にその原因を求めている。つまり，大統領選挙の結果についてはほとんどの有権者が知っているが，議会選挙の結果については必ずしもすべての有権者が知っているわけではない（自分が勝ったのか負けたのか認知していない）ため，大統領選挙の効果がより明確に示されたというものである（Anderson and LoTempio, 2002）。彼らの考察のように，情報の差が原因である可能性もある。しかし，大統領制度における大統領の権限，影響力の大きさを考慮すると，大統領選挙と議会選挙の勝敗の効果の差は，両者がもつ政治領域に対する影響力の大きさを反映しているのかも知れない。

　さらに，本章の分析では，外的有効性感覚とは異なり内的有効性感覚に対する勝敗の明確な影響力は示されなかった。しかし，選挙の文脈が異なる場合，異なる結果がみられる可能性はある。先行研究では，選挙の勝敗の影響力は選挙の文脈に依存する可能性が高いことが指摘されてきた（Clarke and Acock, 1989）。例えば，各政党が顕著な社会的亀裂を反映している場合や，政党が社会階層と強い繋がりがある場合には，より選挙結果の見返りが明確になるため，勝敗の影響力が大きくなる可能性が高いとしている。日本の2009年の選挙は，初めて有権者が主体になり政権交代を成し遂げた歴史的な選挙であり，自民党と民主党の両党が激しい選挙戦を行った。しかし，両党が顕著な社会的亀裂や一部の社会階層を代弁していたとは考え難い。むしろ，両党の支持者層は重なっている部分が多く，公約の中身においても類似点が多く指摘された（品田，2010）。このような点を考慮すると，より社会的亀裂が顕著な場合の選挙において，勝敗の効果はより大きくなり，内的有

効性感覚に対する変化も起きうる可能性はあると考えられる。しかし，いずれにしても，勝敗の効果は外的有効性感覚においてより大きく，市民の内面に深く根付いている内的有効性感覚にまで影響することは容易ではないように思われる。

　また，先行研究における想定とは異なり，非投票者に対する勝敗の効果はみられなかった。たとえ選挙結果に満足しているとしても，投票という行為を通じて物理的，心理的コストを支払わない限り心理的な変化をもたらすことは難しいのかも知れない。

　本章では，政権交代の特殊性を考慮し，政権交代の文脈が政治的有効性感覚に影響を与えたのか検証を行った。まず，「新規政党支持」が外的有効性感覚を高める効果があったことが確認された。2009年の選挙は，政権交代が実現する可能性がある選挙として大きな注目を浴びた選挙であった。また，自民党と民主党を中心に，各政党による活発な選挙活動も行われた。このような環境は，これまで無党派層であった有権者において，新たに支持できる政党を見つけやすくした可能性がある。そして，政党支持を新たに獲得できた有権者は，彼らを代弁してくれる政党を見つけられたことから，外的有効性感覚を高めることができたと思われる。

　また，長期にわたって2009年の勝利政党を支持してきた有権者の内的有効性感覚（「政府左右」）が2009年の政権交代において高まったことが確認できた。2009年の政権交代は，これまで野党を支持してきた有権者にとっては，初めて自らが「多数」となり政権を獲得することができた選挙であり，その結果，ようやく「政府を左右できる」と考えることができたと思われる。単発的な選挙の勝敗が内的有効性感覚に影響を与えていなかった点を考慮すると，このような分析結果は非常に興味深い。より市民の内面深くに関わる内的有効性感覚の影響がみられたということは，長年，野党を支持してきた有権者において，2009年の政権交代は短期的な選挙における「勝利」以上の意味合いがあったと思われる。民主主義制度における統治は，程度の差があるにせよ，多数による支配であることに変わりはない。しかし，民主主義制度の長所は，その「多数」を定期的かつ公正な選挙によって変えられる可能性が開かれているという点である。日本においては，長らく権力の交代が行われなかったことが市民（特に野党支持）の内的有効性感覚の発展を阻んでいた可能性がある。このような阻害要因が2009年の政権交代によって弱まったことから，一部の市民の内的有効性感覚が高まったのではないかと

思われる。

参考文献

Aarts, Kees and Jacques Thomassen. 2008. "Satisfaction with democracy: Do institutions matter?" *Electoral Studies* 27: 5-18.

Anderson, Christopher J. and Andrew J. LoTempio. 2002. "Winning, Losing and Political Trust in America." *British Journal of Political Science* 32: 335-351.

Anderson, Christopher J. and Yuliya V. Tverdova. 2001. "Winners, Losers, and Attitudes about Government in Contemporary Democracies." *International Political Science Review* 22 (4) : 321-338.

Balch, George I. 1974. "Multiple Indicators in Survey Research: The Concept of 'Sense of Political Efficacy'." *Political Methodology* 1 (2) : 1-43.

Banducci, Susan A. and Jeffrey A. Karp. 2003. "How Elections Change the Way Citizens View the Political System: Campaigns, Media Effects and Electoral Outcomes in Comparative Perspective." *British Journal of Political Science* 33: 443-467.

Beasley, Ryan K. and Mark R. Joslyn. 2001. "Cognitive Dissonance and Post-Decision Attitude Change in Six Presidential Elections." *Political Psychology* 22 (3) : 521-540.

Blais, André and François Gélineau. 2007. "Winning, losing and satisfaction with democracy." *Political Studies* 55 (2) : 425-441.

Boen, Filip and Norbert Vanbeselaere. 2002. "The Impact of Election Outcome on the Display of Political Posters: A Field Study during Communal Elections in Flanders." *Political Psychology* 23 (2) : 385-391.

Bowler, Shaun and Todd Donovan. 2007. "Reasoning about Institutional Change: Winners, Losers and Support for Electoral Reforms." *British Journal of Political Science* 37 (3) : 455-476.

Clarke, Harold D. and Alan Acock. 1989. "National Elections and Political Attitudes: The Case of Political Efficacy." *British Journal of Political Science* 19 (4) : 551-562.

Converse, Philip. 1972. Change in the American Electorate. In *The Human Meaning of Social Change*, ed. Angus Campbell and Phillip Converse. New York: New York: Russell Sage Foundation.

Craig, Stephen C., Michael D. Martinez, Jason Gainous and James G. Kane. 2006. "Winners, Losers, and Election Context: Voter Responses to the 2000 Presidential Election." *Political Research Quarterly* 59 (4) : 579-592.

Craig, Stephen C., Richard G. Niemi and Glenn E. Silver. 1990. "Political Efficacy and Trust: A Report on the NES Pilot Study Items." *Political Behavior* 12 (3) : 289-314.

Curini, Luigi, Willy Jou and Vincenzo Memoli. 2012. "Satisfaction with Democracy and the Winner/Loser Debate: The Role of Policy Preferences and Past Experience." *British Journal of Political Science* 42: 241-261.

Finkel, Steven E. 1985. "Reciprocal Effect of Participation and Political Efficacy: A Panel Analysis." *American Journal of Political Science* 29 (4) : 891-913.

Finkel, Steven E. 1987. "The Effects of Participation on Political Efficacy and Political Support: Evidence from a West German Panel." *The Journal of Politics* 49 (2) : 441-464.

Ginsberg, Benjamin. 1982. *The Consequences of Consent: Elections, Citizen Control and Popular Acquiescence*. Reading,Mass.: Addison-Wesley.

Ginsberg, Benjamin and Robert Weissberg. 1981. *Elections and The Mobilization of Popular Support*. Vol. 22.

Howell, Patrick and Florian Justwan. 2013. "Nail-biters and no-contests: The effect of electoral margins on satisfaction with democracy in winners and losers." *Electoral Studies* 32: 334-343.

Karp, Jeffrey A. and Susan A. Banducci. 2008. "Political Efficacy and Participation in Twenty-Seven Democracies: How Electoral Systems Shape Political Behaviour." *British Journal of Political Science* 38 (2) : 311-334.

Lane, Robert Edwards. 1959. *Political Life: Why People Get Involved in Politics*. Glencoe, Ill.,: Glencoe, IL: Free Press.

Macpherson, Collin. B. 1977. *The Life and Times of Liberal Democracy*. Oxford: Oxford: Oxford University Press.

Mason, Ronald. 1982. *Participatory and Workplace Democracy*. Carbondale: Southern Illinois University Press.

Mattei, Franco and Richard G. Niemi. 2005. Political Efficacy. In *Polling America: An Encyclopedia of Public Opinion*, ed. Samuel J. Best and Benjamin Radcliff. Westport, Conn. ; London: Westport, CT: Greenwood Press.

Milbrath, Lester W. 1965. *Political Participation: How and Why Do People Get Involved in Politics?* Chicago: Chicago: Rand McNally College Publishing Company.

Niemi, Richard G.and Craig, Stephen C. and Franco Mattei. 1991. "Measuring Internal Political Efficacy in the 1988 National Election Study." *American Political Science Review* 85 (4) : 1407-1413.

Pateman, Carole. 1970. *Participation and Democratic Theory*. Cambridge: Cambridge: Cambridge University Press.

Pateman, Carole. 1971. "Political Culture, Political Structure and Political Change." *British Journal of Political Science* 1 (1) : 291-305.

Singh, Shane, Ekrem Karakoç and André Blais. 2012. "Differentiating winners: How elections affect satisfaction with democracy." *Electoral Studies* 31 (1) : 201-211.

Singh, Shane, Ignacio Lago and André Blais. 2011. "Winning and Competitiveness as Determinants of Political Support." *Social Science Quarterly* 92 (3) : 695-709.

Singh, Shane P. 2014. "Not all election winners are equal: Satisfaction with democracy and the nature of the vote." *European Journal of Political Research* 53 (2) : 308-327.

Stewart, Marianne C.and Allan Kornberg, Harold D. Clarke and Alan Acock. 1992. "Arenas and Attitudes: A Note on Political Efficacy in a Federal System." *The Journal of Politics* 54 (1) : 179-196.

Thompson, Dennis F. 1970. *The Democratic Citizen*. Cambridge MA: Cambridge University Press.

Wagner, Alexander F., Friedrich Schneider and Martin Halla. 2009. "The quality of institutions and satisfaction with democracy in Western Europe — A panel analysis." *European Journal of Political Economy* 25: 30-41.

Weissberg, Robert. 1975. "Political Efficacy and Illusion." *Journal of Politics* 37: 469-87.

Wells, Jason M. and Jonathan Krieckhaus. 2006. "Does National Context Influence Democratic Satisfaction? A Multi-Level Analysis." *Political Research Quarterly* 59 (4) : 569-578.

飯田健. 2009.「『失望』と『期待』が生む政権交代：有権者の感情と投票行動」『2009年，なぜ政権交代だったのか』田中愛治他. 勁草書房.

河村和徳. 2010.「2009年総選挙における稲作農家の政治意識と投票行動 −自民党農政の担い手たちに対する感情に注目して（特集 2009年総選挙の分析）」『選挙研究』26 (2) : 73-83.

金兌希. 2014.「日本における政治的有効性感覚指標の再検討 −指標の妥当性と政治参加への影響力の観点から−」『法学政治学論究』100: 121-154.

河野勝. 2009a.「選挙結果からみた民主党圧勝，自民党大敗の構図」『2009年，なぜ政権交代だったのか』田中愛治他. 勁草書房.

河野勝. 2009b.「変容する日本の総選挙：政党システム，候補者，そして有権者」『2009年，なぜ政権交代だったのか』田中愛治他. 勁草書房.

小林良彰. 2009.「内閣業績評価と投票行動」. 2009年度日本政治学会報告論文.

品田裕. 2010.「2009年総選挙における選挙公約（特集 2009年総選挙の分析）」.『選挙研究』26 (2) : 29-43.

田中愛治. 2009.「自民党衰退の構造：得票構造と政策対立軸の変化」『2009年，なぜ政権交代だったのか』田中愛治他. 勁草書房.

田中愛治・河野勝・日野愛郎・飯田健・読売新聞世論調査部. 2009.『2009年，なぜ政権交代だったのか』. 勁草書房.

谷口尚子. 2010.「2009年政権交代の長期的・短期的背景（特集 2009年総選挙の分析）」『選挙研究』26 (2) : 15-28.

日野愛郎. 2009.「政権交代は一日にして成らず：有権者意識に見る 2009年総選挙」『2009年，なぜ政権交代だったのか』田中愛治他. 勁草書房.

平野浩. 2010.「メディア接触・政治意識・投票行動−2009年衆院選における実証分析（特集 2009年総選挙の分析）」『選挙研究』26 (2) : 60-72.

山田真裕. 2010.「2009年総選挙における政権交代とスウィングボート（特集

2009年総選挙の分析)」『選挙研究』26（2）:5-14.

第5章
有権者の選挙行動－回顧投票と展望投票

1. はじめに

　本章の目的は，回顧投票と展望投票を中心に日韓の有権者における投票行動の共通点と相違点を比較分析することである。特に，従来の政権が維持された選挙と交代した選挙において回顧投票と展望投票における日韓の有権者の共通点及び相違点について議論を深めて行くことにしたい。

　大統領制の韓国と議院内閣制の日本における選挙・投票行動の比較は容易ではない。韓国では大統領選挙と国会議員選挙が別々に実施され，国民が大統領と国会議員をそれぞれ直接選出するが，政権交代は大統領選挙の結果によって決まる。これに対し，日本では一般的に衆議院選挙で最多議席を占める政党から首相が選出され，通常は当該政党の党首が首相に就任する。日本の衆議院選挙は，国会議員を選ぶ選挙でありながら，間接的に首相を選択する選挙であり，政権の維持または交代を決定する選挙でもある。このように，日本の衆議院選挙は韓国の大統領選挙と国会議員選挙の性格を帯びている。したがって，日本の衆議院選挙を対象に日韓の比較分析を行うためには，研究目的によって，韓国側の比較対象を大統領選挙または国会議員選挙に調整する必要がある。本章では，政権維持または政権交代に関係する回顧的・展望投票の比較分析が目的であるため，韓国側の分析対象を大統領選挙とする。

　現在の政権の業績を評価して投票する回顧投票（retrospective voting）と将来の政権に対する期待を基に候補者または政党を決める展望投票（prospective voting）は相互排他的ではなく，むしろ相互補完的である（Lanoue, 1994）。

第5章　有権者の選挙行動－回顧投票と展望投票　135

回顧投票をするために展望投票を全く行わない，あるいは展望投票をするから回顧投票を行わないということではない。選挙によっては展望投票より回顧投票の傾向が強く，あるいは回顧投票より展望投票の傾向が強い場合もありうる。また，両方の投票傾向がともに弱く，または強く現れることもある。それでは，韓国と日本において政権が維持された選挙と交代した選挙における回顧投票と展望投票の傾向はどのように現れているのか。そこで，日韓の有権者の回顧投票と展望投票傾向に関する共通点と相違点について考察することにしたい。

　現在，日本の衆議院選挙制度は韓国の国会議員選挙と同様に小選挙区比例代表並立制である。小選挙区比例代表並立制[1]が導入された1996年の第41回衆議院選挙以前は，中選挙区制が長期にわたり採用されていた[2]。中選挙区制下において1955年保守合同[3]で設立された自由民主党(以下，自民党)は，結党と同時に自由党と日本民主党の議席を合わせて，単独で過半数を占める政党となった。その後，1993年第40回衆議院選挙で過半数議席の獲得に失敗するまで38年間，単独政権を守り，いわゆる「55年体制」を維持した。自民党による一党優位制が長期間持続した要因として，中選挙区制が挙げられることも多いが，同じ中選挙区制を採用した1930年代には二大政党制が成立しており，また第2次世界大戦終結後間もなく，多党制が形成された時期があったため，単に中選挙区制だけで自民党の一党優位制を説明することは難しい(三宅，1989；川人，1992)。

　しかし，長期間自民党が安定的に票を獲得することが可能になった背景として，中選挙区制の影響を無視することはできない。自民党が長期にわたり多くの得票を維持することができたのは，主に自民党の安定的な支持基盤と個人的な後援会の発達で説明されることが多いが，後者である個人的な後援

1　日本の衆議院は，小選挙区比例代表並立制を通じて計480人が選出される。そのうち300人が小選挙区議員であり，180人が比例代表議員である。比例代表は，韓国と違って，全国を11のブロックに区分し，ブロックごとに選出する。

2　日本の第1回衆議院選挙は，1890年に実施された。第1回(1890年)－第6回(1898年)までは小選挙区制が，第7回(1902年)－第15回(1924年)までは大選挙区制が採用された。その後，第16回(1928年)－第40回(1993年)までは，第22回(1946年，大選挙区制)選挙のみを除いて中選挙区制で行われた。日本の選挙制度に関する詳しい内容は慶済姫(2011)を参照。

3　「保守合同」というのは，日本で一般的に1955年11月15日に保守的政党であった自由党と日本民主党が統合して自民党を結成したことを指す。

136

会の発達が中選挙区制と密接に関係するためである。まず，日本における政党の支持基盤は戦後，日本の保守・進歩[4]の対立構図の中で形成された。55年体制以降，自民党の支持基盤は大企業の管理職，中小企業のオーナー，農業従事者であったのに対して，日本社会党など左派勢力の主要基盤は，主に大企業労働組合に属していた労働者，ホワイトカラーを中心に構成された（綿貫，1986）。高度成長期には，日本の都市化や産業構造の変化とともに従来の自民党支持基盤が弱まり，1980年代後半から自民党の得票率が低下する前までは，このような支持基盤が自民党の持続した票の獲得を可能にする要因となった。

　このように職業または地域中心の利益団体と政治家の間に票の交換関係が繰り返され，政治腐敗が深刻な水準にまで至り，政治腐敗の主な原因の一つとして中選挙区制が指摘された。与野党ともに，政治腐敗に対して政治刷新を図るため取った手段が，衆議院選挙制度を中選挙区制から小選挙区比例代表並立制に変えることであった。小選挙区制導入を通じて，人物中心よりも政党中心，政策中心の政治の実現が目的であることを標榜した。デュヴェルジェの法則（Duverger's Law）によると，小選挙区制下では，政党システムが二大政党制に近づく傾向がある。実際に，小選挙区比例代表並立制が初めて実施された1996年の衆議院選挙以降，第1党と第2党における議席率の占有率が全体議席の中で高くなる傾向が現れた（表5-1）。

表5-1　衆議院選挙の第1党と第2党の議席率（小選挙区＋比例区）

衆議院選挙	第1党（議席率）	第2党（議席率）	第1党＋第2党
第41回（1996年）	自民（47.8%）	新進（31.2%）	79.00%
第42回（2000年）	自民（48.5%）	民主（26.5%）	75.00%
第43回（2003年）	自民（49.4%）	民主（36.9%）	86.30%
第44回（2005年）	自民（61.7%）	民主（23.5%）	85.20%
第45回（2009年）	民主（64.2%）	自民（24.8%）	89.00%
第46回（2012年）	自民（61.3%）	民主（11.9%）	73.20%

出典：石川・山口 2010, 255-263；総務省選挙管理委員会ホームページ

4　日本では「進歩」の意味で「革新」を使用するが，本章では日韓比較を議論するために「進歩（＊韓国では日本における「革新」の意味で「進歩」という用語を使っている）」と表現する。日本で「革新」という用語を使用する理由は「進歩」の反対は「退歩」で，「進歩」という用語を使用する場合保守が退歩的イメージとして認識されかねないからである。例えば，「保守と進歩の対立」という表現は「保革対立」である。

人種，民族，言語，宗教のような大きな社会的亀裂(social cleavage)がないという点が類似している日本と韓国において，2000年代以降から2012年の衆議院選挙まで政治的環境にも共通する部分があった。韓国の政党システムも二大政党制に近く，日本も2012年の衆議院選挙まで二大政党制の傾向が現れた。さらに，比較的最近の選挙である韓国の2007年大統領選挙と日本の2009年衆議院選挙において政権交代が実現しており，それぞれのその次の選挙とその前の選挙では政権が維持されたという点で日韓の選挙を比較して回顧的・展望投票の意味を具体的に議論することができると考える。そこで，本章では韓国の第17代(2007年，政権交代)・第18代(2012年，政権維持)大統領選挙と日本の第44回(2005年，政権維持)・第45回(2009年，政権交代)衆議院選挙を対象に回顧投票と展望投票を比較しながら考察を行うことにしたい。

　回顧投票は，経済的要因を用いて議論されることが多い。しかし，必ずしも経済的要因のみで回顧投票が行われるわけではない(趙己淑，2013，75)。本章では，経済的要因とともに，他の要因を含めて回顧投票とみなし議論を展開する。まず，次の第2節において回顧投票と展望投票に関する理論的検討を行い，第3節では実証分析を行うこととする。その後，第4節にて結論を導く。理論的検討では，まず日本と韓国において少し異なる回顧投票と展望投票について整理し，次に一般的に議論される回顧的・展望投票理論と日本や韓国で議論されてきた両投票行動について検討する。実証分析では，頻度分析を通じて有権者の回顧的・展望的な意識分布を概括的に調査する。その後，二項ロジスティック回帰分析を通じて両国の回顧投票と展望投票が候補者または政党を選ぶ際に及ぼす影響力について検討する。

2．理論的検討

2.1　韓国と日本における投票行動の区分

　有権者の投票行動は，いかなる基準を適用するかによって，それぞれ異なる投票行動に区分できる。投票行動に関する理論は，欧米を中心に発展してきたため，韓国と日本の区分がどれだけ有意義であるのかは議論の余地があるが，一般的に次のように使用される傾向がある。韓国では回顧投票(retrospective voting)と展望投票(prospective voting)で称される投票行動が，日本では一般的に業績評価投票と争点態度投票(以下「争点投票」と略記)と

138

呼ばれる。韓国の回顧投票と日本の業績評価投票はほぼ一致するとみることができるが，争点投票と展望投票の関係は少し異なる。争点は公約を中心に議論する争点と，公約ではないが選挙の際に有権者が主要なイシュー（issue）として扱い，選挙結果に重要な影響を及ぼす争点に分けられる。あるいは，「狭い意味」での争点と「広い意味」での争点に分けることもある。韓国の選挙によく登場する子供の兵役問題や政治スキャンダルなどのように実質的な公約と距離がある社会問題ではあるものの，政党や候補者に対する有権者の支持態度に影響を及ぼす争点が「広い意味」の争点とみなされる。韓国では，狭い意味の争点と広い意味の争点を大きく区分せず，選挙上の主要な争点に関連した投票行動を一般的に争点投票として扱う。これに対し，日本の争点投票で議論されるイシューは，公約と関連している争点が主流となっている。

　一方，回顧投票と展望投票を評価する主要要因は経済的要因である。経済問題のみに特化した経済投票（economic voting）として議論が展開される場合もあるが，回顧投票と展望投票の範囲内で議論される場合も多い。しかし，回顧投票と展望投票に対する判断は必ずしも経済的要因によるものではない。政治など多様な要因による過去の評価および将来に対する期待が選挙結果に影響を及ぼしかねない。このような韓国と日本の投票行動の区分を簡単にまとめると，韓国の回顧投票と日本の業績評価投票は，両方とも経済または非経済イシューとは関係なく，現政権の過去に対する評価に基づいた投票行動という点でほぼ一致する（図5-1）。これに対し，韓国で議論されている展望投票の概念は日本の争点投票に近いが，日本の争点投票は公約を中心とする狭い意味のイシューに基づく投票行動という点で違いがある。将来に対する期待が土台になるという点で，韓国の展望投票と日本の争点投票は共通する部分がみられる。しかし，韓国の争点投票は過去と将来を区分せず，広い意味のイシューが多様に含まれるという点で，日本の争点投票と韓国の争点投票を同一には想定しにくい。そこで，本章では韓国で用いられている時間軸を基準にして回顧投票と展望投票に分けて議論することにしたい。

2.2　経済投票に対する関心

　回顧投票の研究は，経済投票への関心から始まった。1970年代欧米で経済投票が関心を集めた背景には1960年代まで存在しなかった景気不況があった（Lewis-Beck，1988）。経済的不況が増大するとともに，長期的に支

図5-1 韓国と日本における回顧・展望投票／業績投票・争点投票の区分

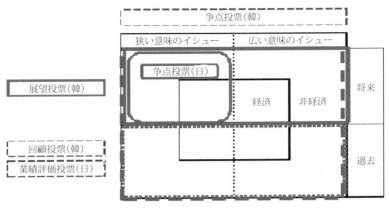

持した政党に対する一体感(party identification)に異変が生じ，政党との一体感で主に説明がなされていた有権者の投票行動が，政党との一体感によってあまり説明されなくなっていった。経済問題など各選挙における問題を中心に既存の支持政党と異なる政党または他の政党に所属している候補者を選択する有権者が増加し始めたのである。日本においても1980年代に入ると，経済投票と深く関係する「業績評価モデル」が注目を集めた(谷口，2005)。これには1970年代半ばから主要問題として認識され始めた失業問題，1980年代から浮上した税金問題や景気回復などがその背景となった(猪口，1983)。韓国の場合，1997年の金融危機とIMFによるその克服政策が経済と政治の関係を見直す契機になり(李賢雨，1998)，以降続いた失業率の増加や二極化などで経済危機の意識が高まり，2007年第17代大統領選挙では，経済問題が主要イシューとなった(李ジェチョル，2008)。また，過去に比べて次第に経済に対する有権者の反応が敏感に現れ(金哉翰，2007)，経済投票が現実化される可能性をみせている。

2.3 マクロ的視点とミクロ的視点

選挙に関わる経済的要因に関する研究は多様な視点から展開されているが，大きくマクロ的視点とミクロ的視点の研究に分けることができる。マクロ的視点の研究では集合データ(aggregate data)を用いたマクロ経済的要

因と得票率などの選挙結果との関係を，ミクロ的視点からは世論調査データ(survey data)を用いて有権者の経済意識と投票の行方との関係などを分析している。そして，経済的要因と選挙との関係の初期の研究は，マクロ的レベルから始まっている。しかし，徐々に経済的要因と選挙結果および内閣・政府支持との関係は，有権者個人の投票行動にあるという主張が広がり，これらを説明するためには個人レベルの調査が必要であると指摘された。その後，個人の経済状況に対する意識が候補者の選択や与党支持率に及ぼす影響などに関する研究が多くみられる(Kramer, 1971; Bloom and Price, 1975; Tufte, 1975, 1978; Fiorina, 1978; Kinder and Kiewiet, 1979; Hibbing and Alford, 1981; Kiewiet, 1981, 1983; Kuklinski and, West, 1981; Abramowitz, 1985; Hibbs, 1987; Lewis-Beak, 1988; Markus, 1988; Lockerbie, 1991; Lanoue, 1994; Abramson et al., 1999; Nadeau and Lewis-Beck, 2001; Lewis-Beak and Paldam, 2002)。ヒッブス(Hibbs, 1987)の主張のように失業，物価，景気などに対する意識は時代や支持政党などによって変化し，その意識の違いは異なる投票行動につながる。例えば，経済関連の意識が直接的に投票行動に反映されたり間接的に影響を与えたりもする。日本の場合，経済状況が選挙結果に直接関係するものではなく，個人の経済意識を通じて間接的に影響を及ぼすと主張されることもある。つまり，客観的な経済指標よりも有権者が経済状況を主観的にどのように意識するかが経済投票に密接に影響を及ぼすということである(十川，1993)。

　ミクロ的視点による有権者個人の経済意識は，大きく二つの要因で議論される。一つは有権者が個人を中心として経済意識を判断するのか，あるいは国家を中心として判断するのかという「判断対象」に関する要因である。もう一つの要因は，有権者が与党の過去の業績を評価し，その評価に基づいて投票するか，あるいは今後の期待に基づいて投票するかという「判断時点」に関する要因である。

2.3.1　個人中心－社会中心(pocketbook voting - sociotropic voting)

　マクロ経済という客観的な経済的要因から個人の経済意識に研究の関心が広がり，個人の経済意識と投票行動の関係が注目を集めるようになり，これによって世論調査で個人の経済意識に関する質問が含まれるようになった(Wides, 1976; Tufte, 1978)。まず個人の経済意識について関心を集めたものは経済意識の根拠となる判断対象であった。つまり，有権者の経済意識が個

人の経済状況に基づいて形成されるのか，あるいは国や社会全体に対する意識から反映されるのかという要因である。個人の経済状況による投票行動，つまり個人の経済状況から経済意識が形成され，この意識が候補者または政党を選択するまで続くという投票行動はポケットブック・ヴォーティング（pocketbook voting）と呼ばれる。そしてポケットブック・ヴォーティングとは異なり，有権者が個人の経済状況よりも国家または社会全体の経済状況に基づいた経済意識で投票を決定するという投票行動はソシオトロピック・ヴォーティング（sociotropic voting）と概念化されている。

　有権者は個人を中心とするポケットブック・ヴォーティングを行うという主張が検証される一方（Bloom and Price, 1975; Tufte, 1978），個人の経済状況よりも社会全体の経済状況に基づいて候補者または政党を選択するという主張も多々ある（Kinder and Kiewiet, 1979, 1981; Kiewiet, 1983; Kramer, 1983; Weatherford, 1983; Kinder et al., 1989; Nannestad and Paldam, 1994）。

　一方，有権者が行うソシオトロピック・ヴォーティングはロールズ（Rawls, 1971）が主張する社会経済的（sociotropic）な意識に基づいて行うのではなく，国家の経済が自分の将来につながると判断して行うものであるため，ポケットブック・ヴォーティングとみなすことが適当であるという見解もある（Markus, 1988）。

2.3.2　回顧投票－展望投票（retrospective voting - prospective voting）

　経済投票におけるもう一つの主要論点は，有権者が投票の行方を定める時間的な要因である。まず回顧投票（retrospective voting）は，有権者が現職の政治家または与党が遂行した過去の業務結果を肯定的に判断すれば「報酬（reward）」で現職の候補者または与党を選択し，否定的に判断すれば「罰（punishment）」で現職の候補または与党に投票しない投票行動を意味する（Key, 1964; Lewis-Beck, 2006）。これに対して展望投票（prospective voting）は，有権者が過去ではなく，これからの，つまり将来の経済状況が好転するかなどに対する期待に基づいて候補者または政党を選択する投票行動をいう。

　このように，回顧投票と展望投票は相互排他的ではない。フィオリーナ（Fiorina, 1981）によると，経済問題は将来の期待感に繋がる。展望投票に関する研究は，回顧投票を否定することではなく，展望投票も回顧投票と似たような影響力を及ぼすこともあり，選挙によっては回顧投票より強い影響力

142

を持つと主張される場合が多い。有権者は過去のみでなく，将来の経済状況も考慮して投票する。つまり，有権者の経済に関連する評価は，過去と未来の双方向に向いているわけである（Miller and Wattenberg, 1985; Clarke and Stewart, 1994）。本章では，経済問題に限定せずに回顧投票と展望投票を中心に議論することにしたい。

2.4　韓国における回顧投票・展望投票

　1987年の民主化によって大統領選挙が直接選挙となり，有権者も政治家も新たな政治的環境に直面することになった。それ以降，地域主義に影響された投票行動が強くみられたため他の投票行動があまり注目されなかった。しかし，1992年第14代大統領選挙から経済的要因を中心とする回顧投票と展望投票に関する議論が現れ始めた。第14代大統領選挙を対象に経済投票を検討した朴景山（1993）は，統計的に有意な経済投票の結果はなかったものの，有権者の候補者選択において候補者の経済問題の解決能力が一つの主要な要因であったことを明らかにした。また，政府に対して肯定的に評価する有権者ほど金泳三候補に対する評価が良いほど，そして物価の安定を望む有権者であるほど金泳三候補を選択する傾向を示した。朴景山（1993）は，このような分析結果に基づいて第14代大統領選挙では回顧投票とともに展望投票の傾向も存在すると述べている。つまり，政府に対する肯定的な評価が与党の候補であった金泳三に有利に作用した結果を回顧投票に，物価問題を解決できる候補者に金泳三を選択した結果を展望投票としてみなしている。同様に，第14代大統領選挙を対象にした金哉翰（1993）の研究では，韓国の経済状況は選挙結果にあまり影響を及ぼさないが，物価の安定を望むほど金泳三に投票する傾向を明らかにした。さらに，その傾向の背景には，有権者のイデオロギーが関係するとも指摘している。

　1997年に実施された第15代大統領選挙では，韓国政治の主要論点であった政権交代が行われた。政権交代の背景には，大統領選挙3週間前に起きた金融危機とIMFによる克服策の提示が関係していた。李賢雨（1998）の研究によると，第15代大統領選挙でも地域主義の影響が強くて経済意識の影響は有意ではなかったものの，IMFに対する責任は投票決定に有意に作用した。また，有権者は個人の経済状況よりも国家の経済を考慮して投票する傾向が強く，回顧投票と展望投票が両立しているとみることができる。さらに，地域主義が相対的に弱い地域の有権者は経済投票をする傾向があること

も明らかになった。

　盧武鉉政権が発足した第16代大統領選挙では，経済投票よりも公約をめぐる世代間対立や政治的イデオロギーの要因が注目を浴びた。このため，第16代大統領選挙を対象とした投票行動研究には経済的要因よりも争点やイデオロギーによる投票行動に着目した研究が多い。しかし，盧武鉉政権の任期中には，過去のどの政権の時期よりも経済に対する有権者の関心が高かった。政治と関連した経済要因を分析するVP関数（Vote - Popularity Function）のうち，P関数である支持度（popularity）を分析した李来榮・鄭ハンウル（2007）は，盧武鉉政権期に実施された地方選挙を対象に，当時与党であったヨルリンウリ党の低支持率の要因として経済に対する評価を一つの論点とみなし国家経済の展望と個人の経済状況の評価と関連した経済的要因の争点が影響を及ぼしたのではないかと主張した。

　第17代大統領選挙を対象にした研究の中で李ジェチョル（2008）は，有権者が個人よりも国家経済を考慮する傾向が強く，回顧投票と展望投票が共存するが，展望投票の傾向がより強いとして，歴代大統領選挙のうちで経済投票の影響が最も高いと分析した。大統領に対する評価の影響を分析した賈尚俊（2008）の研究では，過去の大統領選挙に比べて第17代大統領選挙で回顧投票の傾向が強いことを明らかにした。また，第17代大統領選挙における政党態度を政党支持と政党拒否の二つの要因に分けて適用した黄雅蘭（2008，101）の投票選択モデルでは，大統領の国政評価に対する回顧的意識は有意に作用したが，国家経済に対する評価は李明博または鄭東泳を選択するにあたってあまり影響を及ぼさなかった。一方，第18代大統領選挙では，回顧投票が統計的に有意になったものの，政権交代にまでは至らなかった（李来榮・安宗基，2013）。

　これらの結果からみると，韓国の回顧的・展望投票の傾向は最近の選挙において次第に明確に現れるようになってきており，個人よりも国家に対する意識の影響が大きかったことがわかる。また，回顧投票が与党に対する報奨と罰の意味があるものの，回顧的意識が政権交代を誘導する直接的な原因とみなすことはできない。本章では，このような傾向が2007年と2012年の大統領選挙ではどのように現れたかについて実証分析で詳しく調べることとする。

2.5　日本における回顧投票・展望投票

　自民党の55年体制が長期間維持され，政権交代がなかった日本では業績評価を通じて与党に報奨または罰を与えたことや，野党に対する期待から候補者または政党を選択する傾向が弱まったため，回顧的・展望投票に関する研究は多くない。展望投票に近い争点投票に関する研究も比較的少ない。中選挙区制下では，利益政治を土台とする利益と票の交換関係が成立しており，業績評価や争点のように短期的な要因より，政党支持のように長期的要因が投票行動に及ぼす影響が強いからであろう。これは地域主義の影響が強いため，政権の業績評価や公約などの短期的な要因より政党支持などの長期的要因に関心が高い韓国と類似している。

　日本では有権者の投票行動を分析するため，選挙別にパネル(panel)データなど様々なデータを蓄積している。代表的調査であるJES（Japanese Election Studies）は，1983年のJES調査を皮切りに，JES Ⅱ（1993－1996年），JES Ⅲ（2001－2005年），JES Ⅳ（2007－2011年），JES Ⅴ（2012－2016）などが実施された。各調査は，該当期間内の衆・参議院選挙(場合によっては地方選挙を含む)前後に全国における同一の成人男女を対象に実施したパネル方式で行われた。

　一連のJES調査などを用いた様々な研究結果の中で，韓国の回顧投票と展望投票の範疇に当てはまる業績評価投票，争点投票，経済投票などの短期的な影響力を検討した主要研究には次のようなものが挙げられる。平野（2007）は，1983年から2005年まで実施された一部の衆議院選挙または参議院選挙を小選挙区と比例代表に区分した対象について，現在・過去・将来におけるそれぞれの景気(国家経済)，生活(家庭経済)の影響力，全般的な業績評価や期待の影響力を分析している。選挙によっては，景気または生活の影響力が，あるいは過去または未来と関わる変数の影響力が有意になったものもあるが，分析対象となった全ての選挙において一貫した傾向は現れず，小選挙区と比例代表による違いの一貫性も見られなかった。しかし，最近の選挙ほど業績評価および将来への期待と関連する変数の有意性が認められる場合が多く，有権者の短期的な意識が選挙結果に及ぼす影響力が徐々に増大していることを示唆している。ただし，1983年から2005年まですべての分析において政党支持の変数が大半の結果で有意であり，短期的要因による影響力の増大が必ずしも政党支持の弱化を意味するとは言えない。

　小林（1997）は，宮沢内閣（1991－1992年），細川内閣（1993－1994

年），村山内閣（1994－1995年）における業績評価と衆議院選挙または参議院選挙の結果（事前調査の場合は予想値）の関係，つまり回顧投票の傾向を分析している。細川内閣と村山内閣においては，経済に関わる回顧的意識が政党の選択に有意な結果を示さなかったが，内閣の業績評価，すなわち韓国の政府評価に当てはまる意識が政党選択に有意な影響を及ぼしており，経済に関わる意識は直接に政党の選択に有意な影響を及ぼさなかったが，間接的に政党支持または内閣の業績評価に影響を及ぼしていることを明らかにした。

　相対的に経済を中心とする業績評価が直接選挙結果に影響を及ぼす場合は少ない。これについて三宅ら（2001）は，有権者が客観的な経済状況を見て主観的に経済を評価し，その主観的な経済評価が政党（自民党）の評価に繋がり，選挙結果に間接的に作用すると主張している。これは小林（1997）の主張と同様である。

　個人の意識ではない集合データ（aggregate data）を利用した経済状態と政党支持または内閣支持に関する研究は，個人意識の研究よりも先行している。例えば猪口（1983）は，1960年から1976年までの11回にわたる衆議院選挙における自民党議席率，絶対得票率，自民党支持率，政権の支持率などに対する所得，物価などの経済的要因と政治的要因の影響力を分析している。結果的に，与党支持と政権支持には，経済的要因の影響力が有意であった反面，選挙結果はそうではなかった。これに対して猪口は，一党優位制下で，野党が政権を握るということが非現実的であるために有権者の意識と選挙結果の有意な関係が現れないものと把握した。これらの内容を踏まえて，以下では日本の2005年と2007年の衆議院選挙を対象として回顧的・展望的意識と投票選択との関係を分析することにしたい。

3．実証分析

3.1　データ

　本章で用いる韓国の第17代・第18代大統領選挙のデータは，韓国社会科学データセンターと中央選挙管理委員会が共同で大統領選挙日（2007年12月19日，2012年12月19日）の翌日から1週間，多段階抽出法で済州島を除く全国の男女有権者約1,200人を抽出して調査したものである。日本の第44回と第45回衆議院選挙データはそれぞれ以下の通りである。2005年9月11日に実施された第44回衆議院選挙データは，早稲田大学21世

紀COEが2005年11月3日から28日まで層化2段階，無作為抽出法で全国20歳以上の男女3,000人を対象に面接調査したデータである（回答率46.6%，1,397人）。第45回衆議院選挙データは，明るい選挙推進協会が第45回衆議院選挙（2009年8月30日）後2009年10月1日から18日まで層化2段階，無作為抽出法および等間隔抽出法を使用して選挙人名簿の中で全国20歳以上の男女3,000人を対象に面接調査したものである（回答率59.9%，1,798人）。

3.2 分析方法および結果

3.2.1 回顧的・展望的意識の分布

　日本と韓国における有権者の意識調査は国の違いもあるが，調査ごとに回顧的・展望的意識が異なる質問で調査されることが多い。本章で用いる韓国の第17代・第18代大統領選挙と日本の第44回・第45回の衆議院選挙に対する質問項目も選挙によって異なることが多く，全ての質問項目が完全に一致しているわけではない。

　まず，韓国における回顧的・展望的意識の質問からみると，韓国の第17代と第18代大統領選挙の双方ともに調査された項目は，盧武鉉政権5年と李明博政権5年に対する評価（「政権評価」）と現在の生活に対する満足度（「生活満足」）を聞いた二つの質問のみである。その他，国家または家庭経済の評価・変化・展望，生活に対する政権の影響力に関しては17代，または18代のみで調査されており，各質問項目に対する意識分布は次の通りである（表5-2）。

　第17代と第18代の両方で調査された現政権に対する評価と現在の生活に対する評価においては，政権が交代した第17代と政権が維持された18代の両方で類似な分布が現れた[5]。第17代と第18代大統領選挙におけるそれぞれの回答者の約27%と約29%が政権評価に対して「良かった」と，約73%と約71%が「悪かった」と評した。生活の状態については，それぞれ約48%と約43%が「満足する」と答えており，約53%と約57%が「満足

5　「政権評価」の場合「とても良かった(1)」から「とても悪かった(4)」まで4尺度で調査されたが，「とても良かった」と「良い方であった」を「良かった(1)」に，「悪い方であった」と「とても悪かった」を「悪かった(2)」に分類した。この他に「家計満足」，「景気評価」，「家計評価」，「景気展望」，「家計展望」も4尺度で調査されたが，同じ方式で区分した。

しない」ことが分かった。政権が交代した選挙であり，相対的に回顧投票が強いと言われる第17代大統領選挙（賈尚俊，2008）と，政権が維持されて展望投票が有意であった第18代大統領選挙（李来榮・安宗基，2013）において肯定的・否定的な政府評価の比率が同様であり，「生活満足」についてはむしろ政権が維持された第18代大統領選挙において不満の比率が高かった。第17代または第18代大統領選挙のうち，片方のみで調査された結果をみると，全般的に国家経済（景気）と家庭経済（生活）に対する評価（第18代のみ）も否定的に評価した方がはるかに多く（景気評価：「悪かった」約83%，生活評価：「悪かった」約80%），景気変化（第17代のみ）についても，過去より

表5-2　韓国の第17代・第18代大統領選挙における回顧的・展望的意識分布

		第17代 大統領選挙	第18代 大統領選挙
政権評価	良かった	27.40	28.70
	悪かった	72.60	71.30
	N	1,187	1,196
生活満足	満足	47.50	42.90
	不満足	52.50	57.10
	N	1,189	1,197
景気評価	良かった		16.70
	悪かった		83.30
	N		1,196
生活評価	良かった		19.70
	悪かった		80.30
	N		1,193
景気変化	良くなった	4.50	
	変わらなかった	35.80	
	悪くなった	59.80	
	N	1,191	
景気展望	良くなる		69.10
	悪くなる		30.90
	N		1,196
生活展望	良くなる		69.90
	悪くなる		30.10
	N		1,194
生活への 政府影響	及ぼす	65.10	
	及ぼさない	34.90	
	N	1,188	

悪化したと感じる回答者の比率が高かった（景気の変化：「悪くなった」約60%）。また，韓国の有権者の特徴そして，国の経済と家庭の経済に対する意識の差があまり大きくないことも挙げられる。

　そして，第18代大統領選挙で過去と現在に対する否定的な評価が肯定的な評価よりかなり高かったものの，今後の期待を反映する展望的な意識については景気と生活いずれについても70%近くが「良くなる」と肯定的に展望した。この結果から多くの有権者は，李明博政権と朴槿恵候補を同じ政党所属にも拘わらず，同一線上ではなくそれぞれ異なるものとして認識していたと思われる。

148

　次に，日本における回顧的・展望的意識の分布をみると，日本の第44回と第45回衆議院選挙においても共通の質問項目は，現在の政治に対する満足度，現在の家庭経済（生活）に対する満足度，そしてこれからの生活に対する展望を聞いた3問のみである。これから先の生活の展望について，第45回衆議院選挙では，単純に今後のことを質問したのに対し，第44回衆議院選挙では具体的に1年後を想定して答えるよう質問された。

　韓国では各政権に対する評価に対する質問がされたが，日本では政権に対する評価を問わず，第44回と第45回において現在の政治にどれほど満足しているかについての質問がされた。第44回と第45回それぞれ3尺度と4尺度[6]で調査され，正確な比較は難しいが，単に不満のみを比較してみると，政権交代が行われた第45回では不満の割合が政権維持の第44回より約20%ポイント高かった（第44回：約51%，第45回：約70%）（表5-3）。より正確な比較をするため，第44回における「どちらでもない」を「満足」と「不満」の半分に分ければ，第44回における現在の「政治満足」の比率はそれぞれ「満足」と「不満」が約37%と約63%になる。つまり，第45回衆議院選挙で現状の政治に対する不満の比率（約70%）が第44回衆議院選挙に対する現状の政治への不満（約63%）よりも約7%ポイント高くなっている。このような現実政治に対する意識が選挙結果にどのような影響を及ぼすかについては，二項ロジスティック回帰分析を通じて議論することにしたい。

　韓国の調査結果をみると，生活については「満足」より「不満」の比率が高く現れている。第17代と第18代の大統領選挙の調査でいずれも生活に対する「不満」が「満足」より多いのに対して，日本の有権者は生活について「不満」より「満足」と答えた比率が高かった。また，生活の展望については，政権が維持された第44回と政権が交代した第45回を比べると，第44回より第45回で「変わらない」という意見は減ったが，「良くなる」または「悪くなる」と予想する割合が増えた。これは長期間政権を運営してきた自民党政権から政権を担った経験がない民主党政権への政権移行に対する期待と不安が共存しているだけと考えられる。

　このほかに2005年第44回の調査で「景気評価」，「生活変化（1年前との比較）」，「景気変化（1年前との比較），「景気展望（1年後の展望）」，「景気に対する政府の責任」，「生活に対する政府の責任」に対する意識調査が行われ

6　表5-2と同様に4尺度に調査された結果を2分化した。

第5章　有権者の選挙行動－回顧投票と展望投票　149

た。まず，現在の景気については「悪い」と答えた比率が約57%を占める。また，「生活変化」については「変わらなかった」が最も高く（約71%），「良くなった」が最も低い約8%であるものの，「景気変化」に対しては「変わらなかった」と思う有権者が約48%で，「良くなった」と答えた有権者の比率がその次の約35%を占めている。個人の経済状況はあまり変わっていないが，国の経済状況は肯定的に変化したと感じる有権者が相対的に多いと考えられる。そして，1年後国の経済に対する展望においても「変わらない」の割合が約50%，「良くなる」の比率が約31%となっており，相対的に個人の経済より肯定的に思う傾向が現れた。日韓両方で景気と生活に対して

表5-3　日本の第44回・第45回衆議院選挙における回顧的・展望的意識の分布

		第44回衆議院選挙	第45回衆議院選挙
政治満足	満足	25.60%	29.70%
	どちらでもない	23.60%	
	不満	50.80%	70.30%
	N	1,357	1,615
生活満足	満足	48.90%	64.00%
	どちらでもない	20.70%	
	不満	30.40%	36.00%
	N	1,376	1,785
生活展望 （1年後展望）	良くなる	12.20%	22.50%
	変わらない	65.40%	47.50%
	悪くなる	22.40%	30.00%
	N	1,280	1,690
景気評価	良い	17.20%	
	どちらでもない	26.10%	
	悪い	56.70%	
	N	1,358	
生活変化 （1年前との比較）	良くなった	7.60%	
	変わらなかった	71.30%	
	悪くなった	21.30%	
	N	1,397	
景気変化 （1年前との比較）	良くなった	35.10%	
	変わらなかった	47.40%	
	悪くなった	17.50%	
	N	1,353	
景気展望 （1年後の展望）	良くなる	30.60%	
	変わらない	50.30%	
	悪くなる	19.20%	
	N	1,237	
景気に対する 政府責任	責任ある	95.20%	
	責任ない	4.80%	
	N	1,341	
生活に対する 政府責任	責任ある	92.20%	
	責任ない	7.80%	
	N	1,335	

共通に調査が行われた「景気展望」と「生活展望」（第18代大統領選挙・第44回衆議院選挙）を比較すると，双方とも政権が維持された選挙であるにも拘わらず，日本の方は韓国より個人の経済に対しては否定的な反面，国の経

150

済については肯定的に考えるという異なる傾向がみられる。そして，第18代大統領選挙における景気と生活の展望調査は4尺度で行われた一方，第44回衆議院選挙は3尺度で調査されたために正確な比較は難しいが，日本よりも韓国で新しい政権に対する期待が相対的に大きいようである。これは，当時の第44回衆議院選挙後，同じ自民党，同じ小泉内閣が維持される予定であったのに対して，韓国では同じ与党のセヌリ党であったものの，李明博政権から朴槿恵政権に代わるという期待が影響していたためと推察できる。

　一方，第17代大統領選挙と第44回衆議院選挙を対象にした調査で，韓国の場合，生活に及ぼす政府の影響を聞いており，日本の調査では，景気や生活に対する政府の責任について質問がされた。韓国の調査結果では，政府が生活に影響を及ぼすと回答した割合は約65％であったものの，日本の場合国が景気と生活に対する責任をもつと答えた比率がそれぞれ約95％と92％を示した。生活に及ぼす影響と責任を広い意味で同じ脈絡と想定して比較するなら，政府が生活に対して責任を負うべきであるという意識は，韓国よりも日本の方が高い結果になる。このような結果に基づいて，次に韓国と日本における回顧的・展望的意識と候補者・政党選択間の関係を二項ロジスティック回帰分析から検討したい。

3.2.2　回顧的・展望的意識と候補者・政党選択

　韓国の第17代・第18代大統領選挙と日本の第44回・第45回衆議院選挙の際に両国で共通に調査された「政権評価（政治満足）」，「生活満足」，「生活展望」を中心に回顧的・展望的意識と投票結果の関係を分析した結果は，次の通りである[7]。

　各分析の従属変数は，与党（候補）と第1野党（候補）のダミー変数である。第17代大統領選挙で李明博（第1野党の候補者）に投票した場合には1，そうでなければ0と表記される。鄭東泳（与党の候補者）についても同様である。さらに，同じように第18代大統領選挙では朴槿恵（与党の候補者）に投票したかどうか，また文在寅（第1野党の候補者）に投票したかどうかに基づいてダミー変数を作成した。そして第44回と第45回の衆議院選挙では自民

7　第17代大統領選挙の調査では，「家計展望」に対する質問項目がなく，第17代大統領選挙における「家計展望」意識に関する比較は除く。

第5章　有権者の選挙行動－回顧投票と展望投票　151

党(与党)に投票したかどうか，また民主党(第1野党)に投票したかどうかに基づいてダミー変数を作成した。韓国の選挙結果では，全政党(候補者)の得票率の中で，与党と第1野党の占有率が高いため，例えば，第17代大統領選挙の場合，李明博1，鄭東泳0にする方式でダミー変数化して，両選択の違いを比較する方法も可能である。しかし，第17代・第18代大統領選挙と第44回・第45回衆議院選挙の調査結果において，与党と第1野党を合わせた得票率の割合の差が大きく，バイアス(bias)が生じる可能性があるため，それぞれの政党(候補者)を対象にしてダミー化する方法を採用した[8]。

　二項ロジスティック回帰分析で用いた独立変数は，回顧的・展望的意識変数として四つの選挙で共通に調査された「政権評価(政治満足)」，「生活満足」，「生活展望」を用いた。また，コントロール変数として「性別」，「年齢」，「学歴」とともに，地域主義が強い韓国の特徴があるため「湖南居住」・「嶺南居住」を加えた。「所得」も重要な社会経済的な変数であるが，第45回衆議院選挙で調査されておらず，また韓国の選挙に関する様々な既存研究から有意な結果がみられなかったため(李ジェチョル，2008，129；慶済姫，2013，35)，本章の分析では除外した。その他候補者(政党)を選択する主要要因の一つである「イデオロギー(ideology)」まで含めて分析した結果がモデルⅠである。さらに，モデルⅠに加えて政党支持をもコントロールした結果がモデルⅡである。政党支持の有意な影響力は，韓国の選挙を対象としている多く既存研究において明らかになっている。また，韓国の選挙において一般的に重要な影響を及ぼすと認識されている「年齢」，「地域要因」が「政党支持」のコントロールによって，その影響力の有意性がなくなる場合がある(趙己淑，2013)。したがって，正確な分析を行うためには，コントロール変数として「政党支持」が必要である。

　まずモデルⅠにおいて「年齢」が第17代と第18代，両方にて有意に作用している。年齢が高いほど第17代の李明博候補と，第18代の朴槿恵候補を選択する傾向がある(表5-4)。しかし，「政党支持」をコントロールすれば，

8　第17代：李明博(58.1％)＋鄭東泳(20.7％)=78.8％
　　第18代：朴槿恵(51.0％)＋文在寅(48.0％)=99.0％
　　第44回：(小選挙区)自民党(46.8％)＋民主党(27.4％)=74.2％，
　　(比例代表)自民党(41.4％)＋民主党(25.4％)=66.8％
　　第45回：(小選挙区)自民党(28.3％)＋民主党(52.8％)=81.1％，
　　(比例代表)自民党(23.5％)＋民主党(49.1％)=72.6％

表5-4　韓国の第17代・第18代大統領選挙の二項ロジスティック回帰分析

	モデルⅠ							
	第17代大統領選挙				第18代大統領選挙			
	李明博		鄭東泳		朴槿恵		文在寅	
	B	Exp(B)	B	Exp(B)	B	Exp(B)	B	Exp(B)
性別	−0.113	0.893	−0.171	0.843	0.144	1.155	−0.128	0.88
年齢	.016*	1.016	0.006	1.006	.035***	1.036	−.035***	0.966
教育	−0.068	0.935	−0.227	0.797	−0.064	0.938	0.044	1.045
湖南居住	−1.709***	0.181	1.854***	6.386	−3.678***	0.025	3.616***	37.186
嶺南居住	.496*	1.642	−1.154**	0.315	0.391	1.478	−0.382	0.682
イデオロギー	.140***	1.151	−.150**	0.861	.411***	1.509	−.394***	0.675
政権評価	.562***	1.754	−.947***	0.388	−1.179***	0.308	1.143***	3.135
生活満足	0.03	1.03	−0.004	0.996	−0.005	0.995	0.004	1.004
生活展望					−1.449***	0.235	1.326***	3.765
ハンナラ・セヌリ党支持								
大統合民主党・民主統合党支持								
定数	−2.508***	0.081	2.517**	12.389	2.969**	19.471	−2.724**	0.066
Cox & Snell R²	0.175		0.204		0.457		0.445	
N	892				1.033			

*** p<0.001，** p<0.01，* p<0.05

　「年齢」変数の有意性が失われる（モデルⅡ）。これは単に年齢が高いほど，李明博または朴槿恵を支持するということではなく，高い年齢の有権者であるほどハンナラ党またはセヌリ党を支持する傾向が強く，このような傾向が候補の選択に影響を及ぼしたためである。

　「湖南居住」や「嶺南居住」に関してまず，湖南居住はモデルⅡの李明博選択を除いてモデルⅠとモデルⅡでいずれも有意である。湖南地域に居住している有権者は，李明博または朴槿恵候補を選択せず，鄭東泳または文在寅候補を選択する傾向がある。第17代・第18代大統領選挙においても湖南地域，つまり全羅地域を中心とする地域主義が依然として維持されていることを示している。これに対して，慶尚地域を中心にする嶺南居住は，第17代大統領選挙のモデルⅠのみで有意になっており，嶺南地域をめぐる地域主義は弱体化していることを反映している。第19代国会議員選挙（2012年）で野党の文在寅候補が嶺南地域である釜山の地域区で当選するなど，嶺南地域では地域主義の影響によってセヌリ党を支持するという有権者ばかりでなく，セヌリ党支持に限らない傾向が高まっているが，本章の分析においても

モデルⅡ							
第17代大統領選挙				第18代大統領選挙			
李明博		鄭東泳		朴槿恵		文在寅	
B	Exp(B)	B	Exp(B)	B	Exp(B)	B	Exp(B)
−0.286	0.751	−0.067	0.935	−0.06	0.994	0.055	1.056
0.014	1.015	0.018	1.019	−0.004	0.999	−0.002	0.998
0.007	1.008	−0.094	0.91	−0.765	0.465	0.737	2.09
−0.686	0.504	1.008*	2.741	−1.657*	0.191	1.625*	5.079
−0.161	0.852	−0.542	0.581	−0.627	0.534	0.713	2.04
0.06	1.061	−0.012	0.988	.215*	1.24	−0.199	0.82
0.116	1.123	−.617**	0.54	−1.151***	0.316	1.069**	2.913
0.248	1.281	−0.028	0.972	0.423	1.526	−0.295	0.744
				−1.188**	0.305	1.026*	2.79
2.440***	11.479	−1.725***	0.178	4.237***	69.191	−3.875***	0.021
−1.366**	0.255	2.998***	20.042	−2.530**	0.08	2.848***	17.251
−2.291*	0.101	−0.23	0.794	5.583**	265.985	−5.660*	0.003
0.393		0.426		0.69		0.687	
684				802			

同様の結果が現れている。

　韓国の選挙におけるイデオロギーの影響力は，2002年16代大統領選挙から大きく注目を浴び，一部の研究では，地域主義を代替するほどの影響力を持つ要因と主張されたが，5年後に実施された第17代大統領選挙でのイデオロギーの影響力は微々たるものであった。表5-4のモデルⅡでも，「政党支持」をコントロールしてみると，第17代大統領選挙においてイデオロギーは有意ではない。これに対して第18代大統領選挙では，「政党支持」をコントロールした後でもイデオロギーが朴槿恵を選択するに有意に作用している[9]。したがって，イデオロギーは社会的亀裂として定着し，選挙結果に有意な影響を及ぼすのではなく，選挙環境によってその影響力が変わる可能性を示唆している。

　回顧的意識である「政権評価」は，第17代と第18代大統領選挙において投票の結果を左右する有意な要因として作用している。「政党支持」をコン

9　参考までに，文在寅を選択したにおいても90%（p<0.1）の範囲内では有意である。

154

トロールしても，第17代大統領選挙にて李明博を選択した場合を除いていずれも有意な結果を示している。現政権に対して肯定的に評価するほど与党の候補者（第17代の鄭東泳，第18代の朴槿恵）を選択し，否定的に評価するほど野党の候補者（第18代の文在寅）を選ぶ傾向が有意にみられる。

　また，個人の経済状況に対する満足度が候補者選択に及ぼす影響を分析した結果では，いずれの従属変数も有意ではない。これは生活に対する回顧的意識が大統領候補の選択とかけ離れていることを示している。一方，第18代大統領選挙に限って調査された「生活展望」は，「政党支持」をコントロールした前後の両方に有意に作用している。つまり，生活の状況が今後良くなると思うほど与党の朴槿恵候補を選択し，そうではないほど野党の文在寅候補を選ぶ傾向が明らかになっている。このような投票行動を合理的選択理論（rational choice）からみると，これから経済が良くなると予想する有権者は，現政権の経済政策の運営能力を肯定的に評価しており，また与党に対する期待があるために，与党（候補者）を選ぶ反面，経済に対する展望が否定的であることは現政権に対してあまり期待していないことを意味し，結果的に野党の候補を選択することになる。第18代大統領選挙においても生活を中心に，同様のメカニズムが作用していることが見受けられ，有意な展望投票が行われたことを示している。

　これに対して，日本の第44回・第45回衆議院選挙の結果では，韓国の大統領選挙の結果との類似点と相違点がある。まず，年齢が有意な場合もあるが，全体的には有意ではなかったため，韓国と違って年齢による投票行動の相違が大きくないことがわかる（表5-5）。次第に高齢人口が増加する反面，出生率が低下し，全体人口が減る現象は日韓両国の共通した社会問題であるが，世代別の差から生じる問題の内容は異なっている。世代に対する関心が高く，世代間葛藤に対する問題意識が高い韓国と異なり世代間の葛藤に対する問題意識が比較的に低い日本社会との差が，選択の差にも繋がっている。

　イデオロギーは，第44回衆院選と第45回衆院選における自民党選択にいずれも有意に作用しているが，民主党の選択には両選挙ともに有意ではないことが興味深い。自らを保守的と判断する有権者であるほど自民党を選択する傾向が明らかになっている。これに対して民主党の選択については，有権者のイデオロギーが有意な影響を及ぼさない。日本の民主党は生活政治中心の政党であり，元々，イデオロギーに基づいて設立した政党ではなく，民主

党選択者はイデオロギーより他の理由で民主党を選んでいる。これは選挙環境とは関係なく常に民主党を支持する勢力層が薄く，選挙環境によって民主党を選択する有権者の比率が大きく変わる可能性を示唆している。

　韓国の大統領選挙では，それぞれの現政権に対する評価項目を使用したが，日本の衆議院選挙対象の設問調査では同じ項目がなく，現在の政治に満足しているか否かを質問した「政治満足」を代用した。一般的に投票結果と関わる現在の政治満足度は回顧的要因として扱われるが，第44回・第45回衆議院選挙調査の調査時点を考えれば，単に回顧投票とみなすだけでは不十分である。第44回と第45回衆議院選挙における「政治満足」の影響は，統計的に有意であるものの（第45回のモデルⅡを除く）その方向は反対である。第44回では現在の政治に満足するほど自民党を選び，不満であるほど民主党に票を入れたが，第45回では政治満足度が否定的であるほど自民党に，肯定的であるほど民主党に投票した。第45回衆議院選挙では政権交代が行われたため，この結果は一般的な論理と矛盾する。つまり，政権交代は現在の政治に不満が多いほど野党を選択し，与党に投票しないはずである。矛盾したようにみえるこのような結果は，調査時点と関係しているように考えられる。両調査は，各衆議院選挙日から約2ヵ月後に調査が行われており，調査時点で問う現代の「政治満足」は選挙の際の政府または政治に対する評価であるというよりは，選挙実施から2ヵ月後の調査時点での満足度であろうと想定される。したがって，政権が維持された第44回衆議院選挙の場合，自民党を選択した有権者は調査時点での政治に満足しており，民主党を選択した有権者であれば不満を感じている可能性が高いため，このような結果になったと推定される。また，第45回衆議院選挙では政権が変わったために自民党選択者は選挙2ヵ月後の調査時点において新たに誕生した民主党政権にまだ不満が高く，民主党選択者は変わったばかりの民主党の新政権に対する満足度が高いためと思われる。したがって，この結果を単純に回顧投票とみなすことは難しい。さらに，第44回衆議院選挙の結果では「政党支持」をコントロールしたにも拘わらず，同一の結果になったのに対して，第45回衆議院選挙分析では「政党支持」をコントロールした後に有意性が消えている。これは，政権が維持された第44回では「政党支持」とは別に「政治満足」と政党選択の関係が明確であるが，政権交代が行われた第45回では，調査時点において民主党に対する期待（満足）と心配（不満足）が複雑に絡み合った結果であると思われる。

156

表5-5　日本の第44回・第45回衆議院選挙の二項ロジスティック回帰分析

	第44回衆議院選挙							
	モデル I							
	自民党選択				民主党選択			
	小選挙区		比例代表		小選挙区		比例代表	
	B	Exp(B)	B	Exp(B)	B	Exp(B)	B	Exp(B)
性別	0.227	1.254	0.064	1.066	−0.26	0.771	−0.241	0.786
年齢	0.007	1.007	0.005	1.005	−0.011	0.989	−0.008	0.993
教育	0.017	1.017	0.018	1.018	0.017	1.017	−0.002	0.998
イデオロギー	.422***	1.526	.343***	1.409	−.190***	0.827	−.119**	0.887
政治満足	−.690***	0.502	−.524***	0.592	.605***	1.83	.517***	1.676
生活満足	−0.036	0.965	0.013	1.013	−0.085	0.919	−0.073	0.929
生活展望	−.274*	0.76	−.271*	0.763	.252*	1.287	0.162	1.176
自民党支持								
民主党支持								
定数	0.283	1.327	−0.038	0.963	−1.642	0.194	−1.554	0.211
Cox & Snell R²	0.238		0.175		0.139		0.89	
N	896		905		896		905	

	第45回衆議院選挙							
	モデル I							
	自民党選択				民主党選択			
	小選挙区		比例代表		小選挙区		比例代表	
	B	Exp(B)	B	Exp(B)	B	Exp(B)	B	Exp(B)
性別	0.051	1.052	0.026	1.026	−0.11	0.896	−0.102	0.903
年齢	0.008	1.008	.012*	1.013	−0.005	0.995	−0.005	0.995
教育	−0.106	0.9	−0.083	0.921	0.13	1.139	0.065	1.067
イデオロギー	.658***	1.93	.656***	1.927	−.533***	0.587	−.328***	0.72
政治満足	.299**	1.349	.283*	1.328	−.363**	0.696	−.321**	0.725
生活満足	−.368**	0.692	−.538***	0.584	.291**	1.338	.323**	1.381
生活展望	.211*	1.235	0.132	1.141	−.249**	0.779	−.305***	0.737
自民党支持								
民主党支持								
定数	−3.981***	0.019	−3.869***	0.021	3.391***	29.694	2.646***	14.101
Cox & Snell R²	0.119		0.112		0.107		0.07	
N	1,151		1,154		1,151		1,154	

*** $p<0.001$, ** $p<0.01$, * $p<0.05$

　これに対して，家庭の経済は一般的に1～2ヵ月後に突然変化するものではないため，現在生活に対して満足しているか否かは回顧的意識としてみることができる。「生活満足」の影響は，第45回衆議院選挙のみで有意に作用している。生活について満足しているほど与党の自民党を選択して，不満を

モデルⅡ							
自民党選択				民主党選択			
小選挙区		比例代表		小選挙区		比例代表	
B	Exp(B)	B	Exp(B)	B	Exp(B)	B	Exp(B)
.428*	1.534	0.212	1.236	-0.349	0.705	-0.283	0.753
0.003	1.003	-0.001	0.999	-0.014	0.986	-0.01	0.99
0.014	1.015	0.016	1.016	0.019	1.019	-0.008	0.992
.270***	1.311	.175**	1.191	-0.038	0.963	0.018	1.019
-.448***	0.639	-.260**	0.771	.402***	1.494	.296**	1.345
-0.037	0.964	0.029	1.03	-0.115	0.891	-0.086	0.918
-0.173	0.841	-0.174	0.841	0.19	1.209	0.079	1.082
2.179***	8.838	2.184***	8.878	-1.595***	0.203	-1.168***	0.311
-1.735***	0.176	-1.221***	0.295	2.569***	13.048	2.616***	13.683
-0.705	0.494	-1.027	0.358	-1.193	0.303	-1.138	0.32
0.429		0.366		0.37		0.319	
891		899		891		899	

モデルⅡ							
自民党選択				民主党選択			
小選挙区		比例代表		小選挙区		比例代表	
B	Exp(B)	B	Exp(B)	B	Exp(B)	B	Exp(B)
0.118	1.125	0.122	1.13	0.003	1.003	0.009	1.009
0.006	1.006	0.013	1.013	-0.001	0.999	-0.006	0.994
0.076	1.079	0.114	1.12	-0.096	0.908	-0.087	0.916
.349***	1.417	.237*	1.268	-0.366	0.693	-0.153	0.858
-0.047	0.954	0.057	1.059	0.004	1.004	-0.056	0.946
-.301*	0.74	-.537**	0.585	0.171	1.186	.314*	1.368
0.127	1.135	0.05	1.052	-0.124	0.884	-.255*	0.775
1.385***	3.994	3.627***	37.589	0.339	1.404	1.088***	2.967
-2.118***	0.12	-1.059	0.347	3.445	31.341	3.837***	46.383
-2.258*	0.105	-4.291***	0.014	0.34	1.405	-0.591	0.554
0.369		0.414		0.383		0.363	
904		909		904		909	

感じているほど野党の民主党を選択する傾向が「政党支持」のコントロール前後両方で有意である(民主党の小選挙区を除く)。政権維持の選挙では，生活の問題が統計的に有意な影響を及ぼさなかったものの，政権が交代した選挙では主要な影響力をもつことがわかる。

158

　韓国の場合，第18代大統領選挙でこれから先の「生活展望」と候補者選択の間に「政党支持」のコントロールに関係なく有意であったのに対して，日本では第44回と第45回衆議院選挙の両方で「政党支持」をコントロールした後に「生活展望」が政党選択に有意に作用しないことは興味深い。この原因は，日本の有権者が政権の維持や交代によって，個人の経済状況が急に変化するとは思わない傾向があるためとみられる。第44回衆議院選挙の意識分布からわかるように，国の経済，つまり景気については約50%が変わらないと答え，そして約31%が好転すると予想した反面，個人の経済である生活については約65%が変わらないと答え，約12%が良くなると展望している。つまり，景気が良くなるだろうと期待しても，個人の経済も一緒に良くなると判断する割合は相対的に低い。これに対して韓国の場合，景気と生活に対する展望の割合はほぼ同じである。この相違が「生活展望」の影響力の相違をもたらしていると思われる。実際に，第18代大統領選挙の「景気展望」と「生活展望」の相関係数が0.794（$p < .001$）であり，約80%の回答者が景気と生活を同一の方向に展望している[10]。

　韓国の第17代・第18代大統領選挙と日本の第44回・第45回衆議院選挙を対象にした分析を通じて，韓国と日本の両方で回顧投票が行われており，選挙結果に有意な影響を及ぼしたことが明らかになった。しかし，韓国の回顧投票は，政権が交代した選挙と維持された選挙のいずれにも影響を及ぼし，政権交代または維持による回顧投票の影響力の差がみられなかった。これに対し，日本では政権が維持された第44回衆議院選挙では回顧投票の傾向が認められなかったものの，政権が交代した第45回衆議院選挙では有意であったことが確認され，政権が維持された選挙と交代した選挙では，回顧投票の違いを発見することができた。

　一方，韓国では経済問題より政権評価を通じた回顧投票が行われるという点から，経済問題が直接に回顧投票の判断要因にはなっていないのに対して，日本における回顧投票に至る理由として経済問題がその主な要因であることが明らかになった。他のデータで分析した李ジェチョル（2008）の研究結果（第17代大統領選挙）では，国家と個人の経済を中心とした回顧投票が有意な影響を及ぼしたとしているが，当該分析は「政党支持」がコントロールされていなかった。「政党支持」がコントロールされた黄雅蘭（2008）の分析結

10　「景気評価」と「家計評価」に関する相関係数も0.637（$p < .001$）と，比較的に高い。

果では，国の経済に対する評価が候補選択に有意ではないことを示し，経済問題が回顧投票の要因となっていないことを裏付けている。

また，韓国では政権が維持された第18代大統領選挙で「生活展望」に対する期待が有意に反映している反面，日本では異なる結果が現れている。第45回衆議院選挙の民主党比例代表（日韓両方とも「政党支持」のコントロール後）を除き，政権維持の第44回衆議院選挙でも政権交代の第45回衆議院選挙でも「生活展望」は政党選択に有意ではなかった。このような違いは，韓国の有権者が国家の経済と個人の経済を同様のものと判断する一方，日本の有権者は国家の経済と個人の経済を区別して判断することに起因すると思われる。また，日本では個人の経済に対する責任が国家にあるという意見が90％以上であるものの，韓国では，政府が生活に影響を及ぼしていると考える比率が約65％であり，日本に比べて約25％ポイント低い。つまり，日本の有権者は韓国の有権者よりも生活に対する政府の責任を強く感じながらも，個人の経済を国の経済と区別して認識しているように見受けられる。

4．まとめ

アジアの民主主義国家のうち，日本と韓国はそれぞれ議院内閣制と大統領制という異なる政治システムで構成されているが，両国ともに人種，民族，宗教，言語といった大きな社会的亀裂が比較的に少ない国家である。また，日本と韓国がそれぞれ地域の利益主義と地域主義をベースとする政党支持が及ぼす影響力が大きいという点も類似している。本章では，政党支持の影響が強い日韓両国において，短期的要因に当てはまる回顧的・展望投票が選挙結果にどのような影響を及ぼすかについて比較分析を行った。両国の回顧投票と展望投票の比較分析は，皮相的に考えられてきた両国の共通点や相違点を明らかにした。回顧投票または展望投票が選挙結果に有意な影響を及ぼすという共通点が明らかになったが，その内容には以下の違いが存在する。

まず，第一に，政権が維持された韓国の第18代大統領選挙では，日本の第44回衆議院選挙とは異なり有意な回顧投票と展望投票が共存していた。米国の選挙を対象にした研究結果によると，回顧投票と展望投票には現職効果（incumbent effect）が関係する。現職の大統領が大統領選挙に出馬する場合には，現職大統領の業績を評価する形で回顧投票の傾向が強い反面，現職大統領が出馬しない選挙では候補者の公約に注目する展望投票が強いといわ

160

れる（Lockerbie, 1991; Nadeau and Lewis-Beck, 2001）。この点からみると，韓国の大統領選挙では，現職大統領に対する評価と同じ政党に所属している新たな候補に対する期待が共存していることがわかる。つまり，李明博政権については否定的に評価するが，朴槿恵候補については肯定的に期待する意識が選挙結果に主要な影響を及ぼしたと言える。第17代大統領選挙と第18代大統領選挙の両選挙にて，各政権に対する否定的な評価の割合がそれぞれ約73％と約71％であまり変わらないものの，第17代大統領選挙では政権が交代し，第18代大統領選挙では政権が維持された。この違いには，新たな候補に対する期待が重要な要因であるということを示している。

　これに対して，第44回衆議院選挙での自民党の勝利は次の政権は自民党政権が維持されるとともに現首相が率いる小泉内閣が続くことでもあり，小泉内閣に対する期待が大きければ展望投票が，失望が大きければ回顧投票が有意になる見込みがあった。しかし，実際には回顧的・展望的意識は自民党や民主党選択に有意な影響を及ぼさなかった。これは，日本の選挙では，特に政権が維持された選挙では短期的な要因より政党支持のような長期的要因の影響が大きいためと考えられる。

　第二に，韓国より日本において経済問題が回顧投票の要因になる傾向が強い。韓国では第17代・第18代大統領選挙の両方で回顧投票が有意であったが，「生活満足」という経済的要因は回顧投票に影響を及ぼさなかった。これに対し，日本では政権が交代した第45回衆議院選挙にて回顧投票が有意であり，その要因となったのが「生活満足」であった。韓国と日本の「生活満足」の分布では，韓国が日本より不満の割合が高かったが，韓国では生活に対する満足度は選挙結果に重要な影響を及ぼさなかった。むしろ生活に対する満足の割合が高い日本において政権交代の際，生活の問題が主要な要因となった。さらに，日本は国の経済と個人の経済を区別して意識する一方，韓国では国家の経済と個人の経済に対する評価や展望を同様のものと考える傾向が強かった。このような状況で，韓国の二つの選挙において「生活満足」が候補選択に有意ではなかったというのは，国家の経済に対する意識も類似した結果になる可能性がある[11]。このことから，韓国の有権者は経済問題を基準に候補選択を決定する傾向が日本より弱いと思われる。韓国では経

11　黄雅蘭（2008）の研究の中で，「政党支持」が含まれたモデルにおいて，国の経済評価（正確には，国家経済の変化）は有意ではなかった。

済より経済などを含めた全般的な政権評価が回顧的意識として重要な影響を及ぼしている。なお，政権評価を判断する根拠は何か，特に経済に対する意識がどのようなメカニズムによって政権評価に関わっているのかなどについては，より綿密な分析が必要である。また，韓国では政府が生活に影響を及ぼすと答えた比率が約65％であったのに対して，日本では生活に対する責任が政府にあると答えた割合が約92％であることもこのような違いを反映している。韓国では個人の経済に不満が多いが，このような不満を国家の責任としてみる傾向が相対的に弱く，経済に対する意識が選挙に直接的な影響を及ぼさない。しかし，日本では相対的に個人の経済に対する満足度が高くても生活に対する責任が国にあると思い，これに対する直接的な評価はすぐに選挙に反映されるように思われる。

　この他，「政党支持」にコントロールされた「イデオロギー」の影響力の相違点も両国の違いを表している。韓国におけるイデオロギーは政権が交代した選挙と維持された選挙で異なる傾向を示す反面，日本では政権交代の有無にかかわらずイデオロギーの影響力に違いが生じない。自民党を選択したことに対して，第44回と第45回，両方の衆議院選挙でイデオロギーが有意に作用している。つまり，自分を保守であると認識するほど自民党を選択する傾向がみられた。これに対し，民主党を選択した有権者は政権獲得に失敗した第44回衆議院選挙でも成功した第45回衆議院選挙でもイデオロギーの有意な影響はみられなかった。イデオロギーがセヌリ党と民主系の政党を支持する主要な役割を果たす韓国とは違い，日本ではイデオロギーが自民党と民主党の支持を分ける主要要因にならないようである。これは日本の民主党の勝敗は，選挙環境によって大きく左右される可能性を示す一方，自民党は保守勢力の支持を得るために選挙環境とは関係なく持続的に支持される可能性が高いことを示唆している。

　日本と韓国は様々な類似点があるにも拘わらず，議院内閣制と大統領制という異なった政治制度で成り立っているため今までは多様な比較分析が行われてこなかった。制度とは関係なく，有権者の意識レベルにおける投票行動の比較は，日韓両国の相互理解の増進に役立つと考える。本章は，両国の相互理解を促進するための基礎作業として，回顧投票と展望投票に関する特徴を分析した。国家と個人の経済を疑似的に評価または期待しながらも，経済問題を直接的な要因として候補者を選択しない韓国の有権者と，国家と個人の経済を相対的に区別して評価または展望するが，経済問題を基準に政党を

162

選択する日本の有権者の違いに対する研究は，今後も様々なアプローチを通じてより綿密な分析が期待できると考える[12]。

参考文献

賈尚俊．2008．「盧武鉉大統領に対する評価が2007年大統領選挙に及ぼした影響力分析」『現代政治研究』1（1）：33-57.

慶済姫．2011．「日本選挙制度の現状と変遷」『未来政治研究』1（1）：59-92.

慶済姫．2013．「18代大統領選挙と有権者の候補選択」『選挙研究』3（1）：7-48.

金哉翰．1993．「第14代大統領選挙と韓国経済」『韓国政治学会報』17（1）：99-120.

金哉翰．2007．「韓国の選挙と税金」康元澤編．『税金と選挙』．ソウル：プルンギル：183-207.

朴景山．1993．「14代大統領選挙に表われた経済的投票」『韓国政治学会報』27（1）：185-208.

李来榮・安宗基．2013．「第18代大統領選挙と回顧投票：なぜ第18代大統領選挙で政権に対する回顧的な評価が重要な影響を与えなかったのか？」『韓国政党学会報』12（2）：5-36.

李来榮・鄭ンハンウル．2007．「問題と韓国政党支持の変動」『韓国政治学会報』41（1）：31-55.

李ジェチョル．2008．「17代大統領選挙での経済投票：有権者の経済人式と投票の決定」『現代政治研究』1（1）：111-136.

李賢雨．1998．「韓国での経済投票」李南栄編．『韓国の選挙Ⅱ：第15代大統領選挙を中心に』ソウル：プルンギル：97-150.

趙己淑．2013．『政党支持』に基づいた選挙予測総合模型：19代総選挙の構造を中心に」『韓国政治学会報』47（4）：71-92.

黄雅蘭．2008．「第17代大統領選挙の投票選択と政党態度の複合指標の模型」『現代政治研究』1（1）：85-110.

Abramson, Paul R., John H. Aldrich, and David W. Rohde. 1999. *Change and Continuity in the 1996 and 1998 Elections*. Washington, D.C.: CQ Press.

Bloom, Howard S. and H. Douglas Price. 1975. "Voter Response to Short-Run Economic Conditions: The Asymmetric Effect of Prosperity and Recession." *American Political Science Review* 69: 1240-1254.

Clarke, Harold D. and Marianne C. Stewart. 1994. "Prospections, Retrospections, and Ratio-

---

12　本章は，慶済姫「回顧的投票と展望的投票に関する日韓比較研究－17代・18代大統領選挙と44回・45回衆議院選挙を中心に－」，『東西研究』第26巻第1号，2014年を邦訳の上，加筆訂正したものである。

nality; The Bankers' Model of Presidential Approval Reconsidered." *American Journal of Political Science* 38: 1104-1123.

Fiorina, Morris P. 1978. "Economic Retrospective Voting in American National Elections: A Micro-Analysis." *American Journal of Political Science* 22（2）: 426-443.

Fiorina, Morris P. 1981. *Retrospective Voting in American National Elections.* New Haven and London: Yale University Press.

Hibbing, John R. and John R. Alford. 1981. "The Electoral Impact of Economic Conditions: Who is Held Responsible?" *American Journal of Political Science* 25（3）: 423-439.

Hibbs, Douglas A. 1987. *The American Political Economy: Microeconomics and Electoral Politics.* Cambridge: Harvard University Press.

Key, V. O., Jr. 1964. *Politics, Parties, and Pressure Groups*, 5[th]ed. New York: Crowell.

Kinder, Donald R. and Roderick Kiewiet. 1979. "Economic Discontent and Political Behavior: The Role of Personal Grievances and Collective Economic Judgments in Congressional Voting." *American Journal of Political Science* 23: 495-527.

Kinder, Donald R. and Roderick Kiewiet. 1981. "Sociotropic Politics: The American Case." *British Journal of Political Science* 11: 129-161.

Kinder, Donald R., Gordon S. Adams and Paul W. Gronke. 1989. "Economics and Politics in the 1984 American Presidential Election." *American Journal of Political Science* 33: 491-515.

Kiewiet, D. Roderick. 1981. "Policy-Oriented Voting in Response to Economic Issues." *The American Political Science Review* 75（2）: 448-459.

_____. 1983. *Macroeconomics and Micropolitics: The Electoral Effects of Economic Issues.* Chicago: The University of Chicago Press.

Kramer, Gerald H. 1971. "Short-Term Fluctuations in U. S. Voting Behavior, 1896-1964." *The American Political Science Review* 65（1）: 131-143.

_____. Gerald H. 1983. "The Ecological Fallacy Revised; Aggregate-versus Individual-Level Findings on Economics and Elections, and Sociotropic Voting." *The American Political Science Review* 77: 92-111.

Kuklinski, James H. and Darrell M. West. 1981. "Economic Expectations and Voting Behavior in United States House and Senate Elections." *The American Political Science Review* 75（2）: 436-447.

Lanoue, David. J. 1994. "Retrospective and Prospective Voting in Presidential-Year Election." *Political Research Quarterly* 47（1）: 193-205.

Lewis-Beck, Michael S. 1988. *Economics & Elections: The Major Western Democracies.* Ann Arbor: The University of Michigan Press.

_____. Michael S. 2006. "Does Economics Still Matter? Econometrics and the Vote." *The Journal of Politics* 68: 208-212.

_____. Michael S. and Martin Paldam. 2002. "Economic Voting: An Introduction,"

Electoral Studies 19: 113-121.

Lockerbie, Brad. 1991. "Prospective Economic Voting in U. S. House Elections, 1956-88." *Legislative Studies Quarterly* 16: 239-261.

Markus, Gregory B. 1988 "The Impact of Personal and National Economic Conditions on the Presidential Vote: A Pooled Cross-Sectional Analysis." *American Journal of Political Science* 32: 137-154.

Miller, Arthur H. and Martin P. Wattenberg. 1985. "Throwing the Rascals Out: Policy and Performance Evaluations of Presidential Candidates." *The American Political Science Review* 79: 359-372.

Nadeau, Richard, and Michel S. Lewis-Beck. 2001. "National Economic Voting in U. S. Presidential Elections." *Journal of Politics* 63: 159-181.

Nannestad, Peter and Martin Paldam. 1994. "The VP Function: a Survey of the Literature on Vote and Popularity Functions after 25 Years." *Public Choice* 79: 213-245.

Rawls, John A. 1971. *A Theory of Justice*. Cambridge: Harvard University Press.

Tufte, Edward R. 1975. "Determinants of the Outcomes of Midterm Congressional Elections." *The American Political Science Review* 69: 812-826.

____. Edward R. 1978. *Political Control of the Economy*. Princeton: Princeton University Press.

Weatherford, M. Stephen. 1983. "Economic Voting and the "Symbolic Politics" Argument: A Reinterpretation and Synthesis." *American Political Science Review* 77: 158-174.

Wides, Jeffery W. 1976. "Self-Perceived Economic Change and Political Orientations," *American Politics Quarterly* 4: 396-411.

石川真澄・山口二郎. 2010.『戦後政治史［第3版］』. 岩波新書.

猪口孝. 1983.『現代日本政治経済の構図：政府と市場』. 東洋経済新報社.

川人貞史. 1992.『日本の政党政治 1890-1937 年－議会分析と選挙の数量分析』. 東京大学出版会.

小林良彰. 1997.『日本人の投票行動と政治意識』. 木鐸社.

十川宏二. 1993.「現代日本における経済状況と政党支持」『レヴァイアサン』12: 173-186.

谷口尚子. 2005.『現代日本の投票行動』. 慶應義塾大学出版会.

平野浩. 2007.『変容する日本の社会と投票行動』. 木鐸社.

三宅一郎. 1989.『投票行動』. 東京大学出版会.

三宅一郎・西澤由隆・河野勝. 2001.『55 年体制下の政治と経済－時事世論調査データの分析－』. 木鐸社.

綿貫讓治. 1986.「社会構造と価値対立」綿貫讓治・三宅一郎・猪口孝・蒲島郁夫.『日本人の選挙行動』. 東京大学出版会：17-37.

第6章
政党と選挙制度－惜敗率制度

1．はじめに

　2004年「汎国民政治改革協議会」が提示した重複立候補を許容する案などをはじめ，韓国の地域主義緩和のための惜敗率制度関連の議論の歴史は長い（李鉉出，2011）。第18代国会では，中央選挙管理委員会が地域主義緩和のために考案した「選挙区結合比例代表議員制（以下，地方区結合比例制）」案を国会の政治改革特別委員会に提出したことがある（中央選挙管理委員会 20114a，20114b）。この惜敗率制度案は，第18代国会で導入に対する議論が本格的に行われたものの，決定までには至らなかった。しかし，学者から一般国民まで地域主義問題を解決しなければならないという共通認識がある限り，地域主義緩和のための惜敗率制度導入議論は再び浮上するものと考えられる。

　日本の惜敗率制度は，小選挙区比例代表並立制を採用している衆議院選挙を対象に施行される制度である。候補者の小選挙区と比例代表への重複立候補が認められ，小選挙区と比例代表に重複立候補した候補者には，小選挙区で落選しても比例代表で復活当選できる機会が与えられる。こうした日本の惜敗率制度は，すべての候補者に一律に適用されるわけではない。まず，第一に候補者の重複立候補を許容するか，許可するとすれば候補者を比例代表名簿に同じ順位に公認するかまたは異なる順位にするか，同じ順位にしたらどの順位にするか，他の順位とするならばどの候補を何番目の順位に割り当てるかなど，政党が活用戦略として用いる制度になっている。このように，日本の惜敗率制度の効果はその活用戦略によって異なるため，惜敗率制度の

166

成否は政党の活用戦略による。

　政党の活用戦略が惜敗率制度に重要な影響を及ぼすにも拘わらず，日本の惜敗率制度に関する既存の研究をみると，惜敗率制度の概念や効果，導入当時の政治的背景やそれに伴う問題点などに関する議論は行われてきたが，日本の政党が惜敗率制度をどのように活用しているかについての議論はあまり見当たらない（鹿毛利枝子，1997；梁起豪，1997；イ・ギョンジュ，1999；金容福，2009，2010；慶済姫・鄭俊杓，2012）。なお，日本の惜敗率制度は，日本の衆院選挙制度が中選挙区制から小選挙区比例代表並立制への変更とともに導入されたため，小選挙区比例代表制下での惜敗率制度の有無による選挙結果の差を分析するのは容易ではない。日本の政党における惜敗率制度活用戦略の分析は，韓国で惜敗率制度が導入される場合，予想される効果を間接的に類推できる方法でもある。惜敗率制度が政党に有利に働くとすれば，政党は惜敗率制度を積極的に活用し，そうでない場合には活用度は低いはずである。

　本章では，こうした点から日本の政党が惜敗率制度をどのように活用しているかを分析し，韓国の中央選挙管理委員会が提示した選挙区結合比例制が導入される場合，韓国の政党はどのような戦略を打ち出すべきかについて模索したい。第2節においては日本の惜敗率制度の概要を検討し，第3節で日本の政党が直近の衆議院選挙で行ってきた惜敗率制度に対する戦略を分析する。第4節では，日本で行われた衆議院選挙の結果を用いて，韓国の選挙区結合比例制に照らし合わせてシミュレーションを行い，その結果を通じて選挙区結合比例制が導入される場合，韓国の政党がいかなる決定を下すか，そうした結果が韓国の地域主義緩和にどのような影響を及ぼすかについて予測してみる。

2．日本の惜敗率制度および重複効果[1]

　日本の衆議院議員480人のうち300人が小選挙区制から，180人が比例代表制から選出される。比例代表議員は，全国単位ではなく11つのブロッ

1　日本の惜敗率制度と重複効果に関する理論的な議論および詳しい内容は慶済姫・鄭俊杓（2012）を参照。

ク(block)ごとに分けて選出される[2]。各政党の比例代表候補には，小選挙区に出馬した候補も立候補できる。つまり，重複立候補が認められ，同一順位に登録された重複立候補者の優位を惜敗率で決める制度が使用されている[3]。

2.1　日本の惜敗率制度

選挙制度は，何を基準とするかによって区分される。多くの基準のうち，議席の配分方式(electoral formula)を基準に選挙制度が区分された場合，大きく得票順方式(plurality system)と比例方式(proportional system)に分けられる。選挙制度には，①得票順方式のみを使用する制度，②比例方式のみを使用する制度，③得票順方式と比例方式を合わせて使用する制度がある。このうち，得票順方式と比例方式を合わせて使用する選挙制度を混合型選挙制度(Mixed-Member Electoral System)という(慶済姫・鄭俊杓，2012)。現在，韓国の国会議員選挙と日本の衆議院選挙で採用されている小選挙区比例代表並立制は混合型選挙制度の一例である。

混合型選挙制度下では，一般的に得票順方式による選挙区(nominal tier)と比例方式による比例代表区(list tier)に区分されるが，同じ候補者に選挙区と比例代表区の同時出馬を認める制度を重複立候補制(dual candidacy system)という。重複立候補が容認されている選挙では，重複立候補者が選挙区で落選しても比例代表で復活当選できる機会が与えられる。この時，比例代表選挙区で開放型名簿(open list)が使われる場合，候補者の優位を区分する基準は不要だが閉鎖型名簿(closed list)が使用され同一順位に複数の候補者が推薦される場合は，同一順位候補の優位を区分する基準が必要である。この場合，主に重複立候補者が選挙区で獲得した得票数または得票率が優位を分ける基準となるものの，一定の基準をもとに最も惜しく敗れた落選者を復活当選させる制度を広い意味で惜敗率制度(best loser system)と言える(慶済姫・鄭俊杓，2012)。

日本の場合，衆議院選挙では候補者が小選挙区と比例代表両方に重複立候補することができる。閉鎖型比例代表名簿を採択している日本の衆議院選挙

2　11のブロック(比例代表議席数)は下記の通りである(2016年5月現在)。北海道ブロック(8)，東北ブロック(14)，北関東ブロック(20)，南関東ブロック(22)，東京都ブロック(17)，北陸信越ブロック(11)，近畿ブロック(29)，東海ブロック(21)，中国ブロック(11)，四国ブロック(6)，九州ブロック(21)。

3　日本の選挙制度に関する詳しい説明は慶済姫(2011)参照。

では，原則的には比例代表名簿の同一順位に複数の候補者を推薦することができないが，重複立候補者に限って同一順位への公認が認められる。同一順位に推薦された複数の候補の優劣を区分する基準が惜敗率である。惜敗率は，重複立候補者が属している小選挙区の当選者を基準に，当該重複立候補者がどの位得票したかを表す尺度である[4]。したがって，小選挙区で当選した重複立候補者の惜敗率は100.0%となる。このように重複立候補，比例代表名簿の同一順位に複数の重複候補者の配分，同一順位重複立候補者の優位決定方式としての惜敗率などの内容が含まれた制度を「日本の惜敗率制度」という。韓国ではこのような制度が日本の惜敗率制度として認識されているが，日本では「惜敗率制度」という表現は一般的ではない。重複立候補制度の範囲内で，同一順位の比例代表候補の優劣を分ける基準で「惜敗率」を使っていても，この制度を一般的に「惜敗率制度」と称していない。「惜敗率制度」という名称は，「惜敗率」が強調されており，重複立候補の許可および重複立候補者の比例代表名簿での同一順位推薦の容認ということは全く強調されていない。しかし，最も惜しく落選した候補を復活当選させるという意味の用語を見出すことが難しく，すでに惜敗率制度という表現が，ある程度定着しており，新しい用語を導入する場合，混乱を来す恐れがあるため，日本で使われているこの制度を，便宜上「日本の惜敗率制度(以後「惜敗率制度」)」と称することにする。

　こうした惜敗率制度活用の可否，つまり重複立候補を許容するか否か，重複立候補者を同一順位に推薦するか否か，誰をどの順位に配分するかなどに対する決定は，上述したとおり政党に一任されている。

2.2　重複効果

　韓国で地域主義緩和に向けて惜敗率制度を導入しようとする主要な理由は，惜敗率制度による重複効果(contamination effect)にある。重複効果について，具体的に述べると次の通りである。

　選挙制度の中で，小選挙区最多得票制と比例代表制は，それぞれ二党制や多党制を助長する傾向があるというデュヴェルジェ (Duverger)の法則がある。一方，この二つの選挙制度を混合して使用する混合型選挙制度の効果に

4　惜敗率 $= \dfrac{\text{重複立候補した候補の有効得票数}}{\text{当該小選挙区当選者の有効得票数}} \times 100$

ついては，選挙区と比例代表区が相互独立的に運営されると考える立場と，二つの区間において相互作用が発生するという立場に区分される。後者の立場でみる混合型選挙制度は，小選挙区最多得票制と比例代表制がそれぞれ独立的に結合された制度ではなく，第3の新たな選挙制度とみなされる。彼らは，選挙区の候補者出馬及び得票結果が当該選挙区の比例代表の結果に影響を及ぼすとみるが，このような効果は重複効果に当てはまる（慶済姫・鄭俊杓，2012）。

重複効果は，選挙区の候補者個人に対する支持が当該候補の所属政党に対する支持に繋がる転移効果（spillover effect）を意味する。選挙区に候補者を推薦する政党は，候補者を通じて政党を広報する機会を得ることになり，選挙区に候補者を推薦しない場合よりも推薦することにより比例代表でより多くの票を獲得することが可能になる。したがって，政党の立場では，より多くの選挙区候補に出馬させて政党支持の増加を導こうとする（金鍾甲，2010）。さらに，混合型選挙制度で重複立候補を許容する場合には，同じ候補者が選挙区と比例代表に同時出馬するために重複効果がさらに高まるとみられる。重複立候補者の立場からは，政党のための広報がまさに自分のための広報になるから，より積極的に選挙運動を行うと予想される。言い換えれば，重複立候補者は小選挙区で落選しても比例代表で復活当選できる可能性があるため，所属政党の比例代表議席が増えるほど自分の復活当選確率が高まると認識される。したがって，選挙運動中に自分だけでなく，政党のためにも積極的な選挙運動を行うことになる。このような効果は政党にも有利に作用するため，政党は重複効果をさらに高める惜敗率制度戦略を活用することになる。

韓国では，地域主義の影響で特定政党の小選挙区出馬者の当選を期待することが困難な地域が存在する。惜敗率制度が導入されれば，こうした地域への重複立候補者は小選挙区での当選可能性が低くても比例代表で復活当選できる可能性があるため，より積極的に選挙運動に臨むことが予測される。積極的な選挙運動は地域の有権者との頻繁な接触に繋がり，当該政党に対する認識を友好的に変化させて地域主義緩和にも肯定的な影響を及ぼすと期待される。

重複効果が高いほど政党は惜敗率制度を積極的に活用するもので，地域主義緩和に繋がる可能性がある。しかし，政党が惜敗率制度の適用による重複効果が高くないと判断するならば，政党の惜敗率制度活用度も低く，地域主

義緩和にも肯定的な影響を与えないものとみられる。

3．日本の政党における惜敗率制度戦略分析

　小選挙区と比例代表に出馬する候補者の重複立候補を許容する可否や許容方法は，全面的に政党に任ねられている。日本の各政党が2003年（第43回），2005年（第44回），2009年（第45回）衆議院選挙で実施した惜敗率制度活用戦略およびその結果について民主党（現在，民進党）と自由民主党（以下，自民党）の惜敗率制度の戦略および結果，ならびに公明党，日本共産党（以下，共産党），社会民主党（以下，社民党）の戦略や結果をみていこう。

　まず，民主党と自民党の戦略をみると，民主党は小選挙区と比例代表に重複立候補させる傾向が強いことがわかる（表6-1）。表6-1の「①比例代表候補者数」と「③重複立候補者数」が同じであれば，比例代表候補全員が重複立候補したことを意味する。また，差が生じる場合は，その違いに該当する

表6-1　2003年，2005年，2009年衆議院選挙における民主党の惜敗率制度活用

ブロック	①比例代表候補者数			②重複立候補順位			③重複立候補者数			④ 重複立候補者のうち小選挙区当選者		
	2003	2005	2009	2003	2005	2009	2003	2005	2009	2003	2005	2009
北海道	15	15	15	1, 3	2	1	11	11	11	7	7	10
東北	21	22	28	1	1	1	21	22	21	7	6	18
北関東	29	32	36	1	1	1	29	32	29	9	4	25
南関東	33	36	42	1~3	2	1	33	34	34	17	2	28
東京都	28	29	30	1	1	1	24	25	22	11	1	21
北陸信越	17	18	21	1	1	1	17	18	17	6	5	13
東海	32	32	41	1, 3	1	1	32	32	33	14	9	29
近畿	44	48	52	2	1	1	44	48	44	20	8	41
中国	17	20	19	1	1	1	17	20	18	2	2	8
四国	13	11	13	1	1	1	13	11	11	1	0	5
九州	25	32	30	1	1	1	23	32	28	8	4	20
合計	274	295	327	—	—	—	264	285	268	102	48	218

$$比例当選率 = \frac{比例代表当選者数}{（比例代表候補者数 － 重複立候補した小選挙区当選者数）} \times 100$$

資料：総務省自治行政局選挙部 2004, 2006, 2010

数が重複立候補者ではなく比例代表に単独出馬した候補者の数を表す。民主党の場合，2003年の衆議院選挙(以下から「2003年選挙」)の北海道，東京都，九州ブロックを除いた8つのブロックと，2005年の衆議院選挙(以下から「2005年選挙」)の北海道，南関東，東京都ブロックを除いた8つのブロックで出馬した比例代表候補は全員，小選挙区にも出馬した重複立候補者であった。これに対して2009年には，全てのブロックにおいて単独比例代表候補が存在して単独の比例代表出馬者が増えている。一方，自民党は民主党に比べて相対的に比例代表でのみ単独出馬する候補が多数存在している(表6-2)。自民党の場合，2009年の衆議院選挙(以下から「2009年選挙」)の東海ブロックを除いた3回すべての選挙におけるすべてのブロックに重複立候補者ではなく，比例代表単独出馬者が存在した。

このような傾向を重複立候補者の数でみると次のようになる。民主党の場合，比例代表候補者の数が2003年から2009年まで274人，295人，327人と，年々増加した。このうち重複立候補者の数はそれぞれ264人，285

戦略および結果

⑤比例代表当選者数			⑥重複立候補比例代表当選者数			⑦比例代表単独出馬当選者数			⑧比例代表当選率		
2003	2005	2009	2003	2005	2009	2003	2005	2009	2003	2005	2009
4	3	4	4	2	1	0	1	3	50	37.5	80
5	5	7	5	5	3	0	0	4	35.7	31.3	70
8	7	10	8	7	4	0	0	6	40	25	90.9
9	7	11	9	1	6	0	6	5	56.3	20.6	78.6
8	6	8	8	6	1	0	0	7	47.1	21.4	88.9
5	4	6	5	4	4	0	0	2	45.5	30.8	75
9	8	12	9	8	4	0	0	8	50	34.8	100
11	9	11	11	9	3	0	0	8	45.8	22.5	100
4	3	6	4	3	6	0	0	0	26.7	16.7	54.6
2	2	3	2	2	3	0	0	0	16.7	18.2	37.5
7	7	9	7	7	8	0	0	0	41.2	25	90
72	61	87	72	54	43	0	7	44	41.1	24.7	79.8

表6-2　2003年，2005年，2009年衆議院選挙における自民党の惜敗率制度活用

ブロック	①比例代表候補者数			②重複立候補順位			③重複立候補者数			④重複立候補者のうち小選挙区当選者		
	2003	2005	2009	2003	2005	2009	2003	2005	2009	2003	2005	2009
北海道	15	15	15	2	1, 3	1	12	12	12	5	4	1
東北	25	28	28	5, 6	4, 5	3	20	24	23	11	16	5
北関東	35	39	35	6	3	2	26	31	26	20	26	3
南関東	33	38	35	3	1, 3, 4	1	30	31	31	13	26	4
東京都	26	30	28	2~4	2, 3	1	24	24	22	12	23	4
北陸信越	23	21	21	3, 4	2, 4	2	19	19	20	12	12	6
東海	32	36	29	4, 5	1,4,5,6	1	26	32	29	13	20	2
近畿	43	46	45	4	2, 5, 6	3	36	40	40	17	32	5
中国	26	27	25	5	1, 4	4	16	19	19	14	16	10
四国	17	17	16	3	1, 2	1	13	13	12	12	11	7
九州	39	39	35	6	1, 4, 6	3	33	35	33	20	23	10
合計	314	336	306	—	—	—	255	278	267	149	209	57

$$比例当選率 = \frac{比例代表当選者数}{(比例代表候補者数 - 重複立候補した小選挙区当選者数)} \times 100$$

資料：総務省自治行政局選挙部 2004, 2006, 2010

人，268人となっており，2003年に比べて2005年には増加したが，2005年に比べて2009年には減少する傾向を示した。これを割合[5]で計算すると，2003年から2009年までそれぞれ96.4%，96.6%，82.0%となっている。2009年選挙では比例代表単独出馬者が増加し，重複立候補者の数が減少して重複立候補者の割合が低下したが，2003年選挙と2005年選挙の民主党比例代表候補における重複立候補者の割合は90%台と高い数字をみせている。これに対して，自民党の比例代表候補者数は，2003年から2009年までそれぞれ314人，336人，306人になっており，2009年にやや減少した。このうち重複立候補者の数はそれぞれ255人，278人，267人で重複立候補者も2009年にやや減っている。重複立候補者数は減少したが，これを割合でみると，それぞれ81.2%，82.7%，87.3%と80%台でやや増加する傾向

5　$惜敗率 = \dfrac{重複立候補者数}{比例代表候補者数} \times 100$

第6章　政党と選挙制度－惜敗率制度　173

戦略および結果

⑤比例代表 当選者数			⑥重複 立候補 比例代表 当選者数			⑦比例代表 単独出馬 当選者数			⑧比例代表 当選率		
2003	2005	2009	2003	2005	2009	2003	2005	2009	2003	2005	2009
3	3	2	2	2	2	1	1	0	30	27.3	14.3
6	6	4	2	3	2	4	3	2	42.9	50	17.4
8	9	6	3	5	5	5	4	1	53.3	69.2	23.1
8	10	6	6	5	6	2	5	0	40	83.3	19.4
6	7	5	5	1	5	1	6	0	42.9	100	20.8
5	5	4	3	3	3	2	2	1	27.3	55.6	26.7
8	9	6	5	9	6	3	0	0	42.1	56.3	22.2
9	11	9	6	8	7	3	3	2	34.6	78.6	22.5
5	5	4	1	3	1	4	2	3	41.7	45.5	26.7
3	3	2	1	2	2	2	1	0	60	50	22.2
8	9	7	3	7	5	5	2	2	42.1	56.3	29
69	77	55	37	48	44	32	29	11	41.8	60.6	22.1

を示す。民主党の場合，2007年の参議院選挙で自民党を抜いて最も多くの議席を占めており，2009年の選挙前から自民党に対する不満が民主党の高い得票に繋がるものと予想され，2009年選挙では小選挙区出馬者の他にも多数の候補者が比例代表単独候補で出馬したものとみられる。

　次に重複立候補者の順位（②）の配置をみると，民主党と自民党いずれも2003年選挙から2009年選挙を見ていくと年々重複立候補者の比例代表順位を上位として，同一順位に配置する傾向がみられる。民主党の場合，2003年には11つのブロックのうち，7ブロックで重複立候補者全員を1位に置き，残りの4ブロックでは1位または3位，1～3位，2位に配置する戦略を使用した。2005年には11つのブロックのうち，9ブロックで重複立候補者をすべて1位にして，残りの2ブロックでは2位に登録した。そして最近の2009年選挙ではすべて1位で統一した。一方，自民党は民主党と比較して重複立候補者の配置に多様な戦略を実施してきたが，自民党も相対的に徐々に上位に，そして同順位に重複立候補者を配置する傾向を示してい

る。まず，2003年には2位から6位まで同順位または異なる順位に重複立
候補者を配置した。2005年選挙では1位から6位まで様々な順位に重複立
候補者を推薦したが，南関東，東海，近畿ブロックを除いた全てのブロック
において，2003年と同順位，または2003年より高い順位に配置する戦略
を見せた。2009年には各ブロックの重複立候補者を同一順位として登録し
たがブロックによって1位から4位まで違う順位に配置した。このうち1位
にしたブロックが5ブロックで2位から4位までがそれぞれ2ブロック，3
ブロック，1ブロックであり，1位への配置が最も多かった。2009年選挙
において2003年選挙と2005年選挙と異なり，重複立候補者を複数の順位
に登録することなく同一順位に配置した戦略には，様々な要因が働いたが，
順位の配置による結果の矛盾を減らすための目的もあると言える。

　矛盾を示す一例として，日本の総務省（総務省自治行政局選挙部，2004）
の資料によると，2003年選挙における東京都ブロックの場合，比例代表候
補が26人で，このうち重複立候補者が24人であった。比例代表に単独出
馬した2人はそれぞれ1位と26位に配置され，24人の重複立候補者はそれ
ぞれ2位に1人，3位に1人，4位に22人が推薦された。当時，自民党が
東京都ブロックで獲得した比例代表議席は6議席で，2位候補と3位候補
いずれも選挙区で落選したので，当選者は1位の比例代表単独出馬者と2
位と3位の重複立候補者，そして4位候補のうち惜敗率が高い3人で構成
された。2位と3位重複立候補者の惜敗率はそれぞれ59.870％と92.498％
であった。また，4位候補らのうち，当選した3人は高い順から98.634％，
97.759％，93.005％の惜敗率を記録した。一方，4位候補中には小選挙
区当選者と比例代表当選者を除いて7人が落選したが，これらの惜敗率
は92.890％，88.298％，87.986％，83.679％，73.475％，65.035％，
59.712％であった。4位候補の中には，2位または3位の候補より惜敗率
が高い候補が多数存在するのにも拘わらず，比例代表名簿の順位が低いため
に落選する事態が発生した。こうした事例は，2003年選挙の東京都ブロッ
クのみでなく，2003年・2005年・2009年の選挙の様々なブロックでもみ
られた。このような矛盾した結果は，候補者たちの不満に繋がることにな
る。選挙区で善戦しても比例代表名簿の順位が低い場合には復活当選の可能
性が低いからである。このような結果が継続すると，比例代表名簿の低い順
位に推薦された候補者は選挙運動の際に相対的に政党に向けた広報より個人
に向けた選挙運動に注力する可能性が高くなる。これは，選挙区での広報活

動を通じて，政党に有利な影響を取ろうとする政党に不利であるため，自民党の立場からは選挙結果の矛盾を減らして候補たちの不満を防止しようとするはずであり，次第に重複立候補者を同一順位に配置するとみられる。

　ここで，重複立候補者と単独立候補者を含めて各政党の比例代表候補がどの程度の比例代表議員として当選したのか，つまり比例代表当選率(⑧)をみると次のようになる。表6-1 〜表6-5の比例代表当選率(⑧)は，比例代表当選者の数(⑤)を比例代表候補者数(①)で，小選挙区で当選した候補数(④)を除いた数で割った後，100を掛けた結果である。これは小選挙区当選者を比例代表候補から除外した重複立候補の比例代表候補者と比例代表のみで単独出馬した比例代表候補者を含めて比例代表候補のうち，どの程度の比率で当選したのかを表す数値である。比例代表議員を各ブロック別に選出するために，ブロックによって差があるが全国的な割合を計算すると，民主党の場合，2003年から2009年までそれぞれ41.1%，24.7%，79.8%を記録した。一方，自民党の比例代表候補の当選率はそれぞれ41.8%，60.6%，22.1%である。

　これらの比例代表当選率を決める最も重要な要素は，比例代表当選者の数(④)に現れる比例代表の得票率である。しかし，惜敗率制度導入によって重複立候補者の小選挙区での当選の如何も比例代表の結果に影響を及ぼすものとして判断される。重複立候補した小選挙区当選者が多いほど，比例代表当選率(⑧)を計算する式の分母が小さくなり比例代表候補の当選率が高まるためである。さらに詳しくみると，民主党の事例において比例代表当選者の数(⑤)は2003年と2005年の場合72人から61人と11人減っている。これに対し2009年には87人が当選し，2005年の61人より26人が増えている結果となっている。2003年と2005年の間，2005年と2009年の間に増減の議席数は，それぞれ−11議席と＋26議席となっている。このような数値を絶対値の比率でみると，|−11|:|26| = 11:26で11議席と26席の間には2.36倍の差がある。これに対して比例代表当選率(⑧)の差をみると，2003年(41.1%)と2005年(24.7%)の間には−16.4%ポイントの違いが，2005年(24.7%)と2009年(79.8%)の間には55.1%ポイントの差が発生する。各増減率の数値を絶対値で比較すると，|−16.4|:|55.1| = 16.4:55.1で3.36倍の差がある。2003年と2005年，2005年と2009年の比例代表当選者数の増減程度は約2.36倍の差であるのに対して，比例代表当選率の差は約3.36倍で1倍程度高い。このような差の発生の原因には，比例代表当選率(⑧)の分

176

表6-3　2003年，2005年，2009年衆議院選挙における公明党の惜敗率制度活用

ブロック	①比例代表候補者数			②重複立候補順位			③重複立候補者数			⑤比例代表当選者数		
	2003	2005	2009	2003	2005	2009	2003	2005	2009	2003	2005	2009
北海道	2	2	2	−	−	−	0	0	0	1	1	1
東北	3	3	3	−	−	−	0	0	0	1	1	1
北関東	4	4	4	−	−	−	0	0	0	3	2	2
南関東	6	5	5	−	−	−	0	0	0	3	3	2
東京都	4	4	4	−	−	−	0	0	0	2	2	2
北陸信越	2	2	2	−	−	−	0	0	0	1	1	1
東海	5	5	5	−	−	−	0	0	0	3	3	2
近畿	7	7	7	−	−	−	0	0	0	5	4	5
中国	4	4	3	−	−	−	0	0	0	2	2	1
四国	3	2	2	−	−	−	0	0	0	1	1	1
九州	5	5	6	−	−	−	0	0	0	3	3	3
合計	45	43	43	−	−	−	0	0	0	25	23	21

$$比例当選率 = \frac{比例代表当選者数}{(比例代表候補者数 - 重複立候補した小選挙区当選者数)} \times 100$$

資料：総務省自治行政局選挙部 2004, 2006, 2010

母となる比例代表候補者数（①）と重複立候補した小選挙区当選者の数（④）の影響が作用しているものと判断される。こうした中，比例代表候補者数（①）の変化は，2003年から2009年までにそれぞれ274人，295人，327人であり，2003年と2005年の差が21人，2005年と2009年の差が32人とそれほど大きな差を示していない。これに対して重複立候補した小選挙区当選者の数（④）は，2003年から2009年までにそれぞれ102人，48人，218人であり，2003年と2005年の間には54人減少し，2005年と2009年の間には170人増加した。−54:170の割合を絶対値54:170と比較すると，約3.15倍の差が生じていることになるが，この差が比例代表当選率の違いに影響を及ぼしたと考えられる。このような結果を通じて比例代表当選率に得票率と直接関係した比例代表当選者の数のみならず，重複立候補した候補者が小選挙区でどれほど当選するかも間接的に影響を及ぼすことがわかる。このような結果を認識する重複立候補者，すなわち同じ政党の重複立候補者が小選挙区で大勢当選すればするほど，所属政党の比例代表当選率が高まると認識する重複立候補者は，自分の復活当選の確率を高めるため，自分だけで

戦略および結果

⑧比例代表 当選率		
2003	2005	2009
50	50	50
33.3	33.3	33.3
75	50	50
50	60	40
50	50	50
50	50	50
60	60	40
71.4	57.1	71.4
50	50	33.3
33.3	50	50
60	60	50
55.6	53.5	48.8

なく政党に向けて，より積極的な選挙運動を展開して同一順位の重複立候補者の当選に向けて協力するものとみられる。

　次に，他の重複立候補戦略とその結果についてみると，公明党の場合2003年の選挙以降，重複立候補を許容していない（表6-3）。2000年第42回衆議院選挙では，一部重複立候補者を推薦したが，2003年選挙から2009年選挙まで単独比例代表候補者のみを，それぞれ45人，43人，43人公認し，このうち25人，23人，21人が当選した。2003年から2009年まで比例代表議席も減少したが，比例代表当選率（⑧）も減少する傾向を示している。

　共産党は中選挙区制であった1986年，1990年，1993年の第38回から第40回衆議院選挙までそれぞれ26議席，16議席，15議席を獲得した（表6-4）[6]。小選挙区比例代表並立制に変わった1996年と2000年の第41回，第42回衆議院選挙では，26議席と20議席を獲得した[7]。これに対して，2003年から2009年の選挙までの3回の選挙では，比例代表のみで9議席を獲得している。比例代表候補者数（①）と重複立候補者数（③）は，2003年から2009年までそれぞれ47人，39人，79人と31人，20人，60人であり，2003年に比べて2005年にやや減少し，2009年に大幅に増加した。重複立候補者の配置を2003年から2009年まで1〜10位まで多様に配置する戦略を取ってきたが，重複立候補者を徐々に同一順位に集中させているため，上位順位に調整する傾向は見えない。しかし，このような多様な戦略が比例代表候補者の当選如何にそれほど影響を及ぼさないようである。選挙結果をみると，比例代表当選者の数（⑤）は，2003年から2009年まで計9人と同一である。また，重複立候補者のうち，小選挙区当選者（④）が出ておらず，比例代表当選者の数（⑥）も

6　1986年と1990年衆院選の総議席数は512議席で，1993年衆院選の総議席数は511議席であった。

7　1996年衆院選の総議席数は500席であり，2000年の衆議院選挙後，総議席数は480議席を維持している。

178

表6-4　2003年，2005年，2009年衆議院選挙における共産党の惜敗率制度活用

ブロック	①比例代表候補者数			②重複立候補順位			③重複立候補者数			④重複立候補者のうち小選挙区当選者		
	2003	2005	2009	2003	2005	2009	2003	2005	2009	2003	2005	2009
北海道	3	2	5	2,3	─	2	2	─	4	0	─	0
東北	3	3	7	2	2	3	1	1	5	0	0	0
北関東	5	4	8	1,3,4,5	1,3,4	1,3	4	3	6	0	0	0
南関東	5	5	10	2,3,5	2,4		3	2	8	0	0	0
東京都	5	4	4	1~5	1,2,4	3,4	5	3	2	0	0	0
北陸信越	3	3	6	2,3	2,3	1,3	2	2	5	0	0	0
東海	4	3	7	2,3	2	2,3,4	2	1	5	0	0	0
近畿	10	8	10	1~10	2~8	1,2,5	10	7	8	0	0	0
中国	3	2	7	─	─	2	─	─	5	─	─	0
四国	2	2	4	─	1	2	─	1	3	─	0	0
九州	4	3	11	1,2	1,2	3	2	0	9	0	0	0
合計	47	39	79	─	─	─	31	20	60	0	0	0

$$比例当選率＝\frac{比例代表当選者数}{(比例代表候補者数－重複立候補した小選挙区当選者数)} \times 100$$

資料：総務省自治行政局選挙部 2004, 2006, 2010

表6-5　2003年，2005年，2009年衆議院選挙における社会民主党の惜敗率制度

ブロック	①比例代表候補者数			②重複立候補順位			③重複立候補者数			④重複立候補者のうち小選挙区当選者		
	2003	2005	2009	2003	2005	2009	2003	2005	2009	2003	2005	2009
北海道	2	1	2	1	─	2	1	─	1	0	─	0
東北	9	7	6	1	1	1	9	7	6	0	0	0
北関東	6	4	3	1	1	1	6	3	2	0	0	0
南関東	7	3	3	1	1	1	7	2	2	0	0	0
東京都	5	2	2	1	1	1	4	1	1	0	0	0
北陸信越	5	5	5	1	1	1	5	4	5	0	0	0
東海	2	2	2	1	1	1	2	1	1	0	0	0
近畿	6	5	4	1	1	1	5	4	3	0	0	1
中国	5	4	1	1	1	1	5	4	1	0	0	0
四国	5	2	2	1	1	1	5	2	2	0	0	0
九州	12	8	7	1	1	1	12	8	7	1	1	2
合計	64	43	37	─	─	─	61	36	31	1	1	3

$$比例当選率＝\frac{比例代表当選者数}{(比例代表候補者数－重複立候補した小選挙区当選者数)} \times 100$$

資料：総務省自治行政局選挙部 2004, 2006, 2010

戦略および結果

⑤比例代表当選者数			⑥重複立候補比例代表当選者数			⑦比例代表単独出馬当選者数			⑧比例代表当選率		
2003	2005	2009	2003	2005	2009	2003	2005	2009	2003	2005	2009
0	0	0	0	0	0	0	0	0	0	−	0
1	1	1	0	1	0	1	0	1	33.3	33.3	14.3
1	1	1	1	1	0	0	0	1	0	25	12.5
1	1	1	0	0	0	1	1	1	20	20	10
1	1	1	1	0	0	0	1	1	20	25	25
0	0	0	0	0	0	0	0	0	0	0	0
1	1	1	0	0	0	1	1	1	25	33.3	14.3
3	3	3	3	2	2	0	1	1	0	37.5	30
0	0	0	-	-	0	0	0	0	0	0	0
0	0	0	-	0	0	0	0	0	0	0	0
1	1	1	1	1	0	0	0	1	0	33.3	9.1
9	9	9	6	5	2	3	4	7	19.2	23.1	11.4

活用戦略および結果

⑤比例代表当選者数			⑥重複立候補比例代表当選者数			⑦比例代表単独出馬当選者数			⑧比例代表当選率		
2003	2005	2009	2003	2005	2009	2003	2005	2009	2003	2005	2009
0	0	0	0	0	0	0	0	0	0	-	0
1	1	1	1	1	1	0	0	0	11.1	14.3	16.7
0	1	0	0	1	0	0	0	0	0	25	0
1	1	1	1	1	0	0	0	1	14.3	33.3	33.3
0	1	0	0	0	0	0	1	0	0	50	0
0	0	0	0	0	0	0	0	0	0	25	25
0	0	0	0	0	0	0	0	0	0	0	0
1	1	1	1	1	0	0	0	0	16.7	20	33.3
0	0	0	0	0	0	0	0	0	0	0	0
0	0	0	0	0	0	0	0	0	0	0	0
2	1	1	2	1	1	0	0	0	16.7	14.3	20
5	6	4	5	5	2	0	1	2	7.9	14.3	11.8

180

それぞれ6人，5人，2人と順次減少する結果を示している。これに対して比例代表単独出馬者（⑦）の数が増加する傾向がみられる。比例代表当選率も2003年に比べて2005年選挙でやや高くなったものの，2009年選挙に10％ポイント以上下がる結果をみた。

　一方，社民党は2003年選挙以降，ほとんどのブロックで重複立候補者を1位に同一配置する戦略を維持してきた（表6-5）。2003年と2005年選挙の小選挙区で1議席を獲得し，比例代表でそれぞれ5議席と6議席を獲得した。2009年の選挙では小選挙区3議席で，これまでの選挙に比べて2議席が増加した反面，比例代表で2議席しかなかったのを4議席に増やし，総議席は7議席と2005年と同様の結果をみせた。比例代表候補数（①）と重複立候補者数（③）が，2003年から2009年まで徐々に減少してきており，このうち比例代表当選者数が2003年から2009年までそれぞれ5人，6人，4人で大きな変化がなかった。このうち重複立候補者（⑥）は，2003年と2005年には5人であったが，2009年には2人となり，2003年から2009年に1人ずつ比例代表単独出馬当選者の数が増加していることがわかる。

　民主党と自民党の議席占有率が高まった一方で，公明・共産・社民党の議席占有率はほぼ同じ割合を維持または少しずつ減少する動きがある中，公明党，共産党，社民党の比例代表候補者数は2009年の共産党を除いて概ね減少している。この結果は，日本の選挙制度が小選挙区比例代表並立制に変わって以来，徐々に二党制に移行している傾向を示している。公明・共産・社民の3党の比例代表候補数が減少して，共産党と社民党の比例代表単独出馬当選者数が増加するのは，候補者が次第に当選可能性の低い小選挙区への出馬を避けるためとみられる。また，共産党の多様な重複立候補の戦略にも拘わらず，選挙による議席数に何ら差がない結果からみると，群小政党の場合多様な惜敗率制度活用戦略が，選挙結果にそれほど影響を及ぼさないことがわかる。

　これまで，2003年から2009年まで3回の衆議院選挙で現れた日本の政党の惜敗率制度活用戦略およびそれによる結果を調べてきた。全般的に，衆議院議員の議席が民主党と自民党に集中する中，民主党と自民党が次第に重複立候補者を上位と同一順位に配置する傾向がみられる。これに対して，公明・共産・社民の各党は惜敗率制度活用に対して消極的であり，多様な戦略を行使しても議席数の増加に繋がらなかった。このような違いは，小選挙区比例代表並立制のために大政党の議席占有率が高まり二党制化の傾向が現れ

る中，大政党は惜敗率制度による重複効果による利益を得ることができるが，中小政党は重複効果の恩恵を受けられないことになる。実際に2009年の選挙で300の小選挙区の次点者（得票率2位）のうち，民主党候補が49人であり，自民党候補が228人であった。両方の巨大政党候補が占めた次点者の割合は92.3%に上る。次点者は，他の落選者より相対的に惜敗率が高く，復活当選の確率が高いと見れば，惜敗率制度は，巨大政党に効果的な制度であると言える。巨大政党の重複立候補者は自分が小選挙区で落選しても復活当選の可能性が高いと判断するため，積極的に選挙運動を展開するはずである。

　このように日本の政党が惜敗率制度を活用している中，次節では韓国型惜敗率制度と言える選挙区結合比例制が導入されれば，韓国の政党はどのような選択をするか，また地域主義緩和効果はどう現れるのかについて分析を加えることにしたい。

4．韓国における選挙区結合比例代表議員制の効果予測

4.1　選挙区結合比例代表議員制[8]

　韓国の中央選挙管理委員会が提示した選挙区結合比例制は，韓国型惜敗率制度といえるだろう。日本の惜敗率制度と同様に，小選挙区と比例代表の重複立候補が可能で，重複立候補者を同一順位に推薦することができる。小選挙区と比例代表の両方に重複立候補した候補者を選挙区比例代表結合候補（以下，結合候補）という。

　選挙区比例代表制も，すべての候補者に適用されるものではない。日本と同様に選挙区結合比例の提案の活用如何は，政党が決定する。選挙区結合比例制は，地域主義緩和が目的であるため，これに向けた様々な規定が多数含まれている。政党が結合候補を同一順位に推薦する場合，市・道別に選挙区候補のうち2人以上を比例代表候補名簿の同じ順位に推薦しなければならない。比例代表のみに出馬する比例代表単独候補は，結合候補と同じ順位に配置されることができない。中央選管委が提示した事項に違反したときには，当該候補の比例代表候補登録が無効とされる。このような規定とともに国会議員の定数，50%以上の女性候補の推薦と奇数配置，比例代表議席の割り

8　選挙区結合比例代表議員制に関する詳しい内容は慶済姫・鄭俊杓（2012）を参照。

182

当て基準などは現行通り維持される。

$$式(A)：平均有効得票数対比得票率 = \frac{選挙区結合比例代表候補者の得票数}{平均有効得票数} \times 100$$

$$式(B)：平均有効得票数 = \frac{当該選挙区の3\%以上得票した候補者の得票数の合計}{当該選挙区の3\%以上得票した候補者の得票数} \times 100$$

式(A')：平均有効得票数対比得票率 =

$$\frac{選挙区結合比例代表候補者の得票数 \times 当該選挙区の3\%以上得票した候補者数}{当該選挙区の3\%以上得票した候補者の得票数の合計} \times 100$$

　同一順位に配置された結合候補たちの優位を分ける基準は「平均有効得票数比得票率(以下，平均比得票率」を使用する。平均比得票率は結合候補がその選挙区の平均有効得票数を基準に，どの程度の割合で得票したかを表す尺度である。式(A)は平均比得票率を数式で表現したものである。式(A)の分母である平均有効得票数は，式(B)のように表現される。式(B)を式(A)の分母に代入すると，平均比得票率を式(A')のように解釈できる。式(A')のように平均比得票率は結合候補の得票数に該当選挙区で3%以上得票した候補者数を掛けるために選挙区で3%以上得票した候補者の数が平均比の得票率に大きな影響を及ぼすものとみられる。

　平均比得票率で優位が分かれた同一順位の結合候補らのうち，復活当選は最高の平均比得票率を記録した1人のみに許される。また，小選挙区で10%以上の得票を記録した結合候補に限って復活当選が認められる。さらに，平均比得票率がいくら高くても，所属政党が当該市・道の選挙区の議席数1/3以上を占めた場合には，結合候補の復活当選が不可能である。この規定は，地域主義緩和に向けて作られたものとみられる。しかし，同規定はむしろ公正性を制限し，結果的に重複効果の低下を招くと判断される。これについては，次のシミュレーションを通じてより詳細に検討する。

4.2　日本の事例を適用した選挙区結合比例代表議員制のシミュレーション

　日本の比例代表議員は，ブロックごとに選出されるため韓国と同様に全国を対象にして適用することができない。ここでは，日本の比例代表における11つのブロックのうち，議員数が最も多い近畿ブロックに限って選挙区結合比例代表議員制のシミュレーションを実施してみることとする。

　近畿ブロックに属した広域自治体は滋賀県，京都府，大阪府，兵庫県，奈

第6章　政党と選挙制度－惜敗率制度　183

表6-6　2009年衆議院選挙の近畿ブロックにおける比例代表の結果

比例代表 議員数	政党	比例代表 得票数	得票率	比例代表 獲得議席数
近畿 29人	民主党	4,733,415	42.41	11
	自民党	2,592,451	23.23	9
	公明党	1,449,170	12.98	5
	共産党	1,067,443	9.56	3
	社会民主	411,092	3.68	1
	幸福実現党	80,529	0.72	0
	みんなの党	465,591	4.17	0
	国民新党	169,380	1.52	0
	新党日本	133,708	1.2	0
	改革クラブ	58,141	0.52	0

表6-7　近畿ブロックにおける政党別小選挙区議席獲得の結果

	政党別小選挙区 議席獲得の結果	選挙区結合比例代表排除対象政党 （1/3以上の選挙区当選者排出政党）
滋賀県4区	民主党4席	民主党排除
京都府6区	民主党5席，自民党1席	民主党排除
大阪府19区	民主党18席，自民党1席	民主党排除
兵庫県12区	民主党10席，自民党1席，新党日本1席	民主党排除
奈良県4区	民主党3席，自民党1席	民主党排除
和歌山県3区	民主党2席，自民党1席	民主党・自民党排除

良県，和歌山県の2府4県である。2府4県内には，計48の小選挙区が含まれており，ブロック別にみると，他のブロックと比べて最も多くの選挙区議員が選出されている。2009年選挙で近畿ブロックにおける各選挙区の政党別比例代表の得票数，得票率，議席獲得の結果は表6-6の通りである。

　民主党は，2009年選挙で全国的に多数の選挙区で議席を獲得した。近畿ブロックでも滋賀県から和歌山県まで多数の選挙区で議席を獲得した（表6-7）。このように，選挙区結合比例制では特定政党が同じ市・都内の小選挙区において1/3以上の議席を占める場合，その政党の当該市・道内の結合候補には復活当選が許されない。したがって，2009年選挙で近畿ブロックの2府4県すべての小選挙区で1/3以上の議席を占めた民主党の結合候補は，全員が比例代表名簿で無効として処理される。自民党の場合，3議席の選挙区議員を選ぶ和歌山県で1議席を獲得して小選挙の1/3以上を獲得したために，和歌山県の自民党所属の重複立候補者も復活当選できない。

184

　韓国の場合，特定政党の選挙区議席占有率が1/3以上になると予想される地域が一部存在するが，一般的に特定政党が各市・道(日本の場合，各都道府県)内で選挙区議席の1/3以上占有するかどうかを予想することは容易ではない。例えば，近畿ブロックに含まれた2府4県の2003年・2005年・2009年選挙の選挙区の結果をみると，3回の選挙で連続して1/3以上の選挙区議席を獲得した政党は滋賀県と京都府の民主党，和歌山県の自民党に限られる(表6-8)。

　このような状況で，各政党は候補の順位配置に多様な戦略を使用することができる。近畿ブロックで各政党がすべての府または県，つまり6つの選挙区の候補者をすべて結合候補に出馬させようとすると,6!(6*5*4*3*2*1=720)通りの順位戦略が適用できる。自民党の場合，2003年選挙と2005年選挙の小選挙区で1/2以上の議席を獲得した京都府，奈良県，和歌山県を除くと，残り三つの地域に該当する候補について3!（3*2*1=6)通りで，先の両衆議院選挙で1/3以上の議席を獲得した京都府，兵庫県，奈良県，和歌山県を除くと2!（2*1=2)通りに配置順位を決めることができる。韓国の場合，16市・道のすべての選挙区の候補を比例代表に重複立候補させようとするなら，その順位の配分には16!=20,922,789,888,000通りの戦略を行うことが可能になる。

　選挙区結合比例制下で政党は，同じ市・道の選挙区の候補2人以上を同一順位に配置しなければならず，他の市・道の結合候補者を同じ順位に配置できない。しかし，同じ市・都内の複数の結合候補をそれぞれ他の順位に配置してはならないという規定はない。したがって，同じ市・道における同一政党所属の重複立候補者を複数の異なる順位に

表6-8　近畿ブロックの2府4県における政党別小選挙区議席獲得の結果

小選挙区	2003年選挙	2005年選挙	2009年選挙
滋賀県 4区	民主党3席 自民党1席	民主党2席 自民党2席	民主党4席
京都府6区	民主党3席 自民党3席	民主党3席 自民党3席	民主党5席 自民党1席
大阪府19区	民主党9席 自民党6席 公明党4席	民主党2席 自民党13席 公明党4席	民主党18席 自民党1席
兵庫県12区	民主党3席 自民党5席 公明党2席 保守党1席 無所属1席	民主党0席 自民党10席 公明党2席	民主党10席 自民党1席 新党日本1席
奈良県4区	民主党2席 自民党2席	民主党1席 自民党3席	民主党3席 自民党1席
和歌山県3区	民主党0席 自民党2席 保守党1席	民主党0席 自民党3席	民主党2席 自民党1席

配置する場合，行使可能な戦略は一層増える。例えば，ソウル市の選挙区候補を比例代表にも重複立候補させようとする場合，政党がソウル市の選挙区を大きく4グループに区分し，各グループの候補者をそれぞれ他の順位と同順位上に配置する場合，ソウル市の地域に三つのケースが増加するために全体的に16!通りではなく19!通りが発生することになる。政党が他の地域にもこのような方法を適用すれば，無数に異なるケース数を生じさせ得る。しかし，この場合，同じ市・道の重複立候補者間の公正性に対する問題が話し合われると予想される。本章では，便宜上日本の同じ市・道の場合，同じ都道府県の候補を複数の異なる順位に配置するのは論外とする。

　また，全比例代表候補の中で結合候補を何位にするかも戦略に含まれるため，想定できる戦略の数は数えきれない。例えば，16の市・道の選挙区候補がいずれも重複立候補して単独の比例代表候補が24人立候補し，計40の比例代表順位が存在すると仮定する。その場合，16市・道の候補のうち，ある市または道の候補を上位または下位に配置するかどうかについての戦略とともに単独立候補者と重複立候補者の配置構成をどうするかも考慮しなければならないため，その戦略は数え切れないほど多様である。

表6-9　2009年選挙近畿ブロックにおける民主党の実際結果と予想結果

小選挙区候補52人(1位44人)，単得比例代表候補8人						
比例代表獲得議席11席						
		実際の結果			選挙区結合比例代表議員制適用際の予想結果	
実際順位	名簿順位	小選挙区	惜敗率	比例代表(順位)	比例代表(順位)	
1~41	1	当選	100	—	—	
42	1	落選	98.081	当選(1)	落選	小選挙区のすべての広域単位で1/3以上の議席を獲得し，民主党の重複立候補の許容が不可
43	1	落選	92.083	当選(2)	落選	
44	1	落選	87.294	当選(3)	落選	
45	45	—		当選(4)	当選(1)	
46	46	—		当選(5)	当選(2)	
47	47	—		当選(6)	当選(3)	
48	48	—		当選(7)	当選(4)	
49	49	—		当選(8)	当選(5)	
50	50	—		当選(9)	当選(6)	
51	51	—		当選(10)	当選(7)	
52	52	—		当選(11)	当選(8)	
					9～11順位議席空席	比例代表名簿の登録候補いない

このような様々なケースの中で，日本で実際に発生した結果に選挙区結合比例制を適用すると，次の結果が予想される。まず，民主党の場合，（表6-9）2009年の選挙の結果をみると近畿ブロック比例代表の48席のうち最も多い11議席を獲得した。民主党は近畿ブロックで44人の重複立候補の比例代表候補と8人の比例代表単独候補を合わせ，52人を比例代表候補名簿に載せた。44人の重複立候補の比例代表候補を1位で統一して登録し，他の8人を45位から54位までに配置した。現行の日本の制度によって小選挙区で当選した41人の重複立候補者を除く3人の重複立候補の比例代表候補者と比例代表のみと，単独立候補した8人の比例代表候補，計11人全員が比例代表議員として当選した。ここに選挙区結合比例制を適用する場合，異なる結果が予想される。まず，重複立候補した比例代表候補のうち小選挙区で落選した3人はいずれも比例代表でも落選することになる。民主党が近畿ブロックのすべての府・県において1/3以上の小選挙区の議席を獲得し，比例代表名簿に載っている3人の結合候補登録が無効と処理されるためである。この場合，比例代表で獲得した議席は11議席であるが，民主党が提出した比例代表名簿で当選できる候補は比例代表に単独出馬した8人に過ぎない。制度の違いがこのような結果を招くのであるが，現実的に選挙区結合比例制が適用された場合，このような結果を事前に考慮して十分な比例代表候補を提示すると考えられる。

　次に自民党の事例をみると，自民党は2009年選挙の近畿ブロックで9議席の比例代表議席を得ている。比例代表候補45人のうち単独比例代表候補が5人（1位，2位，43~45位）で，重複立候補者が40人である（表6-10）。一方，近畿ブロックの2府4県のうち和歌山県では，小選挙区議席3議席のうち自民党が1議席を獲得して1/3以上となり，結合候補が認められない。したがって，自民党は和歌山県を除いた滋賀県，京都府，大阪府，兵庫県，奈良県の5地域の候補について重複立候補戦略を実施することができる。自民党が行使できる戦略は滋賀県，京都府，大阪府，兵庫県，奈良県の5地域の小選挙区候補全員を結合候補として許可する戦略から重複立候補を許容しない方法まで多様である。このうち，以下四つの府または県を選定して4議席以下の結合候補を許可する戦略を立ててみれば，これらの配置順は特に問題にはならない。結合候補の順位とは関係ない単独立候補者5人と重複立候補者4人（各府・県において最も高い平均比得票率の獲得者），合計9人全員が当選するためである。また，五つの府・県の重複立候補者をすべて比例代

第6章 政党と選挙制度－惜敗率制度　187

表6-10　2009年選挙近畿ブロックにおける自民党の実際結果

実際順位	名簿順位	小選挙区当選・落選	小選挙区名	惜敗率	平均比得票率	選挙区候補者数[1)	比例代表（順位）
小選挙区候補40人(3位40人)，単独比例代表候補5人							
比例代表獲得議席9席							
1	1	―					当選(1)
2	2	―					当選(2)
3~7	3	当選		100			―
8	3	落選	奈良2区	96.101	178.8	4	当選(3)
9	3	落選	大阪15区	87.258	163.3	4	当選(4)
10	3	落選	和歌山2区	79.152	130.1	3	当選(5)
11	3	落選	大阪10区	77.585	156.9	4	当選(6)
12	3	落選	京都1区	77.409	133.2	4	当選(7)
13	3	落選	兵庫5区	76.769	126.6	3	当選(8)
14	3	落選	大阪14区	76.652	185.4	5	当選(9)
15	3	落選	兵庫12区	76.247	127.9	3	
16	3	落選	滋賀1区	73.063	151.8	4	
17	3	落選	大阪4区	72.797	147.9	4	
18	3	落選	大阪17区	70.202	121.1	4	
19	3	落選	兵庫10区	69.599	121.1	3	
20	3	落選	大阪12区	67.911	144.5	4	
21	3	落選	奈良3区	67.53	147.8	4	
22	3	落選	大阪8区	67.396	143.5	4	
23	3	落選	大阪1区	66.774	169.6	5	
24	3	落選	兵庫1区	66.347	161.2	5	
25	3	落選	兵庫3区	66.275	198.7	6	
26	3	落選	大阪9区	65.071	165.9	5	
27	3	落選	大阪19区	64.252	142.9	4	
28	3	落選	大阪7区	63.44	134.2	4	
29	3	落選	滋賀2区	60.935	111.6	3	
30	3	落選	兵庫6区	60.162	133.7	4	
31	3	落選	和歌山1区	59.936	139.4	4	
32	3	落選	兵庫11区	59.019	108.5	3	
33	3	落選	京都3区	55.848	121.9	4	
34	3	落選	滋賀4区	53.875	122.9	4	
35	3	落選	滋賀3区	53.065	129.1	4	
36	3	落選	京都6区	52.234	119.9	4	
37	3	落選	兵庫7区	51.506	120.8	4	
38	3	落選	なら1区	50.875	123.5	4	
39	3	落選	大阪11区	45.069	107.3	4	
40	3	落選	京都2	42.284	97.9	4	
41	3	落選	大阪2区	38.516	77.3	5	
42	3	落選	京都4区	32.143	53.3	4	
43	43	―					
44	44	―					
45	45	―					

注) i) 選挙区総有効得票数のうち，3以上を獲得した候補者数。

表候補に登録しても，自民党が実際に使った戦略と同様に上位の1位，2位と下位の8位〜10位に単独の比例代表候補を配置して小選挙区と重複立候補した結合候補を中間の3〜7位目に位置するなら，単独比例代表候補の最後の候補が落選することになる。つまり，重複立候補者全員と単独比例代表候補4人が当選する結果が成立するため，比例代表候補登録順位が選挙結果に影響を及ぼさない。

　しかし，結合候補が認められる2府・3県の候補を全て重複立候補者に出馬させて，すべての単独立候補者を上位に，結合候補者を下位に配置する場合，戦略によって結果が変わる。また，韓国では選挙区結合比例制は，現行実施されている比例代表候補のうち半分以上を女性候補にしなければならないという条項（奇数配置）があるため，実際には，結合候補は偶数順位のみへの登録が求められるという制限がある。このような前提条件を含め，自民党が使用できる様々な戦略について次に議論することとする。このためには，まず自民党候補らが得た惜敗率の結果を，選挙区結合比例制の下で同一順位重複立候補者の優位の決定が基準となる平均比得票率を基準への転換作業が必要である。日本の近畿ブロックにおける自民党候補が実際に得た惜敗率を整理し，当該惜敗率を選挙区結合比例制の平均比得票率計算法により算定した結果である。惜敗率の基準と平均比得票率の基準の間にはどのような差があるのかについて，具体的に議論を進めていくことにしたい。

　まず，惜敗率と平均比得票率を基に，近畿ブロックの各府と県の小選挙区で落選した候補者を，惜敗率と平均比得票率を基準に便宜上[9]1位から3位まで並べてみる（表6-11，表6-12）。つまり，各小選挙区で惜敗率と平均比得票率を基準にそれぞれ当選者，次の順位の2位から4位に上がった候補たちの当該割合をまとめたものである。各表の括弧内は，惜敗率と平均比得票率を比較するため，それぞれ（平均比得票率）と（惜敗率）を挿入した。また，各括弧の横にある○で囲まれた数字で表示した数値は各候補たちの当該割合による順位を意味する。表6-11の○内の数値は，15人の候補の中で惜敗率の高い順に，表6-12の○内の数値は平均比得票率の高い順から示している。和歌山県の場合，小選挙区候補が3人で，このうち1人が当選し2人が小選挙区で落選した。したがって，3位に当てはまる候補が存在しない。さ

9　近畿ブロックの小選挙区で落選した自民党所属の重複立候補者のうち（和歌山県を除く），便宜上，各府・県の2位から4位に限定した。

第6章　政党と選挙制度－惜敗率制度　189

表6-11　選挙区落選重複立候補者のうち各地域の１～３位惜敗率

小選挙区	1位 惜敗率 （平均比得票率）	2位 惜敗率 （平均比得票率）	3位 惜敗率 （平均比得票率）
滋賀県4区	73.063（151.8）⑧	60.935（111.6）⑪	53.875（122.9）⑬
京都府6区	77.409（133.2）④	55.848（121.9）⑫	52.234（119.9）⑭
大阪府19区	87.258（163.3）②	77.585（156.9）③	76.652（185.4）⑥
兵庫県12区	76.769（126.6）⑤	76.247（127.9）⑦	69.599（121.1）⑨
奈良県4区	96.101（178.8）①	67.530（147.8）⑩	50.875（123.5）⑮
和歌山県3区	79.152（130.1）	59.936（139.4）	－

表6-12　選挙区落選重複立候補者のうち各地域の１～３位惜敗率平均比得票率

小選挙区	1位	2位	3位
滋賀県4区	151.8（73.063）⑦	129.1（53.065）⑪	122.9（53.875）⑬
京都府6区	133.2（77.409）⑩	121.9（55.848）⑭	119.9（52.234）⑮
大阪府19区	185.4（76.652）②	169.6（66.774）④	165.9（65.071）⑤
兵庫県12区	198.7（66.275）①	161.2（66.347）⑥	133.7（60.162）⑨
奈良県4区	178.8（96.101）③	147.8（67.53）⑧	123.5（50.875）⑫
和歌山県3区	139.4（59.936）	130.1（79.152）	－

らに，和歌山県は，所属政党が当該県で1/3以上の小選挙区の議席を獲得すれば，結合候補が無効とされる規定によって結合候補が認められない。したがって表の中の順位で和歌山県の候補は除外した。

表6-13　自民党候補の惜敗率および平均比得票率と候補数間の相関関係

（N=35）	候補数
惜敗率	－0.131
平均比得票率	.455**

　惜敗率による順位と平均比得票率による順位には差が現れる（表6-11，表6-12）。京都府，奈良県は惜敗率による順位と平均比得票率による順位が同じであるが[10]，大阪府，兵庫県，和歌山県の場合，惜敗率２位または３位の候補の平均比得票率が惜敗率１位の平均比得票率より高い。大阪府の場合，惜敗率３位の候補の平均比得票率が惜敗率１位候補の平均比得票率より高い。兵庫県の場合にも惜敗率２位候補の平均比得票率が惜敗率１位候補の平

10　惜敗率（平均比得票率）と平均比得票率（惜敗率）が同一の場合は，同一の候補を意味する。

190

均比得票率よりも優位である。また，惜敗率の基準との平均比得票率の差は
1位～3位以内だけでなく，それ以上に起こることがわかる。表6-12の滋
賀県2位，大阪府2位と3位，兵庫県の1～3位の候補者は表6-11に含ま
れていない候補者である。つまり，惜敗率基準では各府・県の1～3位内に
上がらなかった候補者達である。このような違いには多くの要因が作用する
が，選挙区で3％以上得票した候補者数も一つの原因によるものと推定され
る（式(A')参照）。これを検証するため，表6-10に整理された各候補の惜敗
率および平均比得票率と，3％以上得票の候補者数との相関関係を調べた結
果が表6-13である。なお，惜敗率と候補数の相関関係は統計的に有意では
なかった。これに対して，平均比得票率と候補数の相関関係は統計的に有意
に現れている。3％以上得票の候補と平均比得票率の間には，プラス(+)の
相関関係が存在して，3％以上得票の候補数が多いほど平均比得票率が高い
傾向がある。選挙区出馬候補者数は，候補の努力で左右できない要因である
ため，候補者の数が選挙結果に影響を及ぼす平均比得票率で勝敗を分けるこ
とについて公正性の問題が提起される恐れがある。

　惜敗率は単純に1位，つまり当選者との得票差を詰めれば高い数値を得ら
れる。これに対して，平均比得票率は，自分の努力では当選が難しい選挙区
の候補者数まで考慮しなければならない。したがって，惜敗率の基準による
復活当選者決定が平均比得票率の基準よりは，相対的に公正であると判断さ
れる。

　惜敗率の基準によって当選者を決定するとしても，当該府・県で惜敗率が
最も高い1人のみが当選できるという条件も，公正性に対する異議が提起さ
れる恐れがある。重複立候補が可能な2府3県の候補のうち，各1位の惜敗
率を15人の候補の中に並べてみると，1位，2位，4位，5位，8位に当
てはまる候補たちで構成される（表6-11）。近畿ブロック全体で3位，6位，
7位を占めた候補たちは相対的に高い惜敗率を記録しながらも，当該府・県
で2位にとどまり，落選する結果となる。言い換えると，出馬する府・県の
状況によって選挙結果が変わる。このような結果を平均比得票率の基準から
みると，惜敗率を基準とした場合よりも問題になる余地が大きい。表6-12
に示すように15人の候補のうち1～3位と，7位，10位が当選し，4～6
位，8位，9位を記録した候補は，相対的に低い平均比得票率を記録した候
補が当選したことについて不満を提起することが予想される。

　このような状況下で，自民党が行使できる戦略を想定して，その戦略によ

る地域主義緩和効果について予測してみると次の通りである。まず，単独立候補者の９人以上を出馬させ，彼らをすべて１位から順番に上位に並べた後，下位に重複立候補者を配置するなら，重複立候補者の復活当選の機会は消えることになる。このような場合が韓国に適用されるなら，重複立候補者の復活当選の可能性が非常に低く，復活当選の機会を提供して地域主義を緩和するという趣旨は全く反映されないと予想される。

　次に，４以下の府・県の重複立候補者を９位以内に配置する戦略を使用する場合，各府・県での平均比得票率１位を記録した候補者達が全員当選すると予想される。ただし，比例代表候補のうち，女性候補を50/100以上推薦して奇数番号への配置規定を守れば，重複立候補者は２位，４位，６位，８位に配置しなければならない。この場合，五つの府・県の中でどの府また県を除外するかの基準を提示する必要がある。これは，五つの府県すべてに重複立候補を容認して，その配置を２位，４位，６位，８位，10位に配置するのと同じ状況に該当する。10位の候補は落選して２位，４位，６位，８位の候補者のみが当選するためである。言い換えれば，五つの府県すべてに重複立候補を許可する場合，その配置の順位によって当落が決定されるため，選定基準を明確にしなければならない。このうち，五つの府・県すべてを２位，４位，６位，８位，10位に配置すると仮定して自民党の戦略を考えてみると，まず五つの府・県の順位が決められる数は5!=120通りである。120のうち，10位に京都府を配置する場合，公正性に対する不満が相対的に弱いと予想される。表6-12の○内の数値で表示した各府・県ごとの平均比得票率１位に限定した順位(つまり，15人の候補全体のうち①，②，③，⑦，⑩位)のうちランキングが最も低い京都府１位(全体⑩位)より相対的に平均比得票率が高い候補者達が全員当選するためである。120のケースのうち，京都府が10位に登録されるケースの数は10位を除く，残りで順位配列が可能な4!=24ケースである。反対に相対的に優先順位が高い兵庫県(①位)，大阪府(②位)，奈良県(③位)などが10位に配備される場合，平均比得票率が低い滋賀県候補(⑦位)または京都府候補(⑩位)の当選に他の候補たちが反発すると予想される。滋賀県候補が10位に位置されれば，公正性に対する抗議可能性は京都府候補が10位に配置された場合よりは高く，他の府または県の候補が当選した場合よりは低いと予想される(表6-14)。

　上記のような仮定の下で４以下の府・県の重複立候補のみを許可しても，重複立候補を４位以下に推薦する場合には４位，６位，８位の重複立候補者

192

表6-14　自民党の比例代表候補の配置戦略

順位		事例1	事例2	事例3	事例4	事例5
1	女性候補					
2	結合候補	兵庫県他	大阪府他	奈良県他	滋賀県他	京都府他
3	女性候補					
4	結合候補	兵庫県他	大阪府他	奈良県他	滋賀県他	京都府他
5	女性候補					
6	結合候補	兵庫県他	大阪府他	奈良県他	滋賀県他	京都府他
7	女性候補					
8	結合候補	兵庫県他	大阪府他	奈良県他	滋賀県他	京都府他
9	女性候補					
10	結合候補	兵庫県①	大阪府②	奈良県③	滋賀県⑦	京都府⑩
	ケースの数	24	24	24	24	24
	公正性の提示可能性	高	高	高	中	低

　のみが，6位以下に推薦する場合には6位と8位の重複立候補者のみが，8位以下に配置する場合には8位の候補のみが当選できるために公正性に関する論争はさらに強く現れる。

　これらの結果を通して，選挙区結合比例制の問題点を次のようにまとめることができる。まず，平均比得票率の問題点が挙げられる。小選挙区で3％以上得票した候補の数が多いほど，該当小選挙区重複立候補者の平均比得票率が高くなる傾向がある。小選挙区に出馬する候補者の数は，候補個人の努力で左右しにくい要因である。候補の努力で止むを得ない運の影響が大きい平均比得票率は復活当選者を決定する公正な基準として評価できない。

　次に，同じ市・道の同一順位重複立候補者のうち，わずか1人だけが復活当選できるという規定の問題である。日本の惜敗率制度は，ブロック内の同一順位の全体重複立候補者のうち，高い順に復活当選が決まる。したがって，ブロック内のどの府・県で出馬したかはあまり重要ではない。ある府・県で出馬するかに関係なく当選者との票差を狭めるほど有利である。各府・県で1位の惜敗率を記録しても当該ブロック全体の重複立候補者順位で配置すれば，相対的に遅れを取っている候補者達が少なくない。日本の惜敗率制度は比例代表名簿の同一順位に上がった全体候補を対象に評価するためにこのような問題は起こらない。しかし，選挙区結合比例制の各順位の1人のみが当選とされる規定は，どの市・道で出馬したかが当落に主要な影響を及ぼ

すため，公正性に対する論争が予想される。韓国のすべての市・道ではなく，地域主義が強い市・道のみに限定して適用しても，市・道の数が一つだけ存在するわけではないために，このような問題が発生する可能性がある。

　このような規定により，該当市・道の中で相対的に平均比得票率が低く，2位以下を記録するものと予想される候補には，選挙区結合比例制が積極的な選挙運動を促進させる要因として作用し得ないものとみなされる。日本の惜敗率制度は，上記のとおり出馬区域とは関係なく，全体順位で決定される。したがって，当該府・県で惜敗率が2位以下になっても，他の選挙区の候補より惜敗率が高ければ復活当選が可能であるために順位とは関係なく，選挙運動に積極的に取り組むだろう。しかし，選挙区結合比例制では該当市・道の内の平均比得票率が2位以下と予想される候補は復活当選の可能性がほとんどないため，積極的な選挙運動を展開するインセンティブ（incentive）として作用しないであろう。

　また，日本の惜敗率制度のもとでは，ある候補者がたとえ小選挙区で落選しても同順位の他の候補が小選挙区で大勢当選すれば，候補者自身にとって復活当選の機会が戻ってくる可能性が高くなるため，所属政党に向けて熱心に活動する。しかし，選挙区結合比例制では他の市・道に出馬した同じ政党の候補者が当選しても，結果的に残った候補達のうち1人のみが当選するため，残りの候補者の復活当選の可能性にあまり影響を及ぼさない。復活当選の可能性が低いと判断される重複立候補者は，積極的に選挙運動を行わない可能性が高いため，すぐに重複効果の活性化が期待できない結果に繋がると予想される。このような事態が発生すれば，韓国の政党が選挙区結合比例制を積極的に活用するとは考えにくい。さらに，選挙区結合比例制が，地域主義に，果たしてどの程度肯定的な影響を及ぼすことができるかは疑問である。

5．まとめ

　地域主義緩和のための惜敗率制度を導入する理由は，惜敗率制度による重複効果にあるとみられる。重複立候補者は，小選挙区で落選しても比例代表で復活当選の可能性があるため，候補者が選挙区落選の恐れがあるにも拘わらず，積極的な選挙活動を展開するものと予想される。積極的な選挙活動は，当該政党の認識を肯定的に変化させることで，こうした結果が，地域主

194

義の緩和に繋がるであろう。しかし，この予想は惜敗率制度導入による重複効果が一定程度以上発生した場合のみ，現実となる。

　日本の場合，民主党(現在，民進党)と自民党における重複立候補戦略が次第に同順位と上位に配置される傾向は，惜敗率制度の導入で重複効果が一定程度以上発生するためと推定される。日本と異なる環境に置かれている韓国で日本の惜敗率制度を活用すれば，地域主義緩和に画期的ではないが，ある程度の役割は果たすと予想される。しかし，この予想は，惜敗率制度導入によって重複効果が生じるという前提が必要である。中央選挙管理委員会により提案された選挙区比例代表制が，提案された案のままで適用されるなら，公正性の欠如のために重複効果が発揮されず，政党が新しい制度を積極的に活用することは期待できない。

　地域主義緩和のための選挙区結合比例制度の活性化に向けては，本章で議論した幾つかの規定を再考する必要がある。日本での近畿ブロックの事例を適用したシミュレーションを通じてみたように，小選挙区の3%以上有効得票した候補者数が影響を及ぼす平均比得票率，該当市・道で1人しか当選できないという点などが，選挙の公正性を制限し重複効果を発揮しないとみられる。重複効果が期待に沿わなければ政党の活用度もあまり高くないと予想され，究極的な目的である地域主義緩和もあまり期待できないであろう。惜敗率制度導入を通じて地域主義緩和を図ろうとするならば，公正性が保証できる制度の改善が必要である[11]。

参考文献

慶済姫. 2011. 「日本選挙制度の現状と変遷」『未来政治研究』1巻1号：59-92.

慶済姫・鄭俊杓. 2012. 「惜敗率制度と地域主義緩和」『韓国と国際政治』28巻2号刊行予定.

金容福. 2009. 「政党政治の発展に向けた選挙制度の改革：比例代表制の拡大と惜敗率制度の導入」『記憶と展望』20号：39-70.

金容福. 2010. 「日本選挙制度改革と惜敗率制度の効果：韓国への示唆点」『韓国政治研究』19巻3号：313-339.

金鍾甲. 2010. 「混合式選挙制度下の重複立候補に対する批判的考察」『国際地域

11　本章は，慶済姫「日本の政党における惜敗率制度の活用戦略分析と韓国事例へのシミュレーション」『日本研究論叢』第35号，2012年を邦訳の上，加筆訂正したものである。

学論叢』3巻1号：171-185.

梁起豪．1997．「日本の衆議院小選挙区制批判に関する考察：'96総選挙と新選挙制度批判の議論を中心に」『韓国政治学報』31集2号：277-295.

イ・ギョンジュ．1999．「政治改革と選挙制度：日本の選挙制度改編を中心と」『民主法学』15号：355-376.

李鉉出．2011．「重複立候補制と女性代表性」『現代政治研究』4巻2号：29-51.

中央選挙管理委員会．2011.4a『政治関係法の改正意見（公職選挙法・政党法・政治資金法）』．（議案情報システム http://likms.assembly.go.kr L1Q6O9Z2，2011年11月29日，検索）．

中央選挙管理委員会．2011.4b『政治関係法の改正意見の主要内容（公職選挙法・政党法・政治資金法）』．（議案情報システム http://likms.assembly.go.kr L1Q6O9Z2，2011年11月29日，検索）．

鹿毛利枝子．1997．「制度認識と政党システム再編」大嶽秀夫編．『政界再編の研究』．有斐閣．

総務省自治行政局選挙部．2004．『（平成15年11月9日執行）衆議院議員総選挙最高裁判所裁判官国民調査結果調』．新日本出版社．

総務省自治行政局選挙部．2006．『（平成17年9月11日執行）衆議院議員総選挙最高裁判所裁判官国民調査結果調』．新日本出版社．

総務省自治行政局選挙部．2010．『（平成21年8月30日執行）衆議院議員総選挙最高裁判所裁判官国民調査結果調』．新日本出版社．

第2部
自治体レベルにおける代議制民主主義

第7章
自治体改革と首長の意識

1. はじめに

　1990年代終盤から，いわゆる「改革派首長」が次々と誕生した。その流れは現在でも続いており，いまや改革を標榜する首長が多くを占めている状況である。こうした現状を踏まえれば，地域主権時代における焦点は，「改革か否か」ではなく，「どのように改革するか」に移っている。多様な改革諸施策の中から，どこに重点を置き，どのような施策を講じて改革を進めているのかに着目することが，重要になってくる[1,2]。

　さて，各自治体が展開している改革施策は，その対象から内容まで極めて多様である。このため，改革の全体像を把握するためには，何らかの手がかりが必要になる。そこで本章では，地方政府にとって重要な「民主性」と「効率性」という2つの概念を鍵にして議論を進めていくことにしたい[3]。「民主性」と「効率性」の議論は，J・S・ミル（J. S. Mill）にまで遡ることができ

1　2011年11月24日から2012年1月15日にかけて郵送調査を行った。郵送先は43都道府県知事および746市町の合計789通である。回収は386通（回収率48.9%）である。
2　地方政府のもつ価値に関する議論のレビューとしては，King, Desmond and Stoker, Gerry. 1996. (eds.) *Rethinking local democracy. Government beyond the centre*. Macmillanで詳細に論じられている。日本語の文献では，曽我謙悟. 1998.「地方政府の政治学・行政学：「アーバン・ガバナンス」の視点からの整理と検討(1)〜(7・完)」『自治研究』74 (6)：89-110, (7)：86-103, (8)：94-115, (9)：88-112, (10)：76-89, (11)：74-93, (12)：57-78に詳しい。
3　J.S.ミル. 1997.『代議制統治論』岩波書店,

第7章　自治体改革と首長意識　199

る。ミルは，地方政府の利点について，次の二つを挙げている。まず，地方政府は，市民参加の機会を提供し，市民らの政治的教育の場となる。さらに，中央政府の機関以外に，権力を分散させるので，市民は自由かつ平等に政治的な行動ができる。したがって，地方政府は，デモクラシーを確立するための基本的な要素となる（民主性要因）。つぎに，地方政府は，地域利益や自らの能力（キャパシティ）を踏まえて政策を決定できるので，効果的で効率的なサービスを提供することができる（効率性要因）。すなわち，地方政府が，効率性と民主性について中央政府に比べて優位であることから，その存在を正当化すると述べている。

　地方政府の「民主性」「効率性」に関しては，その後も多くの者が論じている。例えば，シャープ（L. J. Sharpe）は，地方政府がもつ効率的なサービス供給の価値を強く主張し，地方政府が福祉国家の実現に重要な役割を果たすと主張する[4]。彼は，地方政府が(1)異なる種類のサービス間の効率的な調整役として，(2)組織化されない高齢者や若者，あるいは女性の代弁者として，(3)増大する需要に応答するためのエージェントとして，(4)労働運動に対する調整役として，の役割を果たすとする[5]。これらのことは中央政府には実行できないが，サービスの効率的・効果的提供に寄与する要素でもある。したがって，理想的な福祉国家の実現のために地方政府は必要であり，それゆえ地方政府は，その役割を果たすことが求められる。すなわち，地方政府の価値は，サービス提供の効率性にしたがって，地方政府に対しては，その価値を充足することが求められている。

　他方，代表的なローカリストであるジョーンズとスチュワート（Jones and Stewart）は，地方政府の存在意義を「民主性」に求める。その根拠として，次の4点が挙げられる[6]。第一に，権力が複数の地域に散らばり，そして，それぞれの地域において多様な決定者が参加するという，「権力の分散」に価値が見出される。第二に，多様性に対する応答力を高め，同時に，学習の機会を提供する点である。ニーズは地域ごとに異なるものであり，地方政府の存在は，その異なるニーズに対して，異なる応答（政策）が生まれることを可

4　L. J. Sharpe. 1971. "Theories and Values of Local Government", *Political Studies*, 18, No.2: 153-74.

5　この四つの要素についてはStoker（1996），曽我（1998）に詳細が説明されている。

6　G. W. Jones and J. D. Stewart. 1983. *The Case for Local Government*, London, Allen and Unwin.

能にする（中央政府から出される応答は1つである）。さらに，異なる政策の存在は，異なる地域に住む人々に学習の機会を与える。自らが望む政策と，別の政策のどちらが良い結果をもたらすのかを比較検討できるからである。第三に，地方政府は，その"近さ"ゆえに，アクセシビリティーと応答性が高い。議員も官僚も，自らの決定が及ぶ範囲の近くに住み，自らに影響を及ぼす住民の近くに住んでいる。また，物理的な規模が小さいので，中央政府に比べて攻撃に対してもろく，圧力を受けやすい存在である。その結果として，地方政府はそこに住み働いている人々のニーズに対する応答性が高くなる。最後に第四の価値は，地方政府が，（人々の）公共的忠誠心を獲得しやすい点である。地方政府は，地域ニーズに応答するが，同時にそれらのニーズを地方のリソースとマッチさせなければならない。すなわち，ニーズに合わせて政策間のバランスを取る必要がある。そのため，地方政府が決定・実施する政策は，特定の政策に対するニーズではなく，コミュニティーの総合的な価値を反映したものになり，公共的な忠誠心を獲得しやすくなる。これらのことから，地方政府には民主性を高める役割を果たすことが期待されている。

　このように，論者によって力点こそ異なるものの，中央政府に対する地方政府のアドバンテージをより高いレベルで「民主性」や「効率性」を実現できることに求める点では共通している。しかしながら，このことをもって「地方分権を進め，地域主権を確立すれば民主性と効率性が高まる」と理解するのは拙速である。現在の地方政府が，十分に民主的で効率的であることは保証されていないからである。ましてや，改革を掲げる首長が多数当選していることを考えると，地方政府において民主性と効率性を高める余地は，まだまだ残されていると解釈する方が妥当であろう。そこで本章では，各自治体で進められている諸改革を「政策決定過程の民主性に関する改革」と「政策的効率性に関する改革」の二つの枠組みで捉え，それぞれの改革に対して，首長達がどのような認識をもつのかを明らかにするとともに，その課題と展望について論じていくことにしたい。

2．政策決定過程に関する改革意識

　二元代表制を採用する地方自治体において，政策決定の中心的主体は首長と議会である。しかし，自治体レベルでは住民が重要な政治的アクターとさ

れてきた。1970年代には住民運動が自治体の諸施策に影響を及ぼし，1990年代以降は政策決定過程のさまざまな場面で住民参加が推進されてきた。すなわち，自治体の政策決定過程は，公選の首長と議員に住民を加えた三者のバランスの下に成り立っている。そして，そのバランスを取ることが，地方政府の民主性を高めるために重要なのである。

　ところが現実には，そのバランスがなかなか安定しない。80年代中盤から「与野党相乗り」や「総与党化」といった言葉が跋扈したように，首長と議会の密接な関係が築かれ，住民は政策決定過程から遠ざけられていた。90年代後半になると，無党派首長が台頭し，首長と議会の距離が徐々に離れていった。近年では，首長と住民の直接的な関係が強化される一方，地方議会は双方から批判され，影響力を低下させている。つまり，首長・議会・住民のバランスは，かならずしも理想的な形では取られていない。したがって，より民主性を高めるような改革の余地が残されていると考えられる。

　それでは，自治体の政策決定過程における首長・議会・住民の関係について，首長達はどのような意識を有しているのだろうか。そして，その意識を規定する要因はなにか。さらには，議会の意識とどのような違いが見出せるのか。これらの点について検討を進めていくことにしたい。本調査では，政策決定過程における民主性を高めるような施策に関する下記の設問を尋ねた。その目的は，首長と議会を中心にした二元代表制において，より民主的な決定プロセスになることを担保する住民参加が，どのように認識されているのかを把握するためである。そして，その認識が，民主的側面に対する改革指向の程度を示すインデックスになると考えたわけである。具体的な質問項目は，次に示すとおりである。パブリックコメントは一般的な住民参加，予算提案権はかなり積極的な住民参加，議会との関係は自治体トータルとして住民参加の推進を指向しているか，を問うものである。

　　問　パブリックコメントの実施や市民会議の実施など，首長や執行機関に対する住民の直接参加・参画が拡充し，首長や執行機関と住民が直結する傾向がみられます。この傾向について，（A）住民自治の進展のためには良いことである　（B）住民代表である議会や議員を軽視しているのであまり好ましくない，の2つの意見のどちらにお考えが近いですか

問　現在，地域に関わる予算を市民が提案する取り組みがみられています。このように地域に関わる予算の提案を市民が担うことについて，（A）住民自治の進展のためには良いことである　（B）住民代表である議会や議員を軽視しているのであまり好ましくない，の2つの意見のどちらにお考えが近いですか

問　議員個人や会派主催ではなく議会として市民と直接対話する取り組み（議会報告会など）について，（A）議員個人や会派主催でなく，議会として市民と直接対話をする機会を設ける方が良い　（B）個々の議員が活動を通じて市民の意見を吸収しているため必要ない，の2つの意見のどちらにお考えが近いですか

首長の特徴を明らかにするため，同一設問に対する議長の回答も併せて表したのが表7-1である。まず，パブリックコメントについては，実に90％以上の首長が賛成の立場をとっているのが特徴的である。これは，議長の72％に比べても高い割合である。次に，住民に予算提案権を付与するという強い住民参加についても，首長の積極的な意識が目立つ。70％をこえる首長が賛意を示しており，この項目についても議長の賛意を大きく上回っている。最後に，議会と住民の関係については，これを積極的に強化すべきという意識を有する首長の割合が高いことが特徴である。より積極的な「Aに賛成」とした首長は，議長に比べて少ないものの，賛成の立場を示す割合をみると議長の74％に対して首長は73％と，ほとんど差がみられない。

このように，首長と住民および議会と住民の関係を強化することについて，首長はおしなべて好意的な意識を有している。特に，首長・住民関係に

表7-1　住民参加に対する認識

		Aに賛成	ややAに賛成	ややBに賛成	Bに賛成	合計
パブリックコメントや市民会議の実施	首長	171 (44.9)	182 (47.8)	25 (6.6)	3 (0.8)	381 (100.0)
	議長	156 (25.2)	290 (46.8)	136 (22.0)	37 (6.0)	619 (100.0)
予算提案権の付与	首長	68 (17.9)	204 (53.8)	95 (25.1)	12 (3.2)	379 (100.0)
	議長	78 (12.6)	270 (43.8)	216 (35.0)	53 (8.6)	617 (100.0)
議会全体としての住民との関係強化	首長	93 (25.4)	176 (48.1)	84 (23.0)	13 (3.6)	366 (100.0)
	議長	232 (37.4)	227 (36.6)	124 (20.0)	38 (6.1)	621 (100.0)

ついて議長に比べて好意的であることはもとより，議会－住民関係の強化に
ついても，議長と遜色ないほど好意的であることは特徴的である。多くの首
長にとって，政策決定過程に積極的に住民を参加させていく改革が指向され
ていると言えよう。それではなぜ，議長に比べて首長が積極的な意識をみせ
ているのであろうか。この点について，いくつかの要因と関連づけながら検
討することにしたい。

　政策決定過程に住民をどこまで参加させていくのか，という意識について
は，首長の代表スタイル観の影響が考えられる。代表スタイルとは，代表者
が選挙民の命令どおりに行動すべきか（代理型），自分の信念で行動すべきか
（信託型）といった行動様式を指す[7]。すなわち，首長自身が「代理型」の代表
観をもつ場合，積極的に住民の声を聞こうとし，「信託型」の場合には，あ
まり積極的な姿勢をみせないと考えられる。そこで代表観に関する次の質問
への回答を用いて，関連性をみることにしたい。

　問　有権者を代表する方法について，（A）どちらかといえばできるだけ
　　　住民の要求に気を配りそれを実現していくことを重視する　（B）住民
　　　の利益に関する自己の判断にはある程度自信があるため，それに基づ
　　　いて決定や行動を行う，の2つの意見のどちらにお考えが近いですか

　回答の分布は，「Aに賛成」が14.6％，「ややAに賛成」が49.1％，「やや
Bに賛成」が30.4％，「Bに賛成」が6.0％となった。質問文は，Aが代理型，
Bが信託型を表わしていることから，代理型63.7％，信託型36.4％の割合
になる。代理型56.7％，信託型41.1％であった議長に比べて，若干，代理
型が多いものの，それほど顕著な差はみられなかった。

　表7-2は，代表スタイルと首長・議会・住民関係に関するクロス集計表で
ある。これらの表から明らかなように，「代理型」の代表スタイルであるほ
ど，首長と住民との関係を強化することに好意的な意識をもっている。パブ
リックコメントに対しては100％，93.9％，88.4％，81.8％の順に，予算

7　二つの代表スタイルに優劣はなく，代表者それぞれが自由に自らの行動様式を決め
　ればよい。また状況によって重視するスタイルを選択する「ポリティコ型」もある（小
　林良彰・中谷美穂・金宗郁．2008.『地方分権時代の市民社会』慶應義塾大学出版会，
　102ページ）。

表7-2　代表スタイルと住民参加に対する認識

①パブリックコメントや市民会議の実施

	Aに賛成	ややAに賛成	ややBに賛成	Bに賛成	合計
代理型	34 (63.0)	20 (37.0)	0 (0.0)	0 (0.0)	54 (100.0)
やや代理型	79 (43.6)	91 (50.3)	10 (5.5)	1 (0.6)	181 (100.0)
やや信託型	42 (37.5)	57 (50.9)	12 (10.7)	1 (0.9)	112 (100.0)
信託型	11 (50.0)	7 (31.8)	3 (13.6)	1 (4.5)	22 (100.0)
合計	166 (45.0)	175 (47.4)	25 (6.8)	3 (0.8)	369 (100.0)

②予算提案権の付与

	Aに賛成	ややAに賛成	ややBに賛成	Bに賛成	合計
代理型	14 (26.4)	32 (60.4)	6 (11.3)	1 (1.9)	53 (100.0)
やや代理型	31 (17.2)	97 (53.9)	50 (27.8)	2 (1.1)	180 (100.0)
やや信託型	18 (16.2)	54 (48.6)	33 (29.7)	6 (5.4)	111 (100.0)
信託型	4 (18.2)	10 (45.5)	5 (22.7)	3 (13.6)	22 (100.0)
合計	67 (18.3)	193 (52.7)	94 (25.7)	12 (3.3)	366 (100.0)

③議会全体としての住民との関係強化

	Aに賛成	ややAに賛成	ややBに賛成	Bに賛成	合計
代理型	16 (33.3)	21 (43.8)	10 (20.8)	1 (2.1)	48 (100.0)
やや代理型	37 (21.0)	91 (51.7)	42 (23.9)	6 (3.4)	176 (100.0)
やや信託型	29 (26.4)	51 (46.4)	28 (25.5)	2 (1.8)	110 (100.0)
信託型	9 (42.9)	7 (33.3)	1 (48)	4 (19.0)	21 (100.0)
合計	91 (25.6)	170 (47.9)	81 (22.8)	13 (3.7)	355 (100.0)

提案権の付与に対しては86.8％，71.1％，64.8％，63.7％の順になり，代理型に近いほど賛意を示している。他方，議会と住民の関係強化については77.1％，72.7％，72.8％，76.2％と代理型・信託型を問わず賛意を示している。

　このような結果は，議長調査の分析結果とも合致する。議長の意識においても，代表スタイルは首長・住民関係には影響を与えていたが，議会-住民関係には影響しなかった。つまり，代表スタイルは住民参加への意識をある程度規定する要因となるが，首長と議長の差異をもたらす要因とはならないことが明らかになった。そこで，民主性に関する改革指向を規定すると考えられる，もう一つの要因について考えてみたい。その要因は，古典的なリベラルーコンサバティブ（日本では保守ー革新）とは異なる特徴をもつ社会的選好である。米国の地方政治を分析する際に，この概念を明示的に用いたテ

リー・クラークは，従来の社会的争点が経済・財政的争点に由来するものであったのに対し，現在では，ジェンダーや宗教など，財政的争点から独立した，個人の価値観にかかわるものへと変質していることを指摘する。そのため，それまでの政治家にはみられなかった，財政的争点に対してコンサバティブ(財政支出に消極的)で，社会的争点に対してリベラル(社会問題に対して寛容)という政治的立場をもつ政治家が現れ，彼・彼女らが，地方政治を革新していくことを明らかにした[8]。

　それでは，この社会的争点に対する選好と住民参加に対する意識の間に，どのような関係があると考えられるのか。70年代に隆盛した住民参加・市民参加は，財政・経済的争点とも関連づけられた動きであった。高度経済成長の背後で生じていた歪みを，政策によって解決することが求められ，必然的に財政支出の拡大をもたらした。したがって，住民参加・市民参加に寛容な立場をとることは，財政的にもリベラル(大きな政府)であることを意味していた。しかし，近年の住民参加は財政的支出を求めるのではなく，行財政の効率化に寄与することや硬直化した施策を見直すこと，あるいは環境を重視して開発政策に待ったをかけることなど，むしろ財政再建と結びつくケースが多くみられる。さらに重要な点として，政治・行政が決めたことを受け入れるのではなく，(それが客観的に非効率であったとしても)住民自らの手によって政策を決定していく価値が底流していることを指摘できる。すなわち，手段としてではなく，参加それ自体が新しい価値として表出しているのである。このようなことから，社会的争点に対してリベラル，すなわち新しい価値観に寛容な選好をもつ首長ほど，住民参加に積極的な意識をもつと考えられる。さて本調査では，次の質問項目によって社会的争点に関する立場を捉えることにした。

　問　一般的な経済問題と社会問題についてお伺いするものです。ご自身のお考えにもっとも近い立場をお答え下さい

　ウ)子供の国際結婚について
　　(A)子供たちが望むのならば，どの国籍の人と結婚しようと構わない

8　テリー・ニコラス・クラーク，小林良彰編. 2002.『地方自治の国際比較—台頭する新しい政治文化』慶應義塾大学出版会。

（B）できることならば，同じ国籍の人同士で結婚してほしい
エ）夫婦別姓化について
　（A）夫婦が望むなら，仕事上で別々の名字を使うことを認めるべきである
　（B）夫婦が望んだとしても，仕事上で夫婦が別々の名字を使うことを認めるべきではない

　まず，全体的な傾向を示すと，設問ウの国際結婚については，A（リベラル）に賛成が34.4％，ややAに賛成が45.6％，ややB（コンサバティブ）に賛成が15.6％，Bに賛成が4.4％であった。設問エの夫婦別姓化については，A（リベラル）に賛成が22.7％，ややAに賛成が53.5％，ややB（コンサバティブ）に賛成が15.5％，Bに賛成が8.3％であった。次に，議長調査の結果と比較するため，それと同様に，この二つの設問への回答を総合して，社会的争点に対する政治的選好(社会的選好)を算出した。具体的には，Aに賛成を1点，ややAに賛成を2点，ややBに賛成を3点，Bに賛成を4点とし，合計値を算出した。合計3点以下を「リベラル」，4点を「弱リベラル」，5点を「弱コンサバティブ」，6点以上を「コンサバティブ」とした。分類の結果は，「リベラル」が33.1％，「弱リベラル」が35.0％，「弱コンサバティブ」が19.4％，コンサバティブが12.5％であった。この結果は，議長のそれとは大きく異なっている。同じ設問，同じ分類方法によって得られた議長調査の結果では，「リベラル」が16.3％（99名），「弱リベラル」が24.7％（150名），「弱コンサバティブ」が23.6％（143名），コンサバティブが35.4％（215名)であった。すなわち，議長の40％程度しか社会的リベラル選好をもっていないのに対して，首長では70％近くに達している。

　それでは，この社会的選好は，住民参加への意識とどの程度関連性をもつのであろうか。表7-3に示されるように，社会的にリベラルな選好をもつほど，住民参加に積極的な意識をもつことは明らかである。パブリックコメントと予算提案権については，リベラル選好であるほど賛意を示す割合が高く，議会と住民の関係強化については，リベラル選好をもつ首長が，他の3つの選好をもつ首長に比べて突出した賛意を示している。

　このように社会的選好のあり方は，社会参加への意識と強く関係している。そして，社会的リベラル選好を有する首長が議長に比べて相対的に多いことが，首長の方が議長よりも住民参加に積極的である一因となっている。

第7章　自治体改革と首長意識　207

表7-3　社会的選好とと住民参加に対する認識

①パブリックコメントや市民会議の実施

	Aに賛成	ややAに賛成	ややBに賛成	Bに賛成	合計
リベラル	68（57.1）	47（39.5）	3（2.5）	1（0.8）	119（100.0）
弱リベラル	54（42.9）	65（51.6）	7（5.6）	0（0.0）	126（100.0）
弱コンサバティブ	23（33.3）	38（55.1）	8（11.6）	0（0.0）	69（100.0）
コンサバティブ	15（33.3）	21（46.7）	7（15.6）	2（4.4）	45（100.0）
合計	160（44.6）	171（47.6）	25（7.0）	3（0.8）	359（100.0）

②予算提案権の付与

	Aに賛成	ややAに賛成	ややBに賛成	Bに賛成	合計
リベラル	32（27.1）	61（51.7）	22（18.6）	3（2.5）	118（100.0）
弱リベラル	24（19.0）	71（56.3）	28（22.2）	3（2.4）	126（100.0）
弱コンサバティブ	4（5.8）	39（56.5）	24（34.8）	2（2.9）	69（100.0）
コンサバティブ	5（11.1）	23（51.1）	13（28.9）	4（8.9）	45（100.0）
合計	65（18.2）	194（54.2）	87（24.3）	12（3.4）	358（100.0）

③議会全体としての住民との関係強化

	Aに賛成	ややAに賛成	ややBに賛成	Bに賛成	合計
リベラル	37（32.5）	58（50.9）	16（14.0）	3（2.6）	114（100.0）
弱リベラル	24（19.7）	58（47.5）	39（32.0）	1（0.8）	122（100.0）
弱コンサバティブ	16（23.2）	32（46.4）	16（23.2）	5（7.2）	69（100.0）
コンサバティブ	9（20.5）	22（50.0）	10（22.7）	3（6.8）	44（100.0）
合計	86（24.6）	170（48.7）	81（23.2）	12（3.4）	349（100.0）

それでは最後に，代表スタイルや社会的選好以外の，民主性改革指向に影響を及ぼすと考えられる諸変数を加えた分析結果をみることにしたい。分析手法は順序ロジット分析で，従属変数は住民参加に関する三つの設問項目に対する回答，独立変数として人口規模（対数），住民に対する信頼感，そして代表スタイル，社会的選好の4つの変数を用いた。分析結果は表7-4のとおりである。

　まず，パブリックコメントに対する意識を規定する要因としては，住民に対する信頼の程度が低いとパブリックコメントに対して消極的な意識をもつこと，そして社会的なリベラル選好をもつと積極的な意識をもつことが挙げられる。つぎに予算提案権に対しては，社会的なリベラル選好をもつと積極的な意識をもつこと，代表スタイルが「代理型」であると積極的になることがわかった。最後に，議会と住民の関係強化に対しては，社会的なリベラル

表7-4　民主的改革意識の規定要因

従属変数		市民会議などの実施		予算提案権の付与		議会・住民関係強化	
		β	S.E.	β	S.E.	β	S.E.
都市規模	人口（対数）	0.017	0.25	-0.097	0.243	0.341	0.245
代表スタイル	代理型	-0.7	0.542	-1.107**	0.521	0.244	0.519
	やや代理型	-0.014	0.472	-0.593	0.458	0.626	0.457
	やや信託型	0.325	0.486	-0.46	0.471	0.428	0.471
社会的選好	リベラル	-0.956**	0.379	-0.851**	0.366	-0.892**	0.366
	弱リベラル	-0.481	0.362	-0.658*	0.351	-0.118	0.349
	弱コンサバティブ	-0.222	0.391	-0.085	0.377	-0.158	0.378
住民信頼	不信	0.667**	0.281	-0.091	0.27	-0.043	0.268
	弱不信	0.717**	0.331	0.188	0.318	-0.15	0.317
	弱信頼	0.377	0.306	-0.213	0.296	-0.276	0.294
		Nagelkerke-Rsq: 0.105		Nagelkerke-Rsq: 0.069		Nagelkerke-Rsq: 0.060	
		N=343		N=341		N=335	

選好をもつと積極的であることが明らかになった。

　このように，いくつかの要因を総合的に踏まえた分析においても，社会的なリベラル選好が住民参加の推進に強い影響を及ぼすことが明らかになった。すなわち，議長に比べてリベラルな選好をもつ首長が多いがゆえに，住民参加に対してより積極的な姿勢がみられると考えられる。

3．首長の議会に対する認識

　前節では，首長－住民および議会－住民関係に対する意識を分析してきた。ここからは，首長－議会関係に対する意識の分析を進めていくことにしたい。住民参加を積極的に推進すれば，民主性改革が達成されるわけではない。中心的役割を果たす首長と議会がその役割を適切に果たすことは，民主的な政策決定過程の実現という観点からは，むしろ重要な課題である。したがって，地方政府の民主性を高める改革を指向しているかどうかは，首長－議会関係についての意識からも検討する必要がある。近年の地方議会に対する風当たりは，以前にも増して強まっている。その批判は，地方議会が果たすべき審議機能・政策形成機能・行政のチェック機能などを十分に果たしていないというものである。しかしながら，地方議会にはそれらの機能を果たすための権限が十分に与えられていないという問題がある。そのため，地方

議会が本来の役割を果たし，より民主的な政策決定過程を構築するためには，制度改革が必要とされる。そこで本調査では，第3次都道府県議会制度研究会の中間報告に依拠し，14項目の議会制度改革について賛否を尋ねた[9]。具体的な項目は，次のとおりである。

問　地方議会制度改革について，次のような改革案があります。ご自身のお考えにもっとも近い選択肢の番号に，それぞれ1つだけ○をつけてください。

ア）議長に議会招集権を付与するべきである
イ）閉会中の委員会活動にかかる制約を撤廃するべきである
ウ）議決権を拡大するべきである
エ）調査権・監視権を強化するべきである
オ）議会に附属機関の設置を可能にするべきである
カ）議会事務局の機能を明確化するべきである
キ）議長に議会費予算執行権を付与するべきである
ク）議長に議会棟管理権を付与するべきである
ケ）議会の議決による執行機関への資料請求権を保障するべきである
コ）専決処分の要件を見直すとともに不承認の場合の知事の対応措置を義務づけるべきである
サ）予算修正権の制約を緩和するとともに予算の議決科目を拡大するべきである
シ）決算不承認の場合，首長の対応措置を義務づけるべきである
ス）地方自治法第203条から「議会の議員」を削除し，新たに「公選職」にかかる条項を設けるとともに，議会の議員に対する「議員報酬」を「議員歳費」に改めるべきである
セ）意見書に対する行政庁の誠実回答を義務つけるべきである

回答は，「そう思う」「ややそう思う」「あまりそう思わない」「そう思わない」の4段階で得ている。表7-5は，首長と議長の回答の比較を示したもの

9　都道府県議長会HP（http://www.gichokai.gr.jp/kenkyu/index.html）より（最終アクセス2012年8月5日）。

表7-5　首長と議長の議会改革に対する意識

		度数	平均値	標準誤差	F値	有意確率
議長に議会招集権を付与するべきである	首長	364	2.55	0.045	484.29	0.000
	議長	624	1.47	0.027		
閉会中の委員会活動にかかる制約を撤廃するべきである	首長	361	2.37	0.041	110.30	0.000
	議長	620	1.80	0.034		
議決権を拡大するべきである	首長	360	2.83	0.034	363.30	0.000
	議長	621	1.91	0.031		
調査権・監視権を強化するべきである	首長	362	2.64	0.035	295.44	0.000
	議長	622	1.82	0.030		
議会に附属機関の設置を可能にするべきである	首長	362	2.80	0.037	145.99	0.000
	議長	616	2.16	0.035		
議会事務局の機能を明確化するべきである	首長	361	2.19	0.036	104.26	0.000
	議長	618	1.70	0.030		
議長に議会費予算執行権を付与するべきである	首長	362	2.86	0.037	241.77	0.000
	議長	618	2.02	0.035		
議長に議会棟管理権を付与するべきである	首長	360	2.98	0.038	52.58	0.000
	議長	617	2.59	0.035		
議会の議決による執行機関への資料請求権を保障するべきである	首長	360	2.52	0.038	260.45	0.000
	議長	622	1.73	0.030		
専決処分の要件を見直すとともに不承認の場合の首長の対応措置を義務づけるべきである	首長	363	2.70	0.039	310.37	0.000
	議長	623	1.81	0.031		
予算修正権の制約を緩和するとともに予算の議決科目を拡大するべきである	首長	358	2.97	0.033	330.38	0.000
	議長	618	2.10	0.031		
決算不承認の場合，首長の対応措置を義務づけるべきである	首長	361	2.84	0.037	271.69	0.000
	議長	620	2.01	0.032		
地方自治法第203条から「議会の議員」を削除し，新たに「公選職」にかかる条項を設けるとともに，議会の議員に対する「議員報酬」を「議員歳費」に改めるべきである	首長	357	2.83	0.037	136.06	0.000
	議長	617	2.16	0.038		
意見書に対する行政庁の誠実回答を義務つけるべきである	首長	361	2.51	0.038	244.40	0.000
	議長	614	1.74	0.031		

である。平均値は，数値が小さいほど「そう思う」に近いことを表している。そしてこの表から，議会改革に関して首長と議長の間にかなりの温度差があることがわかる。まず，全ての項目について，首長は議会に比べて消極的な態度を示している。加えて，ほとんどの項目で2.5ポイントを超えており，「あまりそう思わない」という方向に寄っている。さらに，多くの項目で1ポイント近い差がみられ，議長の認識と大きく乖離している。そして分散分析の結果をみても，全ての項目で有意な差があることが示されており，統計的にも，首長と議会の間の温度差が明らかになった。

　本調査では，現状の議会活動についての評価も尋ねている。具体的な質問

項目は次のとおりであり，ア）～ウ）は，議会の役割である政策形成機能・チェック機能・審議機能に対応している。

問　貴自治体議会の活動について，どのようにお感じでしょうか。

ア）政策的条例の提出等，議会として政策立案に積極的である
イ）執行部に対するチェック機能を果たしている
ウ）議員同士の活発な議論が行われている
エ）議会自身の改革に積極的である

　回答は，「かなりそう思う」「ある程度そう思う」「あまりそう思わない」「ほとんどそう思わない」の４段階で得ている。表7-6は，四つの質問と都市規模のクロス集計表である。まず政策的条例については，全体として「あまりそう思わない」「ほとんどそう思わない」が75％を占め，小規模都市ほどその傾向が強くなっている。執行部に対するチェック機能に対しては全体で89％が肯定的に捉えられている。この項目についても，都市規模が小さくなるほど評価は低い。審議機能については，肯定・否定がほぼ半々の割合となっており，都市規模間の差異もみられない。最後に，議会改革への姿勢については，60％程度の首長が「積極的である」と評価している。

　これらのことから，首長の地方議会に対する認識は，執行部へのチェック機能は十分に果たしているものの審議機能は十分とは言えず，政策形成機能については非常に弱いものであることがわかった。また，議会改革への積極的な態度は認めているものの，首長自身は，議会制度改革に対して消極的な姿勢を示している現状も明らかになった。

　さらに，議会活動への評価と，住民参加への積極性の関係について分析を行った。議会が十分に機能していると首長が評価していれば住民参加に消極的であり，議会への評価が低ければ住民参加に積極的である，という関連性はみられるのだろうか。この点を明らかにするために，前述の順序ロジット分析で用いた変数に，議会への評価を示す変数を加えた分析を行った。まずパブリックコメントに対しては，議会活動への評価が低いほど積極的な意識をもつことが，弱い（10％水準）ながら示された（表7-7）。また，予算提案権の付与については，統計的に有意ではなかったものの（有意確率0.131），影響の方向は，評価の低さが住民参加の積極性に結びつくものであった。

表7-6　議会活動への評価と都市規模のクロス集計表

①議会として政策立案に積極的である

人口	かなり そう思う	やや そう思う	あまり そう思わない	ほとんど そう思わない	合計
5万未満	1 （0.9）	23 （19.8）	57 （49.1）	35 （30.2）	116 （100.0）
5万以上～10万未満	1 （0.9）	24 （21.6）	67 （60.4）	19 （17.1）	111 （100.0）
10万以上	5 （3.4）	41 （27.5）	84 （56.4）	19 （12.8）	149 （100.0）
合計	7 （1.9）	88 （23.4）	208 （55.3）	73 （19.4）	376 （100.0）

②執行部に対するチェック機能を果たしている

人口	かなり そう思う	やや そう思う	あまり そう思わない	ほとんど そう思わない	合計
5万未満	7 （6.1）	88 （76.5）	19 （16.5）	1 （0.9）	115 （100.0）
5万以上～10万未満	13 （11.7）	84 （75.7）	13 （11.7）	1 （0.9）	111 （100.0）
10万以上	20 （13.4）	120 （80.5）	8 （5.4）	1 （0.7）	149 （100.0）
合計	40 （10.7）	292 （77.9）	40 （10.7）	3 （0.8）	375 （100.0）

③議員同士の活発な議論が行われている

人口	かなり そう思う	やや そう思う	あまり そう思わない	ほとんど そう思わない	合計
5万未満	0 （0.0）	48 （41.7）	54 （47.0）	13 （11.3）	115 （100.0）
5万以上～10万未満	6 （5.4）	47 （42.3）	49 （44.1）	9 （8.1）	111 （100.0）
10万以上	9 （6.0）	59 （39.6）	67 （45.0）	14 （9.4）	149 （100.0）
合計	15 （4.0）	154 （41.1）	170 （45.3）	36 （9.6）	375 （100.0）

④議会自身の改革に積極的である

人口	かなり そう思う	やや そう思う	あまり そう思わない	ほとんど そう思わない	合計
5万未満	6 （5.2）	55 （47.4）	47 （40.5）	8 （6.9）	116 （100.0）
5万以上～10万未満	6 （5.4）	62 （55.9）	35 （31.5）	8 （7.2）	111 （100.0）
10万以上	15 （10.1）	82 （55.0）	42 （28.2）	10 （6.7）	149 （100.0）
合計	27 （7.2）	199 （52.9）	124 （33.0）	26 （6.9）	376 （100.0）

　二元代表制を採用する地方自治体において，地方議会は，政策形成の中心的主体である。したがって，より民主的な政策決定過程を実現するためには，地方議会が十分に機能する必要がある。しかしながら，首長の認識は，住民参加には積極的であるが，議会改革には消極的であった。そして議会活動に対しても，審議機能と政策形成機能については低い評価を下していた。こうした分析結果となった理由の一つに，首長の方が比較的リベラルな政治的選好を有している点が挙げられる。リベラルな首長にとっては，たとえ制

第7章　自治体改革と首長意識　213

表7-7　議会活動への認識と民主的改革意識

従属変数		市民会議などの実施		予算提案権の付与	
		β	S.E.	β	S.E.
都市規模	人口（対数）	−0.009	0.257	−0.155	0.255
議会評価		−0.188*	0.114	−0.168	0.112
代表スタイル	代理型	−0.513	0.558	−0.592	0.562
	やや代理型	0.122	0.489	−0.054	0.504
	やや信託型	0.47	0.502	−0.118	0.519
社会的選好	リベラル	−0.909**	0.391	−0.811**	0.391
	弱リベラル	−0.373	0.374	−0.582	0.377
	弱コンサバティブ	−0.056	0.402	0.106	0.404
住民信頼	不信	0.589**	0.287	−0.009	0.284
	弱不信	0.736**	0.335	0.362	0.328
	弱信頼	0.371	0.308	0.013	0.305
		Nagelkerke-Rsq: 0.106		Nagelkerke-Rsq: 0.070	
		N=337		N=326	

度改革を図ったとしても，保守的な議会が期待される役割を果たすとは映らないのであろう。しかし，住民を積極的に取り込んだからと言って，自治体の政策決定過程が民主的になるわけではない。議会も既存の政治からの脱却を積極的に図る必要があるが，一方で，首長にも，そうした議会改革を促進させる意味で議会制度改革に積極的な姿勢をみせることが求められる。

4．政策的効率性に関する改革意識

　地方政府がもつ重要な価値の一つが「効率性」である。地方政府は，中央政府に比べて地域利益とキャパシティを踏まえた決定ができるため，効果的で効率的な政策を実施できる。それが実施できるからこそ地方政府に存在意義がある。しかしながら，現在の日本の自治体財政は厳しい状況に置かれている。この状況は，長期にわたる経済停滞の影響もさることながら，非効率な行政運営，硬直化した政策，そしてバブル末期の過剰投資など政策的によりもたらされた部分も大きい。したがって自治体には，その効率性を高める改革が求められる。そこで，特に財政支出に焦点を当て，自治体首長がどのような財政運営を指向しているのか，その指向が効率性改革とどう結びつくのかについて論じていくことにしたい。

表7-8　政策分野ごとの財政支出選好

	かなり削減	ある程度削減	現在と同額	ある程度増額	かなり増額	合計
社会福祉・生活保護	6 (1.6)	62 (16.9)	207 (56.4)	89 (24.3)	3 (0.8)	367 (100.0)
保健衛生	2 (0.5)	19 (5.2)	255 (69.7)	88 (24.0)	2 (0.5)	366 (100.0)
教育		12 (3.3)	144 (39.2)	196 (53.4)	15 (4.1)	367 (100.0)
労働		25 (6.8)	280 (76.1)	56 (15.2)	7 (1.9)	368 (100.0)
農林水産	3 (0.8)	18 (4.9)	224 (60.9)	119 (32.3)	4 (1.1)	368 (100.0)
商工・観光	1 (0.3)	7 (1.9)	164 (44.6)	179 (48.6)	17 (4.6)	368 (100.0)
まちづくり・基盤整備	2 (0.5)	40 (10.9)	168 (45.7)	147 (39.9)	11 (3.0)	368 (100.0)
防災		3 (0.8)	58 (15.8)	242 (65.8)	65 (17.7)	368 (100.0)
議会運営	8 (2.2)	148 (40.2)	207 (56.3)	4 (1.1)	1 (0.3)	368 (100.0)
一般行政	26 (7.0)	229 (62.1)	103 (27.9)	11 (3.0)		369 (100.0)
警察・消防		27 (7.4)	271 (74.0)	65 (17.8)	3 (0.8)	366 (100.0)
自治体の債務	85 (23.0)	218 (59.1)	63 (17.1)	3 (0.8)		369 (100.0)
非営利セクターの基盤整備	13 (3.5)	94 (25.5)	207 (56.3)	52 (14.1)	2 (0.5)	368 (100.0)

　本調査では，次の質問項目によって13政策分野それぞれの支出選好を尋ねている（表7-8）[10]。回答選択肢は「かなり減額すべきである」「やや減額すべきである」「現状の水準を維持する」「やや増額すべきである」「かなり増額すべきである」の五つである。

　問　次の13の政策領域における貴自治体の歳出規模は，（現在に比べて）今後，どうすべきだとお考えですか。次の五つの選択肢の中から，ご自身のお考えにもっとも近い選択肢をお選び下さい。

　ア）社会福祉・生活保護　イ）保健衛生　ウ）教育　エ）労働　オ）農林水産　カ）商工・観光　キ）まちづくり・基盤整備　ク）防災　ケ）議会運営　コ）一般行政　サ）警察・消防　シ）自治体の債務　セ）非営利セクターの基盤整備

10　本調査は、市議会議長だけでなく都道府県議会議長にも実施したため「警察」の項目が含まれているが、本章の分析には用いていない。

第 7 章　自治体改革と首長意識　215

表7-9　財政支出選好に関する首長・議長の比較

		度数	平均値	標準誤差	F値	有意確率
社会福祉・生活保護	首長	367	3.06	0.037		
	議長	614	3.08	0.028	0.24	0.625
保健衛生	首長	366	3.19	0.029		
	議長	610	3.19	0.023	0.00	0.964
教育	首長	367	3.58	0.033		
	議長	612	3.64	0.025	1.85	0.174
労働	首長	368	3.12	0.028		
	議長	609	3.25	0.024	10.67	0.001
農林水産	首長	368	3.28	0.032		
	議長	613	3.37	0.027	4.30	0.038
商工・観光	首長	368	3.55	0.033		
	議長	612	3.44	0.026	7.37	0.007
まちづくり・基盤整備	首長	368	3.34	0.038		
	議長	613	3.40	0.030	1.54	0.215
防災	首長	368	4.00	0.032		
	議長	614	3.41	0.024	224.87	0.000
議会運営	首長	368	2.57	0.030		
	議長	612	2.96	0.026	94.69	0.000
一般行政	首長	369	2.27	0.033		
	議長	614	2.62	0.025	73.96	0.000
警察・消防	首長	366	3.12	0.027		
	議長	550	3.12	0.023	0.00	0.955
自治体の債務	首長	369	1.96	0.034		
	議長	615	2.12	0.028	13.78	0.000
非営利セクターの基盤整備	首長	368	2.83	0.038		
	議長	604	2.87	0.028	0.79	0.374

　表7-8から明らかなように，「教育」「商工・観光」「防災」「一般行政」「自治体債務」を除く8分野については「現在と同額を維持」がもっとも高い割合を占めている。「教育」「商工・観光」「防災」は「ある程度増額すべき」が，「一般行政」「自治体の債務」は「ある程度削減すべき」が大きな割合を示している。次に特徴的なことは，個別の政策分野については「ある程度増額すべき」が2番目に大きな割合を占めるケースが多いことである。逆に「ある程度削減すべき」が上回っているのは「議会運営」「非営利セクターの基盤整備」の2分野である。

　このような選好分布は，議長の選好とも整合的である。顕著に異なる点は，「議会運営」および「一般行政」に対する削減選好が強い程度であった。また，平均値を比較した表7-9をみると，有意に差がみられるのは「労働」「農林水産」「商工・観光」「議会運営」「一般行政」「自治体の債務」の6分

216

表7-10　財政支出選好の相関分析

	社会福祉・生活保護	保健衛生	教育	労働	農林水産	商工・観光
社会福祉・生活保護	1	0.382**	0.136**	0.151**	0.071	0.053
	367	365	366	367	367	367
保健衛生		1	0.283**	0.204**	0.209**	0.156**
		366	365	366	366	366
教育			1	0.221**	0.164**	0.249**
			367	367	367	367
労働				1	0.329**	0.343**
				368	368	368
農林水産					1	0.523**
					368	368
商工・観光						1
						368
まちづくり・基盤整備						
防災						
議会運営						
一般行政						
警察・消防						
自治体の債務						

野であり，「労働」「農林水産」については議長の方がより増額選好，「商工・観光」は首長がより増額選好，「議会運営」「一般行政」「自治体の債務」は首長がより削減選好をもっている[11]。

　政策分野間の歳出選好にどのような関連性があるかをみることは重要である。歳入額が一定ならば，ある政策分野への歳出増額と別の政策分野への支出増額は両立しない。いずれかの分野に振り向けられていた予算を削減し，増額させる分野への原資を確保しなければならないからである。したがっ

11　「防災」についても有意な差がみられているが，これは調査時期の影響が大きいと考えられるため文中では触れていない。議長調査は東日本大震災前に実施されている。

第7章 自治体改革と首長意識 217

まちづくり・基盤整備	防災	議会運営	一般行政	警察・消防	自治体の債務	非営利セクターの基盤整備
0.061	0.071	0.089	0.061	0.097*	0.01	0.03
367	367	367	367	365	367	367
0.179**	0.161**	0.117**	0.141**	0.212**	−0.029	0.126**
366	366	366	366	364	366	366
0.134**	0.25**	−0.037	0.07	0.235**	−0.045	0.068
367	367	367	367	365	367	367
0.191**	0.209**	0.075	0.031	0.117*	0.011	0.069
368	368	368	368	366	368	368
0.19**	0.204**	0.063	0.18**	0.198**	0.011	−0.055
368	368	368	368	366	368	368
0.297**	0.25**	0.025	0.085	0.244**	0.073	0.046
368	368	368	368	366	368	368
1	0.217**	0.031	0.19**	0.19**	0.079	0.086
368	368	368	368	366	368	368
	1	0.008	0.07	0.228**	0.033	0.081
	368	368	368	366	368	368
		1	0.312**	0.136**	0.191**	0.147**
		368	368	366	368	368
			1	0.253**	0.274**	0.113**
			369	366	369	368
				1	0.05	0.14**
				366	366	366
					1	0.099
					369	368

　て，歳入増が期待できない現状の自治体を対象にした場合，どの政策分野からどの分野に重心がシフトされているのかが明らかになる。そこで，分野間の歳出選好について順位相関分析を行った。

　その結果は，表7-10に示すとおりである。表中の数値は，関係の強さと方向性を示している。強さについては，数値が大きいほど関係性が強いことを示す。方向性については，符号が＋であれば回答パターンに正の関係（一方の分野に増額選好を有すると他方の分野でも増額選好を有する）がみられ，－であれば負の関係（一方の分野に増額選好を有すると他方の分野では減額選好を有する）がみられることを示す。この分析結果において注目すべき点は，マイナスの関係が全く示されていないことと，「保健衛生」「教育」「労

働」「農林水産」「商工・観光」「まちづくり・基盤整備」「防災」「警察・消防」の8分野は相互にプラスの関係を示していることである。すなわち，増額選好をもつ首長はこの8分野全てについて増額選好を，削減選好をもつ首長は同じく全てについて削減選好を有している。すなわち，現在の自治体においては，特定の政策分野への重点化を図るよりも，全体として「増額するか減額するか」という選択がなされているのである。

　他方，「議会運営」「一般行政」「自治体の債務」「非営利セクターの基盤整備」については，それら8分野に対する支出選好との関係性はあまりみられていない。この点もまた，一つの特徴である。表7-8でみたように，これら4項目は「削減すべき」の回答割合が相対的に高い項目である。その項目が他の政策分野の歳出選好と関係しないということは，他の政策分野について増額選好をもつ首長がこれらの項目については削減選好をもつということである。このことから，首長の財政歳出に関する選好は全ての分野について削減選好をもつパターンと，個別の政策分野については増額選好をもつが行政・議会・非営利セクターにかかる部分には削減選好をもつパターンに分けて捉えることができよう。

　現在，ほとんどの自治体において財政環境は厳しく，財政再建が急務とされている。そして，全ての首長はこの事態を正確に認識し，その必要性を感じている。そこで問題となるのが，どのように財政再建を進めていくかである。この問題を考えるとき，ここまでの分析結果は興味深い点をあぶり出している。それは，所謂ステークホルダーのいる個別の政策分野には手を付けず，行政・議会・非営利セクターといった比較的削減しやすい分野から財政再建を進めようとする姿である。もちろん，それらの分野の歳出削減には一定の抵抗があろう。しかし，住民からの賛同を得やすい分野でもあることは確かである。「まず，自分たちが身を削ってから」という言葉がしばしば聞かれるが，まさにそれを表した手段であり，住民の理解も得やすいのであろう。しかし，地方政府が実現する「効率性」は，効果的に政策を実施するという点に求められている。このことと，削減しやすい分野から支出を減らしていくという手段は相容れない。また，すべての分野について歳出削減し，財政再建を進めるという手法についても当てはまる問題である。住民の理解を得やすい形で，あるいは平均的に痛みを分かち合う形で早期に財政再建を達成することも重要であるが，効果的で効率的な政策を実施するために適切に選択と集中を図っていくことも必要である。

本章では，地方政府が実現する重要な価値である「民主性」と「効率性」の観点から，首長の改革意識について検討を進めてきた。民主性と効率性，いずれに対しても，それを高めようとする首長の意識をみることができた。ただし，改革意識の中身を詳細に分析すると，課題も浮かび上がってきた。民主性改革については住民参加に偏る傾向があり，議会の活性化が軽視されていた。このことは，民主的な政策決定過程を構築するために必要なバランスを崩すことになろう。効率性改革については財政再建を達成することが目的化し，効果的で効率的な政策の実施に結びつくような傾向をみいだすことができなかった。はじめに述べたように，もはや焦点は「改革するか否か」ではなく「どのように改革するか」に移っている。首長・議会には，「どう改革していくのか」を明示することが求められると同時に，有権者たる住民も改革派かどうかではなく，どう改革しているのかを注視することが必要である。

5．地方における改革施策の実施状況

近年の自治体は，様々な改革の波にさらされてきた。2000年に施行された地方分権推進一括法は，自治体が担う責務を拡げて行政活動の諸側面に大きなインパクトを与えた。また，小泉政権下では三位一体改革により財政調整をめぐる中央地方関係が大きく変化し，さらに平成の大合併により行政区画そのものの見直しが図られるなど，それまでの行財政運営のやり方では対応しがたい環境が形成されていった。一方，1990年代後半に登場した改革派首長は，2000年代に入ると一気にその数を増加させた。現在では改革を標榜しない首長の方が珍しいほどであり，急進的な改革を指向する首長も現れ始めている。改革派首長は，自治体を閉塞させる要因を既存の政治行政システムに求める。彼・彼女らは，そのシステムが生み出す既得権が財政を硬直化させると捉え，行政運営の方法を改善することで財政健全化を図ろうとする。また政策形成過程に積極的に住民を参加させることにより，行政と特定の利益集団が政策過程を独占する構造からの脱却を図ろうとしている。

このように改革の動きがかまびすしい地方自治体であるが，個々の事例に注目を集めることがあっても，全体としてどのような状況にありどのような方向で進んでいるのかはほとんど明らかにされていない。本来であれば，現段階で重視すべきは改革をするかどうかではなく，どのくらい改革が進んで

いるのか，どのように改革しているのかという点が明らかにされるべきである。それにも拘わらず，「目立つ」改革にのみ目を向けるならば，全体を見失うことになりかねず，したがって，改革の中身を分析し，明らかにすることが急務と言える。そこで本章では，2011年に実施した地方行財政改革に関する調査結果データを基に，現在の自治体でどのように改革が進められているのかを検討する。具体的には，改革施策を民主性改革と効率性改革に分類し，それぞれの改革施策がどのくらい採用されているのか，両者のバランスはどのようにとられているのか，それぞれの改革はどのような社会経済環境あるいは政治的環境の下で採用される傾向にあるのか，といった点を明らかにし，自治体における「改革の現在地」を見定めることを目的としたい。F. シャーフ（F. Scharpf）は，政府の政策には「入力指向の正統性」（input‐oriented legitimacy）と「出力指向の正統性（output‐oriented legitimacy）」が求められるとした[12]。この議論を援用すれば，自治体の改革もまた「政策決定過程の民主性に関する改革（入力指向の改革）」と「政策的効率性に関する改革（出力指向の改革）」の二つの側面から進めねばならない。そこで日韓比較地方自治研究会では，民主性改革に関する13項目の施策と効率性改革に関する26項目の施策を取り上げ，市レベルの自治体を対象に改革施策の実施状況調査を行い，その実施状況について回答を得た[13]。

　39の施策は，表7-11に示すとおりである。効率性改革は「行政評価」「会計制度」「業務管理」「効率化施策」「指定管理者制度」「人事制度」「補助金改革」「役所業務」の小項目に，民主性改革は「条例」「住民投票」「地域委員会」「市民参加」「パブリックコメント」「NPO支援」の小項目に分類されている。回答の選択肢は，「導入・施行・実施済」「導入・施行・実施決定済」「導入・施行・実施検討中」「未導入」の四つを設定した。ただし，「検討済・未導入」という回答が複数得られたことから，分析に際しては，その項目も付け加えて分類を行った。なお，39の施策が改革施策の全てを網羅しているとは考えていない。あくまでも，本研究会が代表的あるいは比較可能と想定した施策を取り上げたものである。したがって，これら39の施策を一つも実施し

12　Fritz Scharpf, 1999. *Governing in Europe: Effective and Democratic?*, Oxford University Press.

13　調査は2011年12月22日から2012年1月31日にかけて実施した。発送数は，全786市から，岩手・宮城・福島3県にかかわる自治体を除く742市で，回収数は401通（54.0％）であった。

第7章　自治体改革と首長意識　221

表7-11　改革施策項目の一覧

効率性改革	行政評価	行政評価条例の制定
		全施策及び全予算事業を評価対象とした行政評価制度
		行政評価・事業監査担当課の設置
		公募住民を委員に含む行政評価委員会の設置
	会計制度	一般会計とそれ以外の会計を対象とした連結バランスシートを作成
		行政コスト計算書の作成
		企業会計方式の導入
	業務管理	バランス・スコア・カード(BSC)の導入
		ビジネス・プロセス・リエンジニアリング(BPR)の導入
		目標管理制(MBO)の導入
	効率化施策	可燃ごみ(事業系ごみを除く)収集の民間委託
		学校給食の民間委託
		PFIの実施
		市場化テストの導入
		ゼロ予算事業の実施
		事業仕分けの実施
	指定管理者制度	民間営利企業への委託
		民間非営利団体への委託
	人事制度	成果給与制
		早期勧奨退職制度の活用(選択定年制の実施)
		管理職の民間公募
	補助金改革	補助金公募制の採用
		第三者機関による補助金審査
	役所業務	電子自治体(電子申請・届出システム)の導入
		市役所総合窓口の完全無休化と平日の開庁時間の延長
		証明書交付等の郵便局への委託
	条例	自治基本条例の制定
		市民参加推進条例の制定
民主性改革	住民投票	常設型住民投票制度の有無(自治基本条例内も含む)
	地域委員会など	(まちづくり,行政改革に関する)公募委員が含まれる市民委員会の設置
	市民参加	総合計画における素案策定など初期段階からの公募市民の参画
		市民による政策提案手続制度の導入
		市民登録制度の導入
		予算編成・提案への市民参画
	パブリックコメント	各種基本条例の制定・改定または 基本構想(計画)策定・改定における パブリックコメントの実施
		上記パブリックコメントに対する回答の義務付け
	NPO支援	NPOなど市民活動団体への支援を目的とした条例(または要綱)の制定の有無
		民間非営利団体(NPO等)への財政支援制度
		民間非営利団体(NPO等)との連携事業

表7-12　効率性改革の実施状況

(上段：度数　下段：%)

	実施済	決定済	検討中	未導入	検討済・未導入	その他	DK/NA	合計
行政評価条例の制定	21		24	346	2	1	2	396
	5.3		6.1	87.4	0.5	0.3	0.5	100.0
全施策及び全予算事業を評価対象とした行政評価制度	207	11	78	97	1		2	396
	52.3	2.8	19.7	24.5	0.3		0.5	100.0
行政評価・事業監査担当課の設置	206	2	16	170			2	396
	52.0	0.5	4.0	42.9			0.5	100.0
公募住民を委員に含む行政評価委員会の設置	115	3	58	217	2		1	396
	29.0	0.8	14.6	54.8	0.5		0.3	100.0
一般会計とそれ以外の会計を対象とした連結バランスシートを作成	322	24	32	17			1	396
	81.3	6.1	8.1	4.3			0.3	100.0
行政コスト計算書の作成	336	18	17	24			1	396
	84.8	4.5	4.3	6.1			0.3	100.0
企業会計方式の導入	103	3	51	237		1	1	396
	26.0	0.8	12.9	59.8		0.3	0.3	100.0
バランス・スコア・カード(BSC)の導入	17	2	12	365				396
	4.3	0.5	3.0	92.2				100.0
ビジネス・プロセス・リエンジニアリング(BPR)の導入	13	2	17	364				396
	3.3	0.5	4.3	91.9				100.0
目標管理制(MBO)の導入	183	19	30	162			2	396
	46.2	4.8	7.6	40.9			0.5	100.0
可燃ごみ(事業系ごみを除く)収集の民間委託	354	5	15	21			1	396
	89.4	1.3	3.8	5.3			0.3	100.0
学校給食の民間委託	223	26	59	87		1		396
	56.3	6.6	14.9	22.0		0.3		100.0
PFIの実施	63	6	127	198	1		1	396
	15.9	1.5	32.1	50.0	0.3		0.3	100.0
市場化テストの導入	5	3	63	323	1	1		396
	1.3	0.8	15.9	81.6	0.3	0.3		100.0
ゼロ予算事業の実施	145	1	30	217		2	1	396
	36.6	0.3	7.6	54.8		0.5	0.3	100.0
事業仕分けの実施	101	4	53	230	5	1	2	396
	25.5	1.0	13.4	58.1	1.3	0.3	0.5	100.0
民間営利企業への委託	354	6	15	20			1	396
	89.4	1.5	3.8	5.1			0.3	100.0
民間非営利団体への委託	346	4	20	23	1	2		396
	87.4	1.0	5.1	5.8	0.3	0.5		100.0
成果給与制	105	21	125	142		1	2	396
	26.5	5.3	31.6	35.9		0.3	0.5	100.0
早期勧奨退職制度の活用(選択定年制の実施)	334		7	52	2	1		396
	84.3		1.8	13.1	0.5	0.3		100.0
管理職の民間公募	26		11	357	1	1		396
	6.6		2.8	90.2	0.3	0.3		100.0
補助金公募制の採用	149		26	219	1	1		396
	37.6		6.6	55.3	0.3	0.3		100.0
第三者機関による補助金審査	118	2	38	238				396
	29.8	0.5	9.6	60.1				100.0
電子自治体(電子申請・届出システム)の導入	255	8	67	61		1	4	396
	64.4	2.0	16.9	15.4		0.3	1.0	100.0
市役所総合窓口の完全無休化と平日の開庁時間の延長	153	3	49	186		3	2	396
	38.6	0.8	12.4	47.0		0.8	0.5	100.0
証明書交付等の郵便局への委託	66	6	72	247	1	1	3	396
	16.7	1.5	18.2	62.4	0.3	0.3	0.8	100.0

表7-13 民主性改革施策の実施状況

(上段：度数　下段：％)

	実施済	決定済	検討中	未導入	検討済・未導入	その他	DK/NA	合計
自治基本条例の制定	89	22	100	185				396
	22.5	5.6	25.3	46.7				100.0
市民参加推進条例の制定	71	8	60	252		1	4	396
	17.9	2.0	15.2	63.6		0.3	1.0	100.0
常設型住民投票制度の有無（自治基本条例内も含む）	24	5	66	299	2			396
	6.1	1.3	16.7	75.5	0.5			100.0
（まちづくり，行財政改革に関する）公募委員 が含まれる市民委員会の設置	252	2	24	118				396
	63.6	0.5	6.1	29.8				100.0
総合計画における素案策定など初期段階からの公募市民の参画	285	3	20	87			1	396
	72.0	0.8	5.1	22.0			0.3	100.0
市民による政策提案手続制度の導入	87	3	42	262			2	396
	22.0	0.8	10.6	66.2			0.5	100.0
市民登録制度の導入	40		26	330				396
	10.1		6.6	83.3				100.0
予算編成・提案への市民参画	40	5	41	310				396
	10.1	1.3	10.4	78.3				100.0
各種基本条例の制定・改定または基本構想(計画)策定・改定におけるパブリックコメントの実施	354	6	17	19				396
	89.4	1.5	4.3	4.8				100.0
上記パブリックコメントに対する回答の義務付け	261	7	30	96	1		1	396
	65.9	1.8	7.6	24.2	0.3		0.3	100.0
NPOなど市民活動団体への支援を目的とした条例(または要綱)の制定の有無	175	2	36	178	1	1	3	396
	44.2	0.5	9.1	44.9	0.3	0.3	0.8	100.0
民間非営利団体(NPO等)への財政支援制度	178	3	33	180		1	1	396
	44.9	0.8	8.3	45.5		0.3	0.3	100.0
民間非営利団体(NPO等)との連携事業	271	5	36	83			1	396
	68.4	1.3	9.1	21.0			0.3	100.0

ていないからといって，まったく改革を進めていないと判断するものではない。しかし，この分析を通して，改革施策の実施状況についての一定の傾向を把握できるものと考えている。まず各施策の実施状況を，効率性・民主性に分けながら概観することにしたい。表7-12に示されるのは，効率性改革の実施状況を示したものである。表7-11からまずわかることは，「ほとんどの自治体が実施」「ほとんどの自治体が未導入」「自治体によってバラつきが

ある」施策に分類されることである。

　ほとんどの自治体が実施済または実施と決定している施策として，「連結バランスシートの作成（87.4％）」「行政コスト計算書の作成（89.3％）」「可燃ごみ収集の民間委託（90.7％）」「指定管理者の民間営利企業への委託（90.9％）」「指定管理者の民間非営利団体への委託（88.4％）」「早期勧奨退職制度の活用（84.3％）」が挙げられる（カッコ内は「実施済」と「決定済」を合わせた割合）。一方，ほとんどの自治体で未導入の施策は「行政評価条例の制定（87.9％）」「バランス・スコア・カード（BSC）の導入（92.2％）」「ビジネス・プロセス・リエンジニアリング（BPR）の導入（91.9％）」「市場化テストの導入（81.9％）」「管理職の民間公募（90.2％）」である（カッコ内は「未導入」と「検討済・未導入」を合わせた割合）。

　次に，表7-13に示されるのは民主性改革の実施状況である。こちらは，効率性改革に比べて極端な傾向をみせる施策は少ない。目立って大きな数値を示しているのは，「各種基本条例の制定・改定におけるパブリックコメントの実施（90.9％の自治体が実施もしくは決定済）」「市民登録制度の導入（83.3％が未導入）」「常設型住民投票制度の有無（75.5％が未導入）」「予算編成・提案への市民参画（78.3％が未導入）「総合計画における初期段階からの公募市民の参画（72.8％が実施もしくは決定済み）」である。

　ここからは，「ほとんどの自治体が実施・決定済」「ほとんどの自治体が未導入」である施策を除いて分析を進めていくことにしたい。まず，自治体によって採用にバラつきのある諸施策を各自治体が何項目採用しているのかをみることにする。各施策について「実施済」「決定済」と回答があった場合を「１」，それ以外の回答を「０」とし，効率化施策15項目，民主性施策８項目中の採用数別に，自治体数とその割合を示したのが表7-14である。効率化施策，民主性施策とも，分布に偏りがないことがわかる。効率化施策については，もっとも割合が高いのは４項目を採用している自治体である（15.4％）。しかしながら，15項目中のほぼ半数にあたる７項目を採用している自治体が12.4％，半数以上を採用している自治体の合計が27.5％と，積極的に施策を採用している自治体も少なからず存在している。一方，民主性改革をみると，もっとも割合の高いのが８項目中５項目を採用している自治体であり（18.2％），半数以上の施策を採用している自治体は全体の35.6％を占める。全体的には，民主性改革に関する施策の方が積極的に採用されていると言えよう。ただし，採用施策がゼロという自治体の割合は，

効率化施策では1％であったのに対して民主性施策では4％となっている。設問項目の特徴による可能性もあるが，民主性改革に対する自治体の温度差は効率性改革に対するそれよりも大きいことがわかる。

それでは，こうした自治体間の採用施策数の差異はどのような環境の差異によって規定されているのであろうか。次節以降，採用施策数を従属変数とした分析を進め，それを明らかにしていくことにしたい。

6．改革施策採用と地域特性

効率化施策・民主性施策ともに，各自治体が採用する施策数にバラつきがあることが明らかになったが，そのバラつきはランダムに発生しているものだろうか。それとも何らかの要因によって決まってくるものだろうか。本節では採用施策数の差異が自治体の社会的・経済的環境によって規定されると想定して分析を進めていくことにしたい。分析にあたっては，次のような想定をした。まず改革全般に関して言えば，一般的に農村

表7-14 改革施策採用数の分布

効率化施策

採用施策数	度数	％
0項目	4	1.0
1項目	16	4.0
2項目	16	4.0
3項目	39	9.8
4項目	61	15.4
5項目	54	13.6
6項目	48	12.1
7項目	49	12.4
8項目	41	10.4
9項目	31	7.8
10項目	24	6.1
11項目	10	2.5
12項目	1	0.3
13項目	1	0.3
15項目	1	0.3
合計	396	100.0

民主性施策

採用施策数	度数	％
0項目	16	4.0
1項目	43	10.9
2項目	69	17.4
3項目	60	15.2
4項目	67	16.9
5項目	72	18.2
6項目	42	10.6
7項目	21	5.3
8項目	6	1.5
合計	396	100.0

部は保守的で都市部が革新的(リベラル)な傾向があることから，都市部自治体の方が積極的な姿勢をみせると考える。そして，そうした傾向は特に民主性施策の採用により強くみられると想定する。1970年代に革新自治体が登場して以来，地方の政治過程における住民参加は，特に都市部自治体において活発に進められた。そうした歴史的経緯は，現在の施策展開にも影響を及ぼしていると考えられよう。一方，効率化施策については，都市－農村の軸に加えて財政環境からも影響を受けると考えられる。財政力指数が低い自治

体および経常収支比率の高い自治体では積極的に財政効率化を図り，財政再建を進める必要に迫られている。したがって，これらの財政指標が改革施策の採用数にも一定の効果を及ぼすと想定できる。そこで，改革施策の採用項目数と，人口規模・DID人口比率・核家族率・第一次産業人口比率・第二次産業人口比率・高齢化率・財政力指数・経常収支比率について相関分析を行った。分析の結果は，表7-15に示されるとおりである。

　まず人口規模をはじめとする社会的環境との関連からみると，人口規模の大きな自治体ほど効率化・民主性とも積極的に施策を採用していることがわかる。このほか，都市的な環境を示すDID人口比や核家族率も両施策に対してプラスの影響を与えている。逆に，農村的環境を示す第一次産業人口比率と高齢化率は，それらが高いほど両施策の導入に消極的（マイナス）であることがわかる。これらのことから，都市－農村という従来から論じられてきた軸が現在でも改革施策の実施状況に強い影響を及ぼしていることが明らかになった。しかしながら，効率化施策と財政環境の関係は想定とは逆の結果がみられた。分析結果は，財政力の強い自治体ほど効率化施策を積極的に採用し，また経常収支比率の高い自治体ほど採用に消極的になることを示している。さらに，効率化施策採用数と民主性施策採用数の間の相関係数は0.489とかなり高い数値を示している。これは，効率化改革施策を積極的に採用する自治体ほど，同時に民主性改革施策も採用していることを意味する。同じ「改革」であっても入力指向の改革と出力指向の改革は意味が異なるため，改革施策の採用にも偏りが生じることも予想された。しかし，分析結果からは，改革に積極的な自治体はいずれの改革施策にも積極的な姿勢をみせることが明らかになった。

表7-15　改革施策実施状況と社会経済環境の相関関係

	効率化施策			民主性施策		
	相関係数	有意確立	N	相関係数	有意確立	N
民主性導入	0.489	0.000	396			
人口(対数)	0.438	0.000	396	0.406	0.000	396
経常収支比率	-0.109	0.030	396	-0.033	0.510	396
財政力指数	0.392	0.000	396	0.311	0.000	396
DID人口比率	0.286	0.000	317	0.353	0.000	317
核家族率	0.096	0.087	317	0.151	0.007	317
第一次産業人口比率	-0.331	0.000	317	-0.359	0.000	317
第二次産業人口比率	-0.033	0.557	317	-0.026	0.646	317
高齢化率	-0.339	0.000	317	-0.358	0.000	317

第7章　自治体改革と首長意識　227

表7-16　改革施策実施状況の規定要因

	民主性施策					効率化施策				
	B	標準誤差	ベータ	t値	有意確率	B	標準誤差	ベータ	t値	有意確率
(定数)	-3.400	1.521		-2.236	0.026	-6.651	1.784		-3.728	0.000
人口(対数)	1.341	0.299	0.276	4.477	0.000	2.212	0.386	0.324	5.735	0.000
財政力指数	0.878	0.415	0.133	2.114	0.035	2.095	0.524	0.226	3.997	0.000
第一次産業率	-4.281	2.075	-0.136	-2.063	0.040					

N=316　Adj R-sq:0.200 F=27..290***　　　　　　　N=316　Adj R-sq:0.220 F=45..493***

　本節の最後に，相関分析に用いたすべての変数を独立変数とした重回帰分析を行った。相関分析に用いた変数は相互に関連性が強いため，都市－農村を示す指標であれ財政環境を示す指標であれ，最終的に最も影響を及ぼす変数を特定することができないためである。ステップワイズ法により探索的に行った分析結果の表7-16から明らかなように，効率化施策については人口規模と財政力指数が，民主性施策については人口規模と財政力指数に加えて第一次産業人口比率が有意な影響を与えていた。すなわち，人口規模の大きさが改革への積極性を規定し，それを踏まえてもなお財政力の強さが改革施策の採用数を増加させている。さらに民主性改革施策について言えば，人口と財政力を考慮してもなお，第一次産業人口比率の高い自治体で採用に消極的になっているわけである。

　本節では，改革施策の実施状況と社会経済的環境の関連性について検討を進めてきた。そこでは，従来から論じられてきた「農村部＝保守的」「都市＝革新的」という軸により改革への積極性が説明されるとともに，財政環境については相対的に改革が必要であるはずの自治体ほど消極的であること，改革施策の実施には効率化か民主性かの偏りがみられないことが明らかになった。しかしながら，社会経済的環境のみによって改革への積極・消極性が規定されると結論付けるのは早計である。「改革」を掲げない首長の方がもはや少ないとも言える現在において，政治的アクターが改革施策の実施状況に与える影響は小さくないはずである。そこで次節では，同時期に実施した市長に対する意識調査データを結合し，政治的選好や選挙競争の状況と改革施策の関連性について議論を進めていくことにしたい。

7. 改革施策採用と政治的選好

　直接選挙により選ばれた市長は，有権者（支持者）の要求に加えて自らの（有権者の要求も踏まえた）政治的選好を政策に反映しようとする存在である。したがって，市長の財政的選好や住民参加に対する選好によって改革施策の実施状況は異なるはずである。そこで本節では，市長の政治的選好と改革施策の関係についてみていくことにする。効率化施策に対しては，市長の財政的選好が関係するという結果を想定した。具体的には，財政支出に対する考え方がコンサバティブ（小さな政府指向）であれば効率化施策に積極的であり，リベラル（大きな政府指向）であれば消極的になると仮定する。なお，市長の財政的選好は，意識調査における次の質問を用いて測定した。

　問　次の質問は，一般的な経済問題と社会問題についてお伺いするものです。ご自身のお考えにもっとも近い立場をお答え下さい

　１）福祉と税負担について
　（Ａ）税負担を上げてでも，福祉などの行政サービスを維持すべきである
　（Ｂ）福祉などの行政サービスが低下しても，税負担を上げるべきでない
　２）自治体財政が歳入不足に陥った際，望ましい解決策について
　（Ａ）自治体の借金を増やしてでも，行政サービスを維持すべきである
　（Ｂ）自治体の収入不足に応じて行政サービスを削減すべきである

　この設問に対する回答の選択肢は「Ａに近い」「ややＡに近い」「ややＢに近い」「Ｂに近い」であり，Ａに近ければ財政的リベラル選好を，Ｂに近ければ財政的コンサバティブ選好を有すると定義した。この設問に対する回答と効率性改革施策の採用数に応じて再分類した４カテゴリーとのクロス集計表が表7-17であるが，明確な関連性を見出すことはできなかった。まず福祉と税負担に対する回答と施策採用数との関係をみると，施策採用数が０～３項目と消極的なのは，強リベラルの市長が25％であるのに対してコンサバティブな市長は弱コンサバティブが17.1％，強コンサバティブが０％と

第7章　自治体改革と首長意識　229

表7-17　財政的選好と効率化施策の実施状況（%）

福祉と税負担　　　　　　　　　　　　　　　　歳入不足への対応

	0～3項目	4～5項目	6～7項目	8項目以上	合計	0～3項目	4～5項目	6～7項目	8項目以上	合計
強リベラル	25.0	25.0	16.7	33.3	100.0	100.0	0.0	0.0	0.0	100.0
弱リベラル	19.6	28.7	28.0	23.8	100.0	0.0	18.2	27.3	54.5	100.0
弱コンサバ	17.1	34.3	20.0	28.6	100.0	17.9	31.4	24.4	26.3	100.0
強コンサバ	0.0	50.0	50.0	0.0	100.0	31.4	25.7	25.7	17.1	100.0
合計	19.6	29.4	25.5	25.5	100.0	20.1	29.4	24.5	26.0	100.0

相対的に少ない。また，施策採用数4～5項目，6～7項目については，コンサバティブな選好の市長がいる自治体ほど該当する割合が高くなる傾向にある。しかし，その一方で，強コンサバティブな市長がいる自治体の中で8項目以上の施策を採用している自治体は0％であった。歳入不足への対応に関する回答と施策採用数の関係についても，同様に明確な関連性はみられない。強リベラルな市長のいる自治体では100％が0～3項目の採用にとどまっているものの，その一方で，8項目以上を採用しているのは弱リベラルの市長がいる自治体がもっとも多い。また，強コンサバティブな市長のいる自治体のうち，もっとも多くの割合を占めるのは0～3項目を採用している自治体である。これらのことからも，小さな政府を指向する市長ほど積極的に効率化施策を採用しているという明確な傾向を見出すことはできなかった。

　次に，市長の住民参加に対する政治的選好と民主性施策との関係をみていくことにしたい。市長への調査では，民主性施策に関する次のような質問を設定した。パブリックコメントに関する設問は一般的な住民参加，予算提案権付与に関する設問はかなり積極的な住民参加を問うものである。

　　問　パブリックコメントの実施や市民会議の実施など，首長や執行機関に対する住民の直接参加・参画が拡充し，首長や執行機関と住民が直結する傾向がみられます。この傾向について，（A）住民自治の進展のためには良いことである（B）住民代表である議会や議員を軽視しているのであまり好ましくない，の2つの意見のどちらにお考えが近いですか

問　現在，地域にかかわる予算を市民が提案する取り組みがみられてい
　　ます。このように地域にかかわる予算の提案を市民が担うことについ
　　て，(A) 住民自治の進展のためには良いことである(B) 住民代表であ
　　る議会や議員を軽視しているのであまり好ましくない，の２つの意見
　　のどちらにお考えが近いですか

　回答は，「Aに近い」「ややAに近い」「ややBに近い」「Bに近い」の４段
階で得ている。本章では，この選択肢を「Aに近い」から順に，住民参加に
対して「積極的」「やや積極的」「やや消極的」「消極的」として民主性施策
の実施状況との比較を行った。ここでは住民参加に積極的な選好をもつほど
民主性施策の採用項目数も多いという結果を想定したが，表7-18に示され
るとおり，パブリックコメントについては若干そのような傾向がみられるも
のの，予算提案権付与についてはむしろ逆の傾向がみられた。
　まずパブリックコメントについてみると，積極的な選好を有する市長の下
では他の選好をもつ市長の下に比べて施策採用数が０～２項目の自治体の割
合が少なく，７～８項目を採用する自治体の割合が多くなっている。つま
り，積極的な選好を有する市長の下では民主性施策の採用が積極的に行われ
ている。しかし，そうした自治体に次いで積極的に民主性施策を採用してい
るのは消極的な選好を有している市長のいる自治体であり，このことからみ
ても，パブリックコメントに対する市長の選好と実際の施策実施の関係は線
型(直線的)な関係をみせるものではなかった。また，予算提案権付与に対す
る選好との関係は，積極的な市長のいる自治体ほど０～２項目と施策採用数
が少ない自治体が多く，消極的な市長のいる自治体ほど７～８項目を採用し
ている自治体が多いという結果であった。

表7-18　住民参加施策への選好と民主性施策の実施状況(％)

パブリックコメント　　　　　　　　　　　　　　　　住民への予算提案権付与

	0～2項目	3～4項目	5～6項目	7～8項目	合計	0～2項目	3～4項目	5～6項目	7～8項目	合計
積極的	20.7	27.6	34.5	17.2	100.0	47.6	33.3	19.0	0.0	100.0
やや積極的	35.4	34.5	26.5	3.5	100.0	36.9	32.3	26.2	4.6	100.0
やや消極的	38.6	26.3	31.6	3.5	100.0	30.5	28.0	35.4	6.1	100.0
消極的	25.0	37.5	25.0	12.5	100.0	32.4	35.3	20.6	11.8	100.0
全体	33.8	31.4	29.0	5.8	100.0	34.7	31.2	28.2	5.9	100.0

第7章　自治体改革と首長意識　231

　次に，社会的争点に対する選好との関係についてもみることにしたい。社会的争点への選好とは，新しい価値観に対する寛容度を示す指標である。住民参加は，いわゆる政治的エリートによる政策形成という保守的な指向に対峙するものであり，新しい価値観とみなすことが可能である。したがって，ここでは社会的選好がリベラル（寛容）であるほど民主性改革に積極的，コンサバティブ（不寛容）であるほど消極的という想定を行って分析を進めた。社会的争点に対する選好は，前述の設問を通じて捉えることにした。

　この設問に対する選択肢は，財政的選好に関する設問と同様に，「Aに近い」「ややAに近い」「ややBに近い」「Bに近い」であり，Aに近ければ社会的リベラル選好を，Bに近ければ社会的コンサバティブ選好を有すると定義した。民主性施策の実施状況との関係は，表7-19に示されるとおりである。国際結婚への選好との関係ではほとんど傾向を見出すことができなかったものの，夫婦別姓への選好との関係をみると想定どおりの傾向がみられた。国際結婚への選好との関係をみると0～2項目と施策実施に消極的な自治体の割合は弱コンサバティブと強リベラルが多く，強コンサバティブがもっとも少ない。逆に7～8項目と施策実施に積極的なのは，強コンサバティブな市長がいる自治体である。強リベラルな市長の下でも施策実施に積極的な自治体が多いが，一貫した傾向はみられない。一方，夫婦別姓に関しては，施策実施が0～2項目の消極的な自治体が強リベラルから強コンサバティブにかけて，順に増加していることがわかる。また施策実施に積極的な自治体についても強リベラルがもっとも割合が高く，強コンサバティブは0％である。

　これまでみてきたように，市長の政治的選好と改革施策の実施状況は部分的に関係性をみせるものの，全体的には明確な傾向を表すものではなかった。市長が財政政策についてあるいは住民参加制度について，どのような考

表7-19　社会的選好と民主性施策の実施状況（％）

国際結婚

夫婦別姓

	0～2項目	3～4項目	5～6項目	7～8項目	合計	0～2項目	3～4項目	5～6項目	7～8項目	合計
強リベラル	37.3	31.3	22.4	9.0	100.0	29.2	33.3	29.2	8.3	100.0
弱リベラル	28.3	28.3	39.1	4.3	100.0	31.1	29.1	34.0	5.8	100.0
弱コンサバ	41.9	35.5	19.4	3.2	100.0	40.0	30.0	23.3	6.7	100.0
強コンサバ	20.0	40.0	30.0	10.0	100.0	44.4	38.9	16.7	0.0	100.0
全体	33.0	31.0	30.0	6.0	100.0	33.2	31.2	29.6	6.0	100.0

えを有しているかは直接的には改革施策の実施状況に結びついていなかった。それでは，地方自治体における改革に対して政治的要因はまったく意味をもたないのであろうか。次節では，市長選挙にかかわる諸要素が改革施策の実施状況に及ぼす影響について検討しながら検証を行っていくことにしたい。

8. 改革施策採用と選挙競争

　市長の政治的選好が改革施策の実施に影響を及ぼさないとすれば，「政治」は改革から切り離された存在なのであろうか。もしそうであるならば，選挙における有権者の選択は意味をもたず，民主主義の機能という面からも大きな問題となる。そこで本節では，市長選挙にかかわる諸変数を加えて改革施策の実施状況を規定する要因についてあらためて分析することにしたい。市長選挙にかかわる諸変数としては，選挙競争の激しさを示す「接戦率」，当選した市長がいずれの政党からも推薦を受けていないか否かを示す「無党派」，有力政党から推薦を受けた候補者同士の選挙戦かどうかを示す「政党間競争」，国政レベルの与野党が相乗りで推薦している市長であるかどうかを示す「相乗り」，有力政党から推薦を受けた候補者と戦って勝利した無党派市長か否かを示す「無党派で政党との競争あり」の5変数を作成した。それぞれの変数は，改革施策に対して次のような影響を及ぼすと想定する。まず，選挙競争が接戦であるとき改革のスピードは鈍ると考えられる。たとえ改革派が市長の座を手に入れたとしても，強い対抗勢力をないがしろにした市政運営は難しく，さまざまな配慮が必要となろう。したがって，あまり積極的に施策を実施できないと考えられる。次に「無党派」は，これまではある意味で改革派の典型的な指標であった。しかしながら近年では，いずれの政党からも推薦を受けない無党派市長はかなり多くを占め，かならずしも改革派の指標ではなくなっている。そこで本章では，その「無党派」とは別に有力政党から推薦された候補者と競争したうえで当選した「無党派」を変数化した。それが「無党派で政党との競争あり」という変数であり，単なる「無党派」よりも旧勢力と明確に競争しているという点でより改革に積極的になると考える。逆の意味で，「相乗り」市長は既存の政治行政システムの温存を指向して改革施策に対しては消極的な姿勢をみせると考えられる。そして，これらの政治的変数に加えて第2節で用いた社会経済環境変数，第3

第7章　自治体改革と首長意識　233

節で用いた市長の政治的選好に関する変数を独立変数とし，効率化施策の実施項目数を従属変数として行った順序ロジット分析の結果が表7-20である。

　表7-20中の係数は，プラスであれば改革に積極的（施策実施数が多い），マイナスであれば消極的（施策実施数が少ない）であることを意味する。そして，人口規模と財政力という社会経済環境変数の影響を考慮してもなお「無党派で政党との競争あり」がプラスの影響を，歳入不足に関する強リベラル選好（大きな政府指向）がマイナスの影響を有意に及ぼしていることが明らかになった。ただし，歳入不足に関する弱リベラル選好は想定とは異なり，プラスの影響を及ぼす結果が示されている。

　表7-21には，民主性施策の実施状況を従属変数とした分析結果が示されている。この分析においても，人口規模・第一次産業人口比率といった変数に加えて政治的変数の効果が有意に表れている。ここで興味深いのは，「無党派」がマイナスの影響を及ぼしている点である。先に述べたように，近年の市長選挙においていずれの政党からも推薦を受けない「無党派」の数が飛躍的に増え，もはや既存政党との差別化を示すラベルとしては機能していない。ここでの分析結果は，その変化を如実に示すものと言える。また，「相乗り」市長も同じく民主性改革に消極的であることが明らかになった。無党派市長とは異なり，相乗り市長については従来と変わらず既存システムの維持を指向する存在であると言えよう。なお，民主性施策に対しても政治的選好の影響が有意に表れているが，効率化施策におけるそれと同じく影響の方向は一定ではなかった。近年の地方選挙では，大多数の候補者が「改革」を主張して競争する。それにも拘わらず，選挙競争の態様や市長の政治的選好が改革施策の実施状況に影響を及ぼさないのであれば，民主主義という観点からも大きな問題が提起される。この問題意識を基に行った本節の分析から

表7-20　効率化施策の規定要因

		B	標準誤差
人口（対数）		1.572 ***	0.437
財政力指数		1.086 **	0.510
接戦率		−0.127	0.732
無党派		0.123	0.327
政党間競争		0.369	0.699
相乗り		0.079	0.495
無党派で競争		0.791 *	0.460
税負担と福祉	強リベラル	−0.093	1.319
	弱リベラル	−0.292	1.299
	弱コンサバ	−0.142	1.318
歳入不足	強リベラル	−2.340 *	1.352
	弱リベラル	1.143 *	0.633
	弱コンサバ	0.404	0.358
Nagelkerke-Rsq: 0.250 N=202			

234

表7-21　民主性施策の規定要因

		B	標準誤差
人口（対数）		1.315 **	0.545
財政力指数		0.786	0.732
第一次率		−6.837 *	3.708
接戦率		−0.949	0.927
無党派		−1.422 ***	0.404
政党間競争		−0.672	0.743
相乗り		−1.286 **	0.565
無党派で競争		0.587	0.566
パブコメ	積極的	0.443	0.971
	やや積極的	−0.622	0.892
	やや消極的	−1.002	0.911
予算提案権	積極的	−0.358	0.645
	やや積極的	−0.647	0.499
	やや消極的	0.313	0.482
国際結婚	強リベラル	−1.362 *	0.802
	弱リベラル	−0.282	0.778
	弱コンサバ	−0.793	0.833
夫婦別姓	強リベラル	1.263 *	0.692
	弱リベラル	0.977	0.626
	弱コンサバ	0.898	0.680
Nagelkerke-Rsq: .402 N=149			

は，政治的要因が改革施策に一定の影響を及ぼしていることが明らかにされた。特に重要な点は，いわゆる無党派首長の傾向に変化が認められることである。今や無党派というラベルは，既存勢力への対抗者を示すものではない。同じ無党派候補者であっても，何を主張し誰と競争しているのかによって，その後の行財政運営に大きな違いが生じる。その意味で有権者には，今まで以上に候補者を注視して投票先を選択することが求められる。

9．まとめ

　自治体には「改革か否か」ではなく，「どのように改革するか」が問われる時代となっている。そして，その時代の変化は，研究者にも「どのように改革しているか」を明らかにすることを要請する。そこで本章では，地方における現在の改革施策実施状況をさまざまな要因と関連づけながら説明してきた。分析から明らかになった主な点は，次の四つである。第一に，改革施策は「実施されやすい施策」「実施されにくい施策」「実施のバラつきがある施策」に分類されることである。第二に，効率化と民主性の間に偏りはなく，積極的に改革する自治体はどちらの施策についても積極的なことである。第三に，改革施策の説明要因として都市－農村の軸が依然として有効であることと，財政環境がその必要性とは逆の影響を与えることである。第四に，政治的要因は改革に影響を及ぼし，特に選挙競争の態様が重要な意味をもつことである。より詳しく述べると，効率化施策については政党との競争を経た無党派市長が積極的に改革を進めていること，無党派と相乗り市長が民主性改革に消極的であることが明らかになった。

　これらをまとめると，改革の進め方には多様性があり，それは社会経済環

境と政治的要因によって規定されることになる。今後は改革施策を実施した結果，どのような変化をもたらしたかを分析することが求められよう。すなわち，社会経済環境に適した施策が実施されているのか，また，政治は適切な施策を選択しているのかを明らかにしていかねばならない。それが，目的合理的な改革施策の選択・実施に結びつくからである。改革施策を講じれば良いという時代は終わり，多様な改革施策の中から何を選択するかが重要になっている。政治家や行政官のみならず，有権者側からもそうした時代に即した議論を活発化させていく必要があるといえよう[14]。

14　本章は，小林良彰・名取良太. 2012. 「地域主権時代における自治体改革と首長意識」『地方財務』699号を加筆訂正したものである。

第8章
地域州構想－新潟州構想の事例

1. はじめに

　地方分権・地域主権時代においては，大きな権限と財源をもち競争力と成長力を発揮する広域自治体と住民に身近なサービスを提供する基礎自治体が効率性と民主性の観点から適切な事務配分の下に活動できる仕組みが必要である。地域主権時代の統治構造をめぐってはさまざまな議論が提起されているが，この基本的理念については共有されているといえよう。しかし，具体的な制度の議論に入り込むと，さまざまな構想が入り乱れているのが実情である。まず，古くて新しい構想といえるのが道州制である。1965年代には既に議論が始まっていた道州制であるが，大きな転換点となったのが2006年に第28次地方制度調査会が行った「道州制のあり方に関する答申」であろう。この答申では，都道府県の廃止と道州制の導入を打ち出し，都道府県の合併案の提示にまで踏み込んだ案が示された。これを受けて政府は，同年，北海道及び3以上の都府県からなる地方を対象とする道州制特区推進法を制定した。そして北海道も，2007年に北海道道州制特別区域推進条例を制定して運用が始まった。しかしながら北海道における実践は，その特区提案の多くが現行法でも対応可能であったように，道州制のモデルや全国展開への礎となるほどの成果を認めることができなかった[1]。

　これに対して，近年，地方からの抜本的な制度改革案が提示されている。

1　佐藤克廣. 2010. 「道州制特別区域法制定後の道州制特別区域（分権型社会における地域自立のための政策に関する総合研究(II)」『開発論集』, 85: 1-13.

大阪府・大阪市による大阪都構想，愛知県・名古屋市による中京都構想，横浜市など指定都市市長会（以下，指定市長会）が主張する特別自治市構想である。府（県）・政令市の合併か政令市の県からの独立かという枠組みの相違はあるものの，いずれも二重行政の弊害を除去して適切な役割分担を進めるとともに，国際的な都市間競争に耐えうる強い広域自治体と住民福祉に資する基礎自治体を設置しようとする構想である。特に，大阪都構想のインパクトは大きく，2012年8月に「大都市地域における特別区の設置に関する法律」が成立し，東京都以外の大都市地域において特別区を設置することが可能になった。

　このように新しい国のカタチをめぐる議論は喧しいが，道州制については地制調答申の区割り案には反発が強く，そもそも中央主導による分権改革には限界がある。また，都構想や特別自治市構想については，関係自治体間あるいは県・政令市間の合意形成に大きな課題が残されたままである。こうした中で異彩を放つのが，新潟県と新潟市による新潟州構想である。2011年1月，泉田裕彦新潟県知事と篠田昭新潟市長が共同記者会見を行い，新潟州構想を発表した。それ以来，県市間で着々と協議が進められ，検討課題の確定，対応策の検討を経て実践が始まっている。新潟州構想の狙いは，拠点力と競争力をもつ新潟を創るために，広域自治体と基礎自治体の事務配分を見直し，新たな統治の仕組みづくりを進めることにある。この狙いは，他の構想と共通するものといえよう。しかし，新潟州構想の特徴は，一旦，統治の「カタチ」に関する議論から離れ，統治の「中身」すなわち役割の再整理を徹底して進めていることにある。そして，そのことが県市連携の強化，改革のスピードアップ，職員意識の変化といった効果をもたらしている。そこで，新潟州構想発表の背景と検討プロセスおよび施策の内容を踏まえつつ，新潟県・新潟市がどのように円滑に改革を進めているのかを検討していくことにしたい。

2．新潟州構想の背景

　2011年1月25日，新潟県と新潟市は共同記者会見を行い，「県と政令市の合併による自治の拡大を目指す「新潟州（新潟都）」構想を発表した。その背景には，二つの危機感があった。第一は，遅々として進まない地方分権に対する危機感である。まず，民主党政権が掲げた地域主権改革は当初の勢い

とは裏腹に停滞し，ほぼたなざらしの状態にあった。また，平成の大合併により新潟県内の市町村は112から30へと減少した。また，新潟市も15市町村の合併によって面積・人口規模とも拡大し，2007年には政令指定都市に移行したように基礎自治体の規模・能力の拡大が進んでいた。しかし，合併に関わる事務処理が一段落したにもかかわらず，「基礎自治体優先の原則」「補完性・近接性の原理」に基づく事務権限の移譲が不十分なままと認識されていた。また，指定市長会が，新たな大都市制度として特別自治市制度を提案していたが，国レベルで本格的な検討はなされていなかった。このように分権がなかなか進まないことに対して危機感を持ち，地方の側から先手を打って分権推進の声を上げる必要を感じていた。

　第二は，新潟の拠点性・競争力に対する危機感である。2010年12月に閣議決定された「アクションプラン～出先機関の原則廃止に向けて～」では，ブロック別に設立された広域連合に，出先機関の権限を移譲することが想定されていた。しかし，こうした分権の方法は，新潟県に，拠点性・競争力の観点から不安を与えるものであった。新潟県の被管轄エリアは，省庁別の出先機関ごとに錯綜している。例えば，法務局や経済産業局の管轄エリアとしては関東に位置づけられるが，地方農政局や地方整備局の管轄エリアとしては北陸に位置づけられる。また，地方農政局と地方整備局は同じ北陸でありながら，地方農政局は新潟，富山，石川，福井の4県を管轄エリアとし，地方整備局は新潟，富山，石川の3県のみを管轄エリアとするといった具合である[2]。こうした状況は，どのブロックに入ったとしても，一番端に位置する自治体となり，核にはなれないという危機感を新潟県に覚えさせたのではないか。そこで，来るべき道州制議論の中で取り残されないよう，単独の県としても権限移譲の受け皿となるべく県・政令市および市町村連携を強化し，新潟県の拠点性・競争力を強化する必要を感じていたのである。すなわち新潟州構想は，「地方分権の推進」と「県としての拠点性の向上」という，二つの危機感に端を発する趣旨のもとに掲げられた。二つの危機感を背景として掲げられた新潟州構想は，その目的として「県と政令市との二重行政を排し，行政の効率化を図る」「政令市が有する高度な行政機能を全県に波及させる」「地域の課題は住民に身近なところで解決できるよう，基礎自治体の自治権の強化を図る」の3点を挙げている。これは，地域主権時代のあるべ

2　新潟州構想検討委員会「新潟州構想検討報告書」，4ページ。

き自治体の姿をイメージしたものと捉えられよう。

　ところが，状況は思わぬ展開をみせた。当初の報道発表資料には，州構想のイメージとして「新潟州（新潟都）は，東京都と特別区の関係を参考に，特別区へのさらなる権限の拡大を含めて検討する」，「新しい自治体の名称は『州』にこだわらず『都』も含め検討する」[3]と明記され，新潟州構想検討委員会準備会資料では県・政令市合併の道筋も描かれていた[4]。このため，世間では「県市合併」「新潟市の廃止」「特別区の設置」という「カタチ」の側面がクローズアップされはじめた。例えば，特別区をいくつに分けるのか，何区と何区が合併するのか，人口は何万人なのかなど，「カタチ」の議論に終始して，地域主権・地方分権という要の議論にはあまり目が向けられなくなったのである。そこで，新潟県・新潟市は，一旦，「カタチ」の議論を止め，州構想で目指すものが「県・政令市の二重行政の解消」と「新潟県の拠点性の向上」であることを再確認したうえで，その目標をどう実現していくかの議論に集中することにした。二重行政については県と政令市で一つ一つの課題について議論をしていくという体制をとり，拠点性の向上については新潟県全体にかかわる問題であるから県と全市町村の協議の場を作って議論するという体制をとることになった。このよう経過を辿って，新潟州構想は，形ありきの議論ではなく具体的な課題解決を優先し，進められることになった。

3．新潟州構想の展開

　2011年1月の構想発表以降，新潟州構想をめぐり多くの議論が積み重ねられてきた。表8-1は主要な検討会議のスケジュールを示しているが，事務レベルでは数多の協議がなされている。発表時点ではわずか1枚の用紙に描かれていた構想は，会議や協議を通じて，肉付けされていった。枠組みや方向性といった大きな視点から議論を進めたのが，新潟州構想検討委員会である。経済界などからの有識者で構成された検討委員会は，6回の会議を経て報告書を提出した。検討委員会では，そもそも何を目指す構想なのかを明確にすべきとされた。何を目指す構想なのかという大義名分がなければ，何も

3　「新潟州構想　検討報告書」（資料編），1ページ。
4　「新潟州構想　検討報告書」（資料編），7ページ。

240

表8-1　新潟州構想検討スケジュール

	1月25日	新潟州（新潟都）構想の共同記者会見
	5月14日	新潟州構想検討委員会準備会
2011年	7月9日	第1回新潟州構想検討委員会
	9月16日	第2回新潟州構想検討委員会
	11月18日	第3回新潟州構想検討委員会
	1月30日	第4回新潟州構想検討委員会
	2月17日	第1回新潟州構想検討連絡調整会議
2012年	3月30日	第5回新潟州構想検討委員会
	5月1日	第6回新潟州構想検討委員会
	11月19日	第1回新潟州構想検討推進会議
	2月7日	第2回新潟州構想検討推進会議
2013年	7月31日	第3回新潟州構想検討推進会議
	12月26日	第4回新潟州構想検討推進会議

出典　新潟市ホームページより抜粋[5]

始められないという議論が起こったのである。そこで，首長同士，検討委員会，および事務レベルで議論を重ね，県としての成長戦略の強化や日本海側における拠点性の向上を目指した構想であるという位置づけが明確にされていった。また，その目標を達成するために二重行政の排除や政令市への権限移譲の必要があり，県と政令市で連携しながら個別の課題を解決するという方向が定まり，最終報告書がまとめられた。

　さて，検討委員会が大きな枠組みの議論を進めつつも，具体的な課題整理を始めたことを受け，2012年2月には新潟州構想検討連絡調整会議が設置された。調整会議では，検討課題として挙げられた6項目（「公営住宅」「文化施設」「感染症対策」「食品衛生」「特別高度救助隊」「ハローワーク」）について課題解決に向けた検討が重ねられた。県市の担当部局間で検討・協議・意見交換を行う一方，県側の事務局を行政改革推進室，市側の事務局を地域・魅力創造部として事務局間で適宜連絡・調整が行われてきた。検討委員会の最終報告書が提出された後の11月からは，新潟州構想検討推進会議が発足して具体策の検討が始まった。2013年7月の第3回推進会議では検討6項目について改革の方向性が定まり，同年12月の第4回推進会議では新たに追加された2項目（「万代島港湾地区のにぎわい創出」「未就学児対策」）

5　新潟県HP「新潟州構想のページ」（URL：http://www.pref.niigata.lg.jp/kaikaku/1312495
　250424.html）。

第8章 地域州構想―新潟州構想の事例 241

についても課題と対応策について，ほぼ合意が得られている。このように新潟州構想の改革のスピードは早く，その要因については第4節でみることにしたい。

4. 州構想の実践

　本節では，新潟県・新潟市による具体的な施策を紹介する。各施策については，二重行政の排除による効率化に加え，意思決定の迅速化と統一化，住民の利便性を重視した行政サービスの提供といった点も重視されて対応策が講じられている。次に，個々の項目ごとに課題と対応策をみていくことにしたい。

4.1 公営住宅政策の改革

　新潟市内には市営住宅64団地に加えて，県営住宅も15団地が立地されていた。県営住宅15団地のうち，11団地は市有地を借地として建設されており，そのうち，5団地は市営住宅に隣接していた。そして，市営住宅と県営住宅では管理方式や申込抽選方法，家賃減免方式などいくつかの相違点があった。また，申込窓口もそれぞれ別々であった。すなわち同じ公営住宅であるにもかかわらず，県と市が独自に管理・運営していたために利便性やわかりやすさを損なっていたのである。そこで，まず2013年度から入居申込の相互受付を始めた。2013年4月から6月までの実績で，県は7件の市営住宅申込を受け付け，市は67件の県営住宅申し込みを受け付けており，明らかに住民の利便性は高まったといえよう。加えて，市が公営住宅施策を一元的に実施できるよう，県営住宅を段階的に市営住宅に移管することも合意されている。市有地に建設されている県営住宅については2016年度を目途に，それ以外については財産帰属の面などを考慮しながら2018年度以降を目途に移管することとなっている。

4.2 文化施設の効率的管理

　新潟市中心部にある白山公園内には，県立の県民会館，市立のりゅーとぴあ(新潟市民芸術文化会館)と新潟市音楽文化会館が隣接している。これらの文化施設についても，県と市の管理・運営を一元化することで，効率化を図ることが合意されている。これまでは県と市それぞれが指定管理者制度を用

いて，別の財団に管理を委託していたのを，市が一体的に管理することにしたのである。これによって，例えば，貸館予約システムやチケット販売の一元化が達成され，行政コストの面で効率化が図れるとともに，住民の利便性も高まることになる。この施策は，権限移譲のような大掛かりな改革をすることなく達成できることも特長である。もともと指定管理者制度によって管理委託をしていたのであるから，市が指定管理者に選定する者を県も指定管理者に選定すれば済む話である。こうした工夫を凝らしている点も，多くの改革が合意に至っている要因の一つといえよう。

4.3　特別高度救助隊機能の新潟県全域への波及

　特別高度救助隊は省令により東京消防庁および政令市に1隊以上の配置が必要とされ，新潟県内では新潟市消防局のみに配置（2007年4月1日より1隊15名を配置。通常時は一般災害に出動）されている。県域全体の安全安心を考慮する必要があるが，新潟市と新潟市域外で同時に重篤な災害が生じた場合，特別高度救助隊は新潟市の隊であるため，新潟市の対応を優先せざるを得ず，県域全体として見た被災規模・状況に応じた対応がとれない。そこで，特別高度救助隊の県内広域応援の調整（市消防局の応援隊調整本部）に，県から連絡調整員を派遣することについて合意がなされている。また，特別高度救助隊の全国的な配置基準の見直しと財政支援を国に要望する要望文案については県と市で協議した。

4.4　食品の安全・安心対策および感染症対策

　保健所にかかわる業務は，もともと政令市や中核市などに設置権限が与えられているため，従来から広域的問題の発生時の対応に懸念が抱かれていた。そこで，2013年2月に指揮命令権限の一元化に向けた覚書を締結し，広域事案発生時の情報を県に集約することと広域食品（感染症）事案対策会議において対応方針を決定することを合意した。具体的には，県の会議に市職員も参加して情報を提供しあう形で連携を深めていくが，司令塔は県に集約することとなった。広域的な対応を必要とする事案については，たとえ政令市も権限を持つとしても，司令塔を一つにして対応するという体制を整えるわけである。

4.5 ワークポート新潟の設置（ハローワーク）

　ハローワークにかかわる改革は，2012年3月，国のアクションプランに県市が共同提案し，採択された施策であり，州構想の中でいち早く取り組まれた課題である。これは，国・県・市が一体となり，就労支援と生活支援をワンストップで行う体制を構築する施策で，新潟市東区役所内に開設されて「ワークポート新潟」と名付けられている。もともとは，求人情報サービスはハローワーク，福祉サービスはそれぞれの区役所の窓口，職業訓練は県のテクノスクール（職業訓練校），と別々の場所で動いていた。しかし，そうした仕組みは，住民の利便性を損なうだけでなく，政策効果も減少させる恐れがある。例えば，生活保護の窓口で職を探すことをアドバイスする際，今までの体制ではハローワークに行くよう伝えるにとどまり，その後の行動を把握できなかった。ところが，区役所内に国と県の職員を配置してワンストップサービス体制を構築すると，窓口の職員がハローワークやテクノスクールに直接繋ぐことが可能になる。すなわち，住民生活の総合的なバックアップ体制を敷くことができたのである。実績ベースでも，その政策効果は表れている。表8-2は2013年1月~11月のワークポート新潟」利用者数である。1月中旬に開設されて以来，窓口利用件数，職業相談件数とも安定した推移を見せ，毎月一定の就職者も生み出している。さらに顕著なのは，生活保護受給者等就労自立促進事業における就職者数への効果である。開設前（2012年1月~9月）と開設後（2013年1月-9月）の比較を，区ごとにみていくと，「ワークポート新潟」を開設した東区は，絶対数でも伸び率でも他区を大きく上回っていることがわかる（表8-3）。

表8-2 「ワークポート新潟」の利用者数推移

	1月	2月	3月	4月	5月	6月	7月	8月	9月	10月	11月	合計
窓口利用（延べ件数）	405	718	787	814	906	839	795	793	778	833	739	8407件
うち職業相談	147	257	261	245	293	268	243	256	284	270	199	2723件
うち職業訓練相談	17	8	9	8	5	5	2	10	14	9	6	93件
就職者（実人数）	1	7	8	10	6	8	10	9	9	9	8	85人

出典：第4回新潟州構想検討推進会議　資料2新潟県と新潟市の課題整理検討テーマの対応方針等より抜粋http://www.pref.niigata.lg.jp/HTML_Simple/845/966/siryou2,0.pdf

244

表8-3 生活保護受給者等就労自立促進事業における就職者数

	開設前	開設後	差引
北区	2	6	4
東区	9	33	24
中央区	7	15	8
江南区	1	7	6
秋葉区	0	4	4
南区	0	5	5
西区	15	18	3
西蒲区	2	0	-2
計	36	88	52

出典：第4回新潟州構想検討推進会議資料2 新潟県と新潟市の課題整理検討テーマの対応方針等より抜粋(http://www.pref.niigata.lg.jp/HTML_Simple/845/966/siryou2,0.pdf)。

4.6　万代島港湾地区のにぎわい創出

　本課題は，港湾管理者・地権者(新潟県)とまちづくりの主体(新潟市)が異なることで生じていた。新潟市は，港湾計画区域内にある万代島旧漁協施設等跡地利用を検討していた。市街地に隣接している万代島地区は，にぎわい創出など市街地との一体性も必要なため，政策効果の面を考えると新潟市が利用計画を検討することには重要な意味があった。しかしながら，港湾管理者・地権者は県であるために，港湾計画は県が策定することになっていた。したがって，県と市が緊密な連携をとって計画を策定しなければ政策的効率性が損なわれる恐れがあった。そこで，県市の協議の結果，新潟市が当該地区の整備・利活用計画を主体的に策定し，県は，市の計画を踏まえて新たな港湾計画を策定することが合意された。

4.7　未就学児対策

　「子ども・子育て関連3法」等が成立し，2015年4月から幼保連携型認定こども園の設置認可権限が，県から政令市に移譲されることになった。しかし，私立幼稚園の設置認可および幼稚園型・保育所型・地方裁量型認定こども園の認定権限は，依然として県に残されたままであった。こうした状況は，事業者にとっても申請や相談窓口が分かりにくいという不利益を与えるし，子育て支援対策に関しては基礎自治体である市において総合的に施策展開することが望ましいと考えられた。そこで協議において，2015年4月から私立幼稚園および幼保連携型以外の認定こども園の認定権限も，新潟市に移譲する方向で検討を進めることが合意された。

5．新潟州構想進展の要因

　記者発表から3年足らず，新潟県・新潟市は八つの分野の課題を洗い出し，対応策を協議し，合意に至り，実施段階に進んだ。一般的に都道府県と

政令市は折り合いがつきにくいとされていることを考えると，新潟州の事例は例外的に進展した。そこで，ここからは，新潟州構想が何故，これだけのスピードで進展したのかについて検討することにしたい。

　まず指摘されるのが，そもそも出発点で知事と市長の合意があったことである。通常の行政行動で考えると，県には県の，市には市の論理があって，なかなか折り合いはつきにくい。しかし，両首長が指示を出している以上，協議を進めて首長に説明できるような案を作らねばならない。そうする中で，事務レベルでも連携を深めて望ましい役割分担のあり方を模索しようとする機運が生まれてきた。すなわち，新潟県と新潟市双方の首長のリーダーシップが職員の意識変化を促してスピード感のある改革をもたらしたといえる。さらに，両首長のリーダーシップに加えて，裁定役の重要性もまた指摘される。地制調の答申でも県と市の協議会の場を作ることが提案されており，県市連携会議をもっているかどうかを重要視する向きもある。しかし，首長同士が方向性を共有していても，個別具体の議論を進めていく中で，どうしても折り合いのつかないことがある。その時に，裁定する役割を持つ第三者が重要な存在となる。改革過程では，単に妥協点や落としどころを探るのではなく，目標に対して適切な判断を下さねばならない。合意は形成できても，方向性がぶれてしまえば全体に影響を及ぼすからである。しかし，2者間で調整していると妥協点を探すことに陥りがちである。したがって，方向性がぶれそうになった時に，それを修正する役割をもつ者が必要となる。

　実際，新潟県・新潟市の改革過程では，検討委員会の座長を務めた北川正恭早稲田大学教授（当時，現在，同大学名誉教授）が，推進会議にも顧問の立場で参加し，サポートすることで，適切な決定が導かれている面があるという。県市の最終調整の場面にも第三者を置くことで，妥協ではなく，改革目的に沿った形での合意形成がもたらされると言えよう。このように新潟州構想は，まず，首長のリーダーシップと裁定役の存在に支えられて展開しているのである。

　さらに，職員意識の変化も非常に重要な要素である。この改革では，県市の連携を深めることが重要とされるが，そもそもなぜ県と県庁所在都市がこれまで連携してこなかったのかという疑問がわく。これに対しては，決して連携していないという意識はないとされる。従来から，基本的な情報交換・情報共有はなされていたし，協議の場も設けられていた。確かに役所対役所ということで，相手の懐には踏み込まず，きちんと棲み分けて前例を踏襲

するという傾向は強かった。しかし，職員からすると何の支障もなく運営を続けているという認識であった。そうした折り，政治家でもある公選首長から，もっと大胆な連携・交流を求められると，さまざまな点で「気づき」が生じた。例えば，前節で挙げた公営住宅の件がある。客観的にみれば，県営と市営が隣接しているのに窓口が異なっていたり家賃や入居条件が微妙に異なるのは，住民にとって不便でわかりにくさを感じさせるのは明らかである。しかし，市有地に建つ県営住宅と市営住宅が隣接しているといった状況に対して，所管部署は何の不思議も感じず，棲み分けていた。申込窓口についても，県営は県で，市営は市で行うこと，一緒にできないことは「やむを得ないこと」であった。

　新潟州構想は，こうした職員意識に大きな影響を与えた。窓口を一本化して県営住宅を市に移管するといった発想は，事務方からは出てこない。しかし，一つでもきっかけがあれば，他の政策についても行政の効率化と住民目線の観点から多様なアイディアが出てくるようになる。今や，県市連携に対する職員の意識は大きく変わり，改革に向けて大きなうねりを起こしている。役割分担については，従来の仕組みを根本から見直して新潟にふさわしい分担のあり方を模索するようになっている。これまで県市双方で行っていた事務を，一方に移して一本化するとか，５対５から７対３に変えるとか，全国一律の県と政令市という枠組みではなく，「新潟県と新潟市」にとって適切な役割分担を構築し始めている。

　同じ政令市といっても，新潟市には，まだ横浜市や大阪市と比べれば，県と協力して力を発揮していく部分が残されている。そうした前提を置きつつ，一つ一つの課題に対して，住民目線に立ち，住民のためになる改革を進めていくことになる。首長のリーダーシップがきっかけを与え，行政全体としてこうした意識を共有できたことで，新潟の改革は大きな流れへとなっていったのである。これまでみてきたように，新潟州構想の下において着々と県市の合意が形成され，実施段階に移っている背景には，改革に際して「無理をしていない」点が挙げられる。そもそも新潟州構想は，国の制度改正を必要とする大胆な統治制度改革案であった。しかし，国の制度改正を待っていても，なかなか改革が始まらないことから，現行制度でも改善できる課題について一つ一つ取り組むという方向性が定められた。つまり，「名よりも実を取る」現実的で無理のない改革が志向されたのである。

　こうした新潟州の特徴は，県市の協議の場にも表れている。事務権限の移

管や役割分担の変更はすなわち行政コストの変化をもたらす。したがって予算措置についても十分な検討が必要とされる。この点について，新潟では互いに過大な負担となるような改革はしないという大前提を当初から置いていた。実際の収支のバランスをみて，どちらかの負担が過大になるのであれば調整する。大幅な負担増が見込まれる場合は，そうならないよう議論を重ねるのである。この前提があることで，互いに警戒感を持たず細かいところまで議論を詰めていくことが可能になっている。すなわち，この点でも「無理をしない」ことで改革の成果が一層高められている。新潟州構想は，これまで数十年間，気付かれなかった課題を短期間のうちに次々と解決している。その要因は，県と市，首長と職員が意識を共有するとともに，できることを着実に進めていくという姿勢にある。その過程では，全ての関係者に「考える」ことが求められ，新たに生まれたアイディアは別の課題にも波及するという好循環をもたらす。首長のリーダーシップが行政職員を刺激し，大きなうねりへと結びつけたことが短期間での改革を可能にさせたのである。

6．今後の課題

　新潟州構想の目的は，大きく二つに分けられる。一つは，ここまでみてきた「二重行政を排除して行政の効率化を進める」とともに，住民にとって最適なサービスを提供できるよう「役割分担のあり方を見直す」ことである。これは，県と政令市の問題である。もう一つは，新潟県全体としての成長戦略の強化や拠点性の向上を図ることである。これは新潟市以外の市町村も関わることであり，今後の大きな課題でもある。実際のところ，新潟州という名称のインパクトは大きく，小規模市町村には警戒感が強い地域もあるという。また，この改革自体が，県と政令市だけに関わることと理解している向きもある。したがって，こうした警戒感や誤解を取り除き，地域主権時代のあるべき広域自治体へと転換を図ることが重要になるであろう。県と政令市の役割分担が見直された時，県と他市町村の関係はどうなるのであろうか。政令市だけが効率的で住民本位のサービス提供を行っている状態になるのであろうか。この点については，むしろこれまで政令市の住民にとってある意味では非効率であったことが指摘される。例えば県営住宅についても，新潟市以外ではすでに市に管理委託を行っており入居条件など運営に関する権限も移譲していた。権限移譲の面では，これまでも新潟県では積極的に権限

248

移譲を進めてきた。移譲法律数でいえば100以上，全国でも２位の多さであった。各自治体に対して移譲可能事務のリストを提示し，手を挙げた自治体には当該権限を移譲してきたのである。すなわち，やる気と能力さえあれば，政令市と同じようにサービス提供ができる環境をすでに整えているのである。

また，自治体間に差異が生じることについては，あまり抵抗はみられないとする。基本的に，全県一律で決めるのではなく，地方ごとの事情，歴史，背景を踏まえて自治体の側でどうするかを決めるべきというのが知事の考え方である。これは，国に対して求めている分権の議論と軌を一にする。地域の実情に合わせた行政運営を可能にするために分権を求める一方，県内で一律の基準で対応するのは明らかに矛盾している。したがって，意欲のある自治体には積極的に権限を移譲し，規模や能力が不足している自治体は県が対応するという環境を整備することになる。最後に，国に対して求める点について触れておきたい。

結論から言えば，国に求めるのは，従来から言われているように，全国一律の制度を定めず，地域の特性に応じた政策が実施できるように制度を改めることである。文中でも触れたが，「県と政令市」ではなく「新潟県と新潟市」として事務配分が決められるような仕組み，国の関与を緩和して，条例によって規定できる範囲を拡大させることが必要であると主張する。確かに，近年，義務付けや枠づけの緩和，あるいは参酌することが可能な範囲の拡大が図られているが，依然として，政令によって全国一律で定められている部分が多い。このため，こうした一律規定を緩和することが求められる。

ただし現実的にみて，一つ一つの法改正を待っていては何も進まない可能性が高い。そこで，新しい視点から改善案が提起される。すなわち，新しい法律が制定されるときに，政令よりも条例を優先できるという規定を盛り込むことを提案する。政令はあくまでもガイドラインであり，条例が制定される場合には条例を優先するという法体系を求めることになる。そうした法体系ができれば，既存の法律についても法改正をせず，条例優先に読み替えられるわけである。地方自治法の抜本的改正を行えば，確かに問題は一気に改善するであろう。しかしそうした大きな改正には時間がかかる一方，現実の住民生活は続いている。したがって，住民目線に立つならば，現実的な対応を求めて実質的な改善を図っていくという立場には理があると言えよう。

7．まとめ

　地域主権時代の統治構造は，国際的な大都市間競争に耐えうる広域自治体と住民本位で効率的なサービス提供を行う基礎自治体からなるべきとするのは，衆目の一致した見解である。国レベルでの地方分権の停滞と，新しい受け皿論の中では新潟が取り残される危険性がある，という二つの危機感から生まれた新潟州構想も，そうした統治の仕組みを作り出そうとする試みである。県と政令市においては，二重行政を排除して行政の効率化を進めるとともに，住民にとって望ましい行政サービスを提供できるよう役割分担の見直しを進めた。一方で，県全体として成長戦略の強化と拠点性の向上を指向する改革にも踏み出している。そして，短期間のうちに改革の実質的な進展をみせた要因は，首長のリーダーシップと，それに刺激された職員の意識変化が大きなうねりを生み出したことと，できることから一つ一つ課題を解決していく，という方向を打ち出したことにあった。「カタチ」の議論にこだわり，国に対して大きな制度改正を求めるのも悪いことではない。しかし，住民は日々の生活を営み，社会経済環境も刻々と変化していく中で，時間的余裕は少ない。したがって，現行制度を前提として改革を進めていくという新潟県・新潟市の手法は，名よりも実を取り，住民生活を豊かにしていくという点で高く評価することができる試みである。

　なお，新潟州構想が，大きな統治制度改革を諦めているのではないことも，最後に付記しておきたい。新潟の取り組みは，アプローチが変わったと理解するのが適切であり，制度改革を推進する強力な根拠を生み出す行動と捉えるべきである。さまざまな弊害があるから統治制度改革を求めるのは，筋が通っている。しかし，それらの弊害が，現行制度下でも改善できるならば，統治制度改革の根拠を失ってしまう。現に，最近でも，県費負担教職員の給与・定数と学級編制基準の決定権限を政令指定都市に移譲することが決定されたり，地方自治法の改正案に「調整会議」や「総合区の設置」が盛り込まれるなどの動きが起こっている。すなわち，比較的簡易な制度改正によって目的を達成する道が示されつつある。そうした中で，新潟県・新潟市の取り組みは，現行制度下で可能なこと，簡易な制度改正で可能になることを徹底的に洗い出すものである。そして，文字通り限界までアイディアを絞り出し，現行制度下で，最大限適切な役割分担を形作るものである。した

250

がって，逆に，新潟から統治制度改革が主張される時は，まさに統治制度改革によってのみ達成しうる部分が見つかった時であり，それは制度改革に対する強い根拠となるのである。このことから，今後も，新潟県・新潟市でどのようなアイディアが生まれ，どのような対応策を講じているのか，注目し続ける必要がある[6]。

6　本章は，小林良彰・名取良太. 2014.「新潟州構想」『地方財務』717号を加筆訂正したものである。

第9章
大都市制度と地方自治－ソウル特別市の事例

1．はじめに

　「大阪都構想」が世論の大きな関心を集めて以来，大都市制度をめぐる議論が活発化している。地方から発信されたこの議論は国政レベルに波及し，主要各党が地方自治法の一部改正案を提示するところまで発展した。しかし，大都市制度を「どのように変えていくのか」については議論が十分に尽くされていない上に，検討すべき課題も山積みのままである。

　そもそもの問題は，現在の大都市（とくに政令市）制度が，地方自治の重要な価値である「民主性」と「効率性」のいずれも阻害する点にある。まず，効率性の観点からは，いわゆる二重行政によって各施策が非効率であることが指摘される。これは，道府県と政令市の間の役割分担が不明確なことから生じる問題である。また，これは，財政的効率性を阻害するという議論にも結びつく。

　次に，民主性の観点からは二つの問題が指摘される。一つ目は，現在の政令市が民主性の機能を実現するには規模が大きすぎるという本質的な問題である。地方政府が中央政府に対して持つアドバンテージの一つは，市民に対するアクセシビリティと応答性の高さである。しかしながら，100万人超の人口を有する政令市は，そのアドバンテージを活かすには規模が過大である。そのため，大都市制度が民主性を阻害すると論じられる。二つ目は，道府県と役割が重複しているために応答性を十分に発揮できないという問題である。例えば公営住宅のように，道府県と政令市双方が実施する施策について，政令市の有権者は市民ニーズに応じた住宅施策と道府県民ニーズに即し

252

た住宅施策の両方を享受する。このとき，道府県が実施する分の財源を振り向け，政令市が単独で実施すると応答性が高まることは明らかである。したがって，大都市制度は民主性を阻害するという議論である。

このようにみると，大都市制度改革を地域主権・地方分権改革の一環をなすものとして理解することができるだろう。中央政府は，民主性と効率性という機能に優れた地方自治体に相応の権限を委譲してきた。ところが，受け皿である地方の制度内に，それらの機能を阻害する要因が内在していた。そこで，大都市制度改革により地方制度，とりわけ大都市制度の問題を解決して地方分権の実効性を高めようとするという流れである。

したがって，大都市制度を「どのように」改革するかは，どのくらい民主性と効率性という二つの機能を高めるのかという観点から検討する必要がある。

そこで本章では，日本とは異なる大都市制度を採用している韓国ソウル特別市を通して大都市制度と民主性・効率性の関係について検討することにしたい。韓国は，指定都市市長会が提案する「特別自治市」制度に類似した大都市制度を採用している。したがって，韓国の実態を知ることは，どのような大都市制度へと改革するかを検討する際の一助となるだろう。

まず次節では，日本における最近の大都市制度をめぐる議論について整理し，論点を示す。第3節で，韓国の大都市制度についての制度的側面を概観する。そして第4節からは，ソウル特別市へのインタビュー調査を基に，実質的な側面についていくつかの観点から検討する。

2．大都市制度をめぐる議論

大阪都構想が世論の注目を浴びたことに端を発し，大都市制度改革への機運は一気に高まりをみせた。当時，民主・自民・公明・みんなの主要政党は，大阪都実現のための地方自治法改正案を検討・提示し，また地方制度調査会でも大都市制度に関する詳細な検討が始められた。そこで本節では，大都市制度改革について，どのような議論が展開されたのかを概観する。地方から発信された大都市制度改革の議論であるが，これは国政レベルで扱われねばならない争点である。地方自治法の改正を必要とするため，自治体側がいくら大都市制度の弊害に言及しても，国政レベルで争点化しなければ改革は実現されないからである。この意味で，主要各党が，地方自治法の改正案

を検討・提出するに至っている現状は，大都市制度改革の実現に大きな一歩を踏み出した状態と捉えられる。

しかし，国政レベルでの扱われ方は，大都市制度改革の趣旨と離れているようにみえる。表9-1に示すように，各党の改正案は，道府県および市町村が都および地方自治法第3編第2章に規定される特別区に移行できるよう手

表9-1　主要各党の地方自治法改正案の概要

民主党案	自民党案	みんなの党案
(1)人口200万人以上の市町村とその区域がある道府県が協議会を設置する	①都道府県は，指定都市を含む一定の要件を満たす市町村(以下「関係市町村」という。)と共同で，②から④までの手続を経て，総務大臣に対し，関係市町村の廃止及びその区域における特別区の設置を申請することができること。	(1)合計70万人以上の市町村とその区域のある道府県が協議会を設置
(2)協議会で市町村を「特別区」と改組する案を策定し，市町村，道府県議会で出席議員の過半数での同意を得る		(2)協議会で市町村を「特別区」，道府県を「都」とするための基本計画を策定
(3)市町村で住民投票を行い，有効投票数の過半数の賛同を得て，最終的に総務大臣の決定・告示で「特別区」を設置できるとした。	②都道府県および関係市町村は，特別区への移行に関する協定書の作成等のため，協議会を設けるものとすること。	(3)市町村と道府県の議会の同意が得られれば，国会承認や住民投票を必要とせずに「都」と「特別区」を設置できる
	③都道府県および関係市町村は，協議会が協定書を作成したときは，それぞれの議会に付議し，同意を得なければならないこと。	
	④関係市町村は，議会の同意を得たときは，協定書をそれぞれ住民の投票に付さなければならないこと。	
	⑤総務大臣は、①の申請に基づいて関係市町村の廃止及び特別区の設置を定めたときは，国の関係行政機関の長とともに，適切かつ迅速に所要の法制上の措置を講ずるものとすること。	

出典　民主党案については産経ニュース(http://sankei.jp.msn.com/politics/news/120323/lcl12032310360000-n1.htm)，自民党案については自民党ホームページ(http://www.jimin.jp/policy/policy_topics/115235.html)，みんなの党案については当時のみんなの党ホームページ(http://www.your-party.jp/file/houan/120309-01a.pdf)より抜粋。

続きを定めるものであった。これらは，大阪都構想の実現に対する法的な阻害要因を除去する提案であり，主要各党がとりあえず大阪都構想実現について前向きであったことを示すものである。しかしながら，これらの提案は改革の第一歩として積極的な姿勢をみせたものの，大阪都構想を現行の特別区制度に当てはめて良いのか，都・特別市への移行を望まない政令指定都市は何も変わらないのか，指定都市市長会が提案する「特別自治市」は実現しえないのか，など同時に検討すべき諸論点は残されたままであった。

　地方制度調査会での議論にみられるように，大都市制度改革の主眼は，地域の実情に合わせて行政区画編成を抜本的に改革することにある。同じ政令指定都市，中核市，特例市であっても，人口規模，面積，財政状況，周辺自治体との格差など，その態様は千差万別である。しかしながら，それらの自治体が統一的な大都市制度に括られており，そのことで多種多様な弊害が生じている。また道府県についても，同様に問題が生じている。こうした認識に立って，都市制度を再検討・再構築することが求められている。つまり，都や特別区への移行は形式的な側面に過ぎず，効率性と民主性の機能を高めるような制度の全体像を検討し，示すことが重要である。そこで，ここからは大都市制度の沿革と地制調において示された特別自治市制度と大阪都構想について概観し，問題の所在を検討することにしたい。

　日本の地方制度は，1888年に市制・町村制の制定，1889年に東京・大阪・京都に対する三市特例制度の制定（1898年廃止），1890年に府県制の制定と，この3年間に現在にもつながる枠組みが構築されている。そして，大都市については，地方制度の構築当初から，他の市町村とは取り扱いを異ならせることが意図されていた[1]。その後，大都市制度に関しては，1922年に名古屋・横浜・神戸を加えた六大都市行政監督特例が制定された。この法律では，六大都市は府県に包括されるものの，特定の団体事務・委任事務について，府県知事の許可・認可が不要とされるなどの特例が設けられていた[2]。

1　大都市制度の沿革については，第30次地方制度調査会第6回専門小委員会議事録および第30次地方制度調査会諮問事項「大都市制度のあり方」関連資料（http://www.soumu.go.jp/main_sosiki/singi/chihou_seido/singi/02gyosei01_03000081.html）（2012年4月8日最終アクセス）を参考にした。

2　市行政監督特例については，第30次地方制度調査会諮問事項関連資料，7ページを参考にした。

第9章　大都市制度と地方自治－ソウル特別市の事例　255

　次いで，1943年に東京都制が施行された。東京都制は，東京府・東京市を廃止し，東京府の区域をもって東京都を設置するものであり，東京都の機能は，従来の東京府・東京市の機能を合わせたものとされた。そして，都制施行当初，区には，条例・規則制定権，課税権，起債権は付与されなかった[3]。一方，それまで六大都市として，東京市と同様の位置づけを与えられていた五大市は東京都制施行による影響を受けず，特例の名称が五大都市行政監督特例となるだけで，それまでと変わらない位置づけを与えられた。そして，この1943年の枠組みが，権限配分についての変更はあるものの現在にまで引き継がれている。

　大都市制度は1943年に構築された枠組みが維持されてきたが，東京都における区の位置づけは，いくつかの重要な変化を経験してきた[4]。まず戦後の1946年，東京都制が改正されて都長官・区長が公選になるとともに，区に対して「条例・規則制定権，都条例による区税の課税権，起債権が付与[5]」された。次に，1947年に制定された地方自治法において，区が特別区となり，特別地方公共団体として位置づけられた。特別区には，「原則として市に関する規定が適用され[6]」ており，いわば基礎的な地方公共団体とされたのである。しかし，1952年の地方自治法改正で，特別区は都の内部的団体とされ，区長公選制も廃止された[7]。

　そして，1964年の地方自治法改正では，都の事務を特別区に移管したり，特別区に課税権を付与するなど，特別区への分権が始まる。1974年の改正では，区長公選制が復活し，1998年の改正において，特別区は，基礎的な地方公共団体に位置づけられ，「都が処理するものを除き，一般的に市町村が処理する事務を処理する[8]」こととされた。ここで形式的に，特別区は，市町村と同列の位置づけを与えられるものであるが，まったく同じというわけではない。通常の市町村が所管する上下水道や消防についての権限を持たな

3　1943年に制定された東京都政については，第30次地方制度調査会諮問事項関連資料，8ページを参考にした。

4　都区制度の沿革については，第30次地方制度調査会諮問事項関連資料，9ページを参考にした。

5　第30次地方制度調査会諮問事項関連資料，9ページ。

6　第30次地方制度調査会諮問事項関連資料，4ページ。

7　第30次地方制度調査会諮問事項関連資料，4ページ。

8　第30次地方制度調査会諮問事項関連資料，9ページ。

い一方で，保健所の設置や飲食店営業などの許可といった，一般の市が行わない事務を特別区は処理するといったように，中核市と同様の権限を有する部分もある[9]。

1922年の六大都市行政監督特例施行以来，道府県に包括されつづける大都市であるが，戦後の一時期，大きな変化を経験する可能性があった。それが1947年から1956年まで地方自治法上で制度化されていた「特別市」制度である。この特別市は，都道府県の区域外に置かれ，基本的に都道府県に関する規定が適用される地方公共団体である。特別市には区も設置され，法人格は有しない・区長公選・区議会は設置しないといった組織の特徴も有していた[10]。つまり，大都市が都道府県から独立することを制度上認めていた時期があったのである。

しかし，特別市は人口50万人以上の都市の個々について指定することとされていたので，特別市になるためには憲法95条の規定より住民投票を経ねばならなかった。そして，住民投票の対象が当該道府県全体とされたことから，結局，いずれの自治体も特別市には指定されず，本制度は1956年に廃止された[11]。

特別市制度が廃止される一方で，1956年には指定都市制度が制定された。この制度において大都市は道府県に内包されつつも，事務権限上の特例を与えられる自治体となった。そして，指定都市は法人格を持たない行政区を有し，都道府県の事務のうち，都市計画，環境保全，福祉などに関する事務を処理できることとされた。また，1994年には中核市，1999年には特例市が制度化され，いずれも都道府県の事務の一部を移管する形で，事務権限上の特例を与えられた自治体となった[12]。

このようにして，道府県と基礎自治体の権限を有する東京都およびその下に中核市と基礎自治体の機能のそれぞれ一部を併せ持つ特別区と道府県の下

9　特別区の所管事務については，第30次地方制度調査会第3回総会議事録，5ページを参考にした。

10　特別市制度については，第30次地方制度調査会諮問事項関連資料，10ページを参考にした。

11　この経緯については，第30次地方制度調査会第6回専門小委員会議事録，4ページを参照。

12　指定都市・中核市・特例市の事務については，第30次地方制度調査会諮問事項関連資料，12ページを参考にした。

第9章　大都市制度と地方自治－ソウル特別市の事例　257

にそれぞれ異なる(道府県の)権限を部分的に有する基礎自治体という行政体制が形作られている。

　戦前に確立された日本の大都市制度の枠組みであるが，時代の変化に加えて大都市制度の確立や地方分権による事務権限の移管に伴い，さまざまな弊害が生まれてきた。その中で提唱された大阪都構想は，世論の大きな関心を集めて大都市制度改革をめぐる議論の先鞭をつけたといえよう。

　大阪都構想は大阪府・市特有の改革のみならず，大都市制度全体の改革を提唱した。そこでは，まず，大都市制度は全国一律ではなく，地域の実情に合わせて選択できるようにすべきとする[13]。次に，現在の地方自治法の規定では，実情に合わせた選択ができないため，法的整備を行うことを求める。最後に，法的整備にあたっては，さまざまな選択肢(オプション)を用意すべきと主張する[14]。このように整理すると，これが，大都市制度に関する分権を指向する構想であることは明らかである。

　大阪都構想を例として，この点をみていくことにしたい。大阪都構想では，広域自治体として大阪都があり，基礎自治体として特別区および市町村が置かれる[15]。「都」という名称は，地方自治法第281条における特別区の規定「都の区は，これを特別区という」から冠せられていると考えられ，とくに重要なものではない。そして，特別区および市町村からなる基礎自治体には，現在の中核市並みの権限を与えることとされている[16]。したがって，ここでの特別区は，現行法上の特別区とは異なるものと解せる。

　しかし，このような制度は現行法上では実現できない。特別区を置くためには「都」になる必要があるが，その移行手続きが規定されていない。この点は，前述した主要各党の改正案に示されたとおりである。また，特別区が設置できたとしても，現行の特別区規定では不十分であるので，特別区制度改正が必要である。さらに，中核市並みの権限を与えるためには，すべての基礎自治体が中核市に指定されねばならないが，要件の問題が生じて大胆

13　この点については，第30次地方制度調査会第7回専門小委員会議事録7ページ，橋下大阪市長(当時)の発言に表れている。

14　この点については，第30次地方制度調査会第7回専門小委員会議事録10ページ，橋下大阪市長(当時)の発言に表れている。

15　第30次地方制度調査会第6回専門小委員会，大阪府市統合本部提出資料では特別区ではなく「新たな区」と書かれている。

16　第30次地方制度調査会第7回専門小委員会議事録23ページ，橋下大阪市長の発言。

な市町村合併を行わない限り，実現は不可能であった。つまり，大都市制度規定の抜本的な改正がなければ，既存の枠組みの範囲内で選択せざるを得ない。したがって，大都市制度を改革して地域の実情に合わせた都市制度を実現できるよう法的整備を進めることが主張される。すなわち，都市制度に関する分権を可能とする制度改革が求められるのである。

指定市長会が提唱する特別自治市は，1956年に廃止された「特別市」に近い制度である。道府県に内包されない独立した基礎自治体を設置し，道府県と政令市が担っていた権限を一手に引き受けるとともに，財源については市域内すべての地方税を一元的に賦課徴収するという構想である[17]。大阪都構想が広域自治体と基礎自治体の再編成を指向するのに対し，特別自治市構想は道府県と並立する巨大都市の構築を指向すると捉えられる。

ただし，特別自治市は，指定市長会が提唱する構想ではあるものの，すべての政令指定都市に適用すべき制度とされているわけではない[18]。現在の政令市が，それぞれの事情を勘案し，特別自治市を選ぶことができる制度が想定されている。この点では，大阪都構想の主張と軌を一にしており，大都市制度改革議論のポイントが，分権にあることは明らかである。また，行政区の位置づけ，行政区における公選区長・議会の位置づけ，財源調整の方法など，これも地域の実情に応じて対応が異なる部分が残されている。

端緒を開いたばかりの大都市制度改革をめぐる議論であるが，もっとも重要な点は，地域が実情に応じた制度を選択できるよう法的整備を進めることにある。現状の制度枠組みの下での努力では，民主性・効率性のいずれについても僅かな改善しか見込めない。1995年の地方分権推進一括法の制定から進められてきた分権の実効性を高めるためにも，大都市制度の抜本的改革が求められている。

次節以降，日本とは異なる大都市制度，とくに指定市長会が提唱する特別自治市制度に類似した制度を採用する韓国の状況について検討したい。なお，大都市制度に関する点に特化せずに制度と民主性・効率性の関係を検討する一助になると考え，さまざまな点から検討を加えることにする。

17　特別自治市制度の概要については，第30次地方制度調査会第7回専門小委員会，指定都市試聴会提出資料，3-7ページを参考にした。

18　第30次地方制度調査会第7回専門小委員会議事録11ページ，阿部川崎市長の発言。

第9章　大都市制度と地方自治－ソウル特別市の事例　259

3．韓国の大都市制度

　韓国の地方自治制度は，1949年に制定された地方自治法によって枠づけられたが，1961年の軍事クーデターにより機能を失い，1988年の地方自治法全面改正により，あらためて制度が確立した[19]。韓国の地方自治制度は，広域自治団体（1特別市・6広域市・1特別自治市・8道・1特別自治道）と基礎自治団体（74市・84郡・69自治区）という二層制を採用している[20]（図9-1）。特別市の下には自治区が，広域市の下には自治区と郡が，道の下には市と郡が設置される[21]。特別市と広域市，特別自治市は道から独立しており，この点で指定市長会の「特別自治市」制度と類似している。

　その権限関係であるが，特別市・広域市・特別自治市・道・特別自治道は，広域自治団体として同等の権限を有している。ただし，ソウル特別市および済州特別自治道は，地位・組織・運営においていくつかの特例が規定されている。特別市・広域市の下にある自治区は，基礎自治団体として独立しており，公選首長および議会を有している。一方，「人口50万人を超える市では，任意に自治区ではない区（一般行政区）を設置することが認められている[22]」（表9-1）。

　道から独立した広域市の規模は，およそ日本の政令指定都市と類似している。2007年1月1日時点のデータであるが，釜山広域市は人口361万人余，面積765km^2，大邱広域市が人口249万人余，面積884 km^2，仁川広域市は人口262万人余，面積1002 km^2，光州広域市が人口140万人余，面積501 km^2，大田広域市が人口146万人余，面積540 km^2，蔚山広域市が人口109万人余，面積1057 km^{2}となっている[23]。

19　韓国の地方自治制度については，自治体国際化協会編『韓国の地方自治』（PDF版）（http://www.clair.or.kr/info/info.asp?np=403）に詳しく解説されている。

20　ただし行政単位として自治区・市・郡の下に洞・邑・面が存在しており，行政組織の構造上は三層構造をなしている。

21　済州特別自治道には基礎自治団体とは異なる性質を持つ行政市が設置されている。

22　自治体国際化協会編『韓国の地方自治』（PDF版），17ページ。

23　人口および面積データについては，自治体国際化協会編『韓国の地方自治』（PDF版），26ページを参照した。

図9-1 韓国の行政体制

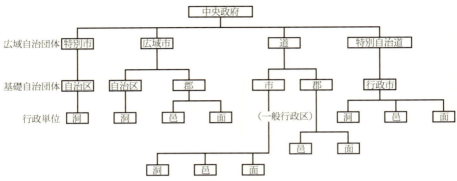

出典 自治体国際化協会編『韓国の地方自治』(PDF版) 16ページを参考に筆者作成

　地方自治団体が担う事務は，原則として地方自治法第8条と第9条に規定される。その内容は表9-2に示されるとおりである。そして，広域地方自治団体と基礎地方自治団体間の事務区分については，地方自治法第10条に規定され，その内容は表9-3に示されるとおりである。
　また，地方自治団体が担う事務は自治事務と国家委任事務に区別すること

表9-2　国家事務と地方団体事務の類型

国家事務(地方自治法第11条)
1. 外交，国防，司法，国税など国家の存立に必要な事務
2. 物価政策，金融政策，輸出入など全国的に統一的な処理が必要な事務
3. 農・林・畜・水産物および糧穀の供給調節と輸出入など全国的な規模の事務
4. 国家総合経済開発計画，国家河川，国土総合開発計画，指定港湾，高速道路など
5. 勤労基準，測量単位など全国的に基準を統一し調整すべき事務
6. 郵便，鉄道など全国的規模もしくはそれと類似した規模の事務
7. 原子力開発など地方自治団体の技術と財政能力では取り扱うことが難しい事務
地方自治団体の事務(地方自治法第8条及び第9条)
1. 地方自治団体の区域，組織，行政管理などに関する事務
2. 住民の福祉を高めることに関する事務(住民福祉，高齢者，児童，伝染病，掃除など)
3. 農林・商工業など産業の振興に関する事務(農業用水施設，中小企業の育成など)
4. 地域開発と住民の生活環境施設の設置，管理に関する事務
5. 教育・体育・文化・芸術の振興に関する事務(保育園，図書館，地方文化財など)
6. 地域民防衛及び消防に関する事務

出典　ソウル特別市作成

第9章　大都市制度と地方自治－ソウル特別市の事例　261

表9-3　広域地方自治団体の事務と基礎地方自治団体の事務の類型

広域地方自治団体の事務(地方自治法第10条第1項第1号)
1．行政処理の結果が二つ以上の市・郡及び自治区に与える広域的な事務
2．市・道単位で同一な基準によって処理されなければならない性質の事務
3．地域的特性を生かしながらも市・道単位で統一性を維持する必要がある事務
4．国家と市・郡及び自治区の間の連絡・調整などの事務
5．市・郡及び自治区が独自的に処理するには不適切な事務
6．二つ以上の市・郡及び自治区が共通で設置することが望ましいと認定される規模の施設を設置し，管理する事務
基礎地方自治団体の事務(地方自治法第10条第1項第2号)
1．市・郡及び自治区第1号で市・道が処理することになっている事務を除く事務

出典　ソウル特別市作成

ができる。国家委任事務はさらに機関委任事務と団体委任事務に区別されるが，団体委任事務は実際には存在せず，自治事務と区別することの意味も少ないため，不要論が提起されている。自治事務は，中央から独立した法人格を持つ団体が遂行する業務であり，国家による監督は違法性に関する消極的な関与を受けるにとどまる。自治事務事業は自主財源と中央政府からの奨励金で処理を行い，地方議会の関与を受けることになる。一方，国家委任事務は地方自治団体長が国家の一機関としての地位に基づき遂行する事務であり，違法性および事業目的に対する合致性に関する監督を受け，事業経費は全額国費補助で運営される。そして，原則的に地方議会が関与することはできない。なお，法令上明確に規定されていない事務については，実際の業務運営主体や管轄などを考慮し，表9-4に示されるような基準に基づいて，国家委任事務と自治事務を類別している。

　中央集権的性格を強く帯びていた韓国の中央地方関係であったが，中央への権限集中や国・地方間の財政的不均衡が問題視されたこともあり，地方分権が進められている。まず，金大中政権下の1999年1月，「中央行政権限の地方委譲促進などに関する法律」が制定され，地域性および執行的性格が強い事務の委譲を推進することが規定された。そこでは，大統領直属の「地方委譲推進委員会」が構成され，委譲対象事務の選定などが進められた。次いで盧武鉉政権下の2004年には「地方分権特別法」が，さらに2008年2月には「地方分権特別法」を「地方分権促進に関する特別法」に全面改定され，100大国政課題および20の地方分権課題を設定するとともに，地方委譲推進委員会を「地方分権促進委員会」に一元化し，一層の分権推進が図ら

表9-4　法令上明確に規定されていない事務に関する類別基準

機関委任事務	自治事務
・国家事務の遂行に付随する事務	・法形式上，共同事務であったとしても，実質上の業務運営の主体が自治団体である場合
・国家から委任された後，また基礎自治団体に再委任した場合	・告示における統制があるとしても法令上処理権者として自治団体で規定した場合
・法令・訓令・内部指針などを通じて国家機関の監督，許可，承認，報告の協調手続きなどが規定されている場合など	・上位法令で遂行主体が明確でなく，条例及び規則に基づいて業務を遂行する場合
	・事務処理時に国家の承認や協議などを経るが，法令上処理権者を自治団体長と規定した場合
	・明白な国家事務ではない場合など

出典　ソウル特別市作成

れている。

　地方分権促進委員会は，10名の委員（委員長を含む）によって組織され，任期２年とする議決機関である。その機能は，地方分権の基本方針設定と推進計画の策定，地方分権推進事項の点検および評価事項の審議・議決である。さらにその下部組織として，地方分権促進実務委員会と地方分権支援団が組織される。地方分権促進実務委員会は，４分野の実務委員会によって構成され，委員長によって委嘱される50名程度の委員からなる組織である。その機能は，上位委員会の審議・議決事項についての事前検討および支援とされ，第１および第２実務委員会は中央行政権限の地方委譲を審議，第３実務委員会は地方分権課題を推進，第４実務委員会は委員長指定課題について検討する役割を果たす。地方分権支援団は，地方分権促進委員会の業務補佐や行政事務処理を担当する組織である。

　地方への事務委譲のプロセスは図9-2に示されるとおりである。まず，中央政府や地方自治団体，専門家などにより，地方に委譲可能な事務を発掘することからスタートし，実務委員会における審議・議決，本委員会での審議・議決を経て大統領の裁可が下される。その後，関係中央行政機関および地方自治団体に通達がなされ事務委譲が完了するが，プロセスの最後には点検・評価が行われ，その評価結果如何では勧告措置が取られることもある。

さて，表9-5は2000年以来の地方分権の実績である。地方委譲推進委員会の下では，1568件の事務委譲が確定し，2011年12月31日現在1501件の委譲が完了している。しかし，地方分権促進委員会への改組が行われた2009年以降では，1455の事務委譲が確定したものの，同時点で208件の

図9-2　地方分権の推進プロセス

地方委譲 対象事務の発掘	・定期：委譲対象事務調査・発掘計画の樹立，各機関への要請 　―中央部署，自治団体，地方4団体，委員，専門家グループなど ・随時：ホームページ，公聴会，学会，巡回討論会など

↓

意見の収斂 および総合検討	・地方委譲対象事務に対する意見調査 　―自治団体および地方4団体，専門団体など ・必要であれば，公聴会および現状調査，専門家など意見聴収

↓

実務委員会	・中央・地方の意見聴収および案件の審議・議決 　―関係機関の説明もしくは資料提出 　―関連部署，自治団体公務員の出席および意見陳述を要求 ・過半数の出席，出席委員の過半数賛成

↓

本委員会	・中央・地方の意見聴収および案件の審議・議決 　―関係機関の説明もしくは資料提出 　―関連部署，自治団体公務員の出席および意見陳述を要求 ・過半数の出席，出席委員の過半数賛成

↓

大統領 報告	・国務会議に報告(必要な場合) ・大統領裁可

↓

部署通達 ・公表	・関係中央行政機関，地方自治団体などに通達 ・ホームページなどに公表

↓

履行事項の 点検・評価	・地方委譲，履行状況の点検および評価 ・履行結果を国務会議の審議を経て大統領に報告 ・評価結果により，必要である場合は勧告措置

出典　ソウル特別市作成

264

表9-5 韓国における地方分権の推進状況

区分	総計	地方移譲推進委員会										地方分権促進委員会			
		小計	2000	2001	2002	参与政府（'03 ～ '07年）					現政府（'08年～現在）				
						2003	2004	2005	2006	2007	2008	小計	2009	2010	2011
委譲確定	3,023	1,568	185	176	251	478	53	203	80	88	54	1,455	697	481	277
委譲完了	1,709	1,501	185	175	250	466	53	184	68	77	43	208	166	42	－
推進中	1,314	67	－	1	1	12	－	19	12	11	11	1,247	531	439	277

出典　ソウル特別市作成

　委譲が完了するにとどまっている。一見すると，地方分権がやや停滞しているようであるが，その原因として次の2点が指摘されている。

　第一に，体系的ではなく個別単位での事務中心の委譲方式には限界があることである。これまでに委譲された事務をみると，些細な単位の事務機能だけが委譲され，地方に実質的な権限や利点を与えることができる教育・警察など，地方自治業務の核心的な機能についての委譲は進められていない。また，一つの機能を中央事務と地方事務に分離して地方への委譲がなされるケースもあり，いわゆる二重行政の弊害が生じ，行政能率がかえって低下している面もある。

　第二に，中央政府が過剰な分権に抵抗するとともに，地方政府も分権推進に消極的になっている点が挙げられる。表9-5にみられるように事務委譲は継続的に推進されているものの，地方政府全体の事務のうち地方固有の事務が占める割合は2002年の27.3％から2009年の28.3％と，わずか1％の増加にとどまっている。つまり，数字上の分権に比べて実質的な分権が実感できない状況である。また，委譲された事務を履行するのに必要な労働力，予算，技術的支援が適切に行われないため，地方負担が過剰に増加する側面もある。こうしたことから，地方も，あまり地方分権に積極的になれなくなっている。さらに，中央政府側も権限と事務委譲に伴う組織の縮小・廃止を憂慮し，核心的な機能もしくは財政的に実利のある機能の地方委譲には積極的な姿勢をみせず，施設管理・現場取り締まりなど執行的機能の一部のみ委譲する傾向がみられる。

　こうしたことから，今後の地方分権に際しては，包括的な権限委譲が迅速に行われるように中央行政権限の分野別，機能別に包括的な地方委譲を盛り込んだ「地方一括委譲法」の制定を持続的に提案することや，市民の便宜を高めて各自治団体の政策目標の達成に必要な法令および制度改善課題を集中

第9章　大都市制度と地方自治－ソウル特別市の事例　265

的に発掘・提案し，地方委譲の実効性を確保して委譲の必要性に対する市民および公務員の体感度を高めていくことが必要と考えられている。

　2010年9月，韓国国会において「地方行政体制改編に関する特別法案」が可決された[24]。その内容は，「地方自治団体の多層構造の改革，行政区画と生活圏の不一致の解消，地方自治団体間の不均衡の是正[25]」を目的として，地方行政体制改編推進委員会を設置し，行政体制の抜本的改革を推進するものとなっている。改編推進委員会は，2012年6月30日までに地方行政体制改編に関する基本計画を提出せねばならないことも定められている。基本計画の中には，特別市および広域市内の自治区および郡の地位，機能などに関する改革案や，市・郡・区の統合案を含めねばならないことも規定されている。異なる都市制度を有する韓国で，どのような行政体制改革が展開するかは，日本の大都市制度改革にも参考になるところが多いと考えられるため，今後注視すべきであろう。

4．ソウル特別市の行財政運営

　ソウル特別市は，人口1052万8774人，面積605 km^2，韓国の人口全体のおよそ4分の1を抱える大都市である[26]。また，市域内に25の自治区が設置されている。予算運用規模は2012年基準で21兆ウォンであり，財政自立度は88.7％である。表9-6はソウル特別市の財政自立度の変遷である。ソウル特別市の税収の特徴は，地方税のうち財産課税が占める比重が高いため

表9-6　ソウル特別市の財政自立度の変遷

（単位：％）

年度	2006	2007	2008	2009	2010	2011	2012
ソウル特別市	93.3	88.7	85.7	90.4	83.4	88.8	88.7
全国平均	54.4	53.6	53.9	53.6	52.2	51.9	－

出典　ソウル特別市作成

24　藤原夏人．2010．「【韓国】地方行政体制改編に関する特別法の成立－地方自治制度再編」国立国会図書館調査および立法考査局『外国の立法』（PDF版）（http://www.ndl.go.jp/jp/data/publication/legis/pdf/02450208.pdf）（2012年4月8日最終アクセス）。

25　藤原夏人，前掲論文，1ページ。

26　ソウル特別市ホームページ（http://japanese.seoul.go.kr/gtk/about/fact.php?pidx=3），（2012年4月8日最終アクセス）。

（約46%），経済成長などによる歳入弾力性が低く，そのため地方税の伸び率も低くなり，財政自立度は88%程度で停滞している。ただし全国平均に比べれば30%以上高い水準を維持している。

　ソウル特別市は、首都という特性に鑑み、1991年までは国務総理直轄の自治団体として、特別な地位を有していた（そのほかの広域自治団体は内務部の直轄）。しかし1991年に「ソウル特別市の行政に関する特別処置法」が廃止され，政府直轄に変更されて以降，とくに特別な法的権限をもつ自治団体ではなくなった。もちろん現在でも，権限と地位・組織および運用に関して特別な地位が定められている部分がある。ソウル特別市行政特例に関する法律では，1）自治事務について行政安全部が監査を行う際，国務総理室との事前調整を経由すること，2）4級以下の国家公務員の任命・懲戒権の行使，叙勲の推薦を行うこと，3）道路・交通・環境等に関する計画を施行する際，中央行政機関の長とソウル特別市長の意見が異なる場合，国務総理が調整することなどが定められている。しかしながら，これら特例の範囲は微々たるものに過ぎず，政治・経済・行政的に他の広域自治団体に比べ影響力が大きいと考えることはできるが，法的な権限についてはその影響力の大きさに伴ったものを持ち合わせていないのが実態である。

　ソウル特別市が処理する事務であるが，自治事務と委任事務の比率がおよそ28：72となっている（11,991件対30,325件）。地方分権が推進されているものの，依然として委任事務が多くを占める状態が続いている。ソウル特別市職員は総勢35,000人に及び，非常に大きな規模の組織である。しかしながら組織規模・定員に関する権限は中央政府（行政安全部）によって規制されている。法律上の規定ではないが，「規則」「指針」によってコントロールされているのが実態である。人事権についても，3級以上の幹部職員に対しては中央政府に承認権があり，4級以下の職員に対しては組織自律権があるものの総額人件費制による統制を受けている。

　地方自治団体による債券発行は，2005年まで中央政府の事前承認制度が採用されていた。しかし，2006年1月1日に地方債発行総額限度制が導入され，現在では限度額の範囲内であれば，中央政府の事前承認なしに地方債発行が可能となっている。限度額は，自治団体の財政状況，債務規模などを考慮して当該自治団体の前々年度予算額の10%の範囲内で行政安全部長官が決定することとなっている。ただし外債を発行する場合には，限度額の範囲内であっても為替危機管理などのために行政安全部長官の事前承認を得る

第9章　大都市制度と地方自治－ソウル特別市の事例　267

表9-7　ソウル特別市の起債限度額

2006	2007	2008	2009
1兆6904億ウォン	1兆3522億ウォン	1兆2450億ウォン	1兆2073億ウォン

出典　ソウル特別市作成

必要がある。なお，ソウル特別市の起債限度額は表9-7のとおりである。

　ここまでみてきたように，ソウル特別市は，首都という特性を有するものの，法定上の特別な権限はほとんど与えられず，組織管理面でも強いコントロールを受けている。また処理する事務の内訳をみると，機関委任事務の占める割合が高く，独自の施策を展開するだけの環境は十分には整えられているとは言い難い。ただし，財政面では，財政自立度が高いことに加えて地方債起債にあたっての統制が弱くなったことから，一定の自由度を有しているとみることもできよう。

　それでは，こうした状況の下で，ソウル特別市は如何にして民主性と効率性という二つの機能を充足させようとしているのだろうか。次節からは，政策決定過程，政策評価の方法，議会の機能，自治区との関係などに焦点を当て，大都市制度と民主性・効率性の関係について，より議論を深めていくことにしたい。

5．ソウル特別市の市政運営

　2011年10月26日に実施されたソウル特別市長選挙において，朴元淳野党統一候補が53.4％の得票率を獲得して新市長に就任した。朴市長は，「一緒に作るソウル，一緒に楽しむソウル」という市政ビジョンを掲げ，市民や現場の声の，積極的な反映を指向している。そしてこれを達成するため，市民との対話や市民への信頼を基盤に置いたさまざまな施策を展開している。市民参加の促進という市政ビジョンは，市長就任後に生まれたものではなく，選挙期間中の取り組みからすでに垣間見られていた。朴市長は，各界各層の市民たちの声を直接聞いて生活の中の困難点を解決する方策を作るため，"先傾聴，後政策"という方式の「傾聴政策ツアー」（日本の車座集会のようなもの）を実施し，教育，保育，住居，共通・環境，雇用，健康，老後問題など「24大傾聴公約」を発表した。市民をはじめとする現場の意見を基に，選挙公約の内容を厳選していった。そして当選後は，選挙公約を具現

化するため，外部の専門家・市民団体・行政職員が参加する会議を通じて，4年間の具体的な実施計画を策定した。朴市政における条例制定や予算策定は，基本的にこの実施計画に基づいて進められた。すなわち，市民の声を反映した選挙公約が市政の実施計画へと展開し，条例制定・予算策定に影響を及ぼすという形で具現化されていった。

　また，市政運営の基本哲学と方向を提示する最上位の計画である「希望ソウル特別市政運営計画」にも，民間諮問機関と市民の意見が十分に反映されている。計画策定にあたっては，官民で協力して設置した諮問機関である「希望ソウル政策諮問委員会」の74回に及ぶ検討会議や，市民らとともに行われる政策討論会，ツイッターなどのSNS，市長への請願，市長が直接参加した十数回の政策ワークショップなどを通じて市民の声を聴いた。さらに，市民意見調査を通じて市民の日常生活における課題と公約の優先順位を把握する取り組みも行い，市民の意見を積極的に反映するというビジョンを体現した。そして，政策実施に対するフィードバックおよび評価過程においても，市民とのコミュニケーションシステムを構築して効率的にフィードバックできるように努めた。傾聴ツアーから，政策ワークショップ，市民発案隊，市民市長・名誉副市長，ウォンスンさんのソウルe話，SNSコミュニケーションまで，ソウル特別市のコミュニケーションチャンネルはオンラインからオフラインまで365日24時間開かれた。実際の運用面においても，ソウル特別市では，傾聴ツアー，政策ワークショップ，市民発案隊など，市民の意見を聴取する機会を設けた場合，遅くとも3－5日以内に市民の意見を整理して点検会議を経て政策化するかどうかを検討することを定めた。このように構築されたコミュニケーションチャンネルを効果的に活用し，市民の声を新しい政策やより発展的な政策に用いることで，市民生活に変化を導き出すことが重要視されていた。

　ここまでみてきたように，ソウル特別市の行財政運営は市長の選挙公約に強い影響を受けて行われている。すなわち，市長が交代するたびに大きな政策転換が図られてきたことを意味する。頻繁な政策転換は，かえって市政運営にマイナスに働くこともあり得る。この問題について，ソウル特別市では，次のような基本理念を掲げるとともに，いくつかの具体策を講じて対応している。まず基本的に，前任市長の政策の中で良いものは積極的に継続すべきであり，市民の要求の変化など政策環境の変化によって間違った方向の政策については実態を考慮して正していくべきであると考えられている。し

かし，新しい市長の市政運営に関する基本哲学と方向性によっては，市の政策において多くの変化をもたらさざるを得ない。また，市政運営の中長期マスタープランである「市政運営計画」は，４年ごとに新しく策定せねばならない。ただし，政策の持続性が保たれなければ市政の安定性が低下する可能性があるため，このリスクを最小化するための政治・行政的制度等が存在している。まず，政治的には市民を代表する市議会の牽制を通じて政策の持続性を確保することができる。すなわち，市長の独断によって政策を変更するのではなく，議会との交渉・調整を繰り返す中で，変化させるべき施策は変化させる，という判断を下すことになる。また，行政的にも市が単独で政策決定を行うのではなく，政策を推進する際に住民の意見や専門家の諮問などを積極的に聞き入れることを通じて，既存政策を変化させる正当性を得るとともに，政策の信頼性と安定性を同時に確保することに努めている。そして朴市政では，既存事業との効率的な調整を図るための「事業調整会議」を設置するとともに，傾聴ツアー・政策ワークショップ・市民発言隊など新しいコミュニケーション方式を通じて事業推進の実効性を高めることで，政策転換に伴う市政の非効率性を回避していた。

　政策評価についても，積極的に外部の意見を取り入れようと試みる点も，朴市政の特徴であった。具体的には，諸施策に対する市民の反応と専門家の見解を反映した，実質のある評価が行われるように制度を整備し，「現場中心の市民共感型評価システム」を構築した。政策分野別に市民団体および学会，知識人などの専門家で構成された「市政評価諮問団」を設置して評価の専門性と客観性を強化するとともに，評価担当官と市政評価諮問団共同で「現場評価ツアー」を実施して政策の影響を直接的に受けている市民の意見を反映した解決策を提示していった。一方で，行政内部における政策（業績）評価も行われている。ソウル特別市では，監査局内に評価担当課を設置し，ソウル特別市すべての課の事業（予算がついている事業）について一定の評価基準に基づき評価する役割を持たせている。具体的には，評価担当課が，各部署の成果目標の達成状況を一定の評価基準に基づいて測定し，その評価結果を人事と年俸に反映するというシステムである。また，評価結果は当該施策の拡大／縮小の判断基準にもなる。さらに，定期的な評価以外にも懸案となる事項が発生するたびに政策評価を行う組織として「政策調整会議」が置かれており，施策の修正等を決定することになっている。

　ソウル特別市長（およびソウル特別市議会議員）は，行政外部からの評価に

も注意を払わねばならない。むろん外部組織による評価であるから，ソウル特別市がその評価結果を必ず反映するという義務はない。しかしながら，マスコミや市民団体からの意見書，選挙公約として市長が掲げたことについて評価する「マニフェスト運動本部」の活動は，無視しえない存在である。とくにマニフェスト運動本部は，毎年，市長および市議会議員の政治活動を評価し，その結果を発表しており，有権者の投票行動に少なからぬ影響を及ぼすと考えられている。したがって，行政組織外からの評価に対しても，絶えず慎重に対応することが求められる。

　規範的な民主主義のモデルでは，有権者は選挙公約に基づいて投票先を選択して当選した政治家は選挙公約に基づいて政策を推進し，有権者は次の選挙においてアウトプットやアウトカムに対する評価を考慮して投票先を選択するというループが想定されている。しかしながら実際の選挙過程では，有権者は候補者の選挙公約を正しく認識していなかったり，政治家が公約とはかけ離れた政策を実施したりといった事態が生じている[27]。こうした問題に対し，選挙公約の策定段階から市民参加を推進することは，有権者に選挙公約そのものを認知させるという点で，まず有効な解決策となる。そして，有権者が公約を認知している場合，推進する政策が公約とどのくらい乖離しているかを容易に知ることができる。そのため，政治家はできるかぎり公約に基づいた政策を実施しようとする。もちろん，政策アウトプットに対する評価も，公約の認知が高まることで適切なものとなるであろう。さらに外部の評価機関の存在は，有権者が適切な評価を下すにあたり有益な情報提供者となるであろう。すなわち市民参加の意義は，代議制民主主義の機能を高めることに資するのである。

６．政策実名制

　本節では，ソウル特別市の施策の中でも特徴的である政策実名制について概観することにしたい。政策実名制は，政策過程の透明性を担保するとともに，行政における責任の所在を明示する制度である。そしてこの取り組みは，市民が，市政に対する適切な評価を可能ならしめる効果をもっている。政策実名制は，元市長の選挙公約に掲げられていた施策である。その公約で

27　小林良彰．2008.『制度改革以降の日本型民主主義』，木鐸社.

は，政策過程の履歴を管理する“政策実名制”を実施することが示されており，2009年4月にソウル特別市政策実名制運営規則が制定されたことにより具体化した制度である。その目的は，主要政策の決定から執行に至るまでのプロセスを総合的に記録・保存し，その透明性と責任性を確保して行政に対する市民からの信頼を高めることにあった。また，政策過程を公開することによって，他の政策を推進する際の参考にさせたり，影響を与えるという効果も期待されている。さらに，市民が市政をより客観的に評価するための重要な資料としても活用される。政策のアウトプットおよびアウトカムだけを評価対象にするのではなく，そのプロセスをも評価に含めることで，行政の努力などを理解したうえで評価できるからである。

さて，政策実名制の対象となる事業は市政において重要な核心事業と100億ウォン以上の予算を要する事業，および主要国際交流及び通商に関する事項及びその他に記録・保存が必要な事業である[28]。核心事業としては，120ダサンコールセンターの運営，雇用創出総合対策の推進，間接喫煙ゼロのソウル特別市作り，長期賃貸住宅の供給などが，100億ウォン以上の予算事業としては，東大門歴史文化公園の建設，軽電鉄の建設，東部幹線道路の地下化，ワールドカップ大橋建設などが挙げられる。2009年の制度開始以来の選定事業数は，2009年163件，2010年164件，2011年125件となっている。

政策実名制の具体的プロセスは，図9-3のとおりである。まず前年度12月までに，各部署に対象となる政策のリストアップを依頼する[29]。その後，室・局・本部別審査を通じて正式な選定がなされ，その結果が組織担当官に通達される。そして，対象事業ごとに登録番号が付与されるとともに，ホームページへの登録・公開がなされる。次いで当年度2月までに，単位事業別に政策資料集を作成し，提出およびホームページへの公開が義務付けられる。

この政策資料集には，政策の推進背景，推進経過をはじめとする，政策の立案および執行過程から事業の完了まで関連文書の一切を収録しなければならない[30]。さらにその中には，政策過程にかかわった者の実名も含まれる。

28　ただし，中央行政機関の計画によって別途計画なしに行われる単純執行事業は除外される。

29　なお，2012年からは推進履歴の体系的管理のため対象事業選定を早期に実施する予定（2012年4月中）である。

30　含まれる内容のうち，情報公開対象であるか否かの判断は情報公開関連の法令に基

図9-3 政策実名制の実施プロセス

対象事業の選定 （12月）		対象事業 登録・公開		政策資料集の発刊 （次年度2月）		評価 （次年度3月～4月）
室・局・本部別審査で選定後，組織担当官に通達	→	登録番号の付与およびホームページへの登録・公開	→	単位事業別に政策・提出およびホームページに公開	→	政策資料集に対する評価実施 ※次年度の対象事業選定などに活用
各室・局・本部		組織担当官		該当事業部署		組織担当官

作成 ソウル特別市

誰が担当し，どのような仕事をしてきたのかが開示される。

　ここで，政策実名制の対象事業となった長期賃貸住宅事業について，その概要を紹介することにしたい。長期賃貸住宅（以下，SHIFTと表す）は，周辺の賃貸住宅に比して70％～80％以下という水準の家賃で，最高20年まで所有住宅のように住むことができるソウル型賃貸住宅政策である。ソウル特別市は，2007年から住宅概念を"所有"から"居住"に転換し，市民の住宅難の解消と住宅価格の安定を達成するためSHIFTを供給してきた。しかし，SHIFT試行初期において「長期賃貸住宅」に関する法的基準がなかったため，「国民賃貸住宅，公共建設賃貸住宅」のうちの一部の規定を適用してきた。そのため，市・道が賃貸住宅の供給基準を別途決めることができる権限がなく，SHIFTの政策目標と異なり高所得者の入居や，当選可能性の高い契約者らの頻繁な再当選が生じるなどの問題が発生した。そこでソウル特別市は，新婚夫婦世帯，老夫婦扶養者，子どもが多い世帯，低所得層など社会的配慮が必要な階層に対して優先的に住宅を供給するように2009年から中央政府に持続的に提案し，2009年に"長期賃貸住宅の入居者選定に関する特例"が制定されたことにより解決した。その特例では，長期賃貸住宅の全体建設量の10％の範囲以内で市・道が優先供給基準を別途策定することができるように権限が与えられ，弾力的な入居者選定が可能になったのである。

　このような政策の「プロセス」すべてが公開されることは，非常に有益である。結果だけをみれば，市が優先供給基準を設定できるのは全体の10％に過ぎない。したがって，市民からすれば依然として不満が残るであろう。

づいて各部署で決定される。ただし，市民から要求がある場合は，すべての資料を送付することもある。

しかし，中央政府との交渉など，その10％を確保するための行政の努力が見えたり，現時点では20％や30％といった大きな成果を求めることが困難なことを知ったならば，その評価も変わってくるであろう。

前節の終わりで，市民参加の推進が代議制民主主義の機能を向上させることを指摘した。しかし，そこでは「公約→施策→評価」という部分にのみ着目しており，その施策がどのようなプロセスを通じて生まれたのかについては言及しなかった。しかし，アウトプットという表層的な部分のみを評価対象にした場合，有権者による評価が不十分になることは明らかである。結果だけではなく，プロセスも含めて評価を行うことが代議制民主主義をより機能させるためには重要であり，この意味で，政策実名制は効果的な施策といえよう。前節から本節にかけて，ソウル特別市長及びソウル特別市行政の取り組みを概観してきた。そこでは，選挙公約から政策評価に至るまで，積極的に市民参加を図るためのさまざまな施策，政策過程のすべてを市民に公開するような施策を紹介してきた。そして，それらはいずれも代議制民主主義の機能を高めるために重要な手立てであることを指摘してきた。まさに，地方自治の重要な価値の一つである民主性が高められているといえよう。

7．ソウル特別市議会の活動

さて，韓国の地方自治体においても，日本と同様に二元代表制が採用されている。そこで本節では，ソウル特別市議会の役割について制度面と実態面の双方から検討することにしたい。近年の日本では，首長が市民との直接的な関係を深める一方で，地方議会のプレゼンスが，以前にも増して低下しつつある。それでは，市長・行政が，積極的に市民との関係を強化しているソウル特別市においても，地方議会の存在感は薄まっているのであろうか。韓国の地方議会も，住民の直接選挙によって選出される。選挙制度は，小選挙区比例代表並立制で，定数114のうち96人が小選挙区から，10人が比例代表で選出される。そのほか，市の教育委員会を構成する教育議員が8名選出される。任期は，4年である[31]。

議会の権限であるが，紙幅の都合上すべてを網羅することはできないので，市議会の実態面での役割にも強く影響する「議会招集権」「予算を伴う

31　ソウル特別市議会HP（http://www.smc.seoul.kr/）。

条例発議権」「専決処分」の３点について述べることにしたい。まず議会招集権については，それを議長が一義的に有している点が重要である。韓国の地方議会は，定例会と臨時会を合算して年140日以内の範囲で開催することが定められている。定例会は年２回開催することとされ，その開始日についても細かい規定がある[32]。また，臨時会については地方自治団体長（知事・市長）に加え，在籍議員の３分の１以上の要求がある場合には招集しなければならない。そして，いずれの場合においても，招集権者は議長である。なお，会議日数の延長が必要な場合には，本会議における議決により延長することができる。次に，条例発議権の中でも予算を伴う条例の発議については，市が提案した予算に対して，それを増額するような発議については認められていない。しかし，一般的な予算を伴う条例を提案することは認められている。なお，一般的な条例の制定および改廃について，自治団体長には再議権が与えられている[33]。最後に，専決処分であるが，議会が成立しない場合など限定的なケースに対して市長が行使することが認められている。また，新会計年度が始まるまでに予算が成立しなかった場合には，市長に前年度予算に準じて予算執行権を与える準予算制度も規定されている。ただし，両制度とも規定としては存在しているが，ソウル特別市においてこれまで執行されたことはない。

　このように，韓国の地方議会がもつ権限は，日本のそれと類似している点もあるが，議会招集権が議長にあることや予算を伴う条例案の発議が公式に認められて多くの実績があるという重要な点について異なっている。そしてこの相違が，地方議会が市政運営において重要な役割を果たす要因の一つと考えられる。自治団体長と地方議会が，それぞれ市民の直接選挙によって選出される以上，市長と議会が，政策的あるいは所属政党に関して対抗関係に立つことは避けられない。しかし，その対抗関係をそのまま政策過程に持ち込んだ場合，市政運営に多大な弊害をもたらす。そして，議会招集権を議長が有している韓国では，とくにその弊害が大きくなるものと推測できる。市長の判断で議会を招集したり，招集しなかったりすることができない。した

32　詳細な規定はソウル特別市議会ホームページ（http://www.smc.seoul.kr/main/publish/view.jsp?menuID=001001006001）参照。

33　再議に付された案件に対しては，議員の３分の２の賛成で条例が可決される。この点の規定は，日本と同じである。

第9章　大都市制度と地方自治－ソウル特別市の事例　275

がって，市政運営を安定的に行うためには，市の執行部と市議会が互いに協力しあうことが，より重要になる。実際，朴市政が始まって以降，行政執行部と市議会は，議会の執行部に対する牽制と監視機能を十分に保ちつつ，対話と妥協を通じて市政の問題を合理的に解決するため，2012年3月12日までに議長団，常任委員長団，政党別，各常任委員会別に計24回の懇談会を開催するなど，互いに協力しながら幅広く協議を進めてきた。とくに，2011年12月6日には，市の執行部と市議会が市民中心の疎通と調和の市政を具現するための宣布式が行われ，市長と議会の協力関係が確認されている。この宣布式をきっかけに，前任市長在任中になされた執行権侵害および法令違反などを理由とした最高裁への7件の提訴事案に関して相互合意を通じた処理を準備・実行することになるなど，協力関係が構築されたのである。

　ソウル特別市議会が，市政運営について重要な役割を果たしていることを示す，より重要なデータが議員提案条例の割合である。2010年と2011年にソウル特別市議会が議決した条例案の発議元を示した表9-8から明らかなように，2010年に公布された条例150件の内，市長発議は72件(48％)，議員発議は78件(52％)であり，2011年に公布された条例132件のうち，市長発議は58件(44％)，議員発議は74件(56％)である。実に半数以上が議員発議による条例なのである。こうした傾向は，とくに2010年から顕在化しており，ソウル特別市では，今後も増加傾向が続くと考えられている。また，その発議内容も，親環境無償給食などの支援に関する条例，広場運営市民委員会の設置及び運営に関する条例，ソウル特別市教育財政負担金の転出に関する条例，ソウル特別市行政事務の民間委託に関する条例など，重要な政策にかかわる議案が多くを占めている。すなわち，ソウル特別市政運営において，地方議員の果たす役割は非常に大きいものと考えられる。

　このような状況は，政策決定にかかわる制度および環境の影響によって生

表9-8　2010年および2011年公布条例の発議内訳

区分	総計			制定			改訂			廃止		
	計	市長発議	議員発議	計	市長発議	議員発議	計	市長発議	議員発議	計	市長発議	議員発議
2011	132	58	74	31	12	19	97	44	53	4	2	2
2010	150	72	78	24	14	10	116	54	62	10	4	6

作成　ソウル特別市

まれている。まず制度面では，立法予告期間の規定がポイントである。ソウル特別市議会では，市長側からの発案には20日間の立法予告期間が必要である。そのため発議から議決までに，どうしても時間を要してしまう。ところが議員発議の場合にはその規定が適用されず，スピーディかつ円滑に議決が行われる。このため，できるだけ早く条例を通したい行政側は，議員に対して発議を要請することになる。一方の議員は，自らの議会活動が市民団体から厳しいチェックを受けてその評価が公表されることを知っている。そのため，行政側からの要請に基づくものであったとしても，発議を行えば自らの成果となり評価を高めることができる。このような形で行政・議員両者の利害が一致するため，議員発議条例が活発に生まれる素地がある。

　しかし，こうした合理的側面だけでなく，議員の立法活動環境が非常に整備されているという側面も看過してはならない。具体的には，議会事務局の充実である。2012年5月現在，市議会議員114名に対して，ソウル特別市議会事務局のスタッフ数は実に249名を数えている[34]。またスタッフの人事についても，議会事務局の課長クラスには，留学経験を持つ職員が配置されることが多いなど，非常に重要な役職とされる。またそれ以外にも，議員1人につき1人の補佐官をつけることもできる。このように，議員の立法活動を支える環境が日本とは比べ物にならないほどに充実している（表9-8）。

　ソウル特別市議会は，議会招集権が議長に専属していること，予算を伴う条例案を議員が発議できることに加え，立法予告期間制度および立法スタッフの充実という制度環境が相まって，市政運営に重要な役割を果たさざるを得ない状況に置かれている。行政にとっても議会をないがしろにすることはできず，むしろ議会と友好な関係を結ばなければスピーディな市政運営を達成しえない。議会も積極的に立法スタッフを活用して発議をしていかなければ，市政運営が滞るだけでなく次の選挙における自らの立場が危うくなる。議会が市政運営に重要な役割を果たすことが，行政と議会双方に利益をもたらす。こうした発想から，議会の役割を強化することもあり得る。もちろん，その場合にも行政と議会の馴れ合いが生じる危険性は否定できない。しかしながら，ソウル特別市議会を取り巻く制度環境は，二元代表制下における議会の役割を強化する手段として，一つの参考になるといえよう。

34　ソウル特別市議会ホームページ（http://www.smc.seoul.kr/main/publish/view.jsp?menuID=
　001001008001）参照。

8. 自治区の行財政運営

　本論の締めくくりとして，ソウル特別市における自治区の行財政運営について論じることにしたい。現在，ソウル特別市には25の自治区が設置されている。1970年代初頭までは8区であったが，その後，人口規模の拡大に伴う分区が繰り返され，1995年から現在の25区体制となった。自治区は，日本の政令指定都市における行政区とは異なり，独立した法人格をもつ基礎自治団体であり，区長・区議員は，それぞれ直接選挙を通じて選出されている。この構造は，日本において議論されている新しい大都市制度と類似しているように考えられる。したがって，自治区における行財政運営を検討することは，新しい大都市制度のあり方を考える上で有益である。

　まず，25自治区の規模についてみることにしたい。表9-9は，自治区別の人口規模・一般会計予算額・地方税収額・財政自立度を表している。

　人口規模をみると，最大が松坡区の69万人余，最小が中区の14万人余であり，平均42万人余となっている。鍾路区・中区の中心部で極端に人口規模が小さくなっているものの，それ以外の地域はおおむね30万人～60万人の範囲に収まっている。つぎに一般会計予算額の規模は，おおむね人口規模に応じて大きくなっている。しかし，一般会計予算に占める自主財源(地方税収額＋税外収入)の割合を示す財政自立度は，人口規模や予算総額との関係は薄い。そして財政自立度に関しては，大きな地域間格差がみられることが特徴である。江南区が82.8ともっとも良好な数値を示しているのに対し，最小の蘆原区は27.7となっている。江南区と蘆原区はともに人口規模が60万人程度，予算規模もほぼ同程度の額を示しているにも拘わらず，両極端な数値を示している。また，25自治体中17自治体で50を割り込んでおり，自治区全体として財政基盤が脆弱であることがうかがえよう。

　自治区の財政基盤を構成するのは，自主財源としては地方税収入および税外収入，依存財源としては調整交付金および補助金である。自治区が徴収する地方税目には，免許税，住民税，財産税，総合土地税，地方所得税，事業所税がある。一方，依存財源としては主にソウル特別市から交付される調整交付金および財政補填金，国庫補助金と市補助金で構成される。調整交付金は，地方自治法第173条に依拠したものであり，ソウル特別市が徴収する税目の内の取得税・登録税の50%を財源とし，基準財政需要額と基準財政

表9-9 ソウル特別市の自治区別人口・財政状況

自治区名	財政自立度	自主財源	地方税	税外収入	一般会計予算	人口	人口順位	財政自立度順位
鍾路区	72.1	144,375,046	77,749,743	66,625,303	200,104,658	177,419	24	4
中区	77.1	182,902,642	103,662,668	79,239,974	237,162,916	141,567	25	3
龍山区	63.8	139,635,038	76,716,000	62,919,038	218,934,295	259,288	23	5
城東区	51.0	134,578,315	58,876,484	75,701,831	264,065,904	308,767	21	8
広津区	42.5	104,355,615	58,605,356	45,750,259	245,533,000	386,673	16	13
東大門区	43.1	121,820,241	56,817,006	65,003,235	282,600,000	378,534	17	12
中浪区	31.5	97,436,551	47,827,681	49,608,870	309,311,936	428,672	13	23
城北区	35.8	116,120,475	58,185,734	57,934,741	323,942,390	494,422	9	18
江北区	32.1	88,965,577	46,017,638	42,947,939	277,255,932	348,740	19	21
道峰区	32.1	79,681,695	48,149,465	31,532,230	248,177,602	367,949	18	22
蘆原区	27.7	112,804,736	57,595,000	55,209,736	407,386,307	608,062	2	25
恩平区	29.7	93,640,947	53,467,099	40,173,848	315,500,000	498,350	8	24
西大門区	40.0	99,386,778	52,961,707	46,425,071	248,158,000	324,529	20	16
麻浦区	49.3	137,080,215	73,199,377	63,880,838	278,100,000	398,627	15	9
陽川区	41.1	122,172,785	67,935,184	54,237,601	297,084,820	505,605	6	14
江西区	34.5	126,507,979	70,827,818	55,680,161	366,694,317	575,846	3	19
九老区	38.7	112,021,672	60,609,457	51,412,215	289,478,000	458,908	10	17
衿川区	41.0	97,192,754	51,979,637	45,213,117	237,094,879	264,256	22	15
永登浦区	59.5	164,084,769	96,507,000	67,577,769	275,800,000	439,555	11	7
銅雀区	47.7	128,674,919	58,602,000	70,072,919	269,973,552	413,658	14	11
冠岳区	34.3	105,299,647	55,782,752	49,516,895	307,237,000	546,350	5	20
瑞草区	79.4	203,666,927	146,580,017	57,086,910	256,611,801	439,012	12	2
江南区	82.8	411,509,657	251,460,063	160,049,594	496,857,513	573,003	4	1
松坡区	61.2	212,610,775	127,145,000	85,465,775	347,268,909	690,466	1	6
江東区	47.7	135,767,168	70,695,914	65,071,254	284,463,295	500,516	7	10

出典 ソウル特別市HP（www.seoul.go.kr/）および韓国地方財政HP（http://lofin.mopas.go.kr/lofin_stat/budget/jipyo/Jipyo_Jarip_03.jsp）より筆者作成

収入額に基づく算定式によって各自治区の交付額が決定される。補助金については，日本の補助金と同様，事業の性格・規模などによって中央政府とソウル特別市および自治区が一定比率で事業費用を相互分担して配分される財源である。たとえば幼児保育事業に対しては，「国費」対「市費」対「区費」は29対48対23の割合で負担をしている。

　このような財源により賄われる自治区財政であるが，上述したとおり，その財政基盤は脆弱であるとともに地域間格差も大きく硬直的でもある。表9-10は，収入に占める人件費比率を，収入別に示したものである。地方税

収に対する人件費比率をみると100を大幅に超えている自治区が多数を占めている。また税外収入を加えた自主財源の比率でみても60%を超えるケースが数多くみられ，依存財源がなければ収入の大部分が人件費として支出されるという硬直化した財政運営を余儀なくされる自治区が多いことがうかがえる。一方で，江南区のようにきわめて良好な財政状況にある自治区もあることから，硬直化の観点からも地域間格差が生まれている。

　この自治区間の財政的な格差は，従来からの懸案事項であった。この問題に対して，ソウル特別市では2008年から税源不均衡緩和のための財産税共

表9-10　ソウル特別市の各自治区別人件費比率

自治区名	予算額	独自の収入	地方税	人件費	収入に占める人件費比率		
					総予算	独自の収入	地方税
鍾路区	200,105	144,375	77,750	65,825	32.9	45.6	84.7
中区	237,163	182,903	103,663	74,360	31.4	40.7	71.7
龍山区	218,934	139,635	76,716	62,281	28.4	44.6	81.2
城東区	264,066	134,578	58,876	65,629	24.9	48.8	111.5
広津区	245,533	104,356	58,605	63,767	26	61.1	108.8
東大門区	282,600	121,820	56,817	72,200	25.5	59.3	127.1
中浪区	309,312	97,437	47,828	69,444	22.5	71.3	145.2
城北区	323,942	116,120	58,186	73,079	22.6	62.9	125.6
江北区	277,256	88,966	46,018	64,373	23.2	72.4	139.9
道峰区	248,178	79,682	48,149	59,966	24.2	75.3	124.5
蘆原区	407,386	112,805	57,595	74,997	18.4	66.5	130.2
恩平区	315,500	93,641	53,467	66,510	21.1	71.0	124.4
西大門区	248,158	99,387	52,962	63,352	25.5	63.7	119.6
麻浦区	278,100	137,080	73,199	69,362	24.9	50.6	94.8
陽川区	297,085	122,173	67,935	63,840	21.5	52.3	94.0
江西区	366,694	126,508	70,828	68,991	18.8	54.5	97.4
九老区	289,478	112,022	60,609	65,319	22.6	58.3	107.8
衿川区	237,095	97,193	51,980	57,978	24.5	59.7	111.5
永登浦区	275,800	164,085	96,507	68,091	24.7	41.5	70.6
銅雀区	269,974	128,675	58,602	62,836	23.3	48.8	107.2
冠岳区	307,237	105,300	55,783	77,093	25.1	73.2	138.2
瑞草区	256,612	203,667	146,580	62,448	24.3	30.7	42.6
江南区	496,858	411,510	251,460	76,546	15.4	18.6	30.4
松坡区	347,269	212,611	127,145	78,383	22.6	36.9	61.6
江東区	284,463	135,767	70,696	66,989	23.5	49.3	94.8

出典　韓国地方財政HP（http://lofin.mopas.go.kr/lofin_stat/budget/jipyo/Jipyo_Jarip_03.jsp）より筆者作成

280

同課税を導入した[35]。この制度は財産税の課税権を自治区とソウル特別市が50％ずつ分担し，ソウル特別市が徴収する財産税については25自治区に均等配分するという制度である。すなわち財産税収入の偏在を緩和する措置である。表9-9，表9-10に示されるのは，この制度が導入された後の数値であり，それでも依然として格差が大きいままである。

ここで，制度の導入効果をみるために2005年と2011年の財政自立度を比較してみよう（表9-11）。世界的な経済の停滞により，財政自立度そのものは全体的に低下している。その平均値は，2005年が51.4であるのに対して2011年は47.8となっている。しかし，格差を示す分散の値をみると，2005年が339.1であるのに対して2010年が261.4となっており，格差は縮小していることがわかる。

ソウル特別市と自治区の関係は，基本的には広域自治団体であるソウル特別市が都市計画など都市全体の均衡的な発展を目指した計画を策定し，住宅・交通・環境・福祉など市民生活に密接した主要政策の決定・実施・評価するなど広域的で統合的な事務を遂行するのに対し，住民にもっとも近い行政機関である自治区は清掃事業などの固有事務の他に主要政策を効果的に実施するための基礎資料調

表9-11　ソウル特別市の各自治区の財政自立度の変化

自治区名	2005年	2011年
鍾路区	77.2	72.1
中区	74.4	77.1
龍山区	53.5	63.8
城東区	40.7	51.0
広津区	44.9	42.5
東大門区	41.3	43.1
中浪区	29.3	31.5
城北区	44.5	35.8
江北区	31.1	32.1
道峰区	38.5	32.1
蘆原区	32.0	27.7
恩平区	30.4	29.7
西大門区	43.6	40.0
麻浦区	51.7	49.3
陽川区	59.7	41.1
江西区	43.9	34.5
九老区	43.9	38.7
衿川区	32.9	41.0
永登浦区	71.2	59.5
銅雀区	48.2	47.7
冠岳区	36.6	34.3
瑞草区	90.4	79.4
江南区	87.2	82.8
松坡区	84.2	61.2
江東区	53.1	47.7

出典　2011年については韓国地方財政HP（http://lofin.mopas.go.kr/lofin_stat/budget/jipyo/Jipyo_Jarip_03.jsp）より筆者作成。2005年については金今善．2007.「大都市における自治区の現状と課題―ソウル特別市二五自治区を中心に」『都市政策研究』通号1: 173ページより抜粋。

35　財産税共同課税の導入過程については，南川佳範. 2008.「ソウル特別市自治区間の税源不均衡緩和のための財産税共同課税の導入」『自治体国際化フォーラム』，224号: 6-11を参照。

査，生活民事相談，行政サービスの提供などを遂行するというように，事務領域が区別されている。

　より制度的な面から，自治区の事務事業についてみていこう。自治区には，一般市と同様の基礎自治団体としての地位を与えられているが，地方自治法9条の規定により，基礎自治団体の事務のうち，人事および教育等に関する事務，地方土木・住宅建設などに関する事務・都市計画に関する事務など，14分野にわたる事務がソウル特別市に帰属している。このため，自治区の事務には固有事務のほかに，ソウル特別市からの委任事務が含まれることになる。その委任事務は自治（固有）事務と機関委任事務に類別される。前者は「ソウル特別市事務委任条例」を通じて行われ，後者は「ソウル特別市事務委任規則」を通じて委任しており，国政監査対象事務となる。表9-12に示されるように，自治（固有）事務とは，市長が行政的能率性および現地性

表9-12　事務委任基準（地方自治法第9条，第10条）

区分	自治（固有）事務	機関委任事務
委任基準	市長が行政的能率性及び現地性を要する事務を自治区に委任	法令で自治区に委任することができるように規定された事務を委任
事務の例	・児童福祉施設の改善，事業の停止，廃止など ・廃棄物の収集・運搬業及び廃棄物の収集・運搬業者の許可及び変更許可 ・道路標示の設置及び管理	・旅券の発行などに関する事務 ・原産地の表記方法の適正性及び原産地の表記如何の確認などのための検査 ・管轄区域内の市内バスの保有車庫設置基準の適合性などの調査・確認

作成　ソウル特別市

図9-4　事務委任決定に至るプロセス

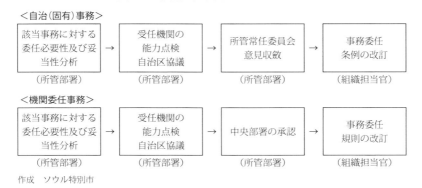

作成　ソウル特別市

を要する事務を自治区に委任するという基準に基づいて委任される事務であり，児童福祉施設の改善や，廃棄物の収集・運搬にかかわる事務などがその対象となる。一方，機関委任事務は，法令で自治区に委任することができるように規定された事務を指し，旅券発行事務などがその対象である。

　どの事務事業を自治区に委任するかを決定するプロセスは，図9-4に示されるとおりである。いずれの委任事務についても，ソウル特別市の所管部署で検討が始められた後，自治区の行政能力に鑑みつつ協議が進められ，委任が決定することになる。そして委任事務数は，2012年で自治（固有）事務が431件，機関委任事務が292件の計723件となっている。

　表9-13は，自治区ごとの予算に占める自主事業の割合を示している。自治区平均で26.4％，もっとも高い区（瑞草区）で38.6％，もっとも低い区（蘆原区）では16.6％であり，自治区の"自治"は決して強いものとはいえない。

　ソウル特別市の事務や委任事務あるいは自治区の固有事務は，それぞれ広域的に調整されるべきものである。そのため，ソウル特別市と自治区の間では日常的なコミュニケーションがさまざまなチャネルを通じて図られ，政策的な調整が行われている。具体的には，区庁長協議会，市長面談，懇談会，副区庁長会議などによって執行部レベルの意見交換・調整が行われたり，現場傾聴ツアーや現場共感の日の運営，市・区行政コミュニケーション部屋（オンライン）などによって，現場レベルで

表9-13　ソウル特別市の各自治区の自主事業の予算配分比

自治区名	自主事業の割合	独自の事業	一般会計予算
鍾路区	23.9	47,865,613	200,104,658
中区	30.1	71,472,576	237,162,916
龍山区	31.9	69,909,298	218,934,295
城東区	30.9	81,531,420	264,065,904
広津区	23.4	57,517,735	245,533,000
東大門区	27.0	76,289,265	282,600,000
中浪区	18.3	56,669,948	309,311,936
城北区	27.3	88,354,634	323,942,390
江北区	19.2	53,128,474	277,255,932
道峰区	21.0	52,011,350	248,177,602
蘆原区	16.6	67,683,429	407,386,307
恩平区	26.8	84,433,713	315,500,000
西大門区	27.4	68,060,039	248,158,000
麻浦区	27.9	77,588,521	278,100,000
陽川区	22.1	65,588,173	297,084,820
江西区	21.6	79,229,175	366,694,317
九老区	25.6	74,043,800	289,478,000
衿川区	21.7	51,510,165	237,094,879
永登浦区	30.1	82,965,372	275,800,000
銅雀区	31.1	83,931,755	269,973,552
冠岳区	21.4	65,789,767	307,237,000
瑞草区	38.6	98,942,542	256,611,801
江南区	37.9	188,552,127	496,857,513
松坡区	32.2	111,748,777	347,268,909
江東区	24.5	69,817,919	284,463,295

出典　韓国地方財政HPhttp://lofin.mopas.go.kr/lofin_stat/budget/jipyo/Jipyo_Jarip_03.jsp）より筆者作成

の調整を進めて政策の実効性を高めるような手段も講じられている。また，住宅，福祉，経済分野などについても，ワークショップ，セミナーを随時開催するなど，多様なコミュニケーションチャンネルが構築されている。具体的な例を挙げると，ゴミの焼却場の建設，追悼公園の建設などは，市民生活に密接した施設であるにもかかわらず，数年間，地域住民に反対されてきた。しかし，自治区の積極的な協力により施設の建設はもちろん，複数の自治区で施設を共同利用することに結び付けている。また，ソウル特別市と近隣の市・道および自治区と自治区間には道路・交通・上下水道など公共サービスが相互密接に連携している場合，近隣自治体間に行政協議会を構成して運営している。表9-14にあるように，ソウル特別市の行政部局と自治区，近隣自治体（道・市）が参加する行政協議は多数設置されている。例えば交通政策については，大都市圏広域交通委員会を設置し，ソウル特別市，京畿

表9-14　ソウル特別市の行政協議会の構成・運営の現状

協議会名	構成日時	自治団体名	構成委員	
			職位	参加者
西部首都圏行政協議会	93.9.25	江西区，陽川区，富川市，光明市，始興市，金浦市，西富区，桂陽区，西区，江華郡	団体長	金浦市長など10名
大都市圏広域交通委員会	98.4.2	建設交通部，企画予算処，警察庁，鉄道庁，13市道及び専門家など30名	団体長	国土海洋部長官他29名
自治区行政交流協議会	00.4.27	陽川区，釜山蓮堤区，大邱達西区，仁川南東区，光州光山区，大田儒城区，蔚山中区	団体長	陽川区庁長他15名
弘済仏光川流域環境行政協議会	00.10.20	麻浦区，鍾路区，恩平区，西大門区	団体長	麻浦区庁長他3名
安養川水質改善対策行議会	99.4.29	陽川区，江西区，九老区，永登浦区，銅雀区，冠岳区，安養市，富川市，光明市，軍浦市，義王市，始興市	団体長	陽川区庁長他12名
良才川・タンチョン流域環境行政協議会	00.8.31	瑞草区，江南区，松坡区，果川市，龍仁市，城南市	団体長	瑞草区庁長他5名
中浪川環境行政協議会	97.4.10	蘆原区，城東区，廣津区，東大門区，中浪区，城北区，江北区，道峰区	団体長	江北区庁長他7名
冠岳山保存行政協議会	02.3.21	冠岳区，衿川区，安養市	団体長	冠岳区庁長他2名

作成　ソウル特別市

284

道，仁川市などから委員が選出されているし，中浪川環境行政協議会には蘆原，城東，広津など八つの自治区の区庁長から構成されている。

9．まとめ

本章の目的は，ソウル特別市における行財政運営の検討を通じて，新しい大都市制度に関する知見を得ることにある。まず民主主義の観点からは，どのような制度を採用するにせよ，市民参加を進めていくことの重要性が明らかになった。これは，市民が政策決定過程に参加するという意味での参加とはやや趣を異にする。選挙公約の認知，投票先の選択，政策過程の評価，政策アウトプット・アウトカムの評価という代議制民主主義のプロセスを機能させるために，さまざまな策を講じて市民から情報を得たり，市民に情報を提供することが重要なのである。また，二元代表制を採用する以上，議会が重要な役割を果たせるような制度設計や環境整備が必要なことも示された。

次に行財政運営の観点からは，大都市内の地域間格差の問題および都市間分権の問題が析出された。大阪都構想にせよ特別自治市制にせよ，都市内の行政区を法人格を有する自治体とした場合，どうしても地域間格差の問題に直面することになる。その場合の財政調整はどのように行うのか，財政基盤の脆弱な自治区を抱えた場合の事務配分をどのように設計するのかといった問題には，あらかじめ十分な対策を講じておく必要があろう。

なお，韓国では自治区議会の廃止論が俎上に載っている。その原因の一つは，自主事業の少なさである。すなわち自治区議会が設置されていても決定する事項がほとんどなく，したがって議会運営費（人件費を含む）の無駄が指摘されることになる。大都市制度に関する議論は，本格化してから，まだ間もない段階である。したがって，これを性急な議論とせず，多面的な検討を進めつつも，一定の方向性を示すことが求められる[36]。

---

36 本章は，小林良彰・名取良太．2012．「大都市制度と地方自治（上・下）」『地方財務』695号・697号を加筆訂正したものである。

第10章
地方交付税改革の効果

1. 地方分権と交付税改革

1.1 地方分権改革の推移

　日本における地方分権改革の歩みを概括すると，1993年に地方分権の推進に関する決議が行われ，1995年には諸井虔氏を委員長とする地方分権推進委員会が発足した。そこでの議論を踏まえて，1999年には地方分権一括法が施行され，主な内容としては，機関委任事務を廃止し，法定受託事務と自治事務にした。これにより，一部の権限を国から地方自治体に移譲することになった。また，従来は国と地方自治体の間は明確な上下関係として位置付けられていたが，国と地方の関係を法定化することにより，例えば，国と自治体の間で紛争が生じた際には，国・地方係争処理委員会が第三者的な立場からその協議にあたることになった。地方分権一括法施行以降も地方分権改革の歩みは進んでおり，2001年には，西室泰三氏を座長とする地方分権改革推進会議が発足し，2002から2005にかけて閣議決定による骨太の方針が定められた。これにより，国庫補助負担金削減や地方交付税縮減，税源移譲による，いわゆる三位一体改革が行われることになった。

　この三位一体改革は，財源の移譲ではなく税源の移譲であったために，経済活動が盛んな自治体にとっては国庫補助負担金や地方交付税を削減されても，それ以上に税源の移譲に伴う歳入が見込まれてプラスの効果をもたらすことになった。一方，経済活動が厳しい自治体においては，もともと大きな割合を占めていた国庫補助負担金や地方交付税が削減された割には税源の移譲に伴う歳入増を大幅に見込むことができないために，かえってマイナ

スの効果をもたらすことになった。例えば，三位一体改革以降の初年度で
みると，神奈川県は税源移譲に伴い2486億円の増収に対して国庫補助負担
金や地方交付税の削減が1614億円であり，プラス871億円となっている。
また，東京都も税源移譲に伴う3184億円の歳入増に対して削減されたのが
2355億円であり，プラス828億円となっている。このほか，埼玉県や愛知
県，千葉県などは軒並み三位一体改革によりプラスの収支がもたらされるこ
とになった。一方，北海道は税源移譲に伴う歳入増が1206億円にとどまっ
ており，国庫補助負担金や地方交付税の削減が1549億円であることからマ
イナス343億円となっている。このほか，沖縄県や鹿児島県，熊本県，青
森県なども軒並みマイナスとなっており，自治体における経済状態が三位一
体改革の成果に直接的に反映する形となった。

　その後，地方分権改革は第二次分権改革にステージを移すことになった。
2006年には，地方分権改革推進法が成立し，2007年には丹羽宇一郎氏を
委員長とする地方分権推進委員会が発足した。そして，2011年以降，国と
地方の協議の場に関する法律により，事務・権限の委譲や，地方への規制緩
和，国と地方の協議の場の法制化，都道府県から市町村への事務・権限の委
譲などについて定められていくことになった。

1.2　道州制論議

　ここで，日本が地方分権とともに検討している道州制について議論をして
いくことにしたい。道州制とは，いうまでもなく北海道を除く地域に複数の
州を設置して，道州に現在の都道府県よりも大きな行政権を付与しようとす
る構想である。こうした道州制の議論が浮上してくる背景には，都道府県の
財政力に対する不安があるために，金利上昇による行政サービスの低下を避
ける狙いもある。つまり，都道府県の合併により財政規模を拡大して自治
体の信用を高め，財政的に地方債の発行などにより，より国に依存しない地
方自治を実現していくことを目指すことである。なお，北海道については，
1886年にそれまでの北海道にあった函館県，札幌県，根室県の体制が効果
的に機能しないために北海道庁を設置した経緯がある。言い換えれば，北海
道はすでに一つの道州を形づくっているとみることができる。これは，函館
県と根室県の規模があまりにも違いすぎたことなどのために3県を統一して
行政を運営する必要が生じたのである。

　また，歴史的にみれば，1927年に田中義一内閣において行政制度審議会

が「州庁設置案」を内閣に提出し，内務省に仙台州，東京州，名古屋州，大阪州，広島州，福岡州の6州を置く案を提案している。なお，各州における長は官選によって選ぶ構想であった。さらに，1945年には，戦時統制経済に対応するために地方総監府を設置することになった。具体的には，北海地方総監府，東北地方総監府，関東信越地方総監府，東海北陸地方総監府，近畿地方総監府，中国地方総監府，四国地方総監府，九州地方総監府であった。なお，こうした地方総監府は，第二次世界大戦後に廃止された。

　その後，2006年になり，地方制度調査会が「道州制のあり方に関する答申」を提出し，道州と市町村の二層論により都道府県を廃止する形での道州制を提案した。また，道州の区割りとして，9道州と11道州，そして13道州の3案を提示している。さらに，2012年に自民党道州制推進本部が「道州制推進基本法」骨子案を発表している。この骨子案によれば，「道州」は都道府県より広い区域で設置し，都道府県を廃止して全国の区域を分けて道州を設置し，都については道州制国民会議で総合的に検討するとしている。また，「道州制」は道州および基礎自治体で構成される地方自治制度として位置付けられ，「基礎自治体」は市町村の区域を基礎として設置され，従来の市町村の事務および都道府県から継承した事務を処理する基礎的な地方公共団体として位置付けられている。この骨子案では，さまざまな基本理念が想定されているが，そのうちの一つに，東京一極集中を是正して多様で活力のある地方経済圏を創出し得るようにすると定められている。この骨子案を受けて，2014年2月には，自民党道州制推進本部が「道州制推進基本法」の原案を発表した。これによると，まず内閣に首相を本部長とする道州制推進本部を設置し，次に首相が制度設計を道州制国民会議に諮問し，そして国民会議が審議して諮問から3年以内に首相に答申を提出し，最後に政府が道州制導入の時期を判断するものとされている。

　こうした道州制がもたらすものとして，プラス面として主張されていることは，空港や治山治水など県よりも広域自治体に即した事業に適していること，行政効率化が期待できること，そして国家公務員および地方公務員削減や，地方議会議員の削減が考えられること，さらに，権限移譲による地方経済再生や，道州間競争に期待できることなどである。一方，道州制がもたらすマイナス面として主張されている論点も多く，脆弱な財政力の自治体同士が合併をしても，そこにできる道州の財政力は脆弱なままであること，また，補助金削減に伴う赤字地方自治体が切り捨てられるのではないかという

不安が考えられる。さらに，道州内の一極集中，つまり州都とそれ以外の地域の間の格差が広がるのではないかという不安が残されている。そして，全国的な緊急時への対応がかえって遅れるのではないかという懸念もある。

1.3 地域構想

　こうした道州制を踏まえて，地域構想も盛んに議論されている。ここで，東京都の成立を振り返ってみると，もともと1889年に東京府から15の区が分立して東京市が誕生し，そして1898年までは東京府知事が東京市長を兼務していた。しかし，1943年になると，内務省主導で戦時体制を構築するために東京府・東京市を廃止し，東京都を設置することになった。そして1947年には，東京都制を経て地方自治法に規定されることになった。一方，大阪・名古屋・横浜・神戸・京都の五大市は，特別市が実現することなく，1956年に政令指定都市が定められることになった。

　なお，当初の東京市は現在の東京23区よりも小さく，深川，本所，浅草，下谷，本郷，神田，日本橋，京橋，麹町，小石川，牛込，四谷，赤坂，麻布，芝の地域に限定されていた。したがって，現在の品川区や目黒区，大田区，世田谷区の大半は荏原郡に属しており，また渋谷区や新宿区の一部，中野区，杉並区は豊玉郡，荒川区や板橋区，豊島区，練馬区などは北豊島郡，足立区の多くは南足立郡，そして江戸川区や葛飾区は南葛飾郡に所属していた。

　こうした東京都を念頭に置いた大阪都構想は，大阪市や堺市など周辺市を廃止し，特別区を設置することが当初想定されていた。そして，大阪都をつくり，東京都に対抗して日本の2大中心地とする考えであった。しかし，その後，大阪市以外の周辺の伊丹市や宝塚市，堺市などの市長選挙で大阪都構想を主張する維新の会以外の候補者が当選をしたため，議論は大阪府と大阪市の二重行政の解消という点が強調されることになった。そして，特別区設置協議会（法定協）で大阪市の分割方法について多様な意見が出てくるなかで，橋下大阪市長が辞任をし，直ちに選挙に出馬して再選をされた（投票率はわずか24％であった）。そして2015年4月の住民投票で，大阪都構想の賛否を住民に問うたが，反対多数で否決され，橋下市長は11月の大阪市長選挙には出馬をせず，政界を引退すると表明した。

　こうした大阪都構想に対して，中京都構想は愛知県を廃止して中京都を設置して名古屋市は存続するという，かなり形の異なるものであった。また，

第10章 地方交付税改革の効果　289

2011年に新潟県と新潟市における二重行政の解消を目指した新潟州構想が共同発表され，公営住宅政策の改革や文化施設の効率的管理，特別高度救助隊機能の新潟県全域への波及，食品の安全・安心対策および感染症の広域対応，ワークポート新潟の設置(ハローワーク)，万代島港湾地区のにぎわい創出，未就学児対策などで二重行政を解消する試みが行われ，一定の成果がみられるようになった(詳細は，第8章参照)。しかし，全国的にみると，道州制に対しては根強い反対があり，また，地域構想も都市部以外では議論が進んでおらず，地方分権の流れのなかで，一定の勢力を得るには至ってはいない。

1.4　財政健全化と地方交付税

　日本では少子化に伴い，高齢者の比率が増えて社会保障関係費が年々増えていくという財政上の問題がある。例えば2015年度の一般会計歳出の予算額を見ると，全体の96兆3420億円のうち，社会保障関係費が31兆5297億円であり，これに国債費の23兆4507億円が続き，3番目に地方交付税交付金等の15兆5357億円が続いている。4番目以降は，公共事業関係費の5兆9000億円や文教科学振興費の5兆3000億円，防衛関係費の4兆9800億円などであり，社会保障関係費と国債費，地方交付税交付金の三つが日本の歳出の大きな割合を占めていることがわかる。このうち，社会保障関係費は行政サービスの水準を変えなくても毎年1兆円ずつ歳出が増えて行くことが見込まれる。すると，その足りない分をどこで補うのかが大きな課題となってくる。そして，2番目に歳出の割合が大きい国債費は，そもそも借金の返済に充てる項目であり，これを削っては日本の財政が改善することはない。そうすると，どうしても地方交付税に注目が集まることになる。このため，地方分権や道州制などの議論において，この地方交付税交付金の大幅な削減が見込まれるという意見を述べる者もいるが，果たして，その通りであろうか。

　道州制で重要なことは，道州の区割りに関心が向きがちであり，どの県とどの県が一緒の道州になるのかならないのか，という議論に焦点が集まりがちである。大阪都構想にしても，大阪市をいくつのブロックに分けるのかが大きな議論となっている。しかし，道州制にしても，地域構想にしても，もっとも重要なことは，区割り以上に権限移譲と財政調整をどのように行うのかである。つまり，経済活動が盛んな地域に税源が集中する一方で，歳出

は全国に分散していることから，財政調整制度は必要不可欠となる。この財政調整なしに公平な行政サービスを住民が受けることは不可能である。

　この財政調整制度は，大きく分けて，中央政府が税収を集めて垂直的に財政が脆弱な自治体に配分する日本や韓国の地方交付税制度のような垂直的調整と，財政が富裕な自治体から財政が脆弱な自治体に対して配分を行う水平的調整がある。これを各国でみると，まずアメリカは特別な地域を除いて財政調整を行っていない。これに対して，スウェーデンは水平調整も行っており，調整の対象は需要格差を是正することにある。ドイツも水平調整を行っており，調整対象は収入の格差を是正することにある。一方，イギリスや日本は水平調整を行っておらず，垂直的調整で需要格差を是正することを狙いとしている。言い換えると，日本やイギリスは中央政府が大きな財源をもち，垂直的調整を行うのに対して，ドイツやスウェーデンは，地方が国と同等の財源をもち，国の垂直的調整に加えて，自治体間の水平的調整も行う仕組みとなっている。

1.5　地方交付税改革

　前述の通り，地方交付税制度はわが国にとって欠くべからざる制度である。地方交付税制度があるお陰で，どの地域に生まれても標準的な行政サービスの恩恵に浴することができる。一方，日本の政府債務が危機的状況に直面していることも事実である。日本の国債の格付けは，すでに中国や韓国を下回る評価になっている。このため，地方交付税改革を主張する声が大きくなっている。地方交付税交付金は格差是正の役割を果たす一方，「貧困の罠」と言われる状況を引き起こす可能性がある。「貧困の罠」とは，地方交付税制度において，財政的に恵まれない自治体は，国から自治体の努力の如何に関係なく歳入を得ることができるために，地方自治体の財政改善や経済活性化の努力へのインセンティヴが削がれてしまう状態のことである。このため，極端な言説として地方交付税廃止を唱える者もいる。一方，地方交付税の廃止に否定的な意見も根強い。もし財政調整制度がなかったならば，貧困地方は重税で最低水準の行政サービスに我慢せざるをえないが，富裕地方は軽い税率で良い行政水準を受けることになるという指摘は多い。この意見に本章も賛成の立場であり，地方交付税交付金は欠かせないものであるというのが，本章の考えである。何故ならば，現在のわが国の地方自治体間には極めて大きな格差が存在しているからである。地方税の収入格差を例にとって

みると，地方税収入は首都圏や愛知，大阪の大都市圏で高く，中でも東京都は突出した値をとっている。現在の状況で地方交付税制度を撤廃してしまうと東京への極端な人口集中を招き，地方はさらに疲弊していくことになる。その結果，消滅・破たんする自治体が多く生まれ，その土地に住む住民は十分な行政サービスを受けることができない，もしくは重い税負担に苦しむことになる。

　これらのことを踏まえて，本章では地方交付税交付金の撤廃を目指すのではなく，いかに国の地方への歳出を抑えながら財政収入の平準化を図っていくのかについて都道府県のレベルで検討する。その際，本章では現在，地方自治において注目されているドイツ，スウェーデンの水平的財政分配を日本に導入した場合について分析を行うことにしたい。さらに，道州制を導入した場合についても検討することにしたい[1]。

1.6　分析の概要

　はじめにドイツやスウェーデンの財政調整制度を導入した際の日本の都道府県の財政状況についてシミュレーションを行う。次に，そのシミュレーションに基づいて各財政調整による平準化機能を比較する[2]。これまでの先行研究においては，オーストラリア，カナダ，デンマーク，イギリス，ドイツ，アメリカの財政調整制度の財政調整効果について，変動係数を用いた財政調整係数を用いた比較などを行っている。本章でも，同様の手法を用いてドイツとスウェーデンの財政調整制度を導入した際の日本の財政調整の平準化効果について比較を行うことに加えて，各財政調整制度が導入された際に

1　地方税収入，歳出，歳入等はすべて一般会計であり，特別会計は含めない。なお，データの出典と年度は次の通りである。地方税収入・歳入・歳出：「地方財政統計年報」（平成15年～平成23年），国税（所得税（申告所得税＋源泉所得税），法人税，消費税）：「国税庁統計年報」・各統計の都道府県別のデータを採用（平成15年～平成23年），従属人口指数・1人当たり県民所得・人口密度（可住地域当たり）：「統計でみる都道府県のすがた」（平成15年～平成23年），ひとり親世帯数：人口動態研究所「統計情報」（2000年，2005年，2010年），過疎市町村居住人口割合・年少人口割合・老年人口割合：人口動態研究所「統計情報」（平成15年～平成23年），完全失業率：「統計でみる都道府県のすがた」（平成15年～平成23年），島嶼数：2010年現在，年最低気温・雪日数・降水量：「統計でみる都道府県のすがた」（平成15年～平成22年）。

2　ここで用いる手法は、Wolman and Page（1987）やそれを参考に行われた橋都・石田（2006）を参照した。

292

どれほどの額の政府歳出抑制に繋がるのかについても算出を行うことにする。さらに，道州制が導入された際の財政調整制度に関してもシミュレーションを行う。これは，道州制において，賛成論者が主張するような行政コストの削減ができるのかどうかや，道州のパターン次第で歳入の平衡化を図ることができるのかどうかを確認するためである。

2．ドイツ型交付税改革のシミュレーション

2.1　ドイツ型財政調整の概要

　ここで，ドイツの財政調整制度を簡単に説明すると，連邦・州・市町村の三者間における垂直的分配と狭義の水平的分配の混合制度であり，ボン基本法104条以降にその枠組みが定められている。ドイツの財政調整制度で特徴的なのが共同税制度であり，ドイツの総税収の約7割を占めている。この共同税は，所得税・法人税・売上税で構成され，このうち，所得税・売上税は連邦・州・市町村に配分され，法人税は連邦・州の折半となる。

　次に水平的分配についてみると，財政的に豊かな団体から貧しい団体に対して直接的に税収を融通するシステムとなっている。この基準は，「全国平均1人当たりの税収×人口」ではじき出される調整測定値とその州の実際の税収（「州固有税」＋「共同税の州配分分」）である財政力測定値との差額から導かれる。なお，調整測定値を求める際の人口は徴税コストや財政コストを考慮した補正係数をかけて算出される。この補正係数が，ドイツ型水平的分配の鍵となっている[3]。そして，調整測定値と財政力測定値をもとに，財政力測定値と調整測定値の差が正ならば拠出州，負ならば受領州となる。交付州は，その超過額によって配分割合が決まる。つまり，100 ～ 101％ならば15％，101 ～ 110以下ならば66％，110％ならばその80％が拠出義務金となり，受領州が受領する原資を拠出する。その際，拠出総額が受領総額を上回ることもあるので，受領総額を拠出義務金総額で除した値の商を拠出州となった州の拠出義務金にかけた値が実際の拠出額となる。一方，受領州は，財政力測定値が調整測定値の92％に満たない場合は全額が補填される。そして，すべての州が92％に達した後に，100％に満たない州は100％までの残りの8％のうちの37.5％が補填される。つまり，すべての州が95％まで

3　山中（2005）参照。

第 10 章　地方交付税改革の効果　293

財源を保障されることになる。

2.2　ドイツ型財政調整の導入

　日本への導入に関しては，山中（2005）の方法を参照する。まず，国税の所得税・法人税・消費税と都道府県税の道府県民税・事業税・地方消費税を日本版共同税とする。なお，ドイツでは連邦・州・市町村の 3 団体間で配分され，所得税が 42.5 対 42.5 対 15.0，売上税が連邦・州・市町村で 50.03 対 44.83 対 5.14，法人税は連邦と国で 50.0 対 50.0 という比率であるが，本章では国と都道府県のレベルの分析であるため，共同税の半分を国と都道府県で折半するようにした。なお，ドイツ同様，補正係数を考慮した調整測定値と財政力測定値に基づいて都道府県間の配分を行うことにする。具体的には，本章では補正係数を財政力指数と「従属人口指数」と「一人当たりの所得」から求めることにする。ここで，従属人口指数とは，総人口に占める年少人口（15 歳以下の人口）と老年人口（65 歳以上の人口）の割合を指数化したものである。

2.3　ドイツ型財政調整制度による平準化機能

　ここで，ドイツ型財政調整制度を日本に導入した場合の分析を行うことにした。なお，ドイツでは共同税方式を採用しているが，本章では交付税配分を除いてできるだけ現行制度の枠組みに適用するために，国と地方自治体間での移譲で財政調整を行うことにした。分析に用いたデータは，総務省平成 23 年度地方財政統計年表および平成 23 年度版統計でみる都道府県のすがた，国税庁平成 23 年度統計年報をもとに作成したものである。表 10-1 の「地方税から国へ」の項目は，道府県民税・事業税・地方消費税の総計の半分に相当するものであり，「国から地方へ」項目は所得税・法人税・消費税の総計の半額に相当する。つまり，ドイツ型財政調整における地方税収入は，現行の地方税収入（道府県民税・事業税・地方所得税以外の地方税も含む）と国から地方への財源移譲分の和から地方から国へ移譲すべき地方税分の額の差になる[4]。

　その結果，東京都以外の 46 道府県は自主税収だけでは歳出を賄えず，財政移転だけでは地方間格差が大きくなる。例えば，北海道をみると，現行制

4　山中（2005）参照。

表10-1　ドイツ型財政調整における財政状況

都道府県	人口（万人）	歳出決算額（百万円）	①地方税収入総額（百万円）	②地方税から国へ（百万円）	③国から地方へ（百万円）	独型税収（①−②+③）（百万円）	独型における収支（百万円）	1人当たり独型税収（千円）
北海道	549	2,497,620	532,137	155,934	371,647	747,850	▲ 1,749,770	136
青森	136	764,532	131,209	31,030	69,605	169,784	▲ 594,748	125
岩手	131	1,251,176	112,790	28,436	66,229	150,582	▲ 1,100,594	115
宮城	233	1,803,889	226,456	67,222	159,815	319,048	▲ 1,484,841	137
秋田	108	654,637	88,548	23,155	47,706	113,098	▲ 541,539	105
山形	116	599,820	99,415	27,994	64,761	136,182	▲ 463,638	117
福島	199	2,231,215	190,512	51,576	112,788	251,723	▲ 1,979,492	126
茨城	296	1,165,215	322,412	100,041	188,951	411,321	▲ 753,894	139
栃木	200	779,554	220,955	63,602	131,538	288,890	▲ 490,664	144
群馬	200	768,665	209,689	64,231	164,918	310,377	▲ 458,288	155
埼玉	721	1,620,570	692,737	229,597	452,502	915,642	▲ 704,928	127
千葉	621	1,678,905	626,161	273,509	383,820	736,471	▲ 942,434	119
東京都	1,320	6,078,839	4,149,760	1,167,506	6,364,427	9,346,680	3,267,841	708
神奈川	906	1,846,026	997,845	395,488	712,521	1,314,877	▲ 531,149	145
新潟	236	1,112,432	232,484	72,551	168,386	328,318	▲ 784,114	139
富山	109	549,926	118,179	39,751	102,832	181,260	▲ 368,666	166
石川	117	584,169	123,381	39,868	92,604	176,117	▲ 408,053	151
福井	80	482,663	91,041	29,421	65,741	127,361	▲ 355,302	159
山梨	86	476,766	92,924	28,467	79,835	144,292	▲ 332,474	168
長野	214	857,062	212,387	62,553	146,175	296,009	▲ 561,053	138
岐阜	207	747,227	210,275	66,230	159,529	303,574	▲ 443,652	147
静岡	375	1,104,952	427,610	139,795	304,409	592,223	▲ 512,729	158
愛知	742	2,144,652	906,211	334,214	894,594	1,466,592	▲ 678,061	198
三重	185	677,645	205,900	70,385	122,286	257,800	▲ 419,845	139
滋賀	141	492,201	149,076	48,255	86,744	187,565	▲ 304,636	133
京都府	263	906,718	263,236	91,105	247,403	419,534	▲ 487,184	160
大阪府	886	2,820,266	970,208	426,307	1,466,987	2,010,888	▲ 809,378	227
兵庫	558	2,150,448	565,021	215,181	445,907	795,747	▲ 1,354,701	143
奈良	140	489,238	116,886	36,345	65,088	145,629	▲ 343,609	104
和歌山	100	545,821	84,993	28,700	58,269	114,561	▲ 431,260	115
鳥取	59	337,486	50,483	14,537	28,909	64,855	▲ 272,631	110
島根	71	535,568	62,722	18,649	40,338	84,410	▲ 451,158	119
岡山	194	697,769	191,108	67,509	152,845	276,444	▲ 421,325	142
広島	286	912,066	294,054	100,416	250,202	443,839	▲ 468,227	155
山口	144	701,945	140,936	52,849	119,212	207,299	▲ 494,646	144
徳島	78	462,398	73,344	22,437	49,138	100,045	▲ 362,353	128
香川	99	415,915	104,857	37,715	87,216	154,358	▲ 261,557	156
愛媛	142	612,639	128,151	42,455	108,947	194,643	▲ 417,996	137
高知	76	449,471	61,531	18,377	41,694	84,849	▲ 364,622	112
福岡	508	1,559,571	489,782	174,571	412,330	727,541	▲ 832,030	143
佐賀	85	438,412	76,597	22,334	48,427	102,690	▲ 335,722	121
長崎	142	678,698	109,856	35,331	79,848	154,373	▲ 524,325	109
熊本	181	738,481	152,123	43,719	103,769	212,173	▲ 526,308	117
大分	119	565,438	104,593	33,948	72,340	142,985	▲ 422,452	120
宮崎	113	587,398	93,560	26,157	62,928	130,330	▲ 457,068	115
鹿児島	170	775,183	132,467	39,006	93,431	186,891	▲ 588,292	110
沖縄	140	614,493	98,838	30,664	81,370	149,544	▲ 464,949	107
全国	12,782	50,965,779	15,735,438	5,189,122	15,630,948	26,177,264	▲ 24,788,515	205
							0	国からの補填（③−②） 10,441,826

度における地方税収5321億円のうち，国に1559億円移譲する一方で国から3716億円移譲されるため新たな財政調整により7479億円の税収を得ることになる。しかし，それでも現行の歳出2兆4976億円との差である1兆7498億円が赤字となる。これに対して，東京都は現行制度における地方税収4兆1498億円のうち，1兆1675億円を国に移譲するものの，国からは6兆3644億円が移譲され，新たな財政調整で9兆3467億円の税収を得ることになる。このため，現行の歳出6兆788億円との差の3兆2678億円の黒字となる。なお，赤字がもっとも大きいのは福島県で，以下，北海道，宮城県，兵庫県となる。

2.3.1 従属人口指数を補正係数にした場合

本章では平準化機能を考慮して補正係数を用いた財政調整を行うことにする。これは，単純な人口数だけでは測れない行政サービスの調整コストや徴税コスト等を財政調整額に反映するためである。

まず，年少人口（0歳から14歳の人口）と老年人口（65歳以上の人口）が生産年齢人口に占める割合を指数化した従属人口指数を補正係数として用いることにする。つまり，従属人口指数が高いほど，行政コストがかかる年少人口と老年人口が人口に占める割合が大きいことを示しており，財政力指数は低くなることが想定される。補正人口の算出について北海道を例にとると，北海道における生産年齢人口が346万人であるのに対して，年少人口と老年人口の和は203万人である。したがって，生産年齢人口1人当たりの年少・老年人口は約0.59人となる。このとき全国平均の生産年齢人口1人当たりの年少・老年人口は約0.57人である。そこで，「各都道府県の生産年齢人口1人当たりの年少・老年人口÷全国平均の値×各都道府県の総人口」から算出される北海道の補正人口数は565万人となる。これに全国の1人当たりの独型税収をかけた値が調整測定値となる。これをもとに，全国の財政調整を行った結果が表10-2である。なお，各都道府県の受領総額が拠出義務総額を上回る場合には，その差額については国からの補填とする。

ここで，補正人口と1人当たりの平均税収を掛け合わせた値が調整測定値となる。財政力測定値から調整測定値を引くことで交付金拠出団体と交付金受領団体が決まる。その結果，北海道や東北，西日本に交付税受領団体が多くみられ，交付金受領総額は6兆3097億円となる。一方，交付税拠出団体は東京都，大阪府，愛知県の3都府県であり，交付金拠出義務額の総

表10-2　従属人口指数によるドイツ型財政調整

都道府県	人口（万人）	生産人口1人当たりの年少・老年人口割合	補正人口（万人）	①調整測定値（百万円）	②財政力測定値（百万円）	②−①	②÷①×100（％）	③95％の金額（百万円）
北海道	549	0.59	565	1,157,857	747,850	▲410,007	65	1,099,964
青森	136	0.62	148	303,647	169,784	▲133,862	56	288,464
岩手	131	0.66	152	310,601	150,582	▲160,020	48	295,071
宮城	233	0.55	223	457,513	319,048	▲138,465	70	434,638
秋田	108	0.69	131	268,778	113,098	▲155,680	42	255,339
山形	116	0.68	137	280,917	136,182	▲144,735	48	266,871
福島	199	0.62	218	445,641	251,723	▲193,918	56	423,359
茨城	296	0.57	294	601,562	411,321	▲190,241	68	571,484
栃木	200	0.56	194	398,194	288,890	▲109,304	73	378,284
群馬	200	0.60	210	430,890	310,377	▲120,514	72	409,346
埼玉	721	0.52	652	1,335,726	915,642	▲420,084	69	1,268,940
千葉	621	0.54	584	1,195,789	736,471	▲459,318	62	1,136,000
東京都	1,320	0.47	1,081	2,213,030	9,346,680	7,133,650	422	2,102,379
神奈川	906	0.51	805	1,648,506	1,314,877	▲333,628	80	1,566,080
新潟	236	0.64	264	540,897	328,318	▲212,579	61	513,852
富山	109	0.65	123	252,499	181,260	▲71,239	72	239,874
石川	117	0.60	123	251,161	176,117	▲75,044	70	238,603
福井	80	0.64	89	183,251	127,361	▲55,889	70	174,088
山梨	86	0.61	92	188,978	144,292	▲44,686	76	179,529
長野	214	0.67	253	517,799	296,009	▲221,790	57	491,909
岐阜	207	0.62	224	458,716	303,574	▲155,142	66	435,780
静岡	375	0.60	396	810,638	592,223	▲218,415	73	770,106
愛知	742	0.54	698	1,430,231	1,466,592	36,361	103	1,358,719
三重	185	0.61	199	406,734	257,800	▲148,934	63	386,397
滋賀	141	0.56	138	281,767	187,565	▲94,203	67	267,679
京都府	263	0.57	263	539,162	419,534	▲119,628	78	512,204
大阪府	886	0.56	866	1,774,410	2,010,888	236,478	113	1,685,690
兵庫	558	0.59	572	1,171,260	795,747	▲375,512	68	1,112,697
奈良	140	0.60	146	299,843	145,629	▲154,215	49	284,851
和歌山	100	0.67	118	241,074	114,561	▲126,513	48	229,020
鳥取	59	0.66	68	139,050	64,855	▲74,196	47	132,098
島根	71	0.72	89	183,266	84,410	▲98,856	46	174,102
岡山	194	0.64	217	443,825	276,444	▲167,382	62	421,634
広島	286	0.61	304	623,091	443,839	▲179,252	71	591,936
山口	144	0.69	174	356,563	207,299	▲149,263	58	338,734
徳島	78	0.65	89	181,543	100,045	▲81,497	55	172,466
香川	99	0.65	112	229,401	154,358	▲75,043	67	217,931
愛媛	142	0.66	164	336,303	194,643	▲141,660	58	319,488
高知	76	0.70	93	189,615	84,849	▲104,767	45	180,135
福岡	508	0.56	501	1,026,935	727,541	▲299,394	71	975,588
佐賀	85	0.64	96	196,497	102,690	▲93,808	52	186,673
長崎	142	0.66	163	334,708	154,373	▲180,335	46	317,972
熊本	181	0.65	207	423,635	212,173	▲211,462	50	402,453
大分	119	0.66	138	281,714	142,985	▲138,728	51	267,628
宮崎	113	0.66	131	267,763	130,330	▲137,433	49	254,375
鹿児島	170	0.67	200	409,210	186,891	▲222,319	46	388,750
沖縄	140	0.54	131	269,184	149,544	▲119,640	56	255,725
全国	12,782	0.57						総計

④交付金受領額（百万円）	⑤交付金拠出義務額（百万円）	実際の交付金拠出額（百万円）	調整後の歳入（百万円）
352,114	—	—	1,099,964
118,680	—	—	288,464
144,490	—	—	295,071
115,590		—	434,638
142,241	—	—	255,339
130,689	—	—	266,871
171,636	—	—	423,359
160,163	—	—	571,484
89,394	—	—	378,284
98,969	—	—	409,346
353,298	—	—	1,268,940
399,528	—	—	1,136,000
—	5,706,920	5,706,920	3,639,760
251,203	—	—	1,566,080
185,534	—	—	513,852
58,614	—	—	239,874
62,486	—	—	238,603
46,727	—	—	174,088
35,237	—	—	179,529
195,900	—	—	491,909
132,206	—	—	435,780
177,883	—	—	770,106
—	23,998	23,998	1,442,593
55,850	—	—	313,650
35,326	—	—	222,891
44,861	—	—	464,394
—	189,182	189,182	1,821,706
316,949	—	—	1,112,697
139,222	—	—	284,851
114,459	—	—	229,020
67,243	—	—	132,098
89,692	—	—	174,102
145,190	—	—	421,634
148,097	—	—	591,936
131,435	—	—	338,734
72,420	—	—	172,466
63,573	—	—	217,931
124,845	—	—	319,488
95,286	—	—	180,135
248,047	—	—	975,588
83,983	—	—	186,673
163,600	—	—	317,972
190,280	—	—	402,453
124,643	—	—	267,628
124,045	—	—	254,375
201,858	—	—	388,750
106,181	—	—	255,725
6,309,668	5,920,100	5,920,100	
		国からの補填 ④－⑤	389,569

額は5兆9201億円となり，差額の3896億円は国からの補填をあてにすることになる。なお，東京都の拠出額は5兆7069億円となり，拠出総額の96％を負担することになる。これに次いで，大阪府が1892億円，愛知県が240億円となっている。一方，受領額がもっとも大きいのは千葉県の3995億円で，埼玉県の3533億円が続いている。

2.3.2　1人当たりの所得を補正係数にした場合

次に，従属人口指数に替えて1人当たりの所得を補正係数にした場合を検討する。具体的には，「全国1人当たり所得÷各都道府県の1人当たり所得×人口」を補正人口とする。北海道を例にとると，全国平均1人当たりの所得が292万円であるのに対して，北海道の1人当たりの平均所得は248万円であり，「全国1人当たりの平均所得÷北海道1人当たりの平均所得＝1.18」となる。それに北海道の人口数をかけると，北海道の補正人口数は647万人となる（表10-3）。これに基づいて財政調整を行った結果，財政補填団体は九州・四国・中国・東北に多くみられ44団体となり，交付金受領額は7兆4576億円となる。都道府県別にみると，埼玉県の5526億円が

表10-3　１人当たりの所得によるドイツ型財政調整

都道府県	人口（万人）	１人当たりの県民所得（千円）	補正人口（万人）	①調整測定値（百万円）	②財政力測定値（百万円）	②-①	②÷①×100（％）	③95%の金額（百万円）
北海道	549	2,475	647	1,324,237	747,850	▲576,386	56	1,258,025
青森県	136	2,333	170	348,011	169,784	▲178,227	49	330,610
岩手県	131	2,359	162	331,522	150,582	▲180,940	45	314,946
宮城県	233	2,461	276	565,214	319,048	▲246,166	56	536,953
秋田県	108	2,319	136	278,030	113,098	▲164,932	41	264,128
山形県	116	2,403	141	288,186	136,182	▲152,004	47	273,777
福島県	199	2,324	250	511,194	251,723	▲259,470	49	485,634
茨城県	296	3,044	283	580,518	411,321	▲169,197	71	551,492
栃木県	200	2,955	197	404,055	288,890	▲115,166	71	383,853
群馬県	200	2,890	202	413,143	310,377	▲102,767	75	392,486
埼玉県	721	2,785	755	1,545,534	915,642	▲629,892	59	1,468,257
千葉県	621	2,820	642	1,314,653	736,471	▲578,181	56	1,248,920
東京都	1,320	4,373	880	1,802,034	9,346,680	7,544,646	519	1,711,932
神奈川県	906	2,926	903	1,848,512	1,314,877	▲533,635	71	1,756,087
新潟県	236	2,668	258	528,074	328,318	▲199,756	62	501,670
富山県	109	3,055	104	213,002	181,260	▲31,742	85	202,352
石川県	117	2,744	124	254,548	176,117	▲78,432	69	241,821
福井県	80	2,841	82	168,108	127,361	▲40,746	76	159,702
山梨県	86	2,779	90	184,747	144,292	▲40,455	78	175,510
長野県	214	2,730	229	467,972	296,009	▲171,963	63	444,573
岐阜県	207	2,657	227	465,101	303,574	▲161,527	65	441,846
静岡県	375	3,162	346	708,008	592,223	▲115,784	84	672,607
愛知県	742	3,105	697	1,426,628	1,466,592	39,963	103	1,355,297
三重県	185	2,735	197	403,815	257,800	▲146,015	64	383,625
滋賀県	141	3,072	134	274,010	187,565	▲86,445	68	260,310
京都府	263	2,865	268	548,024	419,534	▲128,490	77	520,623
大阪府	886	2,920	884	1,811,421	2,010,888	199,467	111	1,720,850
兵庫県	558	2,585	629	1,288,671	795,747	▲492,924	62	1,224,238
奈良県	140	2,388	171	349,995	145,629	▲204,367	42	332,496
和歌山県	100	2,655	110	224,856	114,561	▲110,295	51	213,613
鳥取県	59	2,232	77	157,807	64,855	▲92,952	41	149,917
島根県	71	2,382	87	177,945	84,410	▲93,535	47	169,047
岡山県	194	2,693	210	430,065	276,444	▲153,621	64	408,562
広島県	286	3,030	275	563,497	443,839	▲119,658	79	535,323
山口県	144	2,864	147	300,164	207,299	▲92,864	69	285,155
徳島県	78	2,698	84	172,592	100,045	▲72,547	58	163,963
香川県	99	2,790	103	211,836	154,358	▲57,478	73	201,244
愛媛県	142	2,673	155	317,145	194,643	▲122,502	61	301,288
高知県	76	2,199	101	206,327	84,849	▲121,479	41	196,011
福岡県	508	2,778	533	1,091,692	727,541	▲364,151	67	1,037,107
佐賀県	85	2,399	103	211,523	102,690	▲108,833	49	200,947
長崎県	142	2,351	176	360,582	154,373	▲206,209	43	342,553
熊本県	181	2,399	220	450,419	212,173	▲238,246	47	427,898
大分県	119	2,488	139	285,539	142,985	▲142,554	50	271,262
宮崎県	113	2,208	149	305,526	130,330	▲175,196	43	290,250
鹿児島県	170	2,431	204	417,477	186,891	▲230,586	45	396,603
沖縄県	140	2,018	202	414,167	149,544	▲264,623	36	393,459
全国	12,782	2,915						合計

④交付金 受領額 （百万円）	⑤交付金 拠出義務額 （百万円）	実際の 交付金 拠出額 （百万円）	調整後 の歳入 （百万円）
510,175	—	—	1,258,025
160,826	—	—	330,610
164,364	—	—	314,946
217,905	—	—	536,953
151,030	—	—	264,128
137,595	—	—	273,777
233,911	—	—	485,634
140,171	—	—	551,492
94,963	—	—	383,853
82,109	—	—	392,486
552,616	—	—	1,468,257
512,449	—	—	1,248,920
—	6,035,717	6,035,717	3,310,963
441,210	—	—	1,756,087
173,352	—	—	501,670
21,092	—	—	202,352
65,704	—	—	241,821
32,341	—	—	159,702
31,218	—	—	175,510
148,564	—	—	444,573
138,272	—	—	441,846
80,384	—	—	672,607
—	26,376	26,376	1,440,216
125,825	—	—	383,625
72,745	—	—	260,310
101,089	—	—	520,623
—	159,573	159,573	1,851,314
428,490	—	—	1,224,238
186,867	—	—	332,496
99,052	—	—	213,613
85,062	—	—	149,917
84,637	—	—	169,047
132,118	—	—	408,562
91,483	—	—	535,323
77,856	—	—	285,155
63,917	—	—	163,963
46,886	—	—	201,244
106,645	—	—	301,288
111,162	—	—	196,011
309,566	—	—	1,037,107
98,257	—	—	200,947
188,180	—	—	342,553
215,725	—	—	427,898
128,277	—	—	271,262
159,919	—	—	290,250
209,712	—	—	396,603
243,915	—	—	393,459
7,457,634	6,221,666	6,221,666	7,413,233
		国からの 補填④−⑤	1,235,969

もっとも多く，千葉県の5124億円，北海道の5102億円が続いている。一方，交付金拠出団体は東京都の6兆357億円が突出しており，その他では大阪府の1600億円，愛知県の264億円で，拠出義務総額は6兆2217億円になる。なお，各都道府県の受領総額が拠出義務総額を上回るため，その差額の1兆2360億円は国からの補填とする。

3．スウェーデン型交付税改革のシミュレーション

3.1　スウェーデン型財政調整の概要

スウェーデンは，高齢化社会に伴い社会福祉費が拡大して，国の財政赤字が増大した。そこで，スウェーデンは地方に対する歳出削減のために地方自治体間の水平的財政調整制度を導入し，その後，様々な改革を経て，2005年以降，現在の財政調整制度となっている。その財政調整制度の概要は，次のとおりである。スウェーデンには，外交や防衛，社会保障などを国，医療や地域交通などを担うランスティング（県），教育や福祉，上下水道などを担うコミューン（市町村）の3団体がある。ランスティングとコミューンという地方団体は，それぞれ地方税率を決める権限が与えられている。これら3団体間

の財政調整制度は，歳入平衡化，構造的コスト平衡化，構造補助金，導入補助金，調整補助金・負担金の観点から行われる。

まず歳入平衡化は，住民1人当たりの課税所得が全国平均の115以上となるコミューン（ランスティングは110以上）が，超過分に対応する税収の85%（ランスティングも同様）を拠出する一方で，115（ランスティングは110）を下回る団体は，それを下回る額に対応する税収の95%を受領する。次に，構造的コスト平衡化は，教育や高齢者福祉，医療，公共交通などの項目について行政コストの平衡化を図るものである。そして，各項目の構造的コストの要因と全国平均を比較検討して最終的な構造的コストが算出され，全国平均を上回る団体が拠出団体，下回る団体が受領団体となる。その際，拠出額=受領額となるようにする。さらに，構造補助金は寒冷地，過疎地，産業構造等を考慮して国が補助金を支給する制度である。また，導入補助金は新制度導入に伴う激変を緩和する措置であり，調整補助金は他の観点では補うことができない格差を是正するための制度である。

3.2 スウェーデン型財政調整の導入

本章では，スウェーデン型財政調整の導入に際して前述の観点のうち，歳入平衡化と構造的コスト平衡化の二つの観点を適用した場合についてシミュレーションを行うことにする。まず，歳入平衡化について，日本はスウェーデンのように所得税だけが地方税収に大きな割合を占めているわけではないので，現行の地方税収入をもとに算出する。つまり，人口1人当たりの地方税収入が全国平均の110%を上回る自治体が超過分の85%を拠出し，110%を下回る自治体は不足分の95%が補填されるようにする。また，構造的コスト平衡化について，スウェーデンの構造的コストモデルで用いられた要因[5]を参考に，日本における歳出の構造コストの要因を年齢構成，社会人口構成，気候・国土特性の三つの項目を取り上げることにする。そして，各項目における重回帰分析を行い，それをもとにモデル式を算出して，構造的コストモデルによる配分を行う。なお，各項目について，具体的には，年齢構成として老年人口比・年少人口割合，社会人口構成として完全失業率・1人親世帯・可住地域当たりの人口密度・過疎市町村居住人口比・共働き世帯割合，気候・国土特性として年最低気温や降水量，降雪日数，島嶼数を用いる

---

5 室田（2003）参照。

ことにする。

3.3 スウェーデン型財政調整制度による平準化機能

スウェーデン型財政調整の日本への導入は，次のように収入の平衡化と構造的コストの平衡化の二つのステップで行う。

3.3.1 歳入平衡化交付金

歳入平衡化交付金については，1人当たりの地方税収入が全国平均の110%を越える都道府県がその超過額の85%を拠出義務とし，110%を下回る都道府県は110%に満たない分の95%を受領とする。その結果，1人当たりの地方税収入の平均値12万3110円の1.1倍が拠出義務都道府県と受領都道府県の境界である基準値となる。例えば，東京都の1人当たり地方税収入は31万4380円であることから，基準値との差である17万8960円の85%にあたる15万2116円を拠出することになり，2兆79億円が拠出義務額になる（表10-4）。そして，受領総額が拠出義務額より多いため，差額の1兆7315億円が国からの補填になる。

3.3.2 構造的コスト

構造的コストについては，スウェーデンの構造的コスト要因を参考にして，①年最低気温や降水量，降雪日数，島嶼数という国土・気象要因，②年少人口割合や老年人口比という年齢構成要因，③過疎市町村割合や1人親世帯数，完全失業率，共働き世帯割合，人口密度（可住地域）という社会人口構成要因の3項目を独立変数にして，各都道府県の1人当たりの歳出を従属変数とする重回帰分析（強制投入法およびステップワイズ法）を行った。

まず，気象・国土要因についてみると，年最低気温や降水量，降雪日数，島嶼数のいずれも5%水準で有意な結果を得ることができなかった。また，ステップワイズ法で分析を行ったところ，すべての独立変数が削除された。スウェーデンは北欧の高緯度地域にあり，冬の寒冷が厳しいことから最低気温等の要素が考慮されているが，日本では有意が得られなかった。また，島嶼数も同様であった。

次に，社会人口構成要因についてみると，過疎市町村居住人口比，完全失業率や1人親世帯数，人口密度（可住地域），共働き世帯割合という要因に関する重回帰分析（強制投入法）を行った結果，過疎市町村居住人口比が5%水

表10-4　歳入平衡化によるスウェーデン型財政調整

都道府県	地方税収入（百万円）	人口（万人）	①1人当たりの地方税収入（千円）	①−②	1人当たり受領額（千円）	1人当たり拠出額（千円）	③受領額（百万円）	④拠出義務額（百万円）
北海道	532,137	549	96.93	▲38.49	36.57	0	200,753	0
青森	131,209	136	96.48	▲38.94	37.00	0	50,314	0
岩手	112,790	131	86.10	▲49.32	46.85	0	61,380	0
宮城	226,456	233	97.19	▲38.23	36.32	0	84,619	0
秋田	88,548	108	81.99	▲53.43	50.76	0	54,821	0
山形	99,415	116	85.70	▲49.72	47.23	0	54,788	0
福島	190,512	199	95.73	▲39.69	37.70	0	75,025	0
茨城	322,412	296	108.92	▲26.50	25.17	0	74,510	0
栃木	220,955	200	110.48	▲24.94	23.70	0	47,391	0
群馬	209,689	200	104.84	▲30.58	29.05	0	58,093	0
埼玉	692,737	721	96.08	▲39.34	37.37	0	269,459	0
千葉	626,161	621	100.83	▲34.59	32.86	0	204,058	0
東京	4,149,760	1,320	314.38	178.96	0	152.11	0	2,007,883
神奈川	997,845	906	110.14	▲25.28	24.02	0	217,608	0
新潟	232,484	236	98.51	▲36.91	35.06	0	82,752	0
富山	118,179	109	108.42	▲27.00	25.65	0	27,957	0
石川	123,381	117	105.45	▲29.97	28.47	0	33,307	0
福井	91,041	80	113.80	▲21.62	0	0	16,430	0
山梨	92,924	86	108.05	▲27.37	26.00	0	22,360	0
長野	212,387	214	99.25	▲36.17	34.37	0	73,541	0
岐阜	210,275	207	101.58	▲33.84	32.15	0	66,542	0
静岡	427,610	375	114.03	▲21.39	0	0	76,205	0
愛知	906,211	742	122.13	▲13.29	0	0	93,675	0
三重	205,900	185	111.30	▲24.12	22.92	0	42,396	0
滋賀	149,076	141	105.73	▲29.69	28.21	0	39,773	0
京都	263,236	263	100.09	▲35.33	33.56	0	88,272	0
大阪	970,208	886	109.50	▲25.92	24.62	0	218,132	0
兵庫	565,021	558	101.26	▲34.16	32.45	0	181,091	0
奈良	116,886	140	83.49	▲51.93	49.33	0	69,067	0
和歌山	84,993	100	84.99	▲50.43	47.91	0	47,906	0
鳥取	50,483	59	85.56	▲49.86	47.36	0	27,944	0
島根	62,722	71	88.34	▲47.08	44.73	0	31,755	0
岡山	191,108	194	98.51	▲36.91	35.06	0	68,026	0
広島	294,054	286	102.82	▲32.60	30.97	0	88,585	0
山口	140,936	144	97.87	▲37.55	35.67	0	51,365	0
徳島	73,344	78	94.03	▲41.39	39.32	0	30,669	0
香川	104,857	99	105.92	▲29.50	28.03	0	27,748	0
愛媛	128,151	142	90.25	▲45.17	42.91	0	60,939	0
高知	61,531	76	80.96	▲54.46	51.73	0	39,319	0
福岡	489,782	508	96.41	▲39.01	37.06	0	188,244	0
佐賀	76,597	85	90.11	▲45.31	43.04	0	36,585	0
長崎	109,856	142	77.36	▲58.06	55.15	0	78,319	0
熊本	152,123	181	84.05	▲51.37	48.81	0	88,338	0
大分	104,593	119	87.89	▲47.53	45.15	0	53,729	0
宮崎	93,560	113	82.80	▲52.62	49.99	0	56,492	0
鹿児島	132,467	170	77.92	▲57.50	54.62	0	92,860	0
沖縄	98,838	140	70.60	▲64.82	61.58	0	86,212	0
全国	15,735,438	12,782	123.11			合計	3,739,354	2,007,883
②平均×1.1			135.42					

拠出 義務額 （百万円）	収入交付 金結果
0	732,890
0	181,523
0	174,170
0	311,075
0	143,368
0	154,204
0	265,537
0	396,922
0	268,346
0	267,782
0	962,196
0	830,218
2,007,883	2,141,876
0	1,215,452
0	315,236
0	146,136
0	156,688
0	107,471
0	115,284
0	285,928
0	276,817
0	503,814
0	999,886
0	248,296
0	188,849
0	351,509
0	1,188,341
0	746,112
0	185,953
0	132,899
0	78,427
0	94,477
0	259,134
0	382,639
0	192,301
0	104,013
0	132,605
0	189,089
0	100,850
0	678,026
0	113,181
0	188,174
0	240,461
0	158,322
0	150,051
0	225,327
0	185,051
2,007,883	17,466,909
国からの補 填③−④	1,731,471

準で有意となった（表10-5）。さらに，ステップワイズ法で確認しても過疎市町村居住人口比が残った（表10-6）。

さらに，年齢構成要因についてみると，老年人口比と年少人口割合の内，老年人口比が0.5％水準で有意となった（表10-7）。また，ステップワイズ法で確認すると老年人口比だけが残り，有意確率も0.5％水準で有意であった（表10-8）。これらのことから，日本では老年人口比を構造的コストとして考えるのが適当と判断した。これは，わが国の高齢化の進展に伴う社会保障費の増大が各都道府県レベルの歳出に大きな影響を与えているためと考えられる。

これらのことを踏まえて，日本における構造的コストの算出については，老年人口比と過疎市町村割合を用いることにする。そして，老年人口比および過疎市町村割合と1人当たりの歳出の関係からモデル式を導き，それに基づいてコスト差を算出することにする。

3.4 過疎市町村人口割合による財政調整

まず，過疎市町村居住人口比と1人当たりの歳出の関係について，

y（1人当たりの歳出）＝0.477×（過疎市町村居住人口比）

というモデル式を求めることができる（表10-6）。

次に，このモデル式を用いて構造的コストを算出すると，全国の過疎市町村居住人口比の平均値は8.8％であり，平均値を上回る受領自治体は島根県，大分県，鹿児島県など27道県となる（表10-9）。ここから，それぞれの過疎市町村居住人口比とその平均の差に0.447をかけて，その分の財政調整を行う。そして，過疎市町村居住人口比が平均を下回る東京都や神奈川県などの都府県から平均を上回る道県に

304

表10-5　社会人口構成要因に関する構造的コスト
（重回帰分析・強制投入法）

変数		標準化係数	有意確率
従属指数	1人当たりの歳出	—	—
独立変数	過疎市町村居住人口割合	.368	＊
	完全失業率	.317	
	1人親世帯割合	−.091	
	人口密度（可住地域）	.154	
	共働き世帯割合	.441	
調整済み決定係数=.272　VIF最大値=6.034　N=47（都道府県）			

*** : $p < 0.005$, ** : $0.005 \leqq p < 0.01$, * : $0.01 \leqq p < 0.05$

表10-6　社会人口構成要因に関する構造的コスト
（重回帰分析・ステップワイズ法）

変数		標準化係数	有意確率
従属指数	1人当たりの歳出	—	—
独立変数	過疎市町村居住人口割合	.477	＊＊＊
調整済み決定係数=.210　VIF最大値=1.000　N=47（都道府県）			

*** : $p < 0.005$, ** : $0.005 \leqq p < 0.01$, * : $0.01 \leqq p < 0.05$

表10-7　年齢構成要因に関する構造的コスト
（重回帰分析・強制投入法）

変数		標準化係数	有意確率
従属指数	1人当たりの歳出	—	—
独立変数	老年人口割合	.494	＊＊＊
	年少人口割合	.042	
調整済み決定係数=.188　VIF最大値=1.417　N=47（都道府県）			

*** : $p < 0.005$, ** : $0.005 \leqq p < 0.01$, * : $0.01 \leqq p < 0.05$

表10-8　年齢構成要因に関する構造的コスト
（重回帰分析・ステップワイズ法）

変数		標準化係数	有意確率
従属指数	1人当たりの歳出	—	—
独立変数	老年人口割合	.472	＊＊＊
調整済み決定係数=.205　VIF最大値=1.000　N=47（都道府県）			

*** : $p < 0.005$, ** : $0.005 \leqq p < 0.01$, * : $0.01 \leqq p < 0.05$

表10-9　過疎市町村居住人口比に基づく構造的コストによるドイツ型財政調整

都道府県	人口（万人）	①過疎市町村居住人口比	①−②	1人当たりコスト算出（千円）	総コスト差額（百万円）	受領額（百万円）	拠出義務額（百万円）	拠出額（百万円）
北海道	549	22.89	14.09	0.67	3,690	3,690	0	0
青森	136	22.47	13.67	0.65	887	887	0	0
岩手	131	36.81	28.01	1.34	1,750	1,750	0	0
宮城	233	8.12	▲0.68	▲0.03	▲75	0	75	71
秋田	108	64.74	55.94	2.67	2,882	2,882	0	0
山形	116	31.48	22.68	1.08	1,255	1,255	0	0
福島	199	13.15	4.35	0.21	413	413	0	0
茨城	296	2.23	▲6.57	▲0.31	▲928	0	928	878
栃木	200	2.06	▲6.74	▲0.32	▲643	0	643	608
群馬	200	4.81	▲3.99	▲0.19	▲381	0	381	360
埼玉	721	0.13	▲8.67	▲0.41	▲2,981	0	2,981	2,819
千葉	621	1.37	▲7.43	▲0.35	▲2,200	0	2,200	2,081
東京都	1,320	0.19	▲8.61	▲0.41	▲5,420	0	5,420	5,125
神奈川	906	0.00	▲8.80	▲0.42	▲3,803	0	3,803	3,596
新潟	236	17.43	8.63	0.41	971	971	0	0
富山	109	6.88	▲1.92	▲0.09	▲100	0	100	94
石川	117	9.97	1.17	0.06	65	65	0	0
福井	80	3.80	▲5.00	▲0.24	▲191	0	191	180
山梨	86	8.99	0.19	0.01	8	8	0	0
長野	214	9.20	0.40	0.02	41	41	0	0
岐阜	207	8.01	▲0.79	▲0.04	▲78	0	78	73
静岡	375	1.78	▲7.02	▲0.33	▲1,256	0	1,256	1,188
愛知	742	0.67	▲8.13	▲0.39	▲2,879	0	2,879	2,722
三重	185	7.61	▲1.19	▲0.06	▲105	0	105	99
滋賀	141	0.45	▲8.35	▲0.40	▲561	0	561	531
京都府	263	4.64	▲4.16	▲0.20	▲522	0	522	494
大阪府	886	0.00	▲8.80	▲0.42	▲3,719	0	3,719	3,517
兵庫	558	3.17	▲5.63	▲0.27	▲1,497	0	1,497	1,416
奈良	140	6.29	▲2.51	▲0.12	▲168	0	168	159
和歌山	100	25.12	16.32	0.78	778	778	0	0
鳥取	59	15.48	6.68	0.32	188	188	0	0
島根	71	50.13	41.33	1.97	1,400	1,400	0	0
岡山	194	16.86	8.06	0.38	745	745	0	0
広島	286	10.58	1.78	0.08	243	243	0	0
山口	144	14.62	5.82	0.28	400	400	0	0
徳島	78	17.53	8.73	0.42	325	325	0	0
香川	99	11.23	2.43	0.12	115	115	0	0
愛媛	142	26.27	17.47	0.83	1,183	1,183	0	0
高知	76	29.70	20.90	1.00	758	758	0	0
福岡	508	9.85	1.05	0.05	254	254	0	0
佐賀	85	14.68	5.88	0.28	238	238	0	0
長崎	142	26.46	17.66	0.84	1,196	1,196	0	0
熊本	181	22.54	13.74	0.66	1,186	1,186	0	0
大分	119	42.65	33.85	1.61	1,922	1,922	0	0
宮崎	113	23.11	14.31	0.68	772	772	0	0
鹿児島	170	38.36	29.56	1.41	2,397	2,397	0	0
沖縄	140	8.00	▲0.80	▲0.04	▲53	0	53	50
全国	12,782	②8.80		合計	▲1500	26061	27561	26061

対して拠出金が支払われることになる。具体的には，東京都が54億円，神奈川県が38億円など拠出義務額の総額は276億円になるが，受領総額の261億円を超えるために，東京都の実際の拠出総額は51億円，神奈川県は36億円などである。これに対して，もっとも受領額が多いのは北海道の37億円であり，これに秋田県の29億円や鹿児島県の24億円が続いている。

3.5 老年人口比による財政調整

老年人口比と1人当たりの歳出に関するモデル式を算出すると，モデル式は，y（1人当たりの歳出）＝0.472×（老年人口比）

となる（表10-8）。老年人口比の平均は23.3％であり，これを上回る受領自治体は，秋田県（29.5％），島根県（29.2％），山口県（28.3％）などである。一方，拠出自治体は東京都・神奈川県・愛知県（いずれも20.6％）などであり，総拠出額は62億円となる（表10-10）。このため差額の2000万円は国からの補填になる。

ここで，これまでの二つのステップをまとめてみると，歳入平衡化のための財政調整総額は17兆4669億円であり，構造的コスト平衡化のための財政調整額は過疎市町村居住人口比による移動額が261億円，老年人口比による移動額が62億円となる（表10-11）。したがって，過疎市町村居住人口比や老年人口比に基づく構造的コストによる調整はあるものの，日本におけるスウェーデン型財政調整の多くは歳入平衡化によるものとなる。

4．都道府県にドイツ型・スウェーデン型財政調整を導入した場合の平準化と政府歳出削減

4.1 都道府県にドイツ型・スウェーデン型財政調整を導入した場合の平準化

これまで，ドイツ・スウェーデンの財政調整制度を日本へ導入した場合に，各都道府県の財政状況がどのようになるのかについてシミュレーションを行ってきた。ここで，これまでのシミュレーションを踏まえて，ドイツ型・スウェーデン型財政調整を導入した場合に各都道府県間の平準化がどのようになるのかを変動係数を用いて検討することにしたい。なお，変動係数とは，標準偏差を算術平均で割った値であり，ここでは各都道府県の1人当たりの地方税収入に適用することにする。さらに，現行の財政調整制度における変動係数を算出して，現在のわが国の財政調整との比較も行った。

表10-10 老年人口比に基づく構造的コストによるドイツ型財政調整

都道府県	人口（万人）	②老年人口割合（%）	②−①	1人当たりコスト差額（千円）	コスト差額（百万円）	③受領額（百万円）	④拠出義務額（百万円）	拠出額（百万円）
北海道	549	25.17	1.90	0.09	493	493	0	0
青森	136	26.10	2.83	0.13	182	182	0	0
岩手	131	27.33	4.06	0.19	251	251	0	0
宮城	233	22.32	▲0.95	▲0.04	▲105	0	105	105
秋田	108	29.54	6.27	0.30	319	319	0	0
山形	116	27.67	4.40	0.21	241	241	0	0
福島	199	25.23	1.96	0.09	184	184	0	0
茨城	296	22.84	▲0.43	▲0.02	▲60	0	60	60
栃木	200	22.35	▲0.92	▲0.04	▲87	0	87	87
群馬	200	23.95	0.68	0.03	64	64	0	0
埼玉	721	20.89	▲2.38	▲0.11	▲811	0	811	811
千葉	621	22.06	▲1.21	▲0.06	▲354	0	354	354
東京都	1,320	20.55	▲2.72	▲0.13	▲1,693	0	1,693	1,693
神奈川	906	20.58	▲2.69	▲0.13	▲1,148	0	1,148	1,148
新潟	236	26.44	3.17	0.15	353	353	0	0
富山	109	26.33	3.06	0.14	157	157	0	0
石川	117	23.85	0.58	0.03	32	32	0	0
福井	80	25.25	1.98	0.09	75	75	0	0
山梨	86	24.77	1.50	0.07	61	61	0	0
長野	214	26.68	3.41	0.16	345	345	0	0
岐阜	207	24.35	1.08	0.05	105	105	0	0
静岡	375	24.08	0.81	0.04	143	143	0	0
愛知	742	20.62	▲2.65	▲0.13	▲928	0	928	928
三重	185	24.38	1.11	0.05	97	97	0	0
滋賀	141	20.92	▲2.35	▲0.11	▲156	0	156	156
京都府	263	23.73	0.46	0.02	57	57	0	0
大阪府	886	22.71	▲0.56	▲0.03	▲235	0	235	235
兵庫	558	23.37	0.10	0.00	26	26	0	0
奈良	140	24.29	1.02	0.05	67	67	0	0
和歌山	100	27.40	4.13	0.19	195	195	0	0
鳥取	59	26.27	3.00	0.14	84	84	0	0
島根	71	29.15	5.88	0.28	197	197	0	0
岡山	194	25.41	2.14	0.10	196	196	0	0
広島	286	24.23	0.96	0.05	130	130	0	0
山口	144	28.26	4.99	0.24	339	339	0	0
徳島	78	27.18	3.91	0.18	144	144	0	0
香川	99	26.06	2.79	0.13	130	130	0	0
愛媛	142	26.90	3.63	0.17	243	243	0	0
高知	76	28.95	5.68	0.27	204	204	0	0
福岡	508	22.52	▲0.75	▲0.04	▲180	0	180	180
佐賀	85	24.59	1.32	0.06	53	53	0	0
長崎	142	26.13	2.86	0.13	191	191	0	0
熊本	181	25.80	2.53	0.12	216	216	0	0
大分	119	26.81	3.54	0.17	199	199	0	0
宮崎	113	25.93	2.66	0.13	142	142	0	0
鹿児島	170	26.47	3.20	0.15	257	257	0	0
沖縄	140	17.29	▲5.98	▲0.28	▲395	0	395	395
全国		23.27			合計	6,173	6,152	6,152
						国からの補填 ③−④		20

308

表10-11　都道府県型におけるスウェーデン型財政調整

都道府県	地方税収入（百万円）	①受領額（百万円）	②拠出額（百万円）	平衡地方税（百万円）	③過疎市町村居住人口比による受領額（百万円）	過疎市町村居住人口比による拠出義務額（百万円）	④過疎市町村居住人口比による拠出額（百万円）
北海道	532,137	200,753	0	732,890	3,690	0	0
青森	131,209	50,314	0	181,523	887	0	0
岩手	112,790	61,380	0	174,170	1,750	0	0
宮城	226,456	84,619	0	311,075	0	75	71
秋田	88,548	54,821	0	143,368	2,882	0	0
山形	99,415	54,788	0	154,204	1,255	0	0
福島	190,512	75,025	0	265,537	413	0	0
茨城	322,412	74,510	0	396,922	0	928	878
栃木	220,955	47,391	0	268,346	0	643	608
群馬	209,689	58,093	0	267,782	0	381	360
埼玉	692,737	269,459	0	962,196	0	2,981	2,819
千葉	626,161	204,058	0	830,218	0	2,200	2,081
東京	4,149,760	0	2,007,883	2,141,876	0	5,420	5,125
神奈川	997,845	217,608	0	1,215,452	0	3,803	3,596
新潟	232,484	82,752	0	315,236	971	0	0
富山	118,179	27,957	0	146,136	0	100	94
石川	123,381	33,307	0	156,688	65	0	0
福井	91,041	16,430	0	107,471	0	191	180
山梨	92,924	22,360	0	115,284	8	0	0
長野	212,387	73,541	0	285,928	41	0	0
岐阜	210,275	66,542	0	276,817	0	78	73
静岡	427,610	76,205	0	503,814	0	1,256	1,188
愛知	906,211	93,675	0	999,886	0	2,879	2,722
三重	205,900	42,396	0	248,296	0	105	99
滋賀	149,076	39,773	0	188,849	0	561	531
京都	263,236	88,272	0	351,509	0	522	494
大阪	970,208	218,132	0	1,188,341	0	3,719	3,517
兵庫	565,021	181,091	0	746,112	0	1,497	1,416
奈良	116,886	69,067	0	185,953	0	168	159
和歌山	84,993	47,906	0	132,899	778	0	0
鳥取	50,483	27,944	0	78,427	188	0	0
島根	62,722	31,755	0	94,477	1,400	0	0
岡山	191,108	68,026	0	259,134	745	0	0
広島	294,054	88,585	0	382,639	243	0	0
山口	140,936	51,365	0	192,301	400	0	0
徳島	73,344	30,669	0	104,013	325	0	0
香川	104,857	27,748	0	132,605	115	0	0
愛媛	128,151	60,939	0	189,089	1,183	0	0
高知	61,531	39,319	0	100,850	758	0	0
福岡	489,782	188,244	0	678,026	254	0	0
佐賀	76,597	36,585	0	113,181	238	0	0
長崎	109,856	78,319	0	188,174	1,196	0	0
熊本	152,123	88,338	0	240,461	1,186	0	0
大分	104,593	53,729	0	158,322	1,922	0	0
宮崎	93,560	56,492	0	150,051	772	0	0
鹿児島	132,467	92,860	0	225,327	2,397	0	0
沖縄	98,838	86,212	0	185,051	0	53	50
合計	15,735,438	3,739,354	2,007,883	17,466,909	26,061	27,561	26,061

⑤老年人口割合による受領額（百万円）	老年人口割合による拠出義務額（百万円）	⑥老年人口割合による拠出額（百万円）	総計（百万円）
493	0	0	737,073
182	0	0	182,592
251	0	0	176,171
0	105	105	310,899
319	0	0	146,570
241	0	0	155,700
184	0	0	266,134
0	60	60	395,984
0	87	87	267,650
64	0	0	267,487
0	811	811	958,566
0	354	354	827,783
0	1,693	1,693	2,135,059
0	1,148	1,148	1,210,708
353	0	0	316,560
157	0	0	146,199
32	0	0	156,785
75	0	0	107,366
61	0	0	115,353
345	0	0	286,313
105	0	0	276,849
143	0	0	502,770
0	928	928	996,236
97	0	0	248,293
0	156	156	188,162
57	0	0	351,071
0	235	235	1,184,589
26	0	0	744,723
67	0	0	185,861
195	0	0	133,872
84	0	0	78,699
197	0	0	96,074
196	0	0	260,076
130	0	0	383,012
339	0	0	193,040
144	0	0	104,482
130	0	0	132,851
243	0	0	190,516
204	0	0	101,811
0	180	180	678,100
53	0	0	113,473
191	0	0	189,562
216	0	0	241,864
199	0	0	160,442
142	0	0	150,965
257	0	0	227,980
0	395	395	184,605
6,173		6,152	17,466,929
	国からの補填 1,731,491		

その結果，スウェーデン型財政調整を導入した場合の変動係数がドイツ型財政調整を導入した場合よりも小さく，平準化機能をより満たすことがわかる（図10-1）。また，同じドイツ型財政調整でも，年度にもよるが従属人口を補正係数にした場合の方が1人当たり所得を補正係数にした場合よりも変動係数が小さくなる。なお，地方税収入だけでみると，現行の日本よりもドイツ型・スウェーデン型財政調整の変動係数の方が小さくなるが，現行日本では地方交付税により財政調整をしているため，一概に比較することはできないことは言うまでもない。

4.2　都道府県にドイツ型・スウェーデン型財政調整を導入した場合の政府歳出削減

さらに，ドイツ型・スウェーデン型財政調整を導入した場合に，どの程度の政府歳出削減が可能となるのかを求めてみた。つまり，地方税収入の項目をドイツ型・スウェーデン型財政調整による歳入に置き換えて総歳入を求めた上で，その総歳入の全国の合計

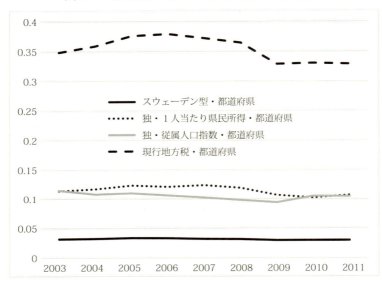

図10-1　都道府県における各財政調整の変動係数

から歳出の全国の合計を減じることで政府歳出の削減額を算出すると，いずれの制度においても削減効果が約7000億円程度に留まることが明らかになった。その中では，もっとも削減効果があるのがドイツ型財政調整で補正係数として「従属人口指数(生産年齢人口当たりの老年人口と年少人口)」を用いた場合であるが，それでも削減効果は7229億円に留まっている。

5．道州制導入の場合のシミュレーション

5.1　道州制のパターン

　本章では，都道府県単位の分析だけでなく道州制を導入した場合のシミュレーションも行うことにする。その際，3パターンの道州制区分けを用いることにしたい(表10-12)。このうち，道州制1は自民党2008年度案を参考にしたものであり，道州制2は財政力に格差がある東京都と沖縄県を一つの道州にしたものである。これは，道州編成に際して財政力の均衡化を図ることで財政調整の額を抑えるとともに，東京都は現在も小笠原諸島などの離島

第 10 章　地方交付税改革の効果　311

表10-12　道州制の３パターン

道州制1	都道府県
北海道	北海道
東北	青森県，岩手県，秋田県，山形県，宮城県，福島県
北関東	茨城県，栃木県，新潟県，群馬県
南関東	千葉県，埼玉県，神奈川県，山梨県
東京	東京都
中部	富山県，石川県，福井県，長野県，静岡県，愛知県，岐阜県，三重県
近畿	京都府，滋賀県，大阪府，奈良県，和歌山県，兵庫県
中国四国	鳥取県，島根県，岡山県，広島県，山口県，徳島県，愛媛県，高知県，香川県
九州	福岡県，長崎県，佐賀県，大分県，熊本県，宮崎県，鹿児島県
沖縄	沖縄県

道州制2	都道府県
北海道	北海道
東北	青森県，岩手県，秋田県，山形県，宮城県，福島県
北関東	茨城県，栃木県，新潟県，群馬県
南関東	千葉県，埼玉県，神奈川県，山梨県
東京沖縄	東京都，沖縄県
中部	富山県，石川県，福井県，長野県，静岡県，愛知県，岐阜県，三重県
近畿	京都府，滋賀県，大阪府，奈良県，和歌山県，兵庫県
中国四国	鳥取県，島根県，岡山県，広島県，山口県，徳島県，愛媛県，高知県，香川県
九州	福岡県，長崎県，佐賀県，大分県，熊本県，宮崎県，鹿児島県

道州制3	都道府県
北海道	北海道
東北	青森県，岩手県，秋田県，宮城県
中日本	山形県，福島県，新潟県，群馬県，栃木県，茨城県
南関東	埼玉県，神奈川県，千葉県
東京沖縄	東京都，沖縄県
信越	静岡県，山梨県，長野県，富山県，石川県
中部	福井県，滋賀県，三重県，愛知県，岐阜県
近畿	兵庫県，京都府，大阪府，和歌山県，奈良県
中国四国	鳥取県，島根県，岡山県，広島県，山口県，香川県，愛媛県，徳島県，高知県
九州	福岡県，佐賀県，長崎県，大分県，熊本県，宮崎県，鹿児島県

を抱えており，沖縄と東京を一つの道州にしても行政運営が可能ではないかと考えたためである。そして，道州制３は現行の北海道，東北，中部，関東，近畿，中国，四国，九州という区分にとらわれずに地理的近接性と財政均衡化の点から道州編成を行ったものである。

312

5.2 道州制におけるドイツ型財政調整

まず，道州制においてドイツ型の財政調整制度を導入した場合のシミュレーションを行う[6]。都道府県の場合と同様に，補正係数として従属人口指数と1人当たりの平均所得を用いる。その結果，道州制への移行と財源移譲を図ったとしても，都道府県の場合と同様，東京州（道州制2・3では東京沖縄州）だけが収支が黒字となっており，道州制においても財政調整が必要であることがわかる（表10-13）。各道州制のパターンごとにみると，道州制1と道州制2では東北州の収支が6兆1649億円の歳出超過となり，中部州の3兆7474億円や近畿州の3兆7308億円，九州の3兆6862億円が続いている。道州制3では東北州や中部州，近畿州の枠組みが異なることもあり，中部本州の歳出超過がもっとも大きく4兆9301億円となり，これに東北州の3兆7217億円が続いている。いずれにしろ，道州制を導入しても各道州間の財政格差が大きいことが明らかである。

ここで，まず補正係数として従属人口指数を用いた水平的財政調整のシミュレーションを行う。なお，都道府県の場合と同様，各道州の受領総額が拠出義務総額を上回る場合には，差額は国から補填するものとする。まず，道州制1においては受領額の合計が6兆115億円であるのに対し，交付金拠出義務額は5兆7069億円であり，残りの3046億円を国から補填することになる（表10-14）。道州制2でも拠出するのは東京沖縄州だけであり，受領するのは九州の1兆1303億円，南関東州の1兆370億円，中国四国州の9352億円となっている。道州制3でも，東京沖縄州だけが拠出することになる。

次に，補正係数として1人当たりの平均所得を用いた場合のシミュレーションを行うと，いずれの道州のパターンにおいても従属人口を用いた補正係数の場合よりも受領総額が多くなる（表10-15）。道州制のパターンごとにみると，道州制1において南関東州の受領額が1兆5352億円ともっとも多く，九州の1兆2909億円，東北州の1兆644億円が続いている。一方，東京州が6兆357億円を拠出し，さらに国が9326億円を補填すること

6　なお，都道府県の分析における東京都や沖縄県と道州制の分析における東京州や沖縄州の財政調整の値が異なる場合があるのは，都道府県の分析と道州制の分析で受領総額が異なるため，拠出義務総額が受領総額を上回る際の拠出額の減額率が異なるためである。

第 10 章　地方交付税改革の効果　313

表10-13　道州制におけるドイツ型財政状況

道州制1	人口 （万人）	歳出 総額 （百万円）	①地方税 収入総額 （百万円）	②地方税 から国へ （百万円）	③国から 地方へ （百万円）	独型税収 （①－② ＋③） （百万円）	独型に おける 収支 （百万円）	1人当 たり税収 （千円）
北海道	549	2,497,620	532,137	155,934	371,647	747,850	▲ 1,749,770	136.22
東北	923	7,305,269	848,929	229,414	520,902	1,140,417	▲ 6,164,851	123.56
北関東	932	3,825,866	985,539	300,425	653,792	1,338,906	▲ 2,486,960	143.66
南関東	2,334	5,622,267	2,409,666	927,060	1,628,677	3,111,282	▲ 2,510,984	133.30
東京	1,320	6,078,839	4,149,760	1,167,506	6,364,427	9,346,680	3,267,841	708.08
中部	2,029	7,148,296	2,294,985	782,216	1,888,167	3,400,936	▲ 3,747,360	167.62
近畿	2,088	7,404,692	2,149,420	845,894	2,370,397	3,673,923	▲ 3,730,769	175.95
中国四国	1,149	5,125,256	1,107,187	374,943	878,499	1,610,742	▲ 3,514,514	140.19
九州	1,318	5,343,182	1,158,977	375,065	873,072	1,656,983	▲ 3,686,198	125.72
沖縄	140	614,493	98,838	30,664	81,370	149,544	▲ 464,949	106.82
全国	12,782	50,965,779	15,735,438	5,189,122	15,630,948	26,177,264	▲ 24,788,515	204.80

道州制2	人口 （万人）	歳出 総額 （百万円）	①地方税 収入総額 （百万円）	②地方税 から国へ （百万円）	③国から 地方へ （百万円）	独型税収 （①－② ＋③） （百万円）	独型に おける 収支 （百万円）	1人当 たり税収 （千円）
北海道	549	2,497,620	532,137	155,934	371,647	747,850	▲ 1,749,770	136.22
東北	923	7,305,269	848,929	229,414	520,902	1,140,417	▲ 6,164,851	123.56
北関東	932	3,825,866	985,539	300,425	653,792	1,338,906	▲ 2,486,960	143.66
南関東	2,334	5,622,267	2,409,666	927,060	1,628,677	3,111,282	▲ 2,510,984	133.30
東京沖縄	1,460	6,693,331	4,248,598	1,198,170	6,445,796	9,496,224	2,802,892	650.43
中部	2,029	7,148,296	2,294,985	782,216	1,888,167	3,400,936	▲ 3,747,360	167.62
近畿	2,088	7,404,692	2,149,420	845,894	2,370,397	3,673,923	▲ 3,730,769	175.95
中国四国	1,149	5,125,256	1,107,187	374,943	878,499	1,610,742	▲ 3,514,514	140.19
九州	1,318	5,343,182	1,158,977	375,065	873,072	1,656,983	▲ 3,686,198	125.72
全国	12,782	50,965,779	15,735,438	5,189,122	15,630,948	26,177,264	▲ 24,788,515	204.80

道州制3	人口 （万人）	歳出 総額 （百万円）	①地方税 収入総額 （百万円）	②地方税 から国へ （百万円）	③国から 地方へ （百万円）	独型税収 （①－② ＋③） （百万円）	独型における 収支 （百万円）	1人当 たり税収 （千円）
北海道	549	2,497,620	532,137	155,934	371,647	747,850	▲ 1,749,770	136.22
東北	608	4,474,234	559,002	149,843	343,354	752,512	▲ 3,721,722	123.77
中日本	1,247	6,656,901	1,275,466	379,996	831,341	1,726,811	▲ 4,930,090	138.48
南関東	2,248	5,145,501	2,316,742	898,594	1,548,842	2,966,990	▲ 2,178,511	131.98
東京沖縄	1,460	6,693,331	4,248,598	1,198,170	6,445,796	9,496,224	2,802,892	650.43
信越	901	3,572,876	974,481	310,432	725,853	1,389,901	▲ 2,182,975	154.26
中部	1,355	4,544,387	1,562,504	548,505	1,328,893	2,342,892	▲ 2,201,495	172.91
近畿	1,947	6,912,491	2,000,344	797,638	2,283,653	3,486,359	▲ 3,426,133	179.06
中国四国	1,149	5,125,256	1,107,187	374,943	878,499	1,610,742	▲ 3,514,514	140.19
九州	1,318	5,343,182	1,158,977	375,065	873,072	1,656,983	▲ 3,686,198	125.72
全国	12,782	50,965,779	15,735,438	5,189,122	15,630,948	26,177,264	▲ 24,788,515	204.80

表10-14　道州制における従属人口指数によるドイツ型財政調整

道州制1	人口 （万人）	生産人口当た りの年少・老 年人口割合	補正 人口 （万人）	①調整 測定値 （百万円）	②財政力 測定値 （百万円）	②－①	②÷① ×100 （％）	③95％の 金額 （百万円）
北海道	549	0.59	565	1,157,857	747,850	▲410,007	65	1,099,964
東北	923	0.62	1,007	2,061,818	1,140,417	▲921,401	55	1,958,727
北関東	932	0.59	962	1,969,376	1,338,906	▲630,470	68	1,870,907
南関東	2,334	0.52	2,132	4,366,566	3,111,282	▲1,255,284	71	4,148,238
東京	1,320	0.47	1,081	2,213,030	9,346,680	7,133,650	422	2,102,379
中部	2,029	0.59	2,100	4,301,183	3,400,936	▲900,247	79	4,086,123
近畿	2,088	0.57	2,102	4,304,316	3,673,923	▲630,393	85	4,089,101
中国四国	1,149	0.65	1,309	2,679,960	1,610,742	▲1,069,217	60	2,545,962
九州	1,318	0.62	1,433	2,934,034	1,656,983	▲1,277,051	56	2,787,332
沖縄	140	0.54	131	269,184	149,544	▲119,640	56	255,725
全国	12,782	0.57			26,177,264			

道州制2	人口 （万人）	生産人口当た りの年少・老 年人口割合	補正 人口 （万人）	①調整 測定値 （百万円）	②財政力 測定値 （百万円）	②－①	②÷① ×100 （％）	③95％の 金額 （百万円）
北海道	549	0.59	565	1,157,857	747,850	▲410,007	65	1,099,964
東北	923	0.62	1,007	2,061,818	1,140,417	▲921,401	55	1,958,727
北関東	932	0.59	962	1,969,376	1,338,906	▲630,470	68	1,870,907
南関東	2,334	0.52	2,132	4,366,566	3,111,282	▲1,255,284	71	4,148,238
東京沖縄	1,460	0.47	1,211	2,480,846	9,496,224	7,015,378	383	2,356,804
中部	2,029	0.59	2,100	4,301,183	3,400,936	▲900,247	79	4,086,123
近畿	2,088	0.57	2,102	4,304,316	3,673,923	▲630,393	85	4,089,101
中国四国	1,149	0.65	1,309	2,679,960	1,610,742	▲1,069,217	60	2,545,962
九州	1,318	0.62	1,433	2,934,034	1,656,983	▲1,277,051	56	2,787,332
全国	12,782	0.57			26,177,264			

道州制3	人口 （万人）	生産人口当た りの年少・老 年人口割合	補正 人口 （万人）	①調整 測定値 （百万円）	②財政力 測定値 （百万円）	②－①	②÷① ×100 （％）	③95％の 金額 （百万円）
北海道	549	0.59	565	1,157,857	747,850	▲410,007	65	1,099,964
東北	608	0.61	652	1,336,053	752,512	▲583,541	56	1,269,250
中日本	1,247	0.60	1,315	2,694,056	1,726,811	▲967,245	64	2,559,353
南関東	2,248	0.52	2,041	4,179,291	2,966,990	▲1,212,301	71	3,970,326
東京沖縄	1,460	0.47	1,211	2,480,846	9,496,224	7,015,378	383	2,356,804
信越	901	0.62	986	2,019,278	1,389,901	▲629,377	69	1,918,314
中部	1,355	0.57	1,346	2,756,258	2,342,892	▲413,366	85	2,618,445
近畿	1,947	0.58	1,964	4,022,685	3,486,359	▲536,327	87	3,821,551
中国四国	1,149	0.65	1,309	2,679,960	1,610,742	▲1,069,217	60	2,545,962
九州	1,318	0.62	1,433	2,934,034	1,656,983	▲1,277,051	56	2,787,332
全国	12,782	0.57			26,177,264			

④交付金受領額（百万円）	⑤交付金拠出義務額（百万円）	実際の交付金拠出額（百万円）	調整後の歳入（百万円）
352,114	0	0	1,099,964
818,310	0	0	1,958,727
532,001	0	0	1,870,907
1,036,955	0	0	4,148,238
0	5,706,920	5,706,920	3,639,760
685,188	0	0	4,086,123
415,177	0	0	4,089,101
935,219	0	0	2,545,962
1,130,349	0	0	2,787,332
106,181	0	0	255,725
6,011,495	5,706,920	5,706,920	26,481,840
		国からの補填④−⑤	304,575

④交付金受領額（百万円）	⑤交付金拠出義務額（百万円）	実際の交付金拠出額（百万円）	調整後の歳入（百万円）
352,114	0	0	1,099,964
818,310	0	0	1,958,727
532,001	0	0	1,870,907
1,036,955	0	0	4,148,238
0	5,612,302	5,612,302	3,883,921
685,188	0	0	4,086,123
415,177	0	0	4,089,101
935,219	0	0	2,545,962
1,130,349	0	0	2,787,332
5,905,314	5,612,302	5,612,302	26,470,276
		国からの補填④−⑤	293,012

④交付金受領額（百万円）	⑤交付金拠出義務額（百万円）	実際の交付金拠出額（百万円）	調整後の歳入（百万円）
352,114	0	0	1,099,964
516,738	0	0	1,269,250
832,542	0	0	2,559,353
1,003,336	0	0	3,970,326
0	5,612,302	5,612,302	3,883,921
528,413	0	0	1,918,314
275,553	0	0	2,618,445
335,192	0	0	3,821,551
935,219	0	0	2,545,962
1,130,349	0	0	2,787,332
5,909,458	5,612,302	5,612,302	26,474,420
		国からの補填④−⑤	297,156

になる。道州制2も，ほぼ同様である。道州制3は道州制のパターンの中では受領総額がもっとも少なく，その中では南関東州の受領がもっとも多く1兆5041億円で，九州の1兆2909億円が続いている。

5.3 道州制におけるスウェーデン型財政調整

5.3.1 道州制におけるスウェーデン型財政調整の歳入平衡化

道州制におけるスウェーデン型財政調整のシミュレーションを行う際には，都道府県型の場合と同様に歳入平衡化を行うとともに，過疎市町村居住人口比と老年人口比により構造コスト平衡化を算出することにする。まず，歳入平衡化については，1人当たり平均の1.1倍を超える道州が拠出道州となり超過額の80％を拠出することになる。その結果，東京州または東京沖縄州だけがいずれのパターンの道州制においても唯一の拠出州となり，約2兆円を供出することになる（表10-16）。なお，いずれの道州制のパターンにおいても，受領額が拠出額を上回るため，その分を国が補填する必要が生じる。ここで道州制のパターン別にみると，道州制1では南関東

表10-15 道州制における１人当たりの平均所得によるドイツ型財政調整

道州制1	人口 (万人)	1人当たりの 道州民所得 (千円)	補正 人口 (万人)	①調整 測定値 (百万円)	②財政力 測定値 (百万円)	②－①	②÷① ×100 (%)	③95%の 金額 (百万円)
北海道	549	2,475	647	1,324,237	747,850	▲ 576,386	56	1,258,025
東北	923	2,374	1,133	2,320,861	1,140,417	▲ 1,180,443	49	2,204,818
北関東	932	2,897	938	1,920,832	1,338,906	▲ 581,926	70	1,824,790
南関東	2,334	2,849	2,388	4,891,069	3,111,282	▲ 1,779,786	64	4,646,515
東京	1,320	4,373	880	1,802,034	9,346,680	7,544,646	519	1,711,932
中部	2,029	2,963	1,996	4,088,586	3,400,936	▲ 687,650	83	3,884,156
近畿	2,088	2,785	2,185	4,475,111	3,673,923	▲ 801,188	82	4,251,356
中国四国	1,149	2,729	1,227	2,513,559	1,610,742	▲ 902,816	64	2,387,881
九州	1,318	2,536	1,515	3,103,037	1,656,983	▲ 1,446,053	53	2,947,885
沖縄	140	2,018	202	414,167	149,544	▲ 264,623	36	393,459
合計	12,782	2,915			26,177,264			

道州制2	人口 (万人)	1人当たりの 道州民所得 (千円)	補正 人口 (万人)	①調整 測定値 (百万円)	②財政力 測定値 (百万円)	②－①	②÷① ×100 (%)	③95%の 金額 (百万円)
北海道	549	2,475	647	1,324,237	747,850	▲ 576,386	56%	1,258,025
東北	923	2,374	1,133	2,320,861	1,140,417	▲ 1,180,443	49%	2,204,818
北関東	932	2,897	938	1,920,832	1,338,906	▲ 581,926	70%	1,824,790
南関東	2,334	2,849	2,388	4,891,069	3,111,282	▲ 1,779,786	64%	4,646,515
東京沖縄	1,460	4,147	1,026	2,101,690	9,496,224	7,394,534	452%	1,996,606
中部	2,029	2,963	1,996	4,088,586	3,400,936	▲ 687,650	83%	3,884,156
近畿	2,088	2,785	2,185	4,475,111	3,673,923	▲ 801,188	82%	4,251,356
中国四国	1,149	2,729	1,227	2,513,559	1,610,742	▲ 902,816	64%	2,387,881
九州	1,318	2,536	1,515	3,103,037	1,656,983	▲ 1,446,053	53%	2,947,885
合計	12,782	2,915			26,177,264			

道州制3	人口 (万人)	1人当たりの 道州民所得 (千円)	補正 人口 (万人)	①調整 測定値 (百万円)	②財政力 測定値 (百万円)	②－①	②÷① ×100 (%)	③95%の 金額 (百万円)
北海道	549	2,475	647	1,324,237	747,850	▲ 576,386	56%	1,258,025
東北	608	2,385	743	1,521,785	752,512	▲ 769,272	49%	1,445,695
中日本	1,247	2,759	1,317	2,697,925	1,726,811	▲ 971,114	64%	2,563,029
南関東	2,248	2,851	2,298	4,706,436	2,966,990	▲ 1,739,446	63%	4,471,115
東京沖縄	1,460	4,147	1,026	2,101,690	9,496,224	7,394,534	452%	1,996,606
信越	901	2,956	889	1,819,893	1,389,901	▲ 429,992	76%	1,728,898
中部	1,355	2,967	1,331	2,726,383	2,342,892	▲ 383,491	86%	2,590,064
近畿	1,947	2,765	2,053	4,204,234	3,486,359	▲ 717,876	83%	3,994,023
中国四国	1,149	2,729	1,227	2,513,559	1,610,742	▲ 902,816	64%	2,387,881
九州	1,318	2,536	1,515	3,103,037	1,656,983	▲ 1,446,053	53%	2,947,885
合計	12,782	2,915			26,177,264			

④交付金受領額（百万円）	⑤交付金拠出義務額（百万円）	実際の交付金拠出額（百万円）	調整後の歳入（百万円）
510,175	0	0	1,258,025
1,064,400	0	0	2,204,818
485,884	0	0	1,824,790
1,535,233	0	0	4,646,515
0	6,035,717	6,035,717	3,310,963
483,220	0	0	3,884,156
577,432	0	0	4,251,356
777,138	0	0	2,387,881
1,290,902	0	0	2,947,885
243,915	0	0	393,459
6,968,300	6,035,717	6,035,717	27,109,847
		国からの補填④－⑤	932,583

④交付金受領額（百万円）	⑤交付金拠出義務額（百万円）	実際の交付金拠出額（百万円）	調整後の歳入（百万円）
510,175	0	0	1,258,025
1,064,400	0	0	2,204,818
485,884	0	0	1,824,790
1,535,233	0	0	4,646,515
0	5,915,627	5,915,627	3,580,597
483,220	0	0	3,884,156
577,432	0	0	4,251,356
777,138	0	0	2,387,881
1,290,902	0	0	2,947,885
6,724,385	5,915,627	5,915,627	26,986,022
		国からの補填④－⑤	808,758

④交付金受領額（百万円）	⑤交付金拠出義務額（百万円）	実際の交付金拠出額（百万円）	調整後の歳入（百万円）
510,175	0	0	1,258,025
693,183	0	0	1,445,695
836,218	0	0	2,563,029
1,504,124	0	0	4,471,115
0	5,915,627	5,915,627	3,580,597
338,997	0	0	1,728,898
247,172	0	0	2,590,064
507,664	0	0	3,994,023
777,138	0	0	2,387,881
1,290,902	0	0	2,947,885
6,705,573	5,915,627	5,915,627	26,967,211
		国からの補填④－⑤	789,947

州がもっとも多い7135億円を受領し，近畿州の6442億円が続いている。道州制2と3では，南関東州の受領額がもっとも多く，近畿州が続いていることは同様である。なお，沖縄県と東京都を一つの道州にした道州制2と道州制3では，道州制1の東京州よりも拠出額がわずかに抑えられている。

5.3.2 道州制におけるスウェーデン型財政調整の構造的コスト

道州制1において，まず過疎市町村居住人口比を用いて構造的コストを算出した上で財政調整を行うことにする。具体的には，モデル式（1人当たりの歳出=0.477×過疎市町村割合の全国平均の差）[7]に当てはめて1人当たりのコスト差額を求めた上で，人口をかけて総コストを算出する（表10-17）。その結果，拠出義務額が受領額を上回るため，受領額を拠出義務額で割った商を拠出義務額にかけて受領額と拠出額が等しくなるようにした。まず，道州1で受領するのは，九州（81億円），東北州（72億円），中国四国州（54億円），北海道（37億円）の4道州である。一

---

7 道州をケースとする分析ではケース数が少ないため、都道府県をケースとする分析の結果を利用。

318

表10-16　道州制における歳入平衡化によるスウェーデン型財政調整

道州制1	地方税収入（百万円）	人口（万人）	②1人当たりの地方税収入（千円）	①－②	1人当たり受領額	1人当り拠出額	受領額（百万円）	拠出額（百万円）	収入交付金結果（百万円）
北海道	532,137	549	96.93	▲38.49	36.57	0	200,753	0	732,890
東北	848,929	923	91.98	▲43.44	41.27	0	380,947	0	1,229,877
北関東	985,539	932	105.74	▲29.68	28.19	0	262,747	0	1,248,286
南関東	2,409,666	2,334	103.24	▲32.18	30.57	0	713,485	0	3,123,151
東京	4,149,760	1,320	314.38	178.96	0	152.11	0	2,007,883	2,141,876
中部	2,294,985	2,029	113.11	▲22.31	21.20	0	430,053	0	2,725,037
近畿	2,149,420	2,088	102.94	▲32.48	30.85	0	644,242	0	2,793,662
中国四国	1,107,187	1,149	96.36	▲39.06	37.11	0	426,350	0	1,533,536
九州	1,158,977	1,318	87.93	▲47.49	45.11	0	594,566	0	1,753,543
沖縄	98,838	140	70.60	▲64.82	61.58	0	86,212	0	185,051
全国	15,735,438	12,782	123.11				3,739,354	2,007,883	17,466,909
①平均×1.1	135.42						国からの補填		1,731,471

道州制2	地方税収入（百万円）	人口（万人）	②1人当たりの地方税収入（千円）	①－②	1人当たり受領額	1人当り拠出額	受領額（百万円）	拠出額（百万円）	収入交付金結果（百万円）
北海道	532,137	549	96.93	▲38.49	36.57	0	200,753	0	732,890
東北	848,929	923	91.98	▲43.44	41.27	0	380,947	0	1,229,877
北関東	985,539	932	105.74	▲29.68	28.19	0	262,747	0	1,248,286
南関東	2,409,666	2,334	103.24	▲32.18	30.57	0	713,485	0	3,123,151
東京沖縄	4,248,598	1,460	291.00	155.58	0	132.24	0	1,930,746	2,317,852
中部	2,294,985	2,029	113.11	▲22.31	21.20	0	430,053	0	2,725,037
近畿	2,149,420	2,088	102.94	▲32.48	30.85	0	644,242	0	2,793,662
中国四国	1,107,187	1,149	96.36	▲39.06	37.11	0	426,350	0	1,533,536
九州	1,158,977	1,318	87.93	▲47.49	45.11	0	594,566	0	1,753,543
全国	15,735,438	12,782	123.11				3,058,576	1,930,746	15,704,291
①平均×1.1	135.42						国からの補填		1,722,396

道州制3	地方税収入（百万円）	人口（万人）	②1人当たりの地方税収入（千円）	①－②	1人当たり受領額	1人当り拠出額	受領額（百万円）	拠出額（百万円）	収入交付金結果（百万円）
北海道	532,137	549	96.93	▲38.49	36.57	0	200,753	0	732,890
東北	559,002	608	91.94	▲43.48	41.30	0	251,134	0	810,136
中日本	1,275,466	1,247	102.28	▲33.14	31.48	0	392,560	0	1,668,026
南関東	2,316,742	2,248	103.06	▲32.36	30.74	0	691,124	0	3,007,867
東京沖縄	4,248,598	1,460	291.00	155.58	0	132.24	0	1930746	2,317,852
信越	974,481	901	108.16	▲27.26	25.90	0	233,371	0	1,207,852
中部	1,562,504	1,355	115.31	▲20.11	19.10	0	258,815	0	1,821,319
近畿	2,000,344	1,947	102.74	▲32.68	31.05	0	604,469	0	2,604,813
中国四国	1,107,187	1,149	96.36	▲39.06	37.11	0	426,350	0	1,533,536
九州	1,158,977	1,318	87.93	▲47.49	45.11	0	594,566	0	1,753,543
全国	15,735,438	12,782	123.11				3,653,142	1930746	17,457,834
①平均×1.1	135.42						国からの補填		1,722,396

第 10 章　地方交付税改革の効果　319

表10-17　道州制における過疎市町村居住人口比によるスウェーデン型財政調整（道州制 1 ）

道州制1	人口（万人）	②過疎市町村居住人口比割合(%)	②－①	1人当たりコスト差額（千円）	総コスト差額（百万円）	受領額（百万円）	拠出義務額（百万円）	拠出額（百万円）
北海道	549	22.89	14.09	0.67	3,690	3,690	0	0
東北	923	25.16	16.36	0.78	7,201	7,201	0	0
北関東	932	6.65	▲ 2.15	▲ 0.10	▲ 954	0	954	912
南関東	2,334	0.75	▲ 8.05	▲ 0.38	▲ 8,958	0	8,958	8,565
東京	1,320	0.19	▲ 8.61	▲ 0.41	▲ 5,420	0	5,420	5,182
中部	2,029	4.20	▲ 4.60	▲ 0.22	▲ 4,452	0	4,452	4,257
近畿	2,088	3.14	▲ 5.66	▲ 0.27	▲ 5,637	0	5,637	5,390
中国四国	1,149	18.67	9.87	0.47	5,411	5,411	0	0
九州	1,318	21.61	12.81	0.61	8,055	8,055	0	0
沖縄	140	8.00	▲ 0.80	▲ 0.04	▲ 53	0	53	51
全国		8.80			合計	24,357	25,474	24,357

表10-18　道州制における老年人口比によるスウェーデン型財政調整（道州制 1 ）

道州制1	人口（万人）	②老年人口割合(%)	②－①	1人当りコスト差額（千円）	コスト差額（百万円）	受領額（百万円）	拠出義務額（百万円）	拠出額（百万円）
北海道	549	25.17	1.90	0.09	493	493	0	0
東北	923	25.73	2.46	0.12	1,072	1,072	0	0
北関東	932	23.88	0.61	0.03	270	270	0	0
南関東	2,334	21.23	▲ 2.04	▲ 0.10	▲ 2,252	0	2,252	2,252
東京	1,320	20.55	▲ 2.72	▲ 0.13	▲ 1,693	0	1,693	1,693
中部	2,029	23.30	0.03	0.00	26	26	0	0
近畿	2,088	23.22	▲ 0.05	▲ 0.00	▲ 46	0	46	46
中国四国	1,149	26.34	3.07	0.15	1,667	1,667	0	0
九州	1,318	24.68	1.41	0.07	878	878	0	0
沖縄	140	17.29	▲ 5.98	▲ 0.28	▲ 395	0	395	395
全国	12,782	23.27			20	4,407	4,387	4,387

国からの財源移譲　20

表10-19　道州制における過疎市町村居住人口比によるスウェーデン財政調整（道州制 2 ）

道州制2	人口（万人）	②過疎市町村居住人口割合(%)	②－①	1人当たりコスト算出（千円）	総コスト差額（百万円）	受領額（百万円）	拠出義務額（百万円）	拠出額（百万円）
北海道	549	22.89	14.09	0.67	3,690	3,690	0	0
東北	923	25.16	16.36	0.78	7,201	7,201	0	0
北関東	932	6.65	▲ 2.15	▲ 0.10	▲ 954	0	954	912
南関東	2,334	0.75	▲ 8.05	▲ 0.38	▲ 8,958	0	8,958	8,568
東京沖縄	1,460	0.96	▲ 7.84	▲ 0.37	▲ 5,463	0	5,463	5,226
中部	2,029	4.20	▲ 4.60	▲ 0.22	▲ 4,452	0	4,452	4,259
近畿	2,088	3.14	▲ 5.66	▲ 0.27	▲ 5,637	0	5,637	5,392
中国四国	1,149	18.67	9.87	0.47	5,411	5,411	0	0
九州	1,318	21.61	12.81	0.61	8,055	8,055	0	0
全国		8.80			合計	24,357	25,464	24,357

方，拠出するのは，南関東州（90億円）や近畿州（56億円）など6道州である。同様に，道州制1において老年人口比を用いて構造的コストを算出して財政調整を行うと，過疎市町村居住人口比の場合とは異なり受領額が拠出義務額を上回ることになり，差額分2000万円を国から補填する必要が生じる（表10-18）。老年人口比による補正[8]で受領するのは中国四国州や東北州など6道州で，拠出するのは南関東州や東京州など4州となる。

道州制2における過疎市町村居住人口比をもとにした構造的コストによる財政調整の結果，最大の受領州は九州で81億円となり，これに東北州の72億円が続き，以下，中国四国州と北海道も受領する（表10-19）。一方，もっとも拠出するのは南関東州の90億円で，これに近畿州の56億円が続き，以下，東京沖縄州，中部州が続き，北関東州も拠出することになる。また，道州制2における老年人口比をもとにした財政調整の結果，中国四国州（17億円）や東北州（11億円）など6道州が受領し，南関東州（23億円）や東京沖縄州（21億円）など3州が拠出することになる（表10-20）。なお，受領額が拠出額を上回るので，差額は国からの補填となる。

道州制3において，過疎市町村居住人口比による財政調整の結果，もっとも受領するのは九州の81億円であり，以下，東北州の55億円，中国四国州の54億円，北海道の37億円となっている（表10-21）。一方，もっとも拠

表10-20　道州制における老年人口比によるスウェーデン型財政調整（道州制2）

道州制1	人口（万人）	②老年人口割合(%)	②－①	1人当りコスト差額（千円）	コスト差額（百万円）	受領額（百万円）	拠出義務額（百万円）	拠出額（百万円）
北海道	549	25.17	1.90	0.09	493	493	0	0
東北	923	25.73	2.46	0.12	1,072	1,072	0	0
北関東	932	23.88	0.61	0.03	270	270	0	0
南関東	2,334	21.23	▲2.04	▲0.10	▲2,252	0	2,252	2,252
東京沖縄	1,460	20.24	▲3.03	▲0.14	▲2,088	0	2,088	2,088
中部	2,029	23.30	0.03	0.00	26	26	0	0
近畿	2,088	23.22	▲0.05	▲0.00	▲46	0	46	46
中国四国	1,149	26.34	3.07	0.15	1,667	1,667	0	0
九州	1,318	24.68	1.41	0.07	878	878	0	0
全国	12,782	23.27			20	4,407	4,387	4,387

国からの財源移譲　20

8　前記注7と同様。

第 10 章　地方交付税改革の効果　321

出するのは南関東州の90億円であり，これに東京沖縄州の55億円，近畿州の51億円などが続いている。道州制3で，老年人口比による財政調整で受領額が多いのは中国四国州の17億円で，九州の9億円，信越州の7億円など7道州が受領する（表10-22）。これに対して，もっとも拠出するのは南関東州の23億円で，これに東京州の21億円，中部州8億円が続いている。

5.3.3　道州制におけるスウェーデン型財政調整のシミュレーション

これまでみてきたスウェーデン型財政調整における歳入平衡化と構造的コスト平衡化（過疎市町村居住人口比と老年人口比）を全てまとめて，各道州に

表10-21　道州制における過疎市町村人口比によるスウェーデン型財政調整（道州制3）

道州制3	人口 （万人）	②過疎市町村居住人口割合(%)	②－①	1人当たりコスト差額（千円）	総コスト差額（百万円）	受領額（百万円）	拠出義務額（百万円）	拠出額（百万円）
北海道	549	22.89	14.09	0.67	3,690	3,690	0	0
東北	608	27.91	19.11	0.91	5,542	5,542	0	0
中日本	1,247	10.09	1.29	0.06	765	765	0	0
南関東	2,248	0.42	-8.38	▲ 0.40	▲ 8,984	0	8,984	8,589
東京沖縄	1,460	0.96	-7.84	▲ 0.37	▲ 5,463	0	5,463	5,223
信越	901	5.92	-2.88	▲ 0.14	▲ 1,237	0	1,237	1,182
中部	1,355	2.96	-5.84	▲ 0.28	▲ 3,778	0	3,778	3,612
近畿	1,947	3.33	-5.47	▲ 0.26	▲ 5,080	0	5,080	4,857
中国四国	1,149	18.67	9.87	0.47	5,411	5,411	0	0
九州	1,318	21.61	12.81	0.61	8,055	8,055	0	0
全国	12,782	8.80				23,463	24,542	23,463

表10-22　道州制における老年人口比によるスウェーデン型財政調整（道州制3）

道州制1	人口 （万人）	②老年人口割合(%)	②－①	1人当りコスト差額（千円）	コスト差額（百万円）	受領額（百万円）	拠出義務額（百万円）	拠出額（百万円）
北海道	549	25.17	1.90	0.09	493	493	0	0
東北	608	25.53	2.26	0.11	648	648	0	0
中日本	1,247	24.45	1.18	0.06	695	695	0	0
南関東	2,248	21.09	▲ 2.18	▲ 0.10	▲ 2,313	0	2,313	2,313
東京沖縄	1,460	20.24	▲ 3.03	▲ 0.14	▲ 2,088	0	2,088	2,088
信越	901	25.01	1.74	0.08	738	738	0	0
中部	1,355	22.01	▲ 1.26	▲ 0.06	▲ 808	0	808	808
近畿	1,947	23.39	0.12	0.01	110	110	0	0
中国四国	1,149	26.34	3.07	0.15	1,667	1,667	0	0
九州	1,318	24.68	1.41	0.07	878	878	0	0
全国	12,782	23.27			20	5,229	5,209	5,209

国からの財源移譲　20

322

おける財政調整の結果をみることにしたい。

　まず，道州制１においてスウェーデン型財政調整を行った結果，調整後の歳入がもっとも多いのは南関東州で３兆1123億円になる（表10-23）。これに，近畿州の２兆7882億円，中部州の２兆7208億円が続き，東京州は２兆1350億円で４位となる。

表10-23　道州制におけるスウェーデン型財政調整（道州制１）

	地方税収入（百万円）	受領額（百万円）	拠出額（百万円）	平衡地方税（百万円）	過疎市町村居住人口比による受領額（百万円）	過疎市町村居住人口比による拠出額（百万円）	過疎市町村居住人口比による拠出義務額（百万円）	老年人口割合による受領額（百万円）	老年人口割合による拠出義務額（百万円）	老年人口割合による拠出額（百万円）	総計（百万円）
北海道	532,137	200,753	0	732,890	3,690	0	0	493	0	0	737,073
東北	848,929	380,947	0	1,229,877	7,201	0	0	1,072	0	0	1,238,150
北関東	985,539	262,747	0	1,248,286	0	954	912	270	0	0	1,247,644
南関東	2,409,666	713,485	0	3,123,151	0	8,958	8,565	0	2,252	2,252	3,112,334
東京	4,149,760		2,007,883	2,141,876	0	5,420	5,182	0	1,693	1,693	2,135,001
中部	2,294,985	430,053	0	2,725,037	0	4,452	4,257	26	0	0	2,720,807
近畿	2,149,420	644,242	0	2,793,662	0	5,637	5,390	0	46	46	2,788,226
中国四国	1,107,187	426,350	0	1,533,536	5,411	0	0	1,667	0	0	1,540,615
九州	1,158,977	594,566	0	1,753,543	8,055	0	0	878	0	0	1,762,476
沖縄	98,838	86,212	0	185,051	0	53	51	0	395	395	184,604
全国	15,735,438	3,739,354	2,007,883	17,466,909	24,357	25,474	24,357	4,407	4,387	4,387	17,466,929

国からの補填　1,731,491

表10-24　道州制におけるスウェーデン型財政調整（道州制２）

	地方税収入（百万円）	受領額（百万円）	拠出額（百万円）	平衡地方税（百万円）	過疎市町村居住人口比による受領額（百万円）	過疎市町村居住人口比による拠出額（百万円）	過疎市町村居住人口比による拠出義務額（百万円）	老年人口割合による受領額（百万円）	老年人口割合による拠出義務額（百万円）	老年人口割合による拠出額（百万円）	総計（百万円）
北海道	532,137	200,753	0	732,890	3,690	0	0	493	0	0	737,073
東北	848,929	380,947	0	1,229,877	7,201	0	0	1,072	0	0	1,238,150
北関東	985,539	262,747	0	1,248,286	0	954	912	270	0	0	1,247,644
南関東	2,409,666	713,485	0	3,123,151	0	8,958	8,568	0	2,252	2,252	3,112,330
東京沖縄	4,248,598		1,930,746	2,317,852	0	5,463	5,226	0	2,088	2,088	2,310,538
中部	2,294,985	430,053	0	2,725,037	0	4,452	4,259	26	0	0	2,720,805
近畿	2,149,420	644,242	0	2,793,662	0	5,637	5,392	0	46	46	2,788,224
中国四国	1,107,187	426,350	0	1,533,536	5,411	0	0	1,667	0	0	1,540,615
九州	1,158,977	594,566	0	1,753,543	8,055	0	0	878	0	0	1,762,476
全国	15,735,438	3,739,354	2,007,883	17,466,909	24,357	25,474	24,357	4,407	4,387	4,387	17,466,929

国からの補填　1,722,416

第10章　地方交付税改革の効果　323

表10-25　道州制におけるスウェーデン型財政調整（道州制3）

	地方税収入(百万円)	受領額(百万円)	拠出額(百万円)	平衡地方税(百万円)	過疎市町村居住人口比による受領額(百万円)	過疎市町村居住人口比による拠出額(百万円)	過疎市町村居住人口比による拠出義務額(百万円)	老年人口割合による受領額(百万円)	老年人口割合による拠出義務額(百万円)	老年人口割合による拠出額(百万円)	総計(百万円)
北海道	532,137	200,753	0	732,890	3,690	0	0	493	0	0	737,073
東北	559,002	251,134	0	810,136	5,542	0	0	648	0	0	816,325
中日本	1,275,466	392,560	0	1,668,026	765	0	0	695	0	0	1,669,487
南関東	2,316,742	691,124	0	3,007,867	0	8,984	8,589	0	2,313	2,313	2,996,964
東京沖縄	4,248,598	0	1,930,746	2,317,852	0	5,463	5,223	0	2,088	2,088	2,310,540
信越	974,481	233,371	0	1,207,852	0	1,237	1,182	738	0	0	1,207,407
中部	1,562,504	258,815	0	1,821,319		3,778	3,612	0	808	808	1,816,900
近畿	2,000,344	604,469	0	2,604,813	0	5,080	4,857	110	0	0	2,600,067
中国四国	1,107,187	426,350	0	1,533,536	5,411	0	0	1,667	0	0	1,540,615
九州	1,158,977	594,566	0	1,753,543	8,055	0	0	878	0	0	1,762,476
全国	15,735,438	3,653,142	1,930,746	17,457,834	23,463	24,542	23,463	5,229	5,209	5,209	17,457,854

国からの補填　1,722,416

　次に道州制2をみると，歳入平衡化交付金および過疎市町村割合・老人人口割合による構造的コストを用いたスウェーデン型財政調整を行った結果，ここでも歳入の一番多い道州は南関東州の3兆1123億円で，東京沖縄州は4位の2兆3105億円となり，もっとも歳入が少ないのは北海道の7371億円となる（表10-24）。

　さらに，道州制3で同様のシミュレーションを行った結果，歳入が一番多い道州はやはり南関東州の2兆9970億円で，これに近畿州の2兆6001億円，東京沖縄州の2兆3105億円が続き，もっとも少ないのは北海道の7371億円となる（表10-25）。なお，歳入の最少最大の差は，道州制1や道州制2と比べて相対的に小さくなっている。

6．道州制にドイツ型・スウェーデン型財政調整を導入した場合の平準化と政府歳出削減

6.1　道州制にドイツ型・スウェーデン型財政調整を導入した場合の平準化

　ここで，道州制においてドイツ型財政調整およびスウェーデン型財政調整を導入した場合，道州間にどのような格差が生じるのかを変動係数を用いて明らかにすることにしたい。その結果，スウェーデン型財政調整を導入する場合の変動係数がもっとも小さく，平準化機能をより満たすことがわかった

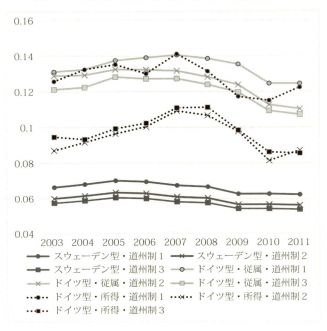

図10-2 道州制における各財政調整の変動係数

(図10-2)。ドイツ型財政調整では，従属人口を補正係数にする方が1人当たり所得を補正係数にするよりも変動係数が大きくなることもわかった。

また道州制のパターンによる相違をみると，同じスウェーデン型財政調整でも，わずかではあるが道州制3が平準化機能を満たし，これに道州制2が続いている。また，ドイツ型財政調整においては補正係数として1人当たりの平均所得，あるいは従属人口指数のいずれをとった場合でも，道州制2が平準化機能をより達成することになる。

6.2 道州制にドイツ型・スウェーデン型財政調整を導入した場合の政府歳出削減

最後に，道州制においてドイツ型財政調整およびスウェーデン型財政調整を導入すると，どの程度，政府歳出削減が生じるのかを求めることにする。その結果，道州制3の場合の削減額がもっとも大きいがドイツ型・スウェーデン型のいずれにおいても7000億円から8000億円程度の政府歳出抑制効

果に留まり，都道府県の場合と大差がないことになる。また，道州制2の場合の削減額の幅が相対的にもっとも小さくなっている[9]。

7．まとめ

　本章では，自治体間の財政調整制度として，現行の地方交付税制度が果たす役割を評価した上で，ドイツ型財政調整やスウェーデン型財政調整を導入した場合にどのような状況になるのかを試算してみた。また，道州制論議で主張されているような政府歳出削減がみられるのかを明らかにするために，上記シミュレーションについて道州制を導入した場合を想定して行った。さらに，そうした各シミュレーションの結果，どのような平準化が生じるのかについても明らかにした。その結果，ドイツ型財政調整やスウェーデン型財政調整を導入しても政府の歳出削減効果は限定的である一方，ドイツ型財政調整制度ではスウェーデン型財政調整よりも都道府県間の格差が大きくなることが明らかになった。さらに，道州制のパターンにより道州間の格差が異なることもわかった。

　最後に，本章の課題として，ドイツ型財政調整およびスウェーデン型財政調整のいずれについても，構造的コストや補正係数となるべき要因として，さらなる分析が必要であると考える。そうした分析を通して，より日本の現状に即した財政調整を検討することが必要である。また，本章ではドイツ型財政調整とスウェーデン型財政調整について，別々にシミュレーションしたが，両者および現行の日本の制度の良い点を融合したハイブリット型財政調整を検討することも重要な課題と考える[10]。

参考文献

橋都由加子・石田三成．2006.「平準化効果の国際比較」持田信樹著『地方分権と財政調整制度　改革の国際潮流』東京大学出版会．

林健久．2006.「水平的財政調整の動揺：スウェーデン」持田信樹著『地方分権と財政調整制度　改革の国際潮流』東京大学出版会．

持田信樹．2003.「財政調整の理論と地方交付税改革」『都市問題』1月号，39〜

9　道州制については交付税制度以外の歳出削減については本章では検討していない。

10　本章は，小林良彰・重盛圭亮．2016.「地方交付税改革のシミュレーション（上・中・下）」『地方財務』739号・741号・743号を大幅に加筆訂正したものである。

326

51ページ.

宮本憲一・鶴田廣巳編著. 2008.『セミナー現代地方財政 II　世界に見る地方分権と地方財政』勁草書房.

室田哲男. 2003.「スウェーデン型の財政調整制度　課税力と財政需要による水平的調整を取り入れた財政調整制度」, 神野直彦・池上岳彦著『地方交付税　何が問題か』東洋経済新報社.

山中俊亮. 2005.「道州制と地域間財政調整—ドイツ型財政調整手法を用いたシミュレーション—」『Kwansei Gakuin policy studies review』43-66.

Wolman, Harold and Edward Page. 1987. "The Impact of Intergovernmental grants on Subnational Resource Disparities: a Cross - National Comparison," *Public Budgeting & Finance*.

参考資料

国税庁 統計年報 平成26年から平成21年 http://www.nta.go.jp/kohyo/tokei/kokuzeicho/tokei.htm（2015/08/29最終アクセス）

国税庁 統計年報　平成15年～平成20年の統計情報　http://www.nta.go.jp/kohyo/tokei/kokuzeicho/tokei_old.htm　（2015/08/29最終アクセス）

国立社会保障・人口問題研究所　人口統計資料集　http://www.ipss.go.jp/syoushika/tohkei/Popular/Popular2015.asp?chap=0　（2015/08/27最終アクセス）

財務省 債務残高の国際比較 https://www.mof.go.jp/tax_policy/summary/condition/007.htm（2015/08/11最終アクセス）

財務省　平成27年3月日本の財政関係資料 http://www.mof.go.jp/budget/fiscal_condition/related_data/201503/201503_1.pdf（2015/08/11最終アクセス）

財務省　税目の国税・地方税内訳　https://www.mof.go.jp/tax_policy/summary/condition/001.htm　（2015/08/27最終アクセス）

総務省 平成27年度版地方財政白書 http://www.soumu.go.jp/menu_seisaku/hakusyo/chihou/27data/2015data/27czb01-02.html（2015/08/10最終アクセス）

総務省統計局　第六十四回日本統計年鑑平成27年第五章財政　都道府県別都道府県歳入歳出額及び実質収支　http://www.stat.go.jp/data/nenkan/05.htm　（2015/08/26最終アクセス）

総務省統計局　統計でみる都道府県のすがた　http://www.stat.go.jp/data/k-sugata/（2015/08/29最終アクセス）

総務省　地方財政統計年報　http://www.soumu.go.jp/iken/zaisei/toukei.html（2015/08/29最終アクセス）

岡山HPより 自民党道州制推進本部　http://www.pref.okayama.jp/uploaded/attachment/163928.pdf　（2015/09/19最終アクセス）

ドイツ統計局　Statistics on tax revenue　https://www.destatis.de/EN/FactsFigures/SocietyState/PublicFinanceTaxes/Taxes/TaxBudgets/Tables/CashTaxRevenueMillionEuros.html

（2015/08/27 最終アクセス）

内閣府　離島の概要　http://www.kantei.go.jp/jp/singi/kaiyou/ritou_yuusiki/dai01/2_2.
　pdf（2015/08/27 最終アクセス）

あとがき

　本書は，日本における多数決型代議制民主主義の機能を検証するという立場から従来の投票行動研究を発展させ，中央及び地方における民主主義の機能に関する計量的ならびに定性的な実証分析を行ったものである。

　ところで，現在では政治を計量的に分析することは当たり前になっている。筆者も数十年前に大学に入学した際に，図書館でAPSR（米国政治学会誌）を読んで計量分析に憧れてから工学部（現，理工学部）に通って統計学や数学，情報処理を学んで今日に至っている。しかし，統計パッケージやパソコンが普及していなかった当時は政治学で計量分析を行うことは珍しく，度々，際物扱いされてきた。だから，誰もが計量分析を行う現状を喜ばしく思っている。今後，政治学における実証分析をさらに発展させるためには，次の二点が重要であると考えている。

　第一に，計量分析が普及した一方で，政治学（あるいは経済学以外の人文・社会科学）でしか通用しないガラパゴス分析が横行しているのも事実である。以前は，統計学できちんと数式を学び，それをコンピュータ言語によりプログラミングして大型計算機で処理をしなければならなかった。このため膨大な時間を労する反面，統計学を理解することが必須であった。これに対して，現在では統計学を数式抜きで浅く学ぶだけで，後は統計パッケージの使用方法さえ学べば良いという風潮がみられる。このためいい加減なプーリングデータの構築や多項ロジット回帰の解釈，ただ入れさえすれば良いと言わんばかりの交差項の使用などは目を覆うものがある。

　こうした統計学を知らない政治学におけるPolitical Analysisについて，他分野からは厳しい目が浴びせられている。統計パッケージにある手法は便利である反面，それが統計学として本当に正しいものかどうかを自分の頭で考えて，理解してから使うようにしてもらいたい。「その使い方は正しくないのではないか」と指摘しても「去年の学会報告でも使われていた」とか「ある学会誌にも同じ手法の論文が掲載されていた」と言うだけでは，本人が何も理解していないのと同じである。便利になり，誰もが計量分析をできるようになったことは諸手を挙げて歓迎するが，そろそろその質を問うべき時に来ているのではではないだろうか。

第二に，計量分析に必要なデータを誰もが利用できるための政治関連データ・アーカイヴの構築が必要である。その理由として，（1）一流の国際ジャーナルへの投稿に際して，論文の追試が可能なデータ公開が条件となることが多い，（2）研究期間終了や退職に伴いデータが散逸し，研究費が非効率的に使われている，（3）合併による自治体行政資料や一定期間経過後の判例など貴重なデータが散逸している，（4）急速に学術の国際化やデータのアーカイヴ化を推進する中で，日本政治に関連するデータが利用しにくいことが海外における日本政治研究衰退の一因となっていることなどが挙げられる。

自然科学では，自然科学研究機構の基礎生物学研究所で大学等における生物遺伝資源をバックアップするプロジェクトが行われている。また，人文学でも人間文化研究機構の国文学研究資料館における日本語の歴史的典籍の国際共同研究ネットワーク構築計画が進捗している。これに対して，社会科学だけが大学共同利用機構機関法人をもたないために，これまでは意識調査データを部分的に集める程度で包括的なデータ・アーカイヴが構築されずに来た。こうした問題を解決するために，筆者は日本を中心に諸外国も含めた国勢調査，選挙結果，国会及び地方議会議事録，意識調査，法令・判例などに関するデータを収集してXMLデータベースで管理し，多言語（日本語，英語，中国語，韓国語，インドネシア語，マレー語，ロシア語）検索する機能をもつデータ・アーカイヴを構築し，本書に収めた分析を行った。これらデータ・アーカイヴをさらに拡張して，誰もが利用できるようにすることが政治学における計量分析を発展させる上で重要であると考えている。

最後に，大学院生時の筆者に計量分析のアドバイスを下さった政治学の計量分析の先駆者である三宅一郎先生と故鷲尾泰俊先生に改めて感謝申し上げたい。また，本章の刊行に際して多くの助言を頂いた木鐸社の坂口節子氏に御礼申し上げたい。そして，いつも研究に専念できる環境を整えてくれる家族に感謝をしたい。

小林良彰

索引

あ行

アコック, A. 99
アノミー度 25, 27, 30
アルウィン, D. F. 69
アンダーソン, C. J. 128
石田　浩 54
猪口　孝 139, 143
李　明博 146, 150, 152
ウェストミンスター・デモクラシー 25
黄　雅蘭 143, 160
大阪都構想 251-252, 254, 257
オードシュック, P. C. 20

か行

回顧投票　→　業績評価投票
　日本の―― 137, 144
　韓国の―― 137, 142
過疎市町村人口 300
カープ, J. A. 128
金　哉翰 139
業績評価投票 41-45, 137
栗田宣義 77-78
クラーク, H. D. 99-101
クラーク, T. N. 205
クレイグ, S. C. 96, 98, 103
権威主義度 20
現職効果 159-160
構造的コスト 301, 304, 317
交付税改革 290
効率性 198-199, 218, 221-222, 234, 251, 258
　――改革 200, 219
小林良彰 91, 144
コーホート(出生) 69, 78-90
　――効果 83-90
　――と学生運動世代 71-76, 79
　――分析 79-82
コンサバティブ 204-206, 228-229, 231

さ行

財政調整 290, 293
　――係数 310, 324

――効果 325
――制度 299-300
　スウェーデン型―― 291, 293, 299, 301
　ドイツ型―― 202, 301
歳入平衡化交付金 301, 315
サンプル・バイアス 57-59
三位一体改革 219
シアーズ, D. E. 71
ジェニングス, M. K. 72
シャーフ, F. 220
社会経済的環境 220, 225-227, 233-235
社会的選好 204-206
社会的争点 205, 231
シャーカット, D. E. 72
シャープ, L. J. 199
従属人口指数 295, 297
重複立候補 165
シューマン, H. 70
小選挙区
　――比例代表並立制 14, 18, 135
　――制 22, 49
ジョーンズ, G. W. 199
信託型 203
スチュワート, J. D. 199
政権交代 87, 97, 104-106, 118, 126-127, 148
政治的社会化 71, 73, 75
　――研究 68-71
　――理論 73-74
政治的有効性感覚 45, 66, 73, 100
　――と学生運動 67, 72-74, 76-78, 87-89
　――と投票参加 95, 97, 115, 120
　――と選挙の勝敗 96, 100, 116-117, 126
　内的―― 68, 74-75, 80-86, 89, 98-99, 101, 108, 127
　外的―― 68, 75, 80-82, 89-90, 99-101, 109, 126
政治的選好 228, 231-233
政府歳出削減 306, 309, 323-325
惜敗率制度 165-194
　日本の―― 166-169
　韓国の―― 165, 170, 181

——の活用戦略　165-181
——の重複効果　168-169
セルフ・セレクション・バイアス　55-133
善教将大　76
争点(態度)投票　31, 137　→　展望投票
ソウル特別市　251, 265-284
　　　——と市議会　273-276
　　　——と政策実名制　270-273
　　　——の行財政運営　265-267
　　　——の市政運営　267-270
　　　——の自治区　277
疎外度　25
ソシオトロピック・ヴォーティング　141

た行

代議制民主主義の機能　18, 30, 45,
　127
大都市制度　251, 254, 257-258
　日本の——　254-258
　韓国の——　259-265
代理型　203, 207
多次元空間競争モデル　22
地域
　　　——構想　288
　　　——主義　142, 151, 159, 165-193
　　　——特性　159, 248
　　　——州構想　236
地方交付税　285, 289
　　　——改革　285, 200-201
　スウェーデン型——　299-300
　ドイツ型——　292-293
地方分権
　日本の——　254
　韓国の——　263
中選挙区制　45
鄭　東泳　150, 154
鄭　ハンウル　143
デュヴェルジェ, M.　136, 168
展望投票　134
道州制　236-237, 286-293

な行

中村　隆　76
新潟州構想　237-249
ニエミ, R. G.　70
西室泰三　285

は行

朴　槿恵　150, 152
バックマン, E. L.　77
パブリックコメント　201-203, 207, 211, 220,
　229-230
バレンティーノ, N.　71, 78
バンドゥッチ, S. A.　128
1人当たりの所得　297
ヒニチ, M. J.　20
ヒップス, D. A.　140
票と補助金の交換システム　46-49
平野　浩　104
フィオリーナ, M.　141
フィンケル, S. E.　90, 98
フィンレイ, D. J.　77-78
ブラウンガート, M. M.　60, 71-77
ブラウンガート, R. G.　60, 71-77
ブロッカー, T. J.　72
平準化機能　293, 301
ヘップバーン, M. A.　70
ポケットブック・ヴォーティング　140-141

ま行

マキャモン, R. J.　69
マルチメソッド　52-65
マンハイム, K.　70
三船　毅　73
三宅一郎　76, 135
ミル, J. S.　198
民主性　198, 199, 207, 219, 234
　　　——改革　221, 223, 258

や行

山中俊亮　293

ら行

李　賢雨　139, 142
李　ジェチョル　139, 143, 151
リベラル　204-206, 231, 233
李　来榮　143
老年人口比　306
ロテンピオ, A. J.　128

わ行

綿貫譲治　76, 136

編著者紹介

小林良彰 こばやし・よしあき （序文，序章，第1章，第2章，第7章，第8章，第9章，第10章）

現在　慶應義塾大学法学部教授・同大学G－SEC研究所上席研究員

主要著書：*Malfunctioning Democracy in Japan-Quantitative Analysis in a Civil Society*，Lexington Books

『政権交代』中公新書

『政治改革以降の日本型民主主義』木鐸社

『現代日本の政治過程』東京大学出版会

『選挙・投票行動』東京大学出版会

『公共選択』東京大学出版会

『現代日本の選挙』東京大学出版会

『選挙制度』丸善

『計量政治学』成文堂

『代議制民主主義の比較研究』（共著）慶應義塾大学出版会

金兌希 きむ・てひ （第3章，第4章）

現在　コンスタンツ大学大学院

主要著書：『代議制民主主義の比較研究』（共著）慶應義塾大学出版会

慶済姫 きょん・ぜひ （第5章，第6章）

現在　慶南大学極東問題研究所招聘研究員

主要著書：『日本の選挙制度』オルム出版

名取良太 なとり・りょうた （第7章，第8章，第9章）

現在　関西大学総合情報学部教授・慶應義塾大学G－SEC研究所客員上席研究員

主要著書：『地方分権と高齢者福祉』（共著）慶應義塾大学出版会

重盛圭亮 しげもり・けいすけ （第10章）

現在　慶應義塾大学法学部

〈シリーズ〉
政権交代期における政治意識の全国的時系列的調査研究

代議制民主主義の計量分析
2016年10月10日第1版第1刷　印刷発行　©

編著者との
了解により
検印省略

編著者　小　林　良　彰
発行者　坂　口　節　子
発行所　㈲　木　鐸　社

印刷　フォーネット　　製本　高地製本
　　　互恵印刷
〒112－0002　東京都文京区小石川5-11-15-302
電話 (03) 3814-4195番　　　振替 00100-5-126746
FAX (03) 3814-4196番　　http://www.bokutakusha.com

（乱丁・落丁本はお取替致します）

ISBN-978-4-8332-2499-4　C3031

《シリーズ》
政権交代期における政治意識の全国的時系列的調査研究

小林良彰
代議制民主主義の計量分析

　日本をはじめ多くの民主主義が定着した国において，有権者が満足していない現状がある。たとえ政党やメディアが複数あり，一定の年齢以上の市民に選挙権が付与されていても，それで有権者の民意が反映されるとは限らない。そこで，「民主主義の質」（Quality of Democracy）を問う必要がある。従来の選挙研究が投票行動を被説明変数とし，有権者意識の分析を行っていたのに対して分析の視野を代議制民主主義の機能に拡大し，意識調査データだけでなく，選挙公約データや議会議事録データ等を結合した分析を行うことで，従来の選挙研究を代議制民主主義研究に進化させる。

　　　　　　　　　　　　　　A5 版 336 頁定価：本体 3500 円＋税

飯田　健
有権者のリスク態度と投票行動

　本書は，日本政治をケースとしつつ，投票先の変更（第3章），分割投票（第4章），政策変更への支持（第5章），投票選択（第5章），投票外参加（第6章），政治信頼（第7章）といった様々な従属変数に対するリスク態度の影響を分析することで，有権者のリスク態度の理論一般の構築を目指す。最後に本書のデータ分析の結果と知見をふまえ，リスク受容的有権者は日本の政治，とりわけ代表民主制に何をもたらすのか考察する。リスク受容的有権者は，代表民主制において「良い」効果をもたらすのか，それとも「悪い」効果をもたらすのか。

　　　　　　　　　　　　　　A5 版 200 頁定価：本体 2500 円＋税

以下続刊

山田真裕
民主党政権の失敗と日本の民主政治(仮題)

名取良太
政権交代期の選挙と投票行動：
　一党優位体制への回帰か(仮題)

〒112-0002　文京区小石川 5-11-15-302
有）　木鐸社 （ぼくたくしゃ）

電話　03-3814-4195　ファックス　03-3814-4196